Die Entscheidungskompetenz
des minderjährigen Patienten
in der medizinischen Behandlung

Europäische Hochschulschriften

European University Studies
Publications Universitaires Européennes

Reihe II **Rechtswissenschaft**

Series II Law

Série II Droit

Band/Volume **5594**

Daniela Böhmker

Die Entscheidungskompetenz des minderjährigen Patienten in der medizinischen Behandlung

PL ACADEMIC RESEARCH

Bibliografische Information der Deutschen Nationalbibliothek
Die Deutsche Nationalbibliothek verzeichnet diese Publikation in der Deutschen Nationalbibliografie; detaillierte bibliografische Daten sind im Internet über http://dnb.d-nb.de abrufbar.

Zugl.: Bremen, Univ., Diss., 2013

D 46
ISSN 0531-7312
ISBN 978-3-631-62938-3 (Print)
E-ISBN 978-3-653-03537-7 (E-Book)
DOI 10.3726/978-3-653-03537-7

PL Academic Research ist ein Imprint der Peter Lang GmbH.
Peter Lang – Frankfurt am Main · Bern · Bruxelles · New York · Oxford · Warszawa · Wien

Dieses Buch wurde vor Erscheinen peer reviewed.

www.peterlang.com

Ob es besser wird,
wenn es anders wird,
weiß ich nicht.

Dass es anders werden muss,
wenn es besser werden soll,
ist gewiss.

Georg Christoph Lichtenberg (1742–1799)

Meinem Mann Bodo sowie
meinen Kindern Finn & Patrick
in Liebe gewidmet

Vorwort

Die vorliegende Arbeit ist eine überarbeitete Fassung der im Jahre 2012 dem Fachbereich Rechtswissenschaft der Universität Bremen vorgelegten Dissertation, die im Zeitraum von August 2010 bis Mai 2012 entstanden ist.

Mein besonderer Dank gilt zunächst einmal Herrn Prof. Dr. Benedikt Buchner, der es mir ermöglicht hat, mich neben meiner beruflichen Tätigkeit mit dem nachfolgenden Thema im Rahmen einer Dissertation zu befassen und mir bei der Überarbeitung mit Rat und Tat zur Seite stand. Besonders danken möchte ich auch Frau Prof. Dr. Katja Nebe für die Erstellung des positiven Zweitgutachtens sowie für wertvolle Anregungen, die bei der Überarbeitung Berücksichtigung fanden.

Weiter danke ich meinem Ausbilder, Mentor und Kollegen, Herrn Rechtsanwalt und Notar Carlo Coprian, der mich nicht nur dazu motivierte diese Arbeit zu schreiben, sondern mich hierbei, wie auch in den ersten Jahren meiner Selbstständigkeit, mit Rat und Tat unterstützte.

Der größte Dank gilt jedoch meinen Kindern und meinem Mann, die meinen Wunsch, diese Arbeit zu schreiben mitgetragen haben und ohne die diese Arbeit nie fertiggestellt worden wäre.

Inhaltsverzeichnis

A. Einführung und Problemdarstellung

I. Die Aktualität der Problematik aus rechtlicher und medizinischer Sicht

Der Minderjährige nimmt heute in unserer Rechtsordnung eine im besonderen Maße geschützte Sonderstellung ein, die es ihm ermöglicht, selbstständig und geschützt in die gesellschaftlichen Strukturen sowie in unser Normen-, Werte- und Rechtssystem hineinzuwachsen. Kindheit wird heute als eine Lebensphase gesehen, die mehr ist als die Vorbereitung auf das Erwachsenensein. Kinder und Jugendliche sind nicht „unvollständige" Erwachsene, sondern Subjekte mit eigenen Fähigkeiten, Interessen und Rechten.

Die Tatsache, dass Kinder[1] und Jugendliche heute in einem solch besonders hohen Maße unter dem Schutz vieler Rechtsordnungen stehen, ist keine Selbstverständlichkeit, sondern eine richtige, wichtige und „schwer erkämpfte" nationale und internationale Errungenschaft des 20. Jahrhunderts.[2] Auch wenn der „Minderjährigenschutzgedanke" sowie das grundsätzliche Vorhandensein

---

1 Der Begriff "Kind" wird im Zivilrecht nicht definiert, jedoch in zahlreichen Zusammenhängen verwendet, wohingegen das Strafrecht klarstellt, dass das „Kindsein" mit der Vollendung des 14. Lebensjahres endet (§ 19 StGB). Jugendlicher ist hier, wer das 14., aber nicht das 18. Lebensjahr, Heranwachsender wer das 18., aber noch nicht das 21. Lebensjahr vollendet hat. (§ 10 StGB i.V.m. § 1 Abs. 2 JGG).

2 **1900:** Ellen Key (1849–1926) wird heute durch das 1900 erschienene Werk *„Das Jahrhundert des Kindes"* mit zu den ersten Reformpädagogen gezählt. Sie formulierte damals bereits konkrete Forderungen zur Sicherung von Kinderrechten.

1904: Das erste „Kinderschutzgesetz" trat in Kraft. Es untersagte im Deutschen Reich die Beschäftigung von Kindern unter zwölf Jahren in gewerblichen Unternehmen.

1911: Fordert der Mediziner und Pädagoge Janusz Korczak (1878–1942) u. a. auch in seinen Werken *„Wie man ein Kind lieben soll (1919)"* und die *„Magna Charta Libertatis für das Kind (1928)"*, die als Vorläufer der heute ratifizierten Kinderrechte gilt, allgemeine Rechte für Kinder. Im August 1942 wurde Korczak mit 200 Kindern seines Heimes in das KZ Treblinka nach Auschwitz abtransportiert. Die Deutschen boten ihm an zu bleiben. Er lehnte dies ab und wurde zusammen mit „seinen" Kindern vergast.

von darüber hinausgehenden Rechten Minderjähriger in unserer gesellschaftlichen Grund- und Werteordnung wie auch in Teilbereichen der Rechtsordnung heute fest verankert sind, haben konkret ausformulierte Kinderrechte in Gesetz und Verfassung bisher noch keinen Einzug nehmen können. Lange Zeit als Randgebiet des Familienrechts behandelt, stellt das „Kinderschutzrecht", nicht zuletzt aufgrund der engen Verknüpfung mit andersartigen rechtlichen und außerrechtlichen Komponenten, wie Sozialrecht, Sozialpädagogik und den sich wandelnden entwicklungspsychologischen Erkenntnissen,[3] an den Bearbeiter im Einzelfall erhebliche Anforderungen. Auch die Tatsache, dass unsere Verfassung den in Deutschland lebenden Menschen und Familien mit anderen Glaubensgrundsätzen[4] oder mit Migrationshintergrund gestattet, ihr

---

1924: Der Völkerbund verabschiedet die *„Genfer Erklärung zum Schutz der Kinder"*. Diese Erklärung umfasst fünf Artikel, in denen das Kind als Fürsorgeobjekt verstanden wurde, das geschützt, ernährt und erzogen werden müsse. Hier steht jedoch zunächst „nur" der Schutz des Kindes, nicht aber seine „Freiheit" im Fokus.

1945: Gründung der UNESCO.

1946: Gründung des Kinderhilfswerks der Vereinten Nationen UNICEF.

1953: Gründung des Deutschen Kinderschutzbundes.

1959: Die Vereinten Nationen erkennen am 20.11.1959 die *„Genfer Erklärung zum Schutz der Kinder"* an und erweitern sie in der *„Erklärung über die Rechte des Kindes"* um fünf weitere Artikel. Diese Erklärung beinhaltet erstmals das Recht des Kindes auf einen Namen sowie eine Nationalität. Weiterhin finden sich in dieser Erklärung die Rechte auf eine angemessene medizinische Versorgung, auf Ernährung, auf Unterricht und Bildung, auf Schutz vor Ausbeutung und Diskriminierung und die Forderung nach Freiheit, Würde, Liebe und Verständnis. Unbeachtet bleibt noch das Recht des Kindes, seine eigene Meinung frei äußern zu dürfen. Seither gilt der 20.11. als weltweiter Tag der Kinderrechte. Während des Kalten Krieges fand der Kindertag in Ost- und Westdeutschland zu verschiedenen Terminen statt: in der DDR am 1. Juni, in der Bundesrepublik Deutschland in enger Abstimmung mit der UNICEF am 20.11. eines jeden Jahres.

1972: Gründung des deutschen Kinderhilfswerkes.

1989: Verabschiedung der internationalen Kinderrechtskonvention der UN, in Deutschland in Kraft seit 1992.

1998: MHBG BGBl. 1998 I, S. 2487.

2002: Sondergeneralversammlung der Vereinten Nationen (Weltkindergipfel).

2007: Kinderrechte-Gedenksitzung der UN-Generalversammlung mit dem Schwerpunkt *„Gewalt gegen Kinder"* (9.–12.Dez. 2007) (Weltkindergipfel+5).

3 *Coester*, FPR 2009, 549 (551).

4 So beispielsweise die Glaubensgemeinschaften der Zeugen Jehova sowie der Scientology „Kirche".

Eltern-Kind-Verhältnis grundsätzlich an den kulturellen und religiösen Standards und Gewohnheiten ihres Glaubens bzw. ihres Herkunftslandes auszurichten, führt vor dem Hintergrund, dass für den Schutz des Kindes, unabhängig von dessen Staatsangehörigkeit, grundsätzlich das Recht des Staates anzuwenden ist, in dem das Kind seinen gewöhnlichen Aufenthalt hat,[5] nicht selten zu Konflikten.[6] Kinder selbst werden in unserer Verfassung nur im Zusammenhang mit dem elterlichen Erziehungsrecht genannt. Nach Art. 6 Abs. 2 GG[7] tragen die Eltern die primäre Erziehungsverantwortung, die Grund und Grenze in dem unbestimmten Rechtsbegriff des Kindeswohls[8] findet und vom Staat[9] überwacht wird.[10] Gegenstand der staatlichen Wächterverantwortung ist aber nicht „das Wohl des Kindes" im Sinne optimalen Wohlbefindens und optimaler Entwicklungsbedingungen, sondern nur die Abwehr von „Gefährdungen" seiner fundamentalen Persönlichkeitsinteressen, wie sie in Art. 1 und Art. 2 Grundgesetz jedem Menschen garantiert sind,[11] sodass die staatliche Aufsicht

---

5 Vgl. Art. 1, 2 MSA; Art. 1, 2 KSÜ; hilfsweise Art. 21 EGBGB.

6 So kollidiert beispielsweise im Rahmen der Beschneidung des männlichen Kindes das elterliche Erziehungsrecht gem. §§ 1626, 1629 BGB als Ausfluss des Art. 6 Abs. 2 GG sowie das Grundrecht der Eltern auf Religions- und Religionsausübungsfreiheit gem. Art. 4 Abs. 1 und Abs. 2 GG mit dem Verbot der Körperverletzung gem. §§ 223, 224 StGB als Ausdruck des Grundrechtsschutzes des Kindes auf körperliche Unversehrtheit gemäß Art. 2 Abs. 2 S. 1 Var. 2 und Art. 2 Abs. 1 GG. Eine ähnliche Problematik besteht im Zusammenhang mit der Glaubensgemeinschaft der Zeugen Jehova bei einer ablehnenden Haltung der sorgeberechtigten Bezugspersonen bezüglich einer notwendigen Bluttransfusion zur Behandlung des Kindes.

7 In Art. 6 Abs. 2 GG heißt es: *„(2) Pflege und Erziehung der Kinder sind das natürliche Recht der Eltern und die zuvörderst ihnen obliegende Pflicht. Über ihre Betätigung wacht die staatliche Gemeinschaft."*

8 Vgl. zur Entwicklung des Begriffs „Kindeswohl" *Parr*, Das Kindeswohl, Seite 11 ff.

9 Dieser unbestimmte Rechtsbegriff ist im konkreten Einzelfall von den Kindesschutzorganen sowie den Gerichten an Hand bestimmter Kindeswohlkriterien sowie der geltenden objektiven Entwicklungsstandards zu konkretisieren. Da dazu auch ein gesellschaftliches Werteverständnis gehört, ist der Begriff durchaus für Ideologien anfällig. Vgl. Palandt/*Götz*, § 1666 Rn 7.

10 SPD-Bundestagsfraktion, Kinderrechte ins Grundgesetz Seite 7 f., abrufbar über http://www.spdfraktion.de/cnt/rs/rs_datei/0,,9956,00.pdf, Stand 6.6.2013.

11 Menschenwürde, körperliche, geistige und seelische Integrität, Entfaltung zu einem eigenverantwortlichen, sozialfähigen Erwachsenen (vgl. § 1 SGB VIII als Leitbild öffentlicher Jugendhilfe).

im Ergebnis nur die Grundsicherung dieser Interessen gewährleistet.[12] Die Forderung, konkret formulierte Bestimmungen[13] zur Sicherung von Rechten Minderjähriger in unsere Verfassung aufzunehmen, ist grundsätzlich nicht neu[14] und wird spätestens seit der UN-Kinderrechtskonvention immer wieder kontrovers diskutiert.[15] Eine von der SPD-Bundestagsfraktion im Dezember 2007 vorgelegte Ergänzung des Art. 6 GG, durch die spezifisch formulierte[16] Kinderrechte eingefügt werden sollten, ließ sich jedoch auf Bundesebene politisch nicht durchsetzen, obwohl sie bereits in viele Landesverfassungen[17]

---

12 *Coester*, FPR 2009, 549 (551).

13 Die Entwicklung von Kinderrechten war anfangs beschränkt auf den Kinderschutz. Sie betraf u. a. die Einschränkung der Kinderarbeit, ist im Laufe der Zeit aber erweitert worden auf den Schutz vor Gewalt und Missbrauch und umfasst heute auch den Schutz vor Vernachlässigung und den Schutz der seelisch-geistigen Gesundheit sowie das Recht auf Bildung, Förderung und Selbstbestimmung (BT-Drucks. 13/11368, Seite 158).

14 So fordert auch das *Aktionsbündnis Kinderrechte* (UNICEF Deutschland, Deutscher Kinderschutzbund, Deutsches Kinderhilfswerk und die Deutsche Liga für das Kind) einen neu zu schaffenden Art. 2a GG mit folgenden Wortlaut: *„(1) Jedes Kind hat das Recht auf Förderung seiner körperlichen und geistigen Fähigkeiten zur bestmöglichen Entfaltung seiner Persönlichkeit. (2) Die staatliche Gemeinschaft achtet, schützt und fördert die Rechte des Kindes. Sie unterstützt die Eltern bei ihrem Erziehungsauftrag. (3) Jedes Kind hat das Recht auf Beteiligung in Angelegenheiten, die es betreffen. Seine Meinung ist entsprechend seinem Alter und seiner Entwicklung in angemessener Weise zu berücksichtigen. (4) Dem Kindeswohl kommt bei allem staatlichen Handeln, das die Rechte und Interessen von Kindern berührt, vorrangige Bedeutung zu.“* Vgl. http://www.unicef.de/presse/2013/aktionsbuendnis-kinderrechte/. Stand 6.6.2013.

15 Vgl. BT-Drucks. 13/11368 vom 25.8.1998, Seite 161.

16 Eingefügt werden sollte in Art. 6 Abs. 2 GG: *„Jedes Kind hat ein Recht auf Entwicklung und Entfaltung seiner Persönlichkeit, auf gewaltfreie Erziehung und auf den besonderen Schutz vor Gewalt, Vernachlässigung und Ausbeutung. Die staatliche Gemeinschaft achtet, schützt und fördert die Rechte des Kindes und trägt Sorge für kindgerechte Lebensbedingungen.“* Zuletzt gefordert von der *SPD Bundestagsfraktion*, Arbeitsgruppe Familie, Senioren, Frauen und Jugend am 17.5.2013, abrufbar über: http://www.spdfraktion.de/themen/gleiche-chancen-f%C3%BCr-alle-kinder-und-jugendlichen. Stand 20.9.2013.

17 Beispielsweise Art. 24 Verfassung Rheinland-Pfalz: *„Jedes Kind hat ein Recht auf Entwicklung und Entfaltung. Die staatliche Gemeinschaft schützt und fördert die Rechte des Kindes. Nicht eheliche Kinder haben den gleichen Anspruch auf Förderung wie eheliche Kinder. Kinder genießen besonderen Schutz insbesondere vor körperlicher und seelischer Misshandlung und Vernachlässigung.“*

konkret aufgenommen wurden.[18] Aktuell sprach sich die Sachverständigenkommission des 14. Kinder- und Jugendberichts im Januar 2013[19] u. a. für eine Aufnahme von Kinderrechten ins Grundgesetz aus, um einer „strukturellen Rücksichtslosigkeit" entgegenzuwirken und dadurch sowohl das allgemeine Bewusstsein für die Rechte von Kindern als auch die Berücksichtigung der Belange von Kindern bei gesetzgeberischen, administrativen und gerichtlichen Entscheidungen zu stärken.[20]

Aber auch wenn Minderjährige als subjektive Rechtsträger im Grundgesetz noch nicht ausdrücklich genannt werden, ist unbestritten, dass sie selbstverständlich Grundrechtsträger[21] sind, denn die Rechte Minderjähriger werden, zumindest teilweise, bereits von Art. 1 GG, Art. 2 GG, Art. 6 GG in Verbindung mit den §§ 1626 ff. BGB sowie den vom Bundesverfassungsgericht entwickelten Leitlinien geschützt. Heute entflammen die Diskussionen um den Kinderschutz regelmäßig neu nach dem Bekanntwerden aktueller Fälle von Kindesmisshandlung oder –tötung, sexuellem Missbrauch sowie der öffentlich vermehrt beachteten Jugenddelinquenz, die im Einzelfall sogar gesetzgeberische Maßnahmen ausgelöst haben.[22] So wichtig und notwendig das Führen dieser Diskussionen auch ist, so zweifelhaft ist aber auch, ob allein die Aufnahme konkreter Formulierungen in die Verfassung geeignet ist, diese seit jeher bestehenden gesellschaftlichen Probleme zu lösen[23] sowie die Rechte Minderjähriger nachhaltig

---

18 Vgl. auch Art. 24 a Verfassung Saarland, Art. 25 Abs. 1 Verfassung Bremen, Art. 27 Verfassung Brandenburg, Art. 125 und 126 Verfassung Freistaat Bayern, Art. 19 Verfassung Freistaat Thüringen.

19 Vgl. BT-Drucks. 17/12200, Bericht über die Lebenssituation junger Menschen und die Leistungen der Kinder- und Jugendhilfe in Deutschland – 14. Kinder- und Jugendbericht – und Stellungnahme der Bundesregierung zum Bericht der Sachverständigenkommission vom 30.1.2013.

20 Vgl. BT-Drucks. 17/12200, Seite 378 f.

21 Streitig diskutiert wird hier insbesondere im Zusammenhang mit einer Kollision der Grundrechte des Kindes mit dem elterlichen Erziehungsrecht im Einzelfall die Frage nach der Grundrechtsmündigkeit (Grundrechtsausübungsfähigkeit), die anders als die Grundrechtsfähigkeit (Fähigkeit, allgemein Träger von Grundrechten zu sein) nicht in jedem Fall vorliegen soll. *Pieroth/Schlink*, § 5 Rn 118 ff., 137 ff. Vgl. Abschnitt C.I.6.

22 z. B. das KiWoMaG (Das Gesetz zur Erleichterung familiengerichtlicher Maßnahmen bei Gefährdung des Kindeswohls) in Kraft seit dem 12.7.2008; das KICK (Gesetz zur Weiterentwicklung der Kinder- und Jugendhilfe) in Kraft seit dem 1.10.2005.

23 Zu dieser Frage erklärte sich die Bundesregierung 1998 in ihrer Stellungnahme zur „Unterrichtung über die Lebenssituation von Kindern und die Leistungen der Kinderhilfen in Deutschland": *„(...) Die Bundesregierung teilt die Ansicht der Kommission,*

zu sichern,[24] da hierfür auch ein gesellschaftliches Umdenken erforderlich ist sowie unter Bereitstellung von unverzichtbaren Finanzmitteln eine fachspezifische Aus- und Fortbildung von Jugendamtsmitarbeitern, Pädagogen, Familienrichtern und Richterinnen.[25]

Im Mittelpunkt dieser Arbeit steht ein kleiner Ausschnitt dieser umfassenden Problematik, nämlich die Frage nach dem Recht und der Fähigkeit Minderjähriger, im medizinischen Kontext selbstbestimmt und eigenverantwortlich Entscheidungen treffen zu können und zu dürfen.

Der Begriff der „Minderjährigkeit" umschreibt rechtlich zunächst einmal nur einen personenrechtlichen Status mit der inhaltlichen Wertung, dass eine Person „minder an Jahren ist",[26] sodass er sich als solcher allein auf einen Altersabschnitt bezieht. Eine Legaldefinition der Minderjährigkeit enthält das BGB nicht. Aus dem Umkehrschluss aus § 2 BGB wird jedoch seit jeher gefolgert, dass die Minderjährigkeit mit dem Beginn der Volljährigkeit endet. Auch wenn das Gesetz die positive Vermutung der Geschäftsfähigkeit und die Rechtsprechung die positive Vermutung der Einwilligungsfähigkeit an die Volljährigkeit knüpfen, geht die Minderjährigkeit nicht zwangsläufig mit einer Geschäfts- oder Einwilligungs*un*fähigkeit einher, was in Einzelfällen zu besonders schwierigen rechtlichen Konstellationen führt. Dem Bedürfnis nach Schutz des Minderjährigen, der Gesellschaft und des Rechtsverkehrs

---

dass die Rechte der Kinder in der Verfassung ausreichend verankert sind. Sie teilt nicht die Forderung, gleichwohl das Grundgesetz um ein Recht der Kinder auf Förderung ihrer Entwicklung zu erweitern. Änderungen der Verfassung – gerade im Bereich der Grundrechte – sind nur behutsam und nur dann in Betracht zu ziehen, wenn hierfür eine rechtliche Notwendigkeit besteht. Eine solche ist hier nicht gegeben. (...) Dies gilt umso mehr, als ein Grundrecht des Kindes auf Erziehung und Förderung in das bestehende System der Grundrechte, die in erster Linie Abwehrrechte gegen staatliche Eingriffe sind, nicht ohne Schwierigkeiten zu integrieren wäre. (...) Der Bundesregierung erscheinen Maßnahmen, die geeignet sind, auf die Lebenssituation von Kindern unmittelbar Einfluss zu nehmen, sinnvoller als symbolische Verfassungsänderungen." Vgl. BT-Drucks. 13/11368 vom 25.8.1998, Seite XXIV f. Rn 54.

24 Vgl. hierzu *Bundesjustizministerium*, Abschlussbericht der Arbeitsgruppe „Familiengerichtliche Maßnahmen bei Gefährdung des Kindeswohls – § 1666 BGB" vom 14. Juli 2009 abrufbar über: http://www.bmj.de/SharedDocs/Downloads/DE/pdfs/Abschlussbericht_der_Arbeitsgruppe_Familiengerichtliche_Massnahmen_bei_Gefaehrdung_des_Kindeswohls_1666_BGB.pdf?__blob=publicationFile, Stand 30.8.2013.

25 *Coester*, FPR 2009, 549 (552).

26 Vgl. *Moritz*, Stellung des Minderjährigen, Seite 41 m.w.Nw.

versucht das Bürgerliche Gesetzbuch seit seiner Ausfertigung im Jahre 1896[27] durch die grobe Differenzierung fester Altersgrenzen[28] Rechnung zu tragen, durch die der Minderjährige mit zunehmendem Alter für seine Handlungen auch rechtlich zunehmend zur Verantwortung gezogen werden kann. Diese seit nunmehr über hundert Jahren bestehenden Grenzen, die aufgrund der damaligen Auffassungen und Erkenntnisse über den Reife- und Entwicklungsstand sowie der gesellschaftlichen Stellung von heranwachsenden Menschen als sinnvoll erachtet wurden, haben, abgesehen von wenigen Ausnahmen,[29] bis in die heutige Zeit noch ihre Gültigkeit. Gleichwohl weicht die jüngere Rechtsprechung der vergangenen Jahrzehnte vor dem Hintergrund der individuellen Einzelfallgerechtigkeit und des offensichtlichen gesellschaftlichen Wandels in vielen rechtlichen Teilbereichen die bisher verlässlichen, jedoch starren

---

27 Die für die Eltern-Kind-Beziehung maßgeblichen Vorschriften der §§ 1626 ff. BGB waren dabei stark geprägt von den geistigen Anschauungen des 19. Jahrhunderts. Die Auffassung vom „rechtsfreien Raum der Familie" hatte einen entscheidenden Einfluss auf den Gesetzgeber genommen. Trotzdem geht aus den Regelungen des BGB deutlich hervor, dass die Gesetzgeber die Stellung des Kindes grundsätzlich verbessern wollten. Der Begriff der „väterlichen Gewalt" wurde durch die „elterliche Gewalt" ersetzt und diese war nun als pflichtgebundenes Recht ausgestaltet, das die Eltern grundsätzlich zur Vertretung, aber auch zur Fürsorge verpflichtete. Die elterliche Gewalt endete spätestens mit dem 21. Lebensjahr und konnte nunmehr auch durch strafrechtlich relevante Handlungen gegenüber dem Kind verwirkt werden. Das elterliche Züchtigungsrecht war jedoch noch eine anerkannte Erziehungsmaßnahme. Das Kind war insoweit Gehorsam schuldig und der Inhaber der Erziehungsgewalt befugt, die Durchführung der getroffenen Maßnahmen durch Anwendung von sogenannten „Zuchtmitteln" zu erzwingen. Unter Züchtigung verstanden die Gesetzgeber dabei die „Schmerzerregung zur Lenkung der Seele nach bestimmter Richtung". Die Art der Züchtigungsmittel war im Gesetz nicht geregelt und lag im Ermessen der Gewaltinhaber. Eine Grenze setzte das BGB nur dadurch, dass die Züchtigung „angemessen" sein musste. Dies bedeutete zunächst, dass Misshandlungen ausgeschlossen waren. Darüber hinaus war die Züchtigung dem Alter und der Bildungsstufe des Kindes entsprechend einzusetzen. Vgl. *Parr,* Das Kindeswohl, Seite 21 ff. m.w.Nw.

28 Vgl. § 104 Nr. 1 BGB: Geschäftsunfähigkeit von Kindern unter 7 Jahren; § 196 BGB: beschränkte Geschäftsfähigkeit von Minderjährigen ab dem 7. Lebensjahr bis zur Volljährigkeit (§ 2 BGB); bedingte Deliktsfähigkeit für Minderjährige ab dem 7. Lebensjahr gem. § 828 Abs. 1 BGB (mit Ausnahme für Unfälle im motorisierten Verkehr gem. § 828 Abs. 2 BGB ab dem 10. Lebensjahr).

29 In der Bundesrepublik Deutschland wurde am 1. Januar 1975 durch das Volljährigkeitsgesetz vom 31.7.1974 (BGBl I, S. 1713) das Alter der Volljährigkeit von 21 Jahren auf 18 Jahre herabgesetzt.

Altersgrenzen mit dem Ziel, zeitgemäße und tragbare Entscheidungen zu treffen, durch eine angepasste Auslegung der Normen mehr und mehr auf.[30] So stellte beispielsweise das Landgericht Bremen, das die Klage eines Versicherers gegen zwei grundsätzlich deliktsfähige 9- und 10-jährige Jungen als „zur Zeit unbegründet" abwies, indem es die deliktische Haftung der einkommens- und vermögenslosen Kinder aus § 828 Abs. 2 a. F.[31] BGB nach einer fahrlässigen Verursachung eines Großschadens gem. § 242 BGB begrenzte, bereits 1991 fest, dass:

> *„(...) die rechtshistorisch nur bedingt legitimierte, in ihrem Gerechtigkeitsgehalt auch beim Vergleich mit anderen Rechtsordnungen fragwürdige, hinter der gesellschaftlichen Entwicklung zurückgebliebene und mit Grundrechtsbestimmungen und dem Sozialstaatsprinzip der seit 1949 geltenden Verfassung disharmonierende Fortgeltung der vom Gesetzgeber des ausgehenden 19. Jahrhunderts bestimmten starren und unbegrenzten deliktsrechtlichen Haftungsmaßstäbe (...) inzwischen in Teilbereichen dringend korrekturbedürftig erscheinen (...)[32]."*[33]

Der Wandel der traditionell starken Verfügungsgewalt der Eltern über das Kind zur liberalen Erziehung[34] und die damit verbundene Entwicklung des untergeordneten

---

30 Dies entspricht den Vorgaben und dem Willen des BVerfG, das ausführte, dass *„die Auslegung einer Gesetzesnorm nicht immer auf die Dauer bei dem ihr zu ihrer Entstehungszeit beigelegten Sinn stehen bleiben könne und dass es angesichts des beschleunigten Wandels der gesellschaftlichen Verhältnisse und der begrenzten Reaktionsmöglichkeiten des Gesetzgebers sowie der offenen Formulierung zahlreicher Normen zu den Aufgaben der dritten Gewalt gehöre, das geltende Recht an veränderte Verhältnisse anzupassen."* BVerfG, NJW 1998, 3557 (3558) m.w.Nw.

31 § 828 Abs. 2 BGB wurde neu gefasst und Abs. 3 angefügt durch Gesetz v. 19.7.2002 (BGBl. I, S. 2674).

32 LG Bremen, NJW-RR 1991, 1432 (1434).

33 So auch schon OLG Celle, NJW-RR 1989, 793; *Canaris*, JZ 1987, 993 (1001 ff.), *ders.*, JZ 1990, 679 ff.

34 Die Entwicklung des § 1626 vom Erlass des Familienrechts im BGB von 1900 über das Gleichberechtigungsgesetz von 1957 bis hin zum Sorgerechtsgesetz von 1979 macht die Entwicklung vom Patriarchat zur partnerschaftlichen Eltern-Kind-Beziehung besonders deutlich. Das Verhältnis zwischen Eltern und Kind sollte nach dem *„Gesetz zur Neuregelung der elterlichen Sorge"* vom 1. Januar 1980 nicht länger als Gewaltverhältnis missverstanden werden können und die Fürsorgefunktion deutlicher zum Ausdruck bringen. Der Begriff der „elterlichen Gewalt" wandelte sich in die „elterliche Sorge", und auch wenn die Züchtigung nicht gänzlich ausgeschlossen war, waren „entwürdigende Erziehungsmaßnahmen" verboten. Neu eingeführt wurde die Bestimmung des § 1618 a, die als allgemeines Leitbild für die Eltern-Kind-Beziehung

und folgsamen Minderjährigen zu einem eigenständig handelnden und grundsätzlich gleichberechtigten Gesellschafts- und Familienmitglied[35] führten nun mehr und mehr zu rechtlichen Konstellationen, die die Grenzen der Auslegungsfähigkeit der bestehenden Normen aufzeigen.

Gerade im Rahmen der medizinischen Behandlung in dem der Schutz vor nicht kindeswohlorientierten fremdbestimmten Eingriffen auch erst in Teilbereichen,[36] nicht nur zum Vorteil des Minderjährigen,[37] gesetzlich normiert ist, wird, insbesondere in Bezug auf die Problematik der Einwilligungsfähigkeit[38] Minderjähriger[39] deutlich, dass dem heute frühzeitig zum autonomen Handeln erzogenen und ausgebildeten jungen Menschen im Hinblick auf die Ausübung der regelmäßig schon vor dem Erreichen des 18. Lebensjahres vorhandenen Selbstbestimmungsfähigkeit erhebliche Grenzen gesetzt sind, da ihm in aller Selbstverständlichkeit in Bezug auf konkrete Behandlungsmaßnahmen die Entscheidungskompetenz pauschal aberkannt werden kann, sodass es ihm verwehrt bleibt, in eigenen, höchstpersönlichen medizinischen Angelegenheiten eigenverantwortliche Entscheidungen zu treffen.[40] Die in vielen rechtlichen Bereichen bis heute fehlenden

---

dienen sollte. § 1618 a lautete: *Eltern und Kinder sind einander Beistand und Rücksicht schuldig.* Vgl. *Parr,* Das Kindeswohl, 2005, Seite 117 ff. m.w.Nw.

35 *Krüger/Grunert,* Handbuch Kindheitsforschung, Seite 533.

36 Vgl. z.B. § 1631 c BGB: Verbot der Sterilisation; § 8 TPG: keine Lebendorganspende durch Minderjährige oder einwilligungsunfähige Patienten; § 8 a Nr. 5 TPG: Zustimmungserfordernis des reifen Minderjährigen in die Knochenmarktransplantation; §§ 40, 41, 42 AMG und §§ 17, 18, 20 MPG: Beschränkung der Zulässigkeit der klinischen Studien für Arznei- und Medizinprodukte, § 81 c Abs. 3 StPO, § 2 Abs. 2 S. 3 TPG.

37 Hier ist insbesondere § 8 a TPG zu nennen. Die Entnahme von Knochenmark bei Minderjährigen für Verwandte 1. Grades ist hier auch ohne die Einwilligung des *einwilligungsunfähigen* Minderjährigen möglich.

38 Die Einwilligungsfähigkeit wird derzeit positiv vermutet, wenn der Patient nicht minderjährig ist oder bestimmte Umstände vorliegen, die die Einrichtung einer Betreuung gem. §§ 1896 ff. BGB erfordern. Im Falle der Minderjährigkeit muss das Vorliegen der Einwilligungsfähigkeit derzeit vom Arzt positiv festgestellt werden.

39 Die Feststellung der Einwilligungsfähigkeit ist für den Mediziner deshalb von erheblicher rechtlicher Relevanz, da auch der zu Heilzwecken vorgenommene erfolgreiche ärztliche Eingriff nach ständiger Rechtsprechung tatbestandsmäßig eine Körperverletzung im Sinne des § 223 StGB darstellt. BGHSt 11, 111 ff.; a.A.: Schönke/Schröder – *Eser* § 223 Rn 28 ff. m.w.Nw.

40 Eine ähnliche rechtliche Vernachlässigung zeigt sich bei der Personengruppe unserer Gesellschaft, die aufgrund von Alter, Krankheit oder Behinderung eine grundsätzlich einmal vorhandene Selbstbestimmungsfähigkeit durch degenerative Prozesse wieder verloren hat, sodass sich die rechtliche Problematik des gegebenenfalls *„noch nicht*

bzw. unbestimmten Normierungen wurden mit der Veränderung der gesellschaftlichen Stellung des Minderjährigen nicht nur durch die Rechtsprechung immer wieder angemahnt.[41] Auch in der juristischen Fachliteratur[42] wird diese Problematik, insbesondere in Bezug auf medizinrechtliche Fragen, kontrovers diskutiert[43] und auch hier wird die gesetzgeberische Passivität kritisiert. So rügt *Katzenmeier* in seiner kritischen Betrachtung des Patientenrechtegesetz-Regierungsentwurfs,[44] dass der Gesetzgeber die Grundsätze der Einwilligungsfähigkeit in § 630 d BGB-RegE[45] nach wie vor nicht regelt, obwohl dies im Hinblick auf die offenen Fragen bzgl. der Reichweite und der Grenzen der Patientenautonomie erforderlich wäre.[46] *Coester-Waltjen* formuliert dies noch konkreter, indem sie feststellt, dass sich der Gesetzgeber, obwohl die Problematik der Einwilligungsfähigkeit Minderjähriger in medizinische Behandlungen bereits seit Langem diskutiert werde, vor einer Regelung „drücke".[47] Vor dem Hintergrund, dass in diesem Zusammenhang bereits ein Gesetzentwurf der Bundesregierung vom 8.11.1977 vorsah, dass Kinder ab einem

Könnens", die in dieser Arbeit im Mittelpunkt der Betrachtung steht, und die des gegebenenfalls *„nicht mehr Könnens"* in Teilbereichen überschneidet. Vgl. hierzu: *Damm*, MedR 2012, 451 ff.; *Spickhoff*, NJW 2000, 2297 (2300).

41 So führte das Bundesverfassungsgericht bereits 1986 aus, dass dem Staat vor dem Hintergrund seiner Schutzpflicht in Bezug auf die in Art. 2 Abs. 1 und 2 GG verankerten Persönlichkeitsrechte, die selbstredend auch dem Minderjährigen zustünden, sowie seiner verfassungsrechtlichen Ermächtigung zur Wahrnehmung seines Wächteramtes über die Ausübung der Elternrechte aus Art. 6 Abs. 2 GG neben dem Schutz des Heranwachsenden während seiner Minderjährigkeit auch noch im Hinblick auf nachteilige fremdbestimmende Entscheidungen der Sorgeberechtigten vor dem Erreichen der Volljährigkeit die weiter gehende Verpflichtung obliege, *„(...) Regelungen zu treffen, die verhindern, dass der volljährig Gewordene nicht mehr als nur eine scheinbare Freiheit erreicht (...)"* Vgl. BVerfG, NJW 1986, 1859 (1860). Diese Grundsatzentscheidung führte im Ergebnis zum Erlass des MHbeG.

42 *Taupitz,* MedR 2012, 583 (584 f.); *Pawlowski,* JZ 2003, 66 ff.; *Wölk,* MedR 2001, 80 ff.; *Tröndle,* MedR 1992, 320 ff.; *Scherer*, FamRZ 1997, 589 ff.; *Putzke,* MedR 2008, 268 ff.; *Putzke,* NJW 2008, 1568 ff.; *Lesch,* NJW 1989, 2309 ff.; *Belling,* FuR 1990, 68 ff.; *Amelung/Eymann,* JuS 2001, 937 ff.; *Kern*, MedR 2005, 628 ff.; *Kölch/Fegert,* FPR 2007, 76 f.; *Rothärmel/Wolflast/Fegert,* MedR 1999, 293 ff.

43 Vgl. Beiträge von *Büchner, Peter; Alderson, Priscilla; Vollmann Jochen; Kölch, Michael* und *Wendehorst, Christiane* in: *Wiesemann*, Das Kind als Patient, Seite 11 ff.

44 Vgl. BT-Drucks. 17/10488.

45 Vgl. BT-Drucks. 17/10488, Seite 23 f.

46 *Katzenmeier,* MedR 2012, 576 (581).

47 *Coester-Waltjen*, MedR 2012, 553 (555).

Alter von 14 Jahren[48] über ihre medizinische Behandlung selbst entscheiden könnten, ist dies in der Tat unverständlich.[49]

Im Rahmen der inhaltlichen Diskussion zur Bestimmung von Kriterien zur Einwilligungsfähigkeit bzw. der Notwendigkeit der Normierung einer solchen scheinen dogmatische Argumente und pädagogische Überzeugungen diametral aufeinanderzutreffen,[50] sodass die in Teilbereichen mittlerweile bereits vorhandenen Schnittmengen bedauerlicherweise aus dem Fokus der Betrachtung geraten. Auch die Tatsache, dass der gesellschaftliche Wandel und nicht zuletzt die Fortschritte in der neurobiologischen Hirnforschung ein kompromissloses Festhalten an den starren, beschränkenden und zum Teil vorkonstitutionellen Regelungen des Minderjährigenschutzes[51] infrage stellen, wird heute auch in der juristischen Literatur durchaus formuliert. So beschreibt *Laufs*[52] in seiner Abhandlung über „Willensfreiheit und Privatrecht" die faszinierenden und rasanten Fortschritte der Hirnforschung und stellt diesen die mühsam hinterherhinkenden rechtlichen Grundsätze über die Willensbildungsfähigkeit eines Menschen gegenüber. Zusammenfassend kommt er im Rahmen dieser Betrachtung zu dem Ergebnis,

> *„dass die Hirnforschung als Naturwissenschaft mit ihren Methoden und Theorien die rechtspolitische Konzeption zur Willensfreiheit und zur persönlichen Verantwortlichkeit zwar nicht ersetzen kann, dass aber weitere Fortschritte der Hirnforschung Anlass dafür bieten können, zu überprüfen, inwieweit die an dem menschlichen Willen anknüpfenden Rechtsfolgen nach wie vor adäquat sind oder verändert werden müssen, weil die Auswahl der Variablen für die Entscheidungsbildung nach neuen hirnphysiologischen Erkenntnissen anderen als den bisher angenommenen Regeln folgt."*[53]

---

48 Eine Anlehnung an das 14. Lebensjahr wurde auch in der juristischen Literatur immer wieder in Betracht gezogen. So beispielsweise: *Kern*, NJW 1994, 753 (755), *Lipp*, Freiheit und Fürsorge, Seite 84 ff.; *Spickhoff*, NJW 2000, 2297 (2299), sieht das 14. Lebensjahr als grobe Richtlinie zur Bestimmung der Einwilligungsfähigkeit.

49 BT-Drucks. 8/111 zu § 1626 a BGB-E, Seite 3.

50 *Nebendahl,* MedR 2009, 197.

51 Auch der Begriff „Minderjährigenschutz" ist gesetzlich nicht definiert und wird erstmals im „Haager Übereinkommen über die Zuständigkeit der Behörden und das anzuwendende Recht auf dem Gebiet des Schutzes von Minderjährigen" (MSAG vom 5.10.1961 BGBl. II 1971, S. 217) offiziell genutzt. Das Übereinkommen regelt die gesetzliche und behördliche/gerichtliche Zuständigkeit bei Maßnahmen zum Schutz der Person oder des Vermögens des Minderjährigen, die im Interesse des Kindes erforderlich sind; BGHZ 60, 68.

52 *Laufs*, Willensfreiheit und Privatrecht, Seite 223–237.

53 *Laufs*, Willensfreiheit, Seite 235; so auch: *Schmidt-Aßmann*, Willensfreiheit im Recht, Seite 79.

Die bisherigen Reformbemühungen im Minderjährigenrecht waren im Schwerpunkt darauf ausgerichtet, dem Minderjährigen durch Auslegung der Normen die Rechte Volljähriger zugänglich zu machen, und nicht darauf, für diese spezielle Patientengruppe ein eigenes, parallel verlaufendes Schutzkonzept zu entwickeln, obwohl dies dringend erforderlich scheint.

Minderjährige sind nicht weniger als Erwachsene von schweren, das Leben beeinträchtigenden, das Leben verkürzenden oder beendenden Krankheiten oder Verletzungen betroffen. In solchen Ausnahmesituationen müssen sie einen mentalen Entwicklungssprung über das Jugendalter hinweg in das Erwachsensein vollziehen, da sie sich schicksalsbedingt „plötzlich" mit den Themen Krankheit, Schmerz, Behinderung, dem Sterben und dem Tod auseinandersetzen müssen. Viele Minderjährige, Kinder wie Jugendliche, sind hierbei durchaus in der Lage, in solchen und durch solche Krisen- und Konfliktsituationen eine Reflexionsfähigkeit, eine gedankliche Klarheit sowie ein medizinisches Verständnis gleich einem volljährigen Patienten zu entwickeln. Die Tatsache, dass die menschliche Psyche zu derartigen auf Erfahrungen basierenden sprunghaften Entwicklungsschritten in der Lage ist, hat jedoch zur Folge, dass diese Patientengruppe in kognitiver und emotionaler Hinsicht eine äußerst inhomogene und somit nur schwer zu kategorisierende Klientel darstellt.[54] Insoweit ist die Frage, wann ein Mensch im Rahmen seiner Entwicklung die im Ergebnis auch rechtlich relevante kognitive Reife und somit die Fähigkeit zur freien Willensbildung sowie die erforderliche Steuerungsfähigkeit entwickelt hat, grundsätzlich weniger eine juristische als eine entwicklungspsychologische.[55]

Auch die Erkenntnisse der Kinder- und Jugendpsychologie über die altersbedingte Leistungsfähigkeit von Minderjährigen sind in den vergangenen 110 Jahren wesentlich vorangeschritten.[56] Anders als noch zu Beginn des 20. Jahrhunderts hat man heute eine Vorstellung davon, in welchen Schritten sich der minderjährige Mensch nach und nach von einem ausschließlich trieb- und affektgesteuerten zu einem vernunftbestimmten Wesen entwickelt.[57] Dabei verläuft diese Entwicklung

---

54 Vgl. *Kölch/Fegert*, FPR 2007, 76.

55 *Reiter-Theil/Eich/Reiter*, Kinderpsych.Prax., 1993, 42, 14 (17).

56 Die entwicklungspsychologischen Untersuchungen, speziell das Gebiet der Jugendpsychologie, erhielten erst zwischen dem Ersten und dem Zweiten Weltkrieg zunehmende Beachtung und gerieten in Deutschland erst lange nach dem Ende des Zweiten Weltkrieges verstärkt in den Blickwinkel der Forschung. *Busch,* Seite 81 m.w.Nw.

57 Historische Entwicklung der Kindheitsforschung dargestellt in: *Krüger/Grunert,* Handbuch Kindheitsforschung, Seite 11–34.

individuell unterschiedlich, sodass man dem Einzelfall nur selten gerecht werden kann, wenn man diese an festen Altersgrenzen knüpft.[58]

Parallel zur Entstehung und Ausgestaltung der Rechte Minderjähriger haben sich in Deutschland auch erst im 20. Jahrhundert konkrete Patientenrechte[59] sowie ein, im Wesentlichen durch die richterliche Spruchpraxis verfestigtes Arzthaftungsrecht[60] entwickelt, sodass heute, anders als noch vor 80 Jahren, der volljährige Patient grundsätzlich auf Augenhöhe eine medizinische Dienstleistung einfordert.[61] Zwar gibt es auch in Deutschland bisher keine gesetzliche Normierung von allgemeingültigen Patientenrechten,[62] doch hat auch hier die richterliche Spruchpraxis in den vergangenen Jahrzehnten ein effektives Patientenschutzrecht geschaffen, indem sie die allgemeinen Rechtsgrundsätze interpretierte, modifizierte und entsprechend den jeweils vorherrschenden Anschauungen und sozialen Bedürfnissen beständig weiterentwickelte.[63] Die damit

58 Vgl. *Munkwitz*, ZBl. JugR 1960, 129 (130); *Waitzmann*, Seite 32.

59 Zur Entwicklung der Patientenrechte im 20 Jahrhundert vgl. *Ulsenheimer*, Vortrag 2005, Seite 1–18, abrufbar über: http://www.deutscher-krankenhaustag.de/de/vortraege/pdf/18112005_Duesseldorf.pdf, Stand 30.8.2013. Einen Überblick über die Entwicklung der Patientenrechte in Europa gibt: *Hanika*, MedR 1999, 149–161.

60 Zur Entwicklung des Arzthaftungsrechts von der Antike bis in die heutige Zeit vgl. *Riegger*, Seite 33 ff.

61 Auf europäischer Ebene wurden die Patientenrechte grenzübergreifend gestärkt durch die Richtlinie „2011/24/EU des europäischen Parlaments und des Rates vom 9. März 2011 über die Ausübung der Patientenrechte in der grenzüberschreitenden Gesundheitsversorgung“.

62 Am 16. Januar 2012 haben das Bundesministerium der Justiz und das Bundesministerium für Gesundheit den Entwurf eines Gesetzes zur „Verbesserung der Rechte von Patientinnen und Patienten“ (Patientenrechtegesetz) vorgelegt, das im Frühjahr 2013 in Kraft treten soll. Die Ärztekammern begrüßen grundsätzlich das Patientenrechtegesetz als Auftakt für eine „ernsthaft geführte politische Debatte“, jedoch sehen sie den Gesetzgeber zuförderst verpflichtet, zunächst einmal die gesetzlichen Rahmenbedingungen für die Patientenversorgung zu schaffen, da sonst die Ursachen für die zunehmend mangelhafte Versorgung deutscher Patienten, den stetig steigenden Kostendruck, die wachsende Kommerzialisierung, die fehlende Kooperation der Akteure und die fehlende Zeit zur individuellen Versorgung ignoriert würden. Vgl. Pressemitteilung der *Landesärztekammer Berlin*: http://www.aerztekammer-berlin.de/Jonitz-Gesundheitspolitik/30_Statements/Patientenrechtegesetz-politische-Debatte-160112.pdf, Stand 30.8.2013. Zusammenfassend darstellend *Thole*, MedR 2013, 145–149; Hierzu kritisch *Katzenmeier*, MedR 2012, 576–583.

63 *Katzenmeier*, Referat 2009, Seite 1 ff. abrufbar unter: http://www.bundesaerztekammer.de/downloads/DAET2009RefKatzenmeier.pdf, Stand 30.8.2013.

einhergehende Verrechtlichung[64] der Arzt-Patienten-Beziehung sowie der generelle Abbau von autoritären Strukturen in der Gesellschaft[65] führten im Ergebnis auch zu einer Enthierarchisierung des Behandlungsverhältnisses zwischen Arzt und Patient und dadurch zu einer zunehmenden Beachtung der Selbstbestimmungsrechte des Kranken.

Während der Schutz der Patientenpersönlichkeitsrechte volljähriger (noch) mündiger Patienten, die auf der Grundlage verlässlicher Informationen eigenverantwortlich und selbstbestimmt medizinische Entscheidungen treffen können, vor dem Hintergrund der Rechtsfigur der informierten Einwilligung,[66] bei der der Therapieplan mit den entsprechenden Erfordernissen der Heilbehandlung im Einvernehmen mit Arzt und Patient festgelegt wird, als grundsätzlich gelungen betrachtet werden kann,[67] ist in Bezug auf die Wahrung der Persönlichkeitsrechte Minderjähriger in der medizinischen Behandlung vieles noch nicht ausreichend definiert. Obwohl auch bei der Behandlung von Minderjährigen das grundsätzlich für den volljährigen Patienten entwickelte Institut des Informed Consent[68] als optimalste Behandlungsvoraussetzung anzustreben ist, sind nämlich die für den volljährigen Patienten entwickelten Grundsätze im Rahmen der Behandlung Minderjähriger oftmals nur eingeschränkt anwendbar,[69] da nicht generell davon ausgegangen werden kann, dass Minderjährige in der konkreten Behandlungssituation stets die kognitiven Voraussetzungen erfüllen, um autonom sachgerechte Entscheidungen zu treffen. Auf der anderen Seite ist zu berücksichtigen, dass die Entwicklung eines noch unter elterlicher Sorge oder Vormundschaft stehenden jungen Menschen mit zunehmendem Alter, den wachsenden gesellschaftlichen Anforderungen sowie den unter Umständen vorhandenen spezifischen (Krankheits-) Erfahrungen (in Teilbereichen) so rapide voranschreiten kann, dass dieser auch schon im Kindes- und

---

64 *Laufs*, NJW 1995, 1590 (1597), beschreibt bereits die Tendenz der Verrechtlichung der Medizin.

65 *Noack/Fangerau*, Ethik, Seite 34.

66 Vgl. *Rothärmel,* Seite 18.

67 Mit der Entwicklung des Instituts des Informed Consent wurde das paternalistische Modell, in dem der Arzt fürsorglich-autoritär im ärztlich definierten Interesse des Patienten über medizinische Maßnahmen entschied, endgültig abgelöst. Vgl. *Noack/Fangerau*, Ethik, Seite 29.

68 Ein medizinischer Eingriff ist nach diesem Grundsatz erst dann legitimiert, wenn der Patient zuvor über den Nutzen, die Risiken bzw. die Wirkungen und Nebenwirkungen sowie die Alternativen des betreffenden Prozedere aufgeklärt worden ist und diesem Vorgehen zustimmt.

69 Vgl. *Kölch/Fegert,* FPR 2007, 76; *Rothärmel*, MedR 1999, 293.

Jugendalter ein medizinisches Verständnis sowie die Möglichkeit der kognitiven Erfassung von Notwendigkeit und Risiken eines medizinischen Eingriffes gleich einem Erwachsenen besitzt, sodass ihm nach ärztlicher Feststellung im Einzelfall eine Einwilligungskompetenz zugestanden werden müsste. Im Konfliktfall des Minderjährigen mit seinen gesetzlichen Vertretern steht der Arzt vor der Problematik, dass die gegebenenfalls allein durch seine subjektiv ärztliche Einschätzung herbeigeführte Einwilligungskompetenz des von ihm für reif befundenen Minderjährigen im Ergebnis rechtlich irrelevant ist, da diese Kompetenz vor dem Hintergrund der zivilrechtlichen Haftungs- und Vergütungsfragen in vielen Fällen nur dann in aller Konsequenz besteht, wenn sich der Minderjährige auch so entscheidet, wie es die gesetzlichen Vertreter getan hätten. So ist beispielsweise nach wie vor ungeklärt, inwieweit ein grundsätzlich reifer und nach ärztlicher Einschätzung einwilligungsfähiger Minderjähriger im Einzelfall auch den zur Behandlung erforderlichen Behandlungsvertrag selbstständig schließen kann. Zudem könnten sich die in einem solchen Fall gegebenenfalls „übergangenen“ gesetzlichen Vertreter dazu veranlasst sehen, die Einschätzung des Arztes im Rahmen eines zivil- oder strafrechtlichen Verfahrens überprüfen zu lassen, sodass der Mediziner ex post die gerichtliche Aberkennung der jugendlichen Einwilligungskompetenz und damit zumindest die Einleitung eines strafrechtlichen Ermittlungsverfahrens und/oder eine zivilrechtliche Inanspruchnahme befürchten muss. In Konfliktfällen zwischen dem Minderjährigen und seinen sorgeberechtigten Bezugspersonen wird der Mediziner aus Respekt vor der Elternentscheidung sowie aus Sorge vor haftungsrechtliche Konsequenzen dazu neigen, das Selbstbestimmungsrecht des somit „de-jure“ für inkompetent erklärten Minderjährigen der elterlichen Entscheidung unterzuordnen.[70] Hinzu kommt, dass im heutigen medizinischen Alltag die Problematik des minderjährigen Patienten zunehmend an Bedeutung gewinnt, da der Arzt in der Praxis wie auch im Krankenhaus mehr und mehr mit der Beratung und Behandlung minderjähriger Patienten konfrontiert wird, die sich ohne Wissen und ohne Begleitung eines sorgeberechtigten Elternteiles in die ärztliche Sprechstunde begeben.

Eine der medizinischen Fachrichtungen, in der sich diese Problematik zuspitzt, ist zweifelsohne neben der Pädiatrie und der Jugendmedizin die Gynäkologie. In

---

70 So formulierte *Eser* bereits 1982, dass sich bei der Beobachtung der ärztlichen Praxis der Eindruck aufdränge, *„dass der Arzt auf „Nummer sicher“ zu gehen pflegt und daher selbst dort auf die Einwilligung der Eltern besteht, wo auf Grund der (Teil-) Mündigkeit des jungen Menschen bereits eigenes Zustimmen genügen würde.“* Eser, Ärztliches Handeln, Seite 178 (179 f.).

diesen Bereichen muss der Mediziner in vielen Fällen einen objektiv wie subjektiv schwer zu vollbringenden Balanceakt zwischen medizinischer Indikation, eigenen, berufsrechtlich und gesellschaftlich vorgegebenen ethischen und moralischen Prämissen, den physischen, psychischen und rechtlichen Belangen einer minderjährigen (werdenden) Mutter, deren sorge- und vertretungsberechtigten Bezugspersonen sowie denen eines ungeborenen und ebenfalls schon mit eigenen (Grund[71]-) Rechten[72] ausgestatteten Kindes vollbringen. Fragen nach der Rechtmäßigkeit der Verschreibung von Kontrazeptiva an minderjährige Mädchen, der Impfung gegen das HP-Virus, des Schwangerschaftsabbruches bei Minderjährigen, der medizinisch nicht indizierten Hymen-Rekonstruktion aus kulturellen Gründen bei Mädchen mit Migrationshintergrund, der religiös motivierten Beschneidung oder auch der Zwangsbehandlung einer werdenden (minderjährigen) Mutter zum Schutz des ungeborenen Kindes drängen vor dem Hintergrund der zunehmend garantierten individuellen Freiheit und Selbstbestimmung von Minderjährigen nach verlässlichen, praxisorientierten, rechtlichen Lösungen. Dem Arzt kann nicht erspart werden, dass allein er für solch konkrete Behandlungssituationen eine für ihn medizinisch, moralisch und rechtlich vertretbare sach- und fachgerechte Lösung finden muss, doch betritt er hierbei derzeit in vielen Fällen zusätzlich eine für diese Patientengruppe spezielle haftungs- und vertragsrechtliche Grauzone. Umso wichtiger scheint es, dass der rechtliche Rahmen, in dem sich das medizinische Personal in dieser Situation bewegt, so eindeutig wie möglich definiert wird. Die derzeitige Rechtslage führt nicht nur zu einer nachweislich bestehenden Rechtsunsicherheit im medizinischen Bereich, sondern mittelbar auch zu einer bedenklichen Beeinträchtigung der Selbstbestimmungs- und Persönlichkeitsrechte des minderjährigen Patienten, sodass diese Situation aktuell als unbefriedigend bezeichnet werden kann.

---

71 Schutzpflicht des Staates gegenüber dem ungeborenen Leben aus Art. 2 Abs. 2 S. 1 GG, die im Rahmen der praktischen Konkordanz gegen die grundrechtliche Abwehrfunktion der Persönlichkeitsrechte der Mutter aus Art. 2 Abs. 2 und Art. 2 Abs. 1 i.V.m. Art. 1 Abs. 1 GG abgewogen werden muss. Hierzu: Vgl. BVerfGE 88, 203 (254 ff.) (Schwangerschaftsabbruch II).

72 Für den Mediziner sind an dieser Stelle insbesondere von Bedeutung die §§ 218 ff. StGB (zwischen Einnistung der Eizelle und Beginn der Eröffnungswehen) bzw. der allgemein strafrechtliche Schutz durch §§ 211 ff., 223 ff., 222, 229 StGB (nach Einsetzen der Eröffnungswehen). Darüber hinaus wird das ungeborene Kind heute u. a. erfasst von §§ 86 Abs. 2 AGM, 12 SGB VII, § 823 Abs. 1 BGB, § 823 Abs. 2 BGB i.V.m. §§ 218 ff. StGB bzw. §§ 211 ff., 223 ff., 222, 229 StGB; §§ 1912, 1923 Abs. 2 BGB.

II. Gang der Untersuchung

Die folgenden Ausführungen sollen zur Diskussion sowie zu den Bemühungen beitragen, die Problematik der Einwilligungsfähigkeit Minderjähriger in medizinische Behandlungsmaßnahmen einer sachgerechten Lösung zuzuführen, indem praktikable und darüber hinaus mit dem geltenden Recht sowie mit entwicklungspsychologischen Erkenntnissen zu vereinbarende Lösungsansätze vorgestellt werden.

Zunächst werden der Arbeit zusammengefassten Thesen vorangestellt, deren Praktikabilität nachfolgend aus medizinischer und rechtlicher Sicht überprüft werden soll. Zu diesem Zweck werden die für diesen komplexen Themenbereich derzeit bestehenden rechtlichen Regelungen zur Geschäftsfähigkeit, Einwilligungsfähigkeit und zum Vetorecht im Zusammenhang mit medizinrechtlichen Fragen sowie den hierzu bisher ergangenen Stellungnahmen aus Literatur und Rechtsprechung unter Einbeziehung entwicklungspsychologischer Erkenntnisse aufgegriffen. Darauf aufbauend werden die vorangestellten Thesen in konkretisierter Form als Lösungsansätze formuliert und auf ihre Anwendbarkeit sowie Vereinbarkeit mit den derzeit geltenden rechtlichen Grundsätzen des Minderjährigenrechtes überprüft. Zuletzt sollen die ausformulierten Thesen auf einzelne schwerpunktbezogene Problemfelder in der Kinder- und Jugendgynäkologie angewendet werden.

Im Rahmen dieser Arbeit wurde durch die Versendung eines entsprechenden Fragebogens[73] eine Befragung von Ärzten an Universitätskliniken sowie von niedergelassenen Ärzten der Fachrichtungen Gynäkologie, Kinder- und Jugendmedizin und der Kinderchirurgie zur Feststellung der tatsächlich bestehenden Praxisrelevanz sowie des Umgangs der Mediziner mit Entscheidungen Minderjähriger durchgeführt. Auf die ausgewerteten Ergebnisse dieser Studie wird im Rahmen der Ausführungen hingewiesen.

III. Darstellung der zu überprüfenden Thesen

Folgende Thesen sollen im Rahmen dieser Arbeit als Diskussionsgrundlage für Lösungsansätze dienen. Aufgezeigt werden soll, dass sich diese Ansätze bereits in bestehende rechtliche Grundsätze einfügen lassen und darüber hinaus geeignet sind, der Problematik der Einwilligungsfähigkeit Minderjähriger zu einer Struktur

73 Beigefügt als Anlage zu dieser Arbeit.

zu verhelfen, die die Medizinpraxis von der teils bestehenden und teils gefühlten Rechtsunsicherheit entlastet.

1. *Partielle Geschäfts- und Einwilligungsfähigkeit für medizinische indizierte Eingriffe, Behandlungen und Maßnahmen sowie für Schwangerschaftsabbrüche nach der Beratungs- und Indikationslösung ab dem 16. Lebensjahr.*

Das Zugeständnis einer „Teilmündigkeit" im Sinne einer partiellen Geschäfts- sowie Einwilligungsfähigkeit in dem Bereich der Gesundheitssorge für *medizinisch indizierte* Eingriffe ab dem 16. Lebensjahr entspricht der heutigen gesellschaftlichen Stellung des Minderjährigen und lässt sich auch bei besonderer Berücksichtigung des gewachsenen normativen Minderjährigenschutzkonzeptes unserer Rechtsordnung sowie entwicklungspsychologischer Überlegungen rechtfertigen. Minderjährige können ab dem 16. Lebensjahr grundsätzlich in eine *medizinisch indizierte* Behandlung einwilligen, da sie aus entwicklungspsychologischer Sicht in diesem Alter regelmäßig all die mentalen und intellektuellen Fähigkeiten ausgebildet haben, die sie benötigen, um komplexe Sachverhalte zu verstehen und weiterzuentwickeln, um darauf aufbauend nach einer altersentsprechenden medizinischen Aufklärung eine eigene, von Abwägung und Reflexion getragene Entscheidung zu treffen. In diesem Alter besitzen sie die grundsätzlichen Fähigkeiten, den gebildeten Willen zu äußern und nach außen zu vertreten. Abgesehen von den allgemeinen rechtlichen Grundsätzen in Bezug auf eine fachgerechte Indikationsstellung sowie der patientenorientierten und alters- und situationsgerechten Behandlungsaufklärung werden dem Arzt bei *medizinisch indizierten* Eingriffen keine gesonderte Überprüfungspflichten in Bezug auf die Einwilligungsfähigkeit dieser Altersgruppe auferlegt, es sei denn, es gibt offensichtliche Hinweise darauf, dass der Minderjährige nicht einwilligungsfähig ist. In solchen Fällen ist der Mediziner, wie derzeit auch bei volljährigen Patienten, verpflichtet, das Fehlen der Einwilligungsfähigkeit festzustellen. Das Feststellen einer negativen Abweichung des „Istzustandes" von einem definierten „Sollzustand" entspricht der medizinischen wie auch der juristischen Herangehensweise. Hierfür werden dem Arzt nachfolgend Kriterien an die Hand gegeben. Darüber hinaus steht das Zugeständnis einer partiellen Geschäftsfähigkeit des 16-jährigen Minderjährigen mit den Anforderungen, die der Gesetzgeber den Minderjährigen dieser Altersgruppe im Rechtsverkehr heute bereits abverlangt, im Einklang und fügt sich nahtlos in das bestehende zivilrechtliche Minderjährigenschutzkonzept ein. Mithin kann der Minderjährige ab dem 16. Lebensjahr regelmäßig selbst in eine medizinisch indizierte Behandlung einwilligen und auch selbstständig die hierfür erforderlichen Behandlungsverträge schließen. Einem Minderjährigen dieser Altersgruppe wird im Hinblick auf die die eigene Person betreffenden medizinischen Belange eine autonome Selbstbestimmung zugestanden, die er selbstständig ausüben kann, jedoch nicht zwingend ausüben muss. Soweit er von seinem grundsätzlich verfassungsrechtlich garantierten Selbstbestimmungsrecht Gebrauch macht, weicht die aus dem Elternrecht abgeleitete Fremdbestimmungsbefugnis der sorgeberechtigten Bezugspersonen aus sich heraus,[74] da das Elternrecht nach der Auffassung des BVerfG nur ein treuhänderisch anvertrautes Recht darstellt,[75] das mit zunehmender Kompetenz des Kindes selbststätig zurücktritt.[76]

2. *Vermutete Einwilligungsfähigkeit bei Jugendlichen zwischen dem 14. und 16. Lebensjahr für medizinische indizierte Eingriffe, Behandlungen und Maßnahmen sowie für Schwangerschaftsabbrüche nach der Beratungs- und Indikationslösung, wenn nicht das Nichtvorliegen negativ festgestellt wird.*

Jugendliche zwischen dem 14. und dem 16. Lebensjahr können grundsätzlich in eine *medizinisch indizierte* Behandlung sowie in einen Schwangerschaftsabbruch nach der Beratungs- und Indikationslösung einwilligen, es sei denn, sie sind nicht in der Lage, die Bedeutung und Tragweite des bevorstehenden Eingriffes sowie die Risiken und den Nutzen der Behandlung zu verstehen und ihr Handeln danach auszurichten. Auch diese Grundannahme führt zur Umkehr der Prüfungs- und Beweissituation, von der derzeit erforderlichen Positivfeststellung in einen Negativausschluss der Einwilligungsfähigkeit. Wenn es auch in Bezug auf diese im besonderen Maße problematische und zwischen dem Kindes- und Jugendalter sowie dem Erwachsenwerden „schwimmende“ Altersgruppe aufgrund der individuell unterschiedlich verlaufenden Reifeentwicklung schwer möglich scheint,

74 Darstellend *Moritz*, Stellung des Minderjährigen, Seite 55 ff. m.w.Nw.

75 BVerfGE 59, 360 (376).

76 Den Gegensatz von Persönlichkeits- und Selbstbestimmungsrecht des Kindes aus Art. 2 Abs. 1 GG zum Elternrecht aus Art. 6 Abs. 2 GG hat das BVerfG zunächst dadurch überbrückt, dass es das Elternrecht sowie die Elternpflicht auf das Kind und seine Persönlichkeitsentfaltung bezog, sodass sich das Kindesinteresse aus Art. 1 sowie Art. 2 GG als solches in das Elternrecht einfügte. Vgl. BVerfG, NJW 1968, 2233 (2235). Das Elternrecht konnte somit im Interesse sowie zum Schutz der Rechte des Kindes aus Art. 1 und Art. 2 GG eingeschränkt werden. Vgl. BVerfG NJW 1971, 1447, 1448; 81, 1201 (1202); 1982, 1379 f. In seiner Entscheidung zur Schweigepflicht von Schülerberatern gegenüber den Eltern leitete das BVerfG die Rechte des Kindes jedoch unmittelbar aus Art. 6 Abs. 2 GG ab, sodass es das Elternrecht nunmehr als dienendes und „fiduziarisches Recht“ qualifizierte, dass mit zunehmender Kompetenz des Minderjährigen weicht. Vgl. BVerfG 1982, 1375 (1377); *Ramm*, NJW 1989, 1708 (1712).

feste Kriterien für das Vorhandensein einer hinreichenden kognitiven Entwicklung sowie der Fähigkeit, diese auch zur Erkenntnisbildung zu nutzen, zu formulieren, so ist es doch unter Zuhilfenahme der psychologischen Forschung möglich, nachprüfbare Kriterien aufzustellen, die im Sinne einer Negativabgrenzung darauf hindeuten, dass ein entsprechendes Verständnis offensichtlich nicht vorliegt. Ein solches Regel-Ausnahmeverfahren kommt sowohl der juristischen als auch der medizinischen Herangehens- und Denkweise entgegen, entlastet den Mediziner von den im Einzelfall zur Positivfeststellung notwendigen gutachterlichen und fachfremden Fähigkeiten und führt somit insgesamt zur Rechtssicherheit sowie zur verbesserten Prüfbarkeit für den Arzt wie auch zu einer verbesserten Überprüfbarkeit durch die Rechtsprechung. Die Begründung, dass Jugendliche in ihrer Entwicklung zu inkongruent seien, als dass man hierfür feste Kriterien aufstellen könnte, vermag in Bezug auf eine Positiv-, nicht jedoch für eine Negativabgrenzung zu überzeugen. Die objektiv regelmäßig vorhandenen durchschnittlichen altersentsprechenden Entwicklungsschritte und Fähigkeiten von Kindern und Jugendlichen sind in ihrer ganzen Komplexität der psychologischen Hirn- und Entwicklungsforschung heute durchaus bekannt, erfordern jedoch im Rahmen der konkreten Positivfeststellung ein nicht unerhebliches Fachwissen und im Einzelfall sogar die Durchführung fachspezifischer standardisierter Testverfahren. Warum soll dem Mediziner, der nicht in jedem Fall über diese gegebenenfalls fachfremden Kenntnisse verfügt, zugemutet werden, die Einwilligungsfähigkeit selbst positiv festzustellen, wenn hinreichend belegbar ist, dass auch Minderjährige ab dem 14. Lebensjahr regelmäßig schon all das entwickelt haben, was für eine selbstbestimmte und autonome Entscheidungsfindung erforderlich ist. Werden sodann Kriterien zur Negativabgrenzung zur Verfügung gestellt, die indizieren, dass die Einwilligungsfähigkeit im Einzelfall nicht vorliegt, und wird der Behandler dazu verpflichtet, die vermutete Einwilligungskompetenz bei dieser Altersgruppe in jedem Fall auf diese Erkenntnisdefizite hin zu überprüfen, so wird der Mediziner einerseits von psychiatrischen Spezialkenntnissen entlastet, da es auf die Frage, „warum" eine solch festgestellte Abweichung vorliegt, nicht ankommt, und andererseits wird eine transparentere objektive Überprüfbarkeit der ärztlichen Einschätzung ermöglicht. Die Feststellung, dass ein erwarteter Entwicklungsstand nicht erreicht ist, verlangt dem Mediziner für die konkrete Würdigung im Einzelfall nunmehr keine tief greifenden psychologischen oder psychiatrischen Spezialkenntnisse mehr ab, sondern lediglich eine durch psychologische Grundkenntnisse unterstützte allgemeine Menschenkenntnis, die er in seiner Ausbildung regelmäßig erwirbt. Soweit dennoch Zweifel bestehen bleiben, bleibt es dem Arzt nicht erspart, sich im konkreten Einzelfall um eine Beratung durch einen sachverständigen Kollegen zu bemühen. Da es sich vorliegend ausschließlich um *medizinisch indizierte* Eingriffe und Behandlungen handelt, zu deren Gewährung personensorgeberechtigte Vertreter regelmäßig verpflichtet sein werden, stellt die fehlende Geschäftsfähigkeit dieser Altersgruppe nur noch ein Scheinproblem dar. Für *medizinisch nicht indizierte Eingriffe*, wie beispielsweise solche der wunscherfüllenden Medizin, bleibt es bei den bisherigen Grundsätzen. Auch verfassungsrechtlich lässt sich eine solche Herangehensweise rechtfertigen, da die Abwägung zwischen den kollidierenden Grundrechten im Rahmen der praktischen Konkordanz gebietet, das Selbstbestimmungsrecht des Minderjährigen aus Art. 2 Abs. 1 GG i.V.m. Art. 1 Abs. 1 GG nur so lange und insoweit durch Art. 6 Abs. 2 GG zu beschränken, bis der Minderjährige selbst die erforderliche Selbstbestimmungskompetenz entwickelt hat. Da eine abgestufte partielle Mündigkeitsregelung, die sich an der zunehmenden Selbstbestimmungsfähigkeit des Kindes orientiert und sachlich begründet ist, nach der Auffassung des Bundesverfassungsgerichtes kein Eingriff in das Elternrecht darstellt,[77] ist es verfassungsrechtlich gewollt, dass das auf Auflösung angelegte Elternrecht mit der Entwicklung zunehmender Kompetenzen des Kindes aus sich heraus weicht.

3. *Keine Einwilligungsfähigkeit bei Kindern unter 14 Jahren, jedoch ein allgemeines Vetorecht*

Eine Ausweitung dieses Regel-Ausnahmekonzeptes auf Minderjährige vor dem 14. Lebensjahr scheint zwar nicht per se ausgeschlossen, stößt jedoch auf berechtigte Bedenken. Kindern unter 14 Jahren die Einwilligungskompetenz generell abzuerkennen, scheint vor dem Hintergrund der Rechtssicherheit vertretbar, ist aber nur dann unter Berücksichtigung der Wesensgehaltsgarantie aus Art. 19 Abs. 2 GG mit der Verfassung zu vereinbaren, wenn den Kindern dieser Altersgruppe allgemein ein Vetorecht zugestanden wird, was zu einer beachtlichen Aufwertung und Berücksichtigung des Kindeswillens in der medizinischen Behandlung führt und im Konfliktfall des Kindes mit seinen sorgeberechtigten Bezugspersonen die konkrete Möglichkeit einer gerichtlichen Überprüfung der Vertreterentscheidung eröffnet.

Die Vertretbarkeit vorstehender Thesen mit den derzeit geltenden rechtlichen Grundsätzen wird nachfolgend überprüft. Weiter sollen die Folgen ihrer Anwendung anhand konfliktträchtiger Behandlungssituationen in der Pädiatrie, Kinder- und Jugendgynäkologie dargestellt werden.

---

77 BVerfGE 59, 382 (387 f.).

B. Partielle Geschäftsfähigkeit Minderjähriger für medizinisch indizierte Eingriffe?

I. Der Behandlungsvertrag „de lege lata"

1. Rechtsnatur des Behandlungsvertrages

Der medizinische Behandlungsvertrag ist nach ganz herrschender Meinung unabhängig davon, ob der Patient überhaupt, gesetzlich oder privat krankenversichert ist,[78] regelmäßig dienstvertraglicher Natur, auf den die §§ 611 ff. BGB schon seit jeher Anwendung fanden.[79] Dem hat der Gesetzgeber nach nunmehr fast 30-jähriger Diskussion[80] durch die Kodifizierung in den §§ 630 a ff. BGB[81] auf der Grundlage des am 26. Februar 2013 in Kraft getretenen Patientenrechtegesetz[82] Rechnung getragen.[83] In Anlehnung an die tradierte Rechtsprechung der Zivilgerichte schreibt § 630 a BGB den Behandlungsvertrag als neuen Vertragstyp in der speziellen Ausprägung eines Dienstvertrages fest. Der Behandlungsvertrag ist somit privatrechtlicher Natur[84] und bildet die synallagmatische

78 Vgl. *Laufs/Uhlenbruck,* § 25 Rn 7.

79 Vgl. BGH, ZIP 2006,1254; BGHZ 63, 306 (309); Palandt/*Weidenkaff,* Einf. v. § 611 Rn 18 ff.; MüKo/*Müller-Glöge*, § 611 Rn 79; *Ratzel*, § 9; *Wenzel,* Kap. 4 Rn 9; *Frahm,* AHR Rn 2; BGH, NJW 2005, 2069 (2070).

80 *Montgomery*, MedR 2013, 149 (150); *Kern* in Laufs/Kern, § 38 Rn 8.

81 Aufgenommen wurde folgende Formulierung: *„Vertragstypische Pflichten beim Behandlungsvertrag, (1) Durch den Behandlungsvertrag wird derjenige, welcher die medizinische Behandlung eines Patienten zusagt (Behandelnder), zur Leistung der versprochenen Behandlung, der andere Teil (Patient) zur Gewährung der vereinbarten Vergütung verpflichtet, soweit nicht ein Dritter zur Zahlung verpflichtet ist. (2) Die Behandlung hat nach den zum Zeitpunkt der Behandlung bestehenden, allgemein anerkannten fachlichen Standards zu erfolgen, soweit nicht etwas anderes vereinbart ist."*

82 „Gesetz zur Verbesserung der Rechte von Patientinnen und Patienten" 20. Februar 2013 (BGBl. I S. 277), in Kraft getreten am 26. Februar 2013.

83 Kritisch zum PatRG: *Hart*, MedR 2013, 159 ff.; *Thurn*, MedR 2013, 153 ff.; *Montgomery*, MedR 2013 149 ff.; *BZÄK*, becklink 1018201; kritisch schon zum Regierungsentwurf: *Katzenmeier*, MedR 2012, 576 ff.; begrüßend *Thole,* MedR 2013, 145 ff.

84 Zur öffentlich-rechtlichen Ausgestaltung des Behandlungsverhältnisses vgl. *Laufs/Katzenmeier/Lipp* Kap. III Rn 1 Fn 2. Dort ist ausgeführt: *„Dem öffentlichen*

Verknüpfung für die nach den Regeln der ärztlichen Kunst durchzuführenden Behandlungs- und Untersuchungsmaßnahmen durch den Arzt mit der Verpflichtung zur Zahlung der vereinbarten bzw. der üblichen Vergütung durch den Patienten.

Auch die ärztliche Behandlung Minderjähriger geschieht regelmäßig auf der Grundlage eines Vertrages. Da Minderjährige regelmäßig nicht voll geschäftsfähig sind, im Einzelfall aber einwilligungsfähig sein können, stellt sich für den Mediziner insbesondere im Hinblick auf die Absicherung seines Vergütungsanspruches die rechtsgeschäftlich relevante Frage, wann ein minderjähriger Patient für den Abschluss des Behandlungsvertrages auf die Einwilligung bzw. die Genehmigung seiner gesetzlichen Vertreter angewiesen ist und unter welchen Voraussetzungen er gegebenenfalls auch ohne eine solche Zustimmung selbst wirksam einen Arztvertrag abschließen kann, mithin als geschäftsfähig gilt. Diese Fragen beantworten zunächst einmal die §§ 104 ff. BGB i.V.m. den Regelungen des gesetzlichen Vertretungsrechtes (§ 1629 Abs. 1 BGB), die nach der Aussage des BVerfG sicherstellen sollen, dass Minderjährige keine *„Verträge abschließen, die nicht in ihrem wohlverstandenen Interesse liegen"*,[85] womit das BVerfG wiederholt die im besonderen Maße geschützte Stellung des Minderjährigen im Rechts- und Geschäftsverkehr betont. Ob vor dem Hintergrund dieser vom Gesetzgeber gewollten Sonderstellung Minderjähriger die für das allgemeine Rechtsgeschäft geltenden Grundsätze bzw. Ausnahmen zur Geschäftsfähigkeit auch auf den medizinischen Behandlungsvertrag Anwendung finden, wird durchaus kontrovers diskutiert.

Recht gehören etwa die Rechtsbeziehungen zwischen einem Psychiatrischen Landeskrankenhaus und dem Patienten an, der sich dort in einer geschlossenen Abteilung befindet. Dies gilt nicht nur bei Zwangseinweisungen nach dem öffentlich-rechtlichen Unterbringungsrecht, sondern nach überwiegender Ansicht auch, wenn sich der Patient ohne behördliche Einweisung mit der Aufnahme in einer geschlossenen Abteilung einverstanden erklärt hat. Das Einverständnis des Patienten lässt zwar ein Unterbringungsverfahren entbehrlich werden, begründet aber kein Vertragsverhältnis mit dem Krankenhaus", so BGH, NJW 2008, 1444; BGHZ 38, 49; VGH Mannheim, NJW 1991; **a.A.** *Fischer/Mann*, NJW 1992, 1539 (1540 f.), (Behandlungsvertrag bei freiwilliger Aufnahme) m.w.Nw.; privatrechtlich handelt dagegen der Arzt einer offenen psychiatrischen Klinik in öffentlich-rechtlicher Trägerschaft (BGH, NJW 1985, 677).

85 Vgl. BVerfGE 72, 155 (172).

2. Vertragsabschluss durch die gesetzlichen Vertreter[86]

Soweit ein Behandlungsvertrag die ärztliche Versorgung Minderjähriger zum Gegenstand hat, wird er regelmäßig zwischen dem Arzt[87] bzw. dem Krankenhausträger[88] und den gesetzlichen Vertretern des Minderjährigen geschlossen.[89] In diesem Fall schuldet nicht der Minderjährige, dem die ärztliche Leistung zugutekommt, die Vergütung, sondern die gesetzlichen Vertreter als Vertragspartner des Arztes.[90] Diese schulden aber auch dem minderjährigen Kind die notwendige medizinische Behandlung kraft ihrer Personensorgeverpflichtung aus den §§ 1626 Abs. 1 i.V.m. 1601, 1603 Abs. 2 BGB. Der Behandlungsvertrag zwischen den gesetzlichen Vertretern und dem Arzt wird zugunsten des Kindes als berechtigtem Dritten i.S.v. § 328 BGB geschlossen,[91] zumindest jedoch mit Schutzwirkung zugunsten Dritter.[92]

---

86 Grundlegendes Urteil zur Haftung der Eltern vgl. BGH, NJW 1988, 2946 ff.

87 Gespaltener Krankenhausaufnahmevertrag, totaler Krankenhausaufnahmevertrag mit Arztzusatzvertrag, privatärztliche oder kassenärztliche Behandlung durch niedergelassene Ärzte.

88 Totaler Krankenhausaufnahmevertrag.

89 BGH, MedR 2005, 714 (716).

90 Beim Kassenpatienten sind, anders als beim Privatpatienten, die versicherungsrechtlichen Leistungen ebenso wie die Beziehungen der Leistungserbringer (Vertragsärzte, Krankenkasse, Kassenärztliche Vereinigung, Krankenhaus) öffentlich-rechtlich ausgestaltet. Dies betrifft insbesondere den Vergütungsanspruch der Behandlungsseite, welcher nicht direkt gegenüber dem Kassenpatienten besteht, sondern bei der Behandlung durch den Vertragsarzt gegenüber der zuständigen KV und bei stationärer Behandlung im Krankenhaus gegenüber der Krankenkasse. Das Behandlungsverhältnis als solches ist jedoch regelmäßig privatrechtlicher Natur (vgl. BGH, VersR 1989, 1085 = FamRZ 1989, 1165). Lediglich wenn sich die ärztliche Maßnahme als Zwangsbehandlung darstellt oder der Arzt mit ihr unmittelbar ein ihm übertragenes öffentliches Amt ausübt, ist das Behandlungsverhältnis hoheitlich geprägt.

91 *Schröder*, Auskunftsanspruch der Eltern, Seite 23, *Kern* in Laufs/Kern, § 39 Rn 27; BGH, NJW 1984, 1400; OLG Schleswig, Urteil vom 10.9.2004 – 4 U 31/97; LSK 2006, 040730; Palandt/*Grüneberg* § 328 Rn 11, *Ramm*, NJW 1989, 1708 (1711).

92 Vgl. *Lipp* in Laufs/Katzenmeier/Lipp, Kap. III Rn 15 ff. m.v.w.Nw.; *Schröder*, Auskunftsanspruch der Eltern, Seite 24; Palandt/*Grüneberg,* § 328 Rn 22, *Ratzel* § 9 Rn 4; BGH, NJW 1992, 2962 ff. Ein Vertrag mit Schutzwirkung zugunsten Dritter kann dann vorliegen, wenn sich nach dem Inhalt des Vertrages für den Schuldner/Arzt erkennbar der Schutz nicht nur auf den Vertragspartner beschränkt, sondern einen Dritten mit einbezieht, dem der Gläubiger Schutz und Fürsorge schuldet. Dies ist regelmäßig bei der Entbindung der Fall. *Wenzel,* Kap. 4 Rn 40 f.; *Deutsch/Spickhoff,* MedR, Rn 97; *Frahm*, AHR, Rn 6.

Während der Minderjährige beim Vertrag zugunsten Dritter durch die rechtliche Einbeziehung Vertragspartei wird und unabhängig von der Frage der Geschäftsfähigkeit ein abgespaltenes Forderungsrecht hat,[93] ist er beim Vertrag mit Schutzwirkung zugunsten Dritter in jedem Fall in der Weise in die vertraglichen Sorgfalts- und Obhutspflichten mit einbezogen, dass er bei deren Verletzung einen eigenen Schadensersatzanspruch erwirbt.[94]

Die gemeinsame vertragliche Haftung der sorgeberechtigten Bezugspersonen entsteht bei bestehender Ehe der Eltern regelmäßig auch dann, wenn der Minderjährige nur in Begleitung eines Elternteils erscheint, da der anwesende Elternteil gem. § 1357 BGB als ermächtigt betrachtet werden kann,[95] in Bezug auf die Geschäfte zur Deckung des angemessenen Lebensbedarfes der Familie[96] (wozu auch die medizinische Behandlung im Rahmen der Personensorge für das minderjährige Kind gehört[97]) ebenfalls den anderen sorgeberechtigten Elternteil zu verpflichten.[98] Dieser Grundsatz gilt ausnahmslos für nicht aufschiebbare notwendige Notfallbehandlungen.[99] Die Mitverpflichtung des anderen, nicht anwesenden Ehegatten/Elternteils findet lediglich dort ihre Grenze, wo der Rahmen der angemessenen Unterhaltspflicht (§ 1360 BGB) überschritten[100] wird oder es sich im

---

93 *Schröder*, Auskunftsanspruch der Eltern, Seite 24.

94 Palandt/*Grüneberg* § 328 Rn 13; BGH NJW 2008, 2245 ff.

95 Vgl. BGH, NJW 2005, 2069; *Sieper*, MedR 2006, 638 (639); *Wenzel*, Kap. 4 Rn 41; *Lipp* in Laufs/Katzenmeier/Lipp, Kap. III Rn 16. Dies gilt jedoch nicht, wenn die sorgeberechtigten Ehegatten dauernd getrennt leben oder geschieden sind.

96 Die notwendige Krankenhausbehandlung eines gemeinsamen Kindes der Ehegatten gehört stets zum angemessenen Lebensbedarf der Familie, sodass eine Verpflichtung des anderen Ehegatten regelmäßig in Betracht kommt. Vgl. *Sieper*, MedR 2006, 638 (639); BGH, MedR 2005, 714 (716).

97 Vgl. BGHZ, 116, 184 (186 f.) = BGH, NJW 1992, 909; BGH, NJW 2005, 2069 (2071).

98 BGH, NJW 2005, 2069 (2071); BGH, NJW 1988, 2946 (2947).

99 BGH, NJW 1988, 2946 (2946).

100 In Bezug auf die Wirtschaftlichkeit ist die gesamte Familie und deren Einkommenssituation zu betrachten. Unzulässig ist es, nur auf die Frage der Mittellosigkeit des in Anspruch genommenen Ehegatten abzustellen. Entscheidend ist, ob die Kosten der Krankenhausbehandlung im Verhältnis zu dem Lebenszuschnitt der Familie stehen. Vgl. BGH, MedR 2005, 714 (717); BGH, NJW 1992, 909. Im gerichtlichen Verfahren gilt es zu überprüfen, ob die Familie in der Lage ist, die Krankenhausbehandlungskosten im Rahmen ihrer Möglichkeiten zu zahlen. Vgl. *Sieper*, Die Haftung des Ehegatten, MedR 2006, 638 (641).

Einzelfall um schwierige und einschneidende Behandlungsmaßnahmen handelt.[101] Nach § 1357 Abs. 3 BGB greift diese sogenannte „Schlüsselgewalt" der Ehegatten jedoch nicht mehr, wenn die Ehegatten geschieden sind. Dies gilt auch dann, wenn die Eltern lediglich getrennt leben.[102] In diesen Fällen wird im Außenverhältnis grundsätzlich nur derjenige Elternteil aus dem Arztvertrag berechtigt und verpflichtet, der mit dem Kind den Arzt aufgesucht oder den Arzt hinzugezogen hat,[103] auch wenn im Innenverhältnis der handelnde Ehegatte je nach Fallkonstellation gegebenenfalls gem. §§ 677, 683, 670 BGB, §§ 683, 679, 1601 BGB einen Aufwendungsersatzanspruch bzw. gem. §§ 677, 670, 257 BGB einen Befreiungsanspruch gegen den jeweils anderen Sorgeberechtigten haben kann.[104] Gleiches gilt für Kinder, deren Eltern in einer nicht ehelichen Lebensgemeinschaft leben.[105] Eine Ausnahme ist lediglich dann denkbar, wenn ein Elternteil ausdrücklich im Namen und in Vollmacht des getrennten oder geschiedenen Ehegatten handelt.[106] Da die Situation des Getrenntseins bzw. des gemeinsamen Zusammenlebens Eltern nach außen für den Arzt aber nicht immer zu erkennen ist, muss er sich, da sein guter Glaube an ein Zusammenleben der Eltern nicht geschützt wird, im Zweifel danach erkundigen.[107] Eine Grundsatzentscheidung zu der Frage, wann ein Arzt, dem ein Elternteil die Zustimmung für einen Heileingriff bei einem minderjährigen Kind erteilt, auf dessen Ermächtigung zum Handeln auch für den anderen, nicht anwesenden Elternteil vertrauen darf, hat der BGH im Urteil vom 28.06.1988 – VI ZR 288/87 getroffen. Diesbezüglich unterschied er „einfache" von „schwierigen" Behandlungsentscheidungen, indem er ausführte:

> *„Wenn es um die ärztliche Behandlung eines minderjährigen Kindes geht, wird typischerweise davon ausgegangen werden können, dass der mit dem Kind beim Arzt oder im Krankenhaus vorsprechende Elternteil ermächtigt ist, für den Abwesenden die erforderliche Einwilligung in ärztliche Heileingriffe nach Beratung durch den Arzt zu erteilen. Geht es allerdings um schwierige und weitreichende Entscheidungen über die Behandlung des Kindes, die mit erheblichen Risiken für das Kind verbunden sind,*

---

101 *Kern*, NJW 1994, Seite 753 (756); BGH, NJW 1988, 2946 (2947).

102 Palandt/*Brudermüller*, § 1357 Rn 9; *Sieper*, MedR 2006, 638 (639).

103 AG Bielefeld, FamRZ 1967, 355; Palandt/*Brudermüller*, § 1357 Rn 9.

104 AG Bielefeld, FamRZ 1967, 355. Anmerkung zum Urteil vom LG Saarbrücken, NJW 1972, 346.

105 *Palandt/Brudermüller*, vor § 1297 Rn 25; *ders.*, *§ 1357 Rn 6.*

106 *Kern* in Laufs/Kern, Handbuch des Arztrechts § 39 Rn 31 ff.

107 Palandt/*Brudermüller*, § 1357 Rn 9; *Kern* in Laufs/Kern, Handbuch des Arztrechts § 39 Rn 32; LG Tübingen, FamRZ 1984, 50: *Im Rahmen des § 1357 III BGB ist eine Rechtsscheinhaftung analog §§ 169, 170, 173 BGB ausgeschlossen.*

dann liegt eine Ermächtigung des einen Elternteils zur Einwilligung in ärztliche Eingriffe bei dem Kind durch den anderen nicht von vornherein nahe. Deshalb muss sich der Arzt in einem solchen Fall die Gewissheit verschaffen, dass der nicht erschienene Elternteil mit der vorgesehenen Behandlung des Kindes einverstanden ist (...)".[108]

Auch dann, wenn der Minderjährige allein zur Behandlung in der Praxis erscheint, kann unter Umständen gleichwohl ein Behandlungsvertrag mit den gesetzlichen Vertretern zustande kommen, wenn nach den Umständen des Einzelfalles das Kind als Bote der Eltern anzusehen ist, das deren Willenserklärung übermittelt.[109] Eine Verpflichtung der vertretungsberechtigten Bezugspersonen zur Übernahme der erforderlichen Kosten ohne Zusatzleistungen für die Behandlung des kontrahierungsunfähigen Kindes wäre grundsätzlich auch nach den Grundsätzen der rechtsgeschäftlichen Vertretung nach §§ 164 ff. BGB denkbar. Der Minderjährige wird dann als rechtsgeschäftlicher Vertreter angesehen, da es wegen § 165 BGB seiner Geschäftsfähigkeit nicht bedarf.[110] Teilweise wird auch vorgeschlagen, dem (einwilligungsfähigen) Minderjährigen im Bereich der medizinischen Behandlung selbst eine derzeit gesetzlich nicht normierte „kindliche Schlüsselgewalt"[111] nach dem Vorbild des § 1357 BGB zuzugestehen, die es ihm ermöglichen soll, in dem Fall, dass er nach den derzeit bestehenden strafrechtlichen und deliktischen Grundsätzen selbst in die Behandlung einwilligen kann, auch selbstständig, die gesetzlichen Vertreter verpflichtend, den dazu gehörenden Behandlungsvertrag abzuschließen.[112]

In Notfällen lässt sich der ärztliche Aufwendungs-/Vergütungsanspruch auch ohne ausdrückliche oder konkludente Einwilligung der gesetzlichen Vertreter auch aus §§ 677, 683 i.V.m. 670 BGB herleiten,[113] wenn die Behandlung im Interesse des Minderjährigen bzw. der gesetzlichen Vertreter ist und angenommen

108 Vgl. BGH, NJW 1988, 2946 (2947 f.) m.v.w.Nw.

109 Vgl. *Lipp* in Laufs/Katzenmeier/Lipp III, B III 2 Rn 19; Soergel/*Spickhoff*, § 823 Anh. I Rn 1; *Deutsch/Spickhoff*, MedR Rn 788; *Schröder*, Auskunftsanspruch der Eltern, Seite 23.

110 *Sieper*, MedR 2006, 638 (639).

111 Vgl. hierzu auch den Alternativentwurf des Juristinnenbundes E § 1628, abgedruckt u.a. in *Rothärmel u.a., Seite* 296. Hier heißt es zu *§ 1628 (ärztliche Behandlung) „(...) Ein minderjähriges Kind, welches das 14. Lebensjahr vollendet hat, kann sich, ohne Zustimmung der Eltern, einer ärztlichen Behandlung unterziehen(...)". „(...) Aus einer mit alleinigen Zustimmung des minderjährigen Kindes vorgenommenen ärztlichen Behandlung werden auch die Eltern schuldrechtlich verpflichtet (...)"*

112 *Rouka*, Seite 151 f.; zu diesen und anderen Reformvorschlägen vgl. auch Staudinger/*Peschel-Gutzeit*, § 1626 Rn 103 f.

113 Vertreten wird auch hier die Auffassung der s.g. „kindlichen Schlüsselgewalt".

werden kann, dass diese deren mutmaßlichen Willen entspricht,[114] was bei einer medizinisch indizierten Notfallbehandlung regelmäßig der Fall sein wird.

3. Familiengerichtliche Ersetzung der Zustimmung bei Kindeswohlgefährdung

Das Kindeswohlprinzip wurde in § 1697 a BGB durch Art. 1 Nr. 26 KindRG[115] neu in das BGB eingefügt und enthält einen allgemeinen Entscheidungsmaßstab und allgemeine Eingriffsvoraussetzungen für gerichtliche Entscheidungen auf dem Gebiet der elterlichen Sorge.[116] Mit der Vorschrift stellt der Gesetzgeber das „Kindeswohl"[117] als Richtschnur für alle gerichtlichen Maßnahmen auf dem Gebiet des Kindschaftsrechts heraus.[118] Der unbestimmte Rechtsbegriff des „Kindeswohls" ist jedoch inhaltlich schwer zu fassen. Dies gilt umso mehr, als dass das BVerfG betont hat, dass es im Hinblick auf Art. 6 Abs. 2 GG[119] ausdrücklich nicht zum staatlichen Wächteramt gehört, einem Kind die bestmöglichsten Entwicklungs- und Lebensbedingungen zu gewähren,[120] da die Eltern und deren sozialökonomisches Handeln bis zur Grenze des kindeswohlgefährdenden Verhaltens grundsätzlich das Schicksal und Lebensrisiko eines Kindes darstellen,[121] was im Einzelfall schwer zu akzeptieren ist. Insoweit besteht die generelle Annahme, dass auch unvollkommene Eltern für das Kind besser sind als eine staatliche Intervention,[122] sodass die Gefährdung des Kindeswohls nachhaltig und schwerwiegend sein muss.[123] Auch wenn die Gesetzesbegründung zu § 1697 a BGB einzelne Entscheidungskriterien zur Definition des

114 Vgl. MüKo/*Müller-Glöge,* § 611 Rn 87; *Wenzel,* Kap. 4 Rn 47.
115 Das Kindschaftsrechtsreformgesetz vom 1. Juli 1998, BT-Drucks. 13/4899.
116 BT-Drucks. 13/4899, Seite 109 (110 f.).
117 Umfangreiche Darstellung der Entwicklung des Kindeswohls in: *Parr,* Das Kindeswohl.
118 *Harms* in Kaiser/Schnitzler/Friederici BGB, § 1696 a Rn 1.
119 Art.6 Abs. 2 S.1 GG sowie Art. 8 EMRK garantieren den Eltern das Recht auf Pflege und Erziehung ihrer Kinder und die Achtung des Familienlebens durch den Staat. Vgl. OLG Hamm, FamRZ 2006, 1476.
120 BVerfG, Beschluss vom 29.1.2010 – 1 BvR 374/09, NJW 2010, 2333 (2335); BVerfGE 34, 165 (184); Palandt/*Götz* § 1666, Rn 7.
121 Vgl. Palandt/*Götz,* § 1666 Rn 7 m.w.Nw.; BVerfG, NJW 2010, 2333 (2335); BVerfG, 34, 165 (184); OLG Köln, JAmt 2008, 45; OLG Brandenburg, Beschluss vom 15.1.2009 – 9 UF 51/07, BeckRS 2009, 04161.
122 BVerfG, NJW 1982, 1379 ff.
123 BVerfG, NJW 1982, 1379 (1380).

Kindeswohls enthält,[124] ist doch die tatsächliche Feststellung einer Kindeswohlgefährdung regelmäßig auf einen Einzelfall bezogen und in Grenzfällen durchaus eine ausgesprochen schwierige. Eine solche setzt grundsätzlich eine gegenwärtige sowie derart konkrete Gefahr voraus, dass sich bei der weiteren Entwicklung der Dinge eine erhebliche, nachhaltige und schwerwiegende Schädigung des geistigen, seelischen oder körperlichen Wohls des Kindes mit ziemlicher Sicherheit voraussehen lässt.[125] Liegt eine solche Gefährdung vor, kann bzw. muss das Familiengericht nach § 1666 BGB Maßnahmen zum Schutz des Kindes ergreifen, wobei Maßnahmen, die mit einer Trennung des Kindes von der elterlichen Familie verbunden sind, gem. § 1666 a BGB erst zulässig sind, wenn der Gefahr nicht auf andere Weise, auch nicht durch öffentliche Hilfen begegnet werden kann. So betont auch das BVerfG, dass

> *„(...) nicht jedes Versagen oder jede Nachlässigkeit der Eltern den Staat berechtigt, auf der Grundlage seines Wächteramts die Eltern von der Pflege und Erziehung ihres Kindes auszuschließen. (...) Das GG hat den Eltern die primäre Entscheidungszuständigkeit bezüglich der Förderung ihrer Kinder zugewiesen. Dabei wird auch in Kauf genommen, dass Kinder durch den Entschluss ihrer Eltern wirkliche oder vermeintliche Nachteile erleiden. (...) Das elterliche Fehlverhalten muss daher ein solches Ausmaß erreichen, dass das Kind bei einem Verbleib in der Familie in seinem körperlichen, geistigen oder seelischen Wohl nachhaltig gefährdet ist. (...)“*[126]

Das FamRMaßnErlG vom 4.7.2008[127] hat den § 1666 BGB in seiner Grundkonzeption maßgeblich verändert. Für den Eingriff in die elterliche Sorge sind seither nur noch zwei Tatbestandsmerkmale erforderlich: 1. die *Gefährdung* der Person oder des Vermögens des Kindes[128] und 2. die fehlende Bereitschaft oder Fähigkeit der Eltern, die *Gefahr abzuwenden.*[129] Bis dahin war zum Schutz vor verfassungsrechtlich nicht

---

124 In der BT-Drucks. 13/4899, Seite 110 f. wird insoweit abgestellt auf: 1. die *tatsächlichen Gegebenheiten* (z. B. die Arbeitszeit des umgangsberechtigten Elternteils und die Schulzeiten des Kindes bei der Ausübung des Umgangsrechts), 2. die *tatsächlichen Möglichkeiten* (z. B. der Eltern, das Kind zu fördern, oder des umgangsberechtigten Elternteils, seine Arbeitszeiten flexibel zu gestalten) sowie 3. die *Interessen der Beteiligten* (in der Regel: der Eltern, z. B. an der Durchführung des Umgangsrechts). Diese Kriterien sollen in eine Gesamtbetrachtung einbezogen werden.

125 BGH, FamRZ 1956, 350 (351), FamRZ 2005, 344 (345); Palandt/*Götz,* § 1666 Rn 8; OLG Jena, FamRZ 2006, 280 (281); siehe hierzu auch *Meysen*, NJW 2008 2673.

126 BVerfG, Beschluss vom 19.12.2007 – 1 BvR 2681/07, BeckRS 2008, 30819 m.w.Nw.

127 BGBl. I, 1188.

128 Palandt/*Götz* § 1666 Rn 7 ff., 22 ff.

129 Palandt/*Götz,* § 1666 Rn 28; *Rakete-Dombek,* in Kaiser/Schnitzler/Friederici, BGB, § 1666 Rn 2.

gedeckten Eingriffen in die elterliche Sorge weiter Voraussetzung, dass „die Gefährdung durch missbräuchliche Ausübung der elterlichen Sorge,[130] durch Vernachlässigung des Kindes, durch unverschuldetes Versagen der Eltern oder durch das Verhalten eines Dritten verursacht war".[131] Aber auch wenn diese Tatbestandsmerkmale nunmehr entfallen sind, dürfen doch auch nach der Neufassung der Vorschrift staatliche Eingriffe in die elterliche Sorge nur erfolgen, soweit sie erforderlich sind. In dem neu geregelten § 1666 Abs. 3 BGB wird nun beispielhaft und nicht abschließend aufgeführt, welche Maßnahmen nach § 1666 Abs. 1 BGB in Betracht kommen können.[132]

In Bezug auf die medizinische Behandlung ist immer wieder der Fall der Behandlungsverweigerung der Eltern aus religiösen, kulturellen oder auch aus anderen Erwägungen Gegenstand eines familiengerichtlichen Verfahrens. Stellt sich die Weigerung der Vertreter, einer medizinisch indizierten Behandlung zuzustimmen, als eine das Kindeswohl gefährdende Ausübung des Sorgerechtes dar und sind die Eltern nicht bereit, trotz hinreichender Aufklärung und Beratung durch den Arzt die notwendige Einwilligung zu erteilen, kann das Gericht gem. § 1666 Abs. 1 Nr. 5 BGB die Zustimmung der Sorgeberechtigten ersetzen oder sogar gem. § 1666 Abs. 3 Nr. 6 BGB die entsprechende Zustimmungsberechtigung nach vollständigem oder teilweisem Sorgerechtsentzug auf einen Vormund oder Pfleger übertragen. Ein solches Verfahren im Einzelfall auch einzuleiten, obliegt nun im Zweifel dem behandelnden Arzt.

4. Vertragsabschluss durch den Minderjährigen

Grundsätzlich ist ein minderjähriger Patient nicht voll geschäftsfähig, sodass die Wirksamkeit des Behandlungsvertrages von der Einwilligung bzw. Genehmigung der gesetzlichen Vertreter abhängig ist. Soweit sich jedoch der Minderjährige ohne Einwilligung und gegebenenfalls auch ohne Wissen des gesetzlichen Vertreters in die medizinische Behandlung begibt, stellt sich für die medizinische Praxis die Frage, ob und inwieweit er möglicherweise auch ohne die Zustimmung seiner gesetzlichen Vertreter selbst wirksam einen Behandlungsvertrag abschließen kann. Die Beantwortung dieser

---

130 Der Begriff der *„elterlichen Gewalt"* wurde im Rahmen der Sorgerechtsreform durch das Gesetz zur Neuregelung des Rechts der elterlichen Sorge vom 18. Juli 1979 mit Wirkung zum 1. Januar 1980 im damaligen § 1709 BGB durch den Begriff der *„elterlichen Sorge"* ersetzt.

131 Vgl. BT-Drucks. 8/2788, Seite 59.

132 Vgl. zu vorstehenden Ausführungen *Rakete-Dombek,* in Kaiser/Schnitzler/Friederici, BGB, § 1666 Rn 2.

Frage richtet sich derzeit nach allgemeinen zivilrechtlichen Grundsätzen sowie nach den im Einzelfall vorliegenden medizinrechtlichen Besonderheiten, wobei zu dieser Thematik unterschiedliche Ansätze und Auffassungen vertreten werden.

a. Die Geschäftsfähigkeit

Da der Mediziner bzw. der Krankenhausträger regelmäßig nur dann einen durchsetzbaren Vergütungsanspruch für die erbrachte Behandlungsleistung erlangt, wenn zuvor ein wirksamer Behandlungsvertrag zustande gekommen ist, steht hinter der Frage der Geschäftsfähigkeit eines Patienten generell ein nicht unerhebliches wirtschaftliches Interesse.

Aufbauend auf dem Grundsatz der Privatautonomie überlässt es das BGB den Privatrechtssubjekten, ihre rechtsgeschäftlichen Angelegenheiten selbst zu regeln. Dies setzt eine gewisse Fähigkeit bzw. Reife desjenigen voraus, der in eigenen Angelegenheiten handeln soll.[133] Die *Geschäftsfähigkeit* ist die Fähigkeit einer natürlichen Person, Rechtsgeschäfte selbst oder durch einen Vertreter wirksam vorzunehmen.[134] Anknüpfungspunkt für diese Problematik ist somit immer die Frage nach der Wirksamkeit einer Willenserklärung. Das BGB geht grundsätzlich davon aus, dass alle Menschen voll geschäftsfähig sind, und regelt folgerichtig nicht konkret den Eintritt der Geschäftsfähigkeit, sondern in den §§ 104 und 106 BGB deren Ausnahmen.[135] In diesem Zusammenhang unterscheidet die deutsche Rechtsordnung im Zivilrecht nach festgelegten Altersstufen zunächst einmal trennscharf zwischen der Geschäftsunfähigkeit in § 104 BGB und der beschränkten Geschäftsfähigkeit in §106 BGB. Die volle, unbeschränkte Geschäftsfähigkeit wird gem. § 2 BGB mit der Vollendung des 18. Lebensjahres, der Volljährigkeit, erreicht.

b. Die Geschäftsunfähigkeit

Kinder vor der Vollendung des 7. Lebensjahres[136] sind gem. § 104 Nr. 1 BGB geschäftsunfähig. Geschäftsunfähig sind weiter gem. § 104 Nr. 2 BGB Personen,

---

133 *Bork,* BGB AT, § 23 Rn 967.

134 Vgl. Palandt/*Ellenberger,* Einf. v. § 104 Rn 2; Prütting/*Völzmann-Stickelbtock,* § 104 Rn 1.

135 Vgl. Palandt/*Ellenberger*, a. a.O.; Prütting/*Völzmann-Stickelbtock,* a. a.O.

136 Das vollendete 7. Lebensjahr als Ende der Geschäftsunfähigkeit besteht seit der Einführung des justinianischen Rechtes im 6. Jahrhundert. Die Konkretisierung auf das 7. Lebensjahr wird mit der damaligen pythagoreischen Zahlenmystik erklärt, die der Zahl 7 eine besondere Bedeutung zusprach. Diese Altersgrenze

die sich in einem die freie Willensbildung ausschließenden Zustand der dauernden krankhaften Geistestätigkeit befinden. Ist ein solcher Zustand nur vorübergehend, so stellt § 105 Abs. 2 BGB weiter klar, das diese Personen zwar nicht per se geschäftsunfähig sind, jedoch eine Willenserklärung, die in diesem Zustand abgegeben wurde, wie diejenige der Geschäftsunfähigen ausnahmslos nichtig ist. Dies gilt grundsätzlich auch für objektiv vernünftige und lediglich rechtlich vorteilhafte Geschäfte und ist unabhängig von der Genehmigung der gesetzlichen Vertreter.[137] Als Folge dieser rechtlichen Einordnung können diese Personengruppen keine rechtlich verbindlichen Willenserklärungen abgeben, sodass ein mit geschäftsunfähigen Personen geschlossener Behandlungsvertrag ohne vorherige Zustimmung des gesetzlichen Vertreters ausnahmslos nichtig ist. Zur Heilung bedarf es regelmäßig der Neuvornahme.

c. Die beschränkte Geschäftsfähigkeit

Die Gruppe der „beschränkt geschäftsfähigen Minderjährigen" steht im Mittelpunkt der zu erörternden Problematik. Personen zwischen dem 7. und 18. Lebensjahr sowie Betreute, die einem Einwilligungsvorbehalt unterliegen, sind beschränkt geschäftsfähig.[138] Gem. § 107 BGB bedarf jeder Minderjährige dieser Altersgruppe zum Abschluss von rechtlich wirksamen Verträgen grundsätzlich der Einwilligung der gesetzlichen Vertreter bzw. gem. § 108 Abs. 1 BGB der nachträglichen Genehmigung,[139] es sei denn, dass ihm das Rechtsgeschäft einen lediglich rechtlichen (nicht wirtschaftlichen) Vorteil bringt, da im letzteren Fall der Vorrang des Minderjährigenschutzes vor dem Vertrauensschutz keine Rechtfertigung findet. Mithin können Minderjährige zwischen dem 7. und dem 18. Lebensjahr derzeit grundsätzlich nur dann ohne die Einwilligung oder Genehmigung des gesetzlichen Vertreters selbst einen wirksamen Behandlungsvertrag abschließen, wenn dieser für sie *nur lediglich rechtlich vorteilhaft* wäre.

---

wurde im 16. Jahrhundert mit der Rezeption des römischen Rechtes in das gemeine deutsche Recht übertragen. Sie fand sich auch im Reichsgesetz vom 17. Februar 1875 wieder und wurde 1896 in das BGB übernommen. Vgl. *Busch* Seite 44 ff. m.w.Nw.

137 Vgl. Palandt/*Ellenberger*, § 105 Rn 1; Prütting/*Völzmann-Stickelbrock*, § 105 Rn 1.

138 Vgl. Palandt/*Ellenberger*, § 106 Rn 1.

139 Zum schwebend unwirksamen Rechtsgeschäft vgl. Palandt/*Ellenberger*, § 108 Rn 1 ff. m.w.Nw.

aa. Lediglich rechtlich vorteilhafte Geschäfte

Bei den lediglich rechtlich vorteilhaften[140] Geschäften ist auf die unmittelbaren Wirkungen des Rechtsgeschäfts abzustellen, auf die wirtschaftliche Betrachtung kommt es nicht an.[141]

Verpflichtungsgeschäfte können grundsätzlich nur dann rechtlich vorteilhaft sein, wenn in diesen der Minderjährige nicht zur Übertragung einer eigenen Rechtsposition oder der Übernahme einer für ihn rechtlich nachteiligen Pflicht verpflichtet wird.[142] Verfügungsgeschäfte sind vor dem Hintergrund des Abstraktionsprinzips regelmäßig nur dann rechtlich vorteilhaft, wenn zugunsten des Minderjährigen verfügt wird, d.h., wenn zu seinen Gunsten ein Recht übertragen, aufgehoben, verändert oder belastet wird. Schließt der Minderjährige ein für ihn nicht lediglich rechtlich vorteilhaftes Rechtsgeschäft ohne Einwilligung des gesetzlichen Vertreters ab, ist dieses bis zur Genehmigung des gesetzlichen Vertreters schwebend unwirksam. Ausschließlich die gesetzlichen Vertreter bzw. im Zweifel das Familiengericht können diesen Schwebezustand beenden, indem sie das Rechtsgeschäft durch ihre genehmigende Erklärung wirksam werden lassen oder aber durch die endgültige Verweigerung der Genehmigung der Unwirksamkeit zuführen.

Da der medizinische Behandlungsvertrag ungeachtet der sozialversicherungsrechtlichen Einbettung zunächst einmal regelmäßig die Verpflichtung zur Vergütung der ärztlichen Leistung beinhaltet, mindestens jedoch die rechtliche Verpflichtung zur Mitwirkung hinsichtlich der Bereitstellung des Honorars durch den Sozialversicherungsträger sowie zu Mitwirkungspflichten in Bezug auf die Behandlung und Mitteilungspflichten gegenüber dem Arzt und somit für den Patienten grundsätzlich die Pflicht zur Übernahme auch rechtlich nachteiliger Verbindlichkeit begründet, ist der Behandlungsvertrag als solcher grundsätzlich als rechtlich nachteilig zu betrachten.[143] Der Auffassung, dass es sich bei den Mitwirkungspflichten lediglich um „Obliegenheiten" handele, deren Befolgung keine Rechtspflicht darstelle und

---

140 Der Begriff des *rechtlichen Vorteils* wird vom Gesetzgeber allein in § 107 BGB verwendet. Dieser wurde zum „zentralen negativen Tatbestandsmerkmal" im Vertretungsrecht des Minderjährigen erhoben, nachdem die Rechtsprechung zunächst den Tatbestand des § 181 BGB und später auch die Tatbestände der §§ 1629 Abs. 2 und 1795 BGB teleologisch um den rechtlichen Vorteil reduzierte. Vgl. hierzu: BGH, NJW 1972, 2262 (1663 f.); *Stutz*, MittRhNotK 1993, 205 (209).

141 Vgl. Prütting/*Völzmann-Stickelbrock*, § 107 Rn 6; Palandt/*Ellenberger*, § 107 Rn 2.

142 Vgl. Prütting/*Völzmann-Stickelbrock*, a.o.a.O.

143 a.A.: *Hennig*, Problematik nicht indizierter Eingriffe, Seite 53 f.

deren Einhaltung lediglich aus eigenem Interesse geboten sei,[144] kann an dieser Stelle nicht ohne Bedenken gefolgt werden.[145] Bei Obliegenheiten handelt es sich um „Pflichten geringerer Intensität", die grundsätzlich für den Berechtigten weder einen Erfüllungsanspruch noch bei Verletzung einen Schadensersatzanspruch begründen.[146] Dies ist im Rahmen der Mitwirkungspflichten des Patienten im Behandlungsvertrag jedoch nicht immer der Fall, da sich der Patient sehr wohl, wenn er beispielsweise einen vereinbarten Behandlungstermin nicht wahrnimmt, gegenüber dem Arzt schadenersatzpflichtig machen kann.[147] Gleiches gilt für Unterlassungs- und Offenbarungsobliegenheiten, die ebenfalls zu einer Rechtspflicht erstarken können. Darüber hinaus ist eine medizinische Behandlung regelmäßig auch mit Eingriffen in die körperliche Integrität, die der Patient im Rahmen der Behandlung preisgibt, und damit mit Gesundheitsgefahren verbunden, die als solche auch als eine Verschlechterung der rechtlichen Position gesehen werden können,[148] sodass der Behandlungsvertrag aus der Sicht des Minderjährigen zunächst einmal nicht lediglich rechtlich vorteilhaft scheint.[149] Im Rahmen der „lediglich vorteilhaften Geschäfte" gilt es jedoch noch zu beachten, dass trotz des klaren Wortlautes des § 107 BGB, der „einen rechtlichen Vorteil" fordert, von der herrschenden Meinung auch das neutrale, mithin das lediglich „nicht nachteilige" Geschäft unter § 107 BGB subsumiert wird.[150]

bb. Neutrale Geschäfte

„Neutrale Geschäfte" sind regelmäßig solche, die für den Minderjährigen weder rechtliche Vor- noch Nachteile bringen, da sie weder für noch gegen ihn selbst wirken, sondern ihre Wirkungen für bzw. gegen einen Dritten entfalten.[151] Solche Geschäfte liegen beispielsweise dann vor, wenn der Minderjährige über einen

---

144 So ausdrücklich *Schröder*, Auskunftsanspruch der Eltern, Seite 33 ff.

145 *Stock*, Die Indikation in der Wunschmedizin, Seite 332.

146 Palandt/*Grüneberg* vor § 241 Rn 13.

147 LG Konstanz, NJW 1994, 3015 ff.; AG Tettnang, NJW 2000, 1800 f.; LG Hannover, NJW 2000, 1799 f.; LG Düsseldorf, Urteil vom 19.03.2004, AZ.: 22 S 117/03; AG Osnabrück, Urteil vom 13.05.1987, AZ.: 44–7 C 322/87; AG Karlsruhe, Urteil vom 05.03.1992, AZ.: 8 C 54/92; AG Bremen, NJW-RR 1996, 818 f.; a. A.: AG Rastatt, NJW-RR 1996, 817 f.; LG München II, NJW 1984, 671 f.

148 MüKo/*Schmitt* § 107 Rn 30.

149 Weitere Ausführungen hierzu unter B, I, 4, c, dd.

150 Vgl. MüKo/*Schmitt*, § 107 Rn 33; Prütting/*Völzmann-Stieckelbrock*, § 107 Rn 8; Palandt/*Ellenberger*, § 107 Rn 7. Nomos BGB 2012, *Dörner*, § 107 Rn 9.

151 MüKo/*Schmitt*, § 107 Rn 33; Palandt/*Ellenberger*, § 107 Rn 7.

Gegenstand verfügt, der im Eigentum eines Dritten steht. Hierunter fällt beispielsweise auch das Handeln eines Minderjährigen als rechtsgeschäftlicher Vertreter für einen anderen im Sinne des § 165 BGB oder mit der Zustimmung des Berechtigten gem. § 185 Abs. 1 BGB.[152] In diesen Fällen wird das Vermögen des Minderjährigen nicht berührt und die Rechtsfolgen dieses Rechtsgeschäftes treten nur bei dem Dritten, nicht aber bei dem Minderjährigen ein, sodass ein solches Geschäft grundsätzlich nicht rechtlich nachteilig sein kann. Ob dies, ungeachtet der Frage, wer im Einzelfall tatsächlich zur Übernahme der Behandlungskosten verpflichtet wird, auch für den durch den Minderjährigen abgeschlossenen medizinischen Behandlungsvertrag gilt, mag in Bezug auf die vertraglichen Nebenpflichten, mithin auf die weiteren Folgen des Rechtsgeschäftes Zweifel hervorrufen. Vor dem Hintergrund, dass der Abschluss des Behandlungsvertrages nach der hier vertretenen Auffassung bereits ein nachteilhaftes Rechtsgeschäft darstellt, ist ein solcher weder „lediglich rechtlich vorteilhaft“ noch “neutral”.

cc. Die „partielle“ Geschäftsfähigkeit.

Im Hinblick auf die §§ 112, 113 BGB ist zu überlegen, ob die Zustimmung oder Genehmigung der gesetzlichen Vertreter zum Abschluss eines Behandlungsvertrages dann entbehrlich sein könnte, wenn die Voraussetzungen der bereits normierten Fälle der „partiellen“ Geschäftsfähigkeit vorliegen. Diesbezüglich könnte in Bezug auf den Abschluss des Behandlungsvertrages durch den Minderjährigen zumindest dann von einer unbeschränkten Geschäftsfähigkeit ausgegangen werden, wenn die medizinische Behandlung nach der generellen Ermächtigung des Minderjährigen durch die gesetzlichen Vertreter sowie mit Genehmigung des Familiengerichtes zum selbstständigen Betrieb eines Erwerbsgeschäftes bzw. nach der Ermächtigung durch die Vertreter zur Eingehung eines Dienst- oder Arbeitsverhältnisses zur Erhaltung oder Wiederherstellung der Arbeitskraft dient.[153] In diesen Fällen soll der Minderjährige nämlich für all die Geschäfte, welche der Geschäftsbetrieb mit sich bringt, bzw. für alle Geschäfte, die die Erfüllung der eingegangenen Dienstpflichten betreffen, unbeschränkt geschäftsfähig sein,[154] mit der Folge, dass die gesetzliche

152 Nomos BGB 2012, *Dörner,* § 107 Rn 9.

153 Vgl. *Deutsch/Spickhoff*, MedR Rn 60, *Laufs/Uhlenbruck,* § 40 Rn 17; *Kern* in Laufs/Kern, Handbuch des Arztrechts § 39 Rn 24.

154 Ausgenommen sind Rechtsgeschäfte, zu denen der gesetzliche Vertreter einer familiengerichtlichen Genehmi-gung bedarf (§ 112 Abs. 1 S. 2 i.V.m. §§ 1643 Abs. 1, 1821, 1822 BGB). Außerhalb des Geschäftsbetriebes unterliegt der Minderjährige jedoch

Vertretungsmacht insoweit ruht.[155] Der partiellen Geschäftsfähigkeit folgt gem. § 52 ZPO auch die partielle Prozessfähigkeit für Streitigkeiten aus diesem Bereich. Folgerichtig schließt auch § 1629 a BGB Verbindlichkeiten aus dem selbstständigen Betrieb eines Gewerbegeschäftes gem. § 112 BGB von der Haftungsbeschränkung aus, da der Minderjährige für Rechtsgeschäfte aus diesem Geschäftsbetrieb sowie Rechtshandlungen, die dem geschäftlichen Bereich zuzuordnen sind,[156] unbeschränkt geschäftsfähig war, und somit die Möglichkeit, ihn beim Eintritt der Volljährigkeit zu privilegieren, als nicht sachgerecht erachtet wird.[157]

Soweit das Gesetz dem Minderjährigen also in dem Fall, dass er selbstständig ein Erwerbsgeschäft betreibt oder sich eigenverantwortlich in ein Arbeits- bzw. Dienstverhältnis begibt, nach einmaliger Zustimmung der Vertreter sowie Genehmigung durch das Familiengericht nahezu ungeprüft das erforderliche Verständnis für die in diesem Zusammenhang notwendigen rechtsgeschäftlichen Handlungen unterstellt und ihn für daraus entstehende Verbindlichkeiten auch wirtschaftlich unbeschränkt dem Haftungsrisiko aussetzt, ist grundsätzlich nicht einzusehen, dass dieser Minderjährige dann nicht auch die notwendige Kompetenz für Fragen seiner eigenen medizinischen Behandlung zum Erhalt seiner Erwerbsfähigkeit haben soll.

Gegen eine solch analoge Übertragung der Teilgeschäftsfähigkeit Minderjähriger im Bereich von Dienst- und Arbeitsverhältnissen auf den Abschluss von medizinischen Behandlungsverträgen spricht jedoch bereits der grundsätzliche Gesetzesaufbau, der die §§ 112 f. BGB durch die Ermächtigung zu einer partiellen und sachlich abgegrenzten Geschäftsfähigkeit als Ausnahme zum Regelfall der §§ 107 f. BGB ausweist.[158] Auch durch den Wortlaut sowie den Sinn der Regelung, die den Minderjährigen lediglich für solche Rechtsgeschäfte unbeschränkt geschäftsfähig erklären, „welche der Geschäftsbetrieb mit sich bringt“, und damit zunächst einmal nur Rechtshandlungen eines laufenden Betriebes sowie solche, die dem geschäftlichen Bereich zuzuordnen sind, erfasst, werden medizinische Behandlungsmaßnahmen offensichtlich nicht ohne Weiteres mit einbezogen. Im Ergebnis würden heute auch nur wenige Minderjährige von einer solch weiten Auslegung profitieren, da die praktische Relevanz der §§ 112, 113 BGB seit der

weiterhin den Beschränkungen der §§ 106 ff. BGB. Vgl. Nomos BGB 2012, *Dörner,* § 112 Rn 4.

155 Nomos BGB 2012, *Dörner,* § 112 Rn 1.

156 Palandt/*Ellenberger* § 112 Rn 3; Nomos BGB 2012, *Dörner* § 112 Rn 4.

157 Palandt/*Götz,* § 1629 a Rn 6; Palandt/*Ellenberger* § 112 Rn 1; *Kaiser* in Kaiser/Schnitzler/Friederici, BGB/Familienrecht, NK-BGB, Bd. 4, § 1629 a BGB Rn 21 ff.

158 *Moritz*, Stellung des Minderjährigen, Seite 307; Palandt/*Ellenberger* § 112 Rn 1; Nomos BGB 2012, *Dörner* § 112 Rn 1.

Herabsetzung des Volljährigkeitsalters auf 18 Jahre sowie angesichts dessen, dass heute nur wenige Minderjährige unter 18 Jahren ein selbstständiges Erwerbsgeschäft im Sinne des § 112 BGB betreiben, die allgemeine schulische Ausbildungsphase sehr lang ist und § 113 BGB auf Lehrverhältnisse keine Anwendung findet,[159] eher gering und für den Mediziner im Einzelfall auch nicht nachprüfbar ist.

dd. Die sozialversicherungsrechtliche Handlungsfähigkeit

Als Handlungsfähigkeit wird die rechtliche Fähigkeit bezeichnet, durch eigenes Handeln Rechtswirkungen herbeizuführen, insbesondere Rechte zu erwerben und Pflichten zu begründen.[160] Die Voraussetzungen für die zivilrechtliche Handlungsfähigkeit einer Person sind nicht für alle Rechtswirkungen gleich. Je nach Rechtshandlung wird die Handlungsfähigkeit im Zivilrecht in die Geschäftsfähigkeit, die Deliktsfähigkeit sowie im Schuldrecht in die Verschuldensfähigkeit unterteilt. Diese Formen der zivilrechtlichen Handlungsfähigkeiten sind vor dem Hintergrund des Medizin- und Sozialversicherungsrechtes von der für diesen Bereich relevanten sozialrechtlichen Handlungsfähigkeit abzugrenzen.

Grundsätzlich bedürfen Minderjährige auch im Sozialrecht für die Inanspruchnahme von Sozialleistungen der Einwilligung der gesetzlichen Vertreter. Gleichwohl hat der minderjährige Kassenpatient, unabhängig davon, ob er selbst oder über die Familienversicherung pflichtversichert ist, seit dem 1.1.1989 einen eigenen Leistungsanspruch nach § 10 SGB V, den er gem. § 36 Abs. 1 SGB I auch selbstständig geltend machen kann.[161] Insoweit sieht § 36 Abs. 1 SGB I[162] vor, dass Personen, die das 15. Lebensjahr vollendet haben, rechtswirksam

159 Da dort der pädagogische Zweck und die Aneignung von fachlichen Kenntnissen im Vordergrund stehen, sodass das Entscheidungsrecht über Abschluss und Beendigung des Vertrages den sorgeberechtigten Vertretern überlassen bleiben soll. Vgl. Erman/*Brox* § 113 Rn 5; Nomos BGB 2012, *Dörner* § 113 Rn 2; Palandt/*Ellenberger* § 113 Rn 2.

160 Vgl. Palandt/*Ellenberger*, Übbl. 2 und 4 f. v. § 104 BGB.

161 Die Versicherungspflicht des angestellten Minderjährigen ergibt sich aus § 5 Abs. 1 Nr. 5 SGB V.

162 § 36 SGB I wurde eingeführt durch Art. 1 G .v. 11.12.1975 (BGBl. I 3015) und ist am 1.1.1976 in Kraft getreten. Die Vorschrift wurde seither nicht geändert. Sie räumt Minderjährigen eine begrenzte sozialrechtliche Handlungsfähigkeit ein und knüpft damit an § 11 Abs. 1 Nr. 2 SGB X an, der sich mit der Fähigkeit zur Vornahme von Verfahrenshandlungen durch beschränkt Geschäftsfähige beschäftigt. Vgl.: Krauskopf/*Waschull*, § 36 SGB I Rn 1 f.

Anträge auf Sozialleistungen stellen sowie Sozialleistungen entgegennehmen können, ohne hierzu die Einwilligung des gesetzlichen Vertreters einholen zu müssen. Die im Rahmen der gesetzlichen Krankenversicherung als Sachleistung (§ 2 Abs. 1 SGB V) zur Verfügung gestellte ärztliche Behandlung stellt eine solche Sozialleistung dar,[163] sodass die Erklärung eines beschränkt geschäftsfähigen Minderjährigen in Bezug auf den Teil des Behandlungsvertrages, der auf die Übernahme der durch die gesetzlichen Krankenkassen gewährten Behandlungskosten gerichtet ist, aus der Sicht der Krankenversicherung nicht schwebend unwirksam, sondern von Beginn an rechtlich wirksam ist.[164] Diese somit kraft Alters mit der Vollendung des 15. Lebensjahres erworbene Handlungsfähigkeit des Minderjährigen kann jedoch von den gesetzlichen Vertretern durch schriftliche Erklärung gegenüber dem Sozialleistungsträger, der die gesetzlichen Vertreter über die Antragstellung und die gegenüber dem Minderjährigen erbrachten Sozialleistungen in der Regel zu unterrichten hat, wieder eingeschränkt werden (§ 36 Abs. 2 S. 1 SGB I). Bis dahin kann jedoch ein 15-Jähriger, der selbst oder im Rahmen der Familienversicherung gesetzlich krankenversichert ist, grundsätzlich auch ohne die Einwilligung der gesetzlichen Vertreter seinen Krankenversicherer zur Übernahme der Behandlungskosten verpflichten.[165]

Durch entsprechende Verträge der Krankenkassen mit der Kassenärztlichen Vereinigung, die rechtlich gesehen Verträge zugunsten Dritter darstellen, wird der Kassenarzt über seine KV-Mitgliedschaft zur Behandlung der Kassenpatienten verpflichtet. Die aus der Behandlung resultierende Honorarforderung richtet er nunmehr nicht mehr gegen den Patienten, sondern gegen die Kassenärztliche Vereinigung.

In diesem Zusammenhang wird die Auffassung vertreten, diese sozialrechtliche Ausnahmeregelung zur Handlungsfähigkeit wirke in der Form in das zivilrechtliche Rechtsverhältnis hinein, dass das für den Minderjährigen nun wirtschaftlich nicht mehr nachteilige Rechtsgeschäft als neutrales und somit

---

163 Vgl. *Ratzel,* § 9 Rn 5; *Plagemann* § 18 Rn 2.

164 Krauskopf/*Waschull,* § 36 SGB I Rn 6 f.

165 Ob die partielle Handlungsfähigkeit des Minderjährigen nach § 36 Abs. 1 S.1 SGB I die *Vertretungsmacht des gesetzlichen Vertreters* ausschließt, ist in der Literatur umstritten. Mit dem *BSG* ist allerdings davon auszugehen, dass die partielle Handlungsfähigkeit ergänzend neben die gesetzliche Vertretungsmacht tritt (BSG NJW 2005, 2574, m.w.Nw. zum Meinungsstreit). Die gesetzlichen Vertreter eines passiven 15- bis 18-Jährigen dürfen mithin uneingeschränkt für diesen Sozialleistungsanträge stellen und verfolgen. Krauskopf/*Waschull,* § 36 SGB I Rn 6 f. Rn 6 f.

als lediglich rechtlich vorteilhaftes Rechtsgeschäft einzuordnen sei,[166] sodass es in diesen Fällen zumindest für den Abschluss des Behandlungsvertrages keiner Einwilligung oder Genehmigung der gesetzlichen Vertreter bedürfe.[167] Bei dieser Argumentation wird jedoch übersehen, dass § 107 BGB für die Wirksamkeit der Erklärung beschränkt Geschäftsfähiger einen rechtlichen und nicht lediglich wirtschaftlichen Vorteil verlangt, sodass aus nachfolgenden Gründen Zweifel daran bestehen, dass diese Auffassung einer gerichtlichen Überprüfung standhielte.

§ 36 SGB I bezieht sich nicht ausschließlich auf die Krankenversicherung, sondern generell auf Sozialleistungen, die durch die Leistungsarten in § 11 SGB I abschließend konkretisiert sind.[168] Nur den Antrag auf Übernahme der Kosten für die entsprechende Sozialleistung soll der 15-jährige Minderjährige gem. § 36 SGB I selbst stellen und die Leistung als solches selbstständig entgegennehmen können. Darüber hinaus erklärt § 11 Abs. 1 Nr. 2 SGB X,[169] den durch die Vorschrift des öffentlichen Rechts für handlungsfähig erklärten Minderjährigen für verfahrensfähig, wobei der Wortlaut der Norm erkennen lässt, dass § 36 SGB I eben keine partielle Geschäftsfähigkeit, sondern „lediglich" die öffentlich rechtliche Handlungsfähigkeit statuieren will. Hierdurch wird also lediglich der Kreis der Antragsberechtigten für die durch die gesetzliche Krankenversicherung aufgrund der sozialversicherungsrechtlichen Einbettung des Behandlungsvertrages zu gewährenden vertragsärztlichen Leistungen erweitert. Diese sozialrechtliche Norm betrifft somit zunächst einmal allein das Verhältnis des Minderjährigen zum Sozialleistungsträger.

Als Inhaber der Verfahrensrechte ist der Minderjährige in dieser Rechtsbeziehung auch Adressat verfahrensrechtlicher Fürsorge-,[170] nicht jedoch in jedem Fall

---

166 *Kern* in Laufs/Kern, Handbuch des Arztrechts, § 39 Rn 24 mit Verweis auf *Deutsch/Spickhoff*, MedR Rn 60. Darstellend zu den gedachten Möglichkeiten eines rechtlichen Nachteils: *Schröder*, Auskunftsanspruch der Eltern, Seite 33 ff.

167 *Kern*, MedR 2005 628 (631), *Schröder*, Auskunftsanspruch der Eltern, Seite 27 ff. (39). *Hennig*, Problematik nicht indizierter Eingriffe, Seite 53 f.

168 In § 11 S. 1 SGB I heißt es: *„Gegenstand der sozialen Rechte sind die in diesem Gesetzbuch vorgesehenen Dienst-, Sach- und Geldleistungen (Sozialleistungen)."*

169 In § 11 Abs. 1 Nr. 2 SGB X heißt es: *„Fähig zur Vornahme von Verfahrenshandlungen sind natürliche Personen, die nach bürgerlichem Recht in der Geschäftsfähigkeit beschränkt sind, soweit sie für den Gegenstand des Verfahrens durch Vorschriften des bürgerlichen Rechts als geschäftsfähig oder durch Vorschriften des öffentlichen Rechts als handlungsfähig anerkannt sind."*

170 Krauskopf/*Waschull*, § 36 SGB I, Rn 11.

der Mitwirkungspflichten.[171] Etwas anderes ergibt sich weder aus dem Wortlaut der Norm noch aus der Gesetzesbegründung.[172]

Der Behandlungsvertrag hingegen regelt das parallel bestehende Verhältnis[173] bzw. die jeweiligen Rechte und Pflichten zwischen dem Arzt und dem Patienten, die im konkreten Fall weit über die Verpflichtung zur Vergütung der ärztlichen Leistungen hinausgehen. Auch ist zu bedenken, dass der Patient im Ergebnis auch dann zur Zahlung der ärztlichen Vergütung verpflichtet bleibt, wenn der Krankenversicherer die Kosten hierfür nicht übernimmt, sodass § 36 SGB I nicht die Wirksamkeit des Behandlungsvertrages statuiert, sondern „lediglich" die Wirksamkeit der Verpflichtung der Krankenkasse im Verhältnis zum Versicherungsnehmer, im Rahmen des gesetzlichen oder vereinbarten Versicherungsschutzes die daraus entstehenden Behandlungskosten zu übernehmen. Der Behandlungsvertrag als solches verpflichtet aber, trotz der sozialversicherungsrechtlichen Einbettung und der damit verbundenen Abkopplung des Honoraranspruches von den übrigen vertraglichen Pflichten ausschließlich die Vertragsparteien Arzt und Patient. Auch die sich aus dem Behandlungsvertrag ergebenden Nebenpflichten des Patienten sind im Hinblick auf ihre rechtliche Relevanz differenziert zu betrachten. Hier sind die Mitwirkungs-, Unterlassungs- und Offenbarungsobliegenheiten von Mitwirkungs-, Unterlassungs- und Offenbarungspflichten zu unterscheiden. Unstreitig ist, dass das Selbstbestimmungsrecht des Patienten die Mitwirkungs- und Offenbarungsobliegenheiten verdrängt, sodass der Patient grundsätzlich weder zur uneingeschränkten Umsetzung ärztlicher Anordnungen noch zur Durchführung bzw. Duldung einer Behandlung und auch nicht zur Mitteilung von persönlichen Informationen gezwungen werden kann.

---

171 Minderjährige sind nur im Ausnahmefall zur Mitwirkung verpflichtet, da diese im Einzelfall mit rechtlichen Nachteilen verbunden sein kann (vgl. § 66 SGB I). Soweit der handlungsfähige Minderjährige aber mitwirkt und keine einschränkende Erklärung nach § 36 Abs. 2 S. 1 SGB I vorliegt, treffen ihn auch die diesbezüglichen Sorgfaltspflichten. Krauskopf/*Waschull,* vor § 60 SGB I, Rn 14.

172 Hier heißt es: *„(...) § 36 geht davon aus, dass Minderjährige bereits mit der Vollendung des 14. Lebensjahres ins Arbeitsleben eintreten können und danach befugt sind, die sich aus dem Arbeitsverhältnis ergebenden Rechte selbstständig wahrzunehmen. Da Minderjährige außerdem die mit dem Arbeitsleben zusammenhängenden Pflichten erfüllen – zum Beispiel Beiträge zur Krankenversicherung (...) – müssen, erscheint es nicht gerechtfertigt, für die selbstständige Inanspruchnahme von Sozialleistungen eine höhere Altersgrenze festzusetzen (...)".* BT-Drucks. 7/868.

173 So formulierte der BGH, *dass neben dieses öffentlich-rechtliche „Abrechnungsverhältnis" ein „Behandlungsverhältnis" zwischen dem Patienten und dem Krankenhaus tritt, das auf einem privatrechtlichen Vertrag beruht.* BGH NJW 2005, 714 (715).

Einzelne Mitwirkungs-, Unterlassungs- und Offenbarungsobliegenheiten können aber dennoch zu rechtlichen Pflichten erstarken, da auch der Patient im Rahmen der vertraglichen Beziehung verpflichtet ist, den Arzt vor einem Schaden zu bewahren. So kann beispielsweise das Versäumen von Behandlungsterminen, auch nach kurzfristiger Absage, einen Schadensersatzanspruch des Arztes gegen den Patienten auslösen. Auch kann sich bei Infektionskrankheiten im Einzelfall die grundsätzliche Offenbarungsobliegenheit zu einer Offenbarungspflicht wandeln, da auch der Arzt darauf vertrauen können muss, dass er von seinem Patienten darauf hingewiesen wird, wenn ein besonderer Schutz gegen Ansteckung erforderlich ist.[174] Da der Patient somit durch den Abschluss des Behandlungsvertrages über den durch die gesetzliche Krankenversicherung ggf. abgesicherten Honoraranspruch hinaus persönliche Pflichten begründet, bleibt der Behandlungsvertrag als solches aus der Sicht des Minderjährigen in seiner rechtlichen Wirkung nachteilig. Zudem ist mit dem Recht „rechtswirksam Anträge auf Sozialleistungen zu stellen sowie Sozialleistungen entgegennehmen zu können, ohne hierzu die Einwilligung des gesetzlichen Vertreters einholen zu müssen" nicht automatisch die tatsächliche Gewährung der Kostenübernahme durch die gesetzliche Krankenkasse garantiert, da es sich „lediglich" um ein Antragsrecht handelt. In diesem Zusammenhang erklärt der Patient durch das Überreichen der Krankenversicherungskarte konkludent, dass er Mitglied bei der ausgewiesenen Krankenversicherung ist und dort auch Krankenversicherungsschutz besteht. Für das Bestehen dieses Versicherungsschutzes, auf das der Arzt vertrauen darf, hat der Patient Sorge zu tragen. Sollten beispielsweise Lücken im Versicherungsschutz bestehen, oder sollten im Rahmen der Behandlung Kosten für nur im Ausnahmefall übernahmefähige individuelle Gesundheitsleistungen entstehen, ist der Patient verpflichtet, diesbezüglich die Kostenübernahme durch Vereinbarung mit seiner Krankenversicherung sicherzustellen. Andernfalls wird der Arzt die Honorarforderung wie auch gegebenenfalls bestehende Schadensersatzansprüche gegen den Patienten richten. Insoweit entbindet die sozialversicherungsrechtliche Einbettung des Behandlungsvertrages den Patienten nicht in jedem Fall von der Verpflichtung zur Honorierung der ärztlichen Leistung.

Selbst wenn § 36 SGB I die Leistungsfreiheit des beantragenden Minderjährigen garantieren würde, würde dadurch genau genommen nicht der Minderjährigen von der Honorarleistungspflicht befreit werden, sondern dessen gesetzliche Vertreter. Vor dem Hintergrund, dass die gesetzlichen Krankenkassen im Rahmen ihrer Leistungskataloge gem. § 2 Abs. 1 S. 1 i.V.m. § 11 ff.

---

174 *Schröder*, Auskunftsanspruch der Eltern, Seite 34 m.w.Nw.

SGB V ohnehin „nur“ die Kosten für medizinisch notwendige Behandlungen übernehmen, träfen solche Zahlungsverpflichtungen nämlich regelmäßig die sorgeberechtigten Bezugspersonen, die im Rahmen der Gesundheitssorge zur Übernahme der Behandlungskosten für medizinisch notwendige Eingriffe verpflichtet sind, sodass der Minderjährige wirtschaftlich im Rahmen von Behandlungsverträgen über medizinisch indizierte Maßnahmen ohnehin im Innenverhältnis zu seinen gesetzlichen Vertretern einen Übernahme- bzw. Erstattungsanspruch hätte und das *ohne* diesen gegenüber eine persönliche Verpflichtung einzugehen. Im Verhältnis zu den vertretungsberechtigten Bezugspersonen tritt die sozialrechtliche Handlungsfähigkeit lediglich ergänzend neben die gesetzliche Vertretung,[175] sodass auch die gesetzlichen Vertreter uneingeschränkt neben dem Minderjährigen Sozialleistungsanträge stellen können, ohne ihre Bevollmächtigung nach § 13 SGB I nachweisen zu müssen. Im Weiteren schafft § 36 SGB I für den Minderjährigen insoweit keine gesicherte vorteilhafte Rechtsposition, als die vorgesehene sozialversicherungsrechtliche Handlungsfähigkeit durch einfache schriftliche Erklärung der Sorgeberechtigten gegenüber der Krankenkasse wieder eingeschränkt werden kann. Machen die gesetzlichen Vertreter von dieser Korrekturmöglichkeit Gebrauch, was der Arzt, wenn der Minderjährige allein in seiner Praxis zur Behandlung erscheint, nicht ohne Weiteres erkennen kann, so trifft § 36 SGB I umgekehrt auch keine Aussagen über das Schicksal des durch den Minderjährigen dennoch abgeschlossenen Behandlungsvertrages. Darüber hinaus ist weder dem Wortlaut des Gesetzes noch den Gesetzesmaterialien zur Begründung[176] der Wille des Gesetzgebers zu entnehmen, mit § 36 SGB I das verfassungsrechtlich legitimierte und gesetzlich ausgestaltete Sorgerecht der Eltern in Bezug auf einen ganz zentralen Teilaspekt, nämlich die Gesundheitssorge, einzuschränken und den Eltern das Zustimmungserfordernis bzw. die (Mit-) Entscheidungsbefugnis für Behandlungsverträge gänzlich zu nehmen.[177] Dies gilt umso mehr, da medizinische Eingriffe stets mit Risiken behaftet und gerade gesundheitliche Belange als besonders schutzwürdig anzusehen sind.

Da in Bezug auf die Nachteilhaftigkeit eines Rechtsgeschäftes keine wirtschaftliche, sondern eine rein rechtliche Betrachtung durchzuführen ist, ist der Abschluss

175 Krauskopf/*Waschull*, § 36 SGB I Rn 6; BSG, NJW 2005, 2574; a.A. *Coester*, FamRZ 1985, 982, (984), der die Vertretungsmacht der Eltern für den Bereich der Teilmündigkeit ausschließt.

176 BT-Drucks. 7/868, Seite 28.

177 BSG, NJW 2005, 2574.

eines Behandlungsvertrages nach Einbeziehung vorstehender Überlegungen trotz seiner sozialversicherungsrechtlichen Einbettung aus der Sicht des Minderjährigen ein rechtlich nachteilhaftes Geschäft.[178] Mithin bedarf der Minderjährige auch in dem Fall, dass er formal selbst seine Krankenkasse zur Übernahme der Behandlungskosten verpflichten kann, zum Abschluss des Behandlungsvertrages als solches der Zustimmung seiner gesetzlichen Vertreter.[179]

ee. Der „Taschengeldparagraf"

Trotz des Wortlauts des § 110 BGB „ohne Zustimmung des gesetzlichen Vertreters" stellt § 110 BGB nach herrschender Meinung keine Ausnahme zum Einwilligungsgrundsatz dar, da in der Überlassung von Mitteln zur freien Verfügung eine konkludente Einwilligung gesehen wird.[180]

§ 110 BGB räumt dem gesetzlichen Vertreter die Möglichkeit ein, den Minderjährigen durch das Überlassen von finanziellen Mitteln wirksam Geschäfte tätigen zu lassen. An die Wirksamkeit des unter diesen Voraussetzungen geschlossenen Geschäftes ist jedoch die Bedingung geknüpft, dass der Minderjährige das Geschäft mit den zu diesem Zweck überlassenen Mitteln vollständig bewirkt haben muss. Dem Minderjährigen soll auf diese Weise eine gewisse Bewegungsfreiheit im Geschäftsverkehr eingeräumt werden, um den Umgang mit Geld zu erlernen,[181] ohne das Risiko der Verschuldung einzugehen. Diese grundsätzlich sinnvolle Regelung wirft in der medizinischen Behandlung beispielsweise bei der Verordnung von Kontrazeptiva oder insgesamt bei Behandlungen bzw. Untersuchungen, die nur mit verhältnismäßig geringen Behandlungskosten verbunden sind, die Frage auf, ob bei bestehender Einwilligungsfähigkeit in Verbindung mit der beschränkten Geschäftsfähigkeit das Bewirken der Vergütung für die Untersuchung sowie gegebenenfalls den Erwerb des Medikamentes aus eigenen Mitteln des Minderjährigen die Hürde der fehlenden Einwilligung bzw. Genehmigung der gesetzlichen Vertreter zum Abschluss des Behandlungsvertrages überwinden kann oder aber ob dieses dem Sinn des § 110 BGB widerspricht, sodass seine Anwendbarkeit für diesen Teilbereich infrage gestellt werden könnte.

---

178 Nomos BGB 2012, *Dörner* § 107 Rn 4.

179 *Nebendahl,* MedR 2009, Seite 197 (200 f.).

180 Vgl. RGZ 74, 235; MüKo/*Schmitt,* § 110 Rn 4; Soergel/*Hafermehl,* § 110 Rn 1; Prütting/*Völzmann-Stickelbrock,* § 110 Rn 1.

181 Vgl. Erman/*Brox,* § 110 Rn 1.

Für eine Anwendung[182] des § 110 BGB auf medizinische Behandlungen spräche, dass die Sorgeberechtigten dem Minderjährigen durch die Überlassung von finanziellen Mitteln zur freien Verwendung in diesem Rahmen den Rechtsverkehr eröffnen wollen und dass ein minderjähriger Mensch mit zunehmendem Alter auch lernen muss, in Bezug auf medizinische Entscheidungen eigenverantwortlich zu handeln. Darüber hinaus ist auch der Arzt verpflichtet, die Notwendigkeit von Behandlungen gegen möglicherweise bestehende Risiken abzuwägen, was im Rahmen der Indikationsstellung durch den Mediziner geprüft werden muss. Im Weiteren wird ein Mediziner vor dem Hintergrund der straf- und deliktsrechtlich relevanten Einwilligungsfähigkeit eine Behandlung regelmäßig erst dann durchführen, wenn er zu der Erkenntnis gekommen ist, dass der Minderjährige reif genug ist, die Tragweite seiner Entscheidung sowie deren Risiken und Folgen zu erkennen.

Gegen[183] eine Vereinbarkeit mit § 110 BGB spricht jedoch insbesondere, dass regelmäßig nicht davon ausgegangen werden kann, dass die Sorgeberechtigten, auch wenn sie dem Minderjährigen das Taschengeld grundsätzlich zur freien Verfügung überlassen haben, ihre Zustimmung damit auch in medizinische Eingriffe, Behandlungen oder Verordnungen geben wollen, die im Hinblick auf gegebenenfalls bleibende Veränderungen oder gesundheitliche Folgen von dem Minderjährigen im konkreten Fall noch nicht sachgerecht beurteilt werden können. Diese Auffassung ist schon allein deshalb vorzuziehen, da in diesem Zusammenhang der rechtsgeschäftliche Erwerb von Gegenständen, für den § 110 BGB grundsätzlich konzipiert wurde, nicht mit der Vergütung medizinischer Dienstleistungen sowie dem Erwerb von rezeptpflichtigen Medikamenten, die jeweils im Einzelfall auf iatrogen hervorgerufene Veränderungen von körperlichen Funktionen gerichtet sein können, vergleichbar ist. Der Wille des Gesetzgebers, den Minderjährigen im Rahmen des von den gesetzlichen Vertretern gesteckten wirtschaftlichen Umfanges den Umgang mit Geld üben zu lassen, muss dort seine Grenze finden, wo die konkrete Gefahr einer gesundheitlichen Beeinträchtigung bestehen kann. Da allein die gesetzlichen Vertreter den Umfang der Verfügungsbefugnis bestimmen können[184] und sich die mit der Überlassung der Mittel verbundene konkludente Einwilligung bzw. Zweckbestimmung

---

182 *Anders/Gehle*, Dienste, Vertrag und Haftung Teil 2 IV 8 Rn 222; in Einzelfällen, *Schröder*, Auskunftsanspruch der Eltern, Seite 21.

183 *Lipp* in Laufs/Katzenmeier/Lipp, Kap. III Rn 19; MüKo/*Schmitt*, § 110 Rn 25 ff.; Erman/*Palm*, § 110 Rn 3.

184 Erman/*Palm*, § 110 Rn 3; Palandt/*Ellenberger*, § 110 Rn 1 f.

des Taschengeldes regelmäßig wohl eher nicht auf medizinische Behandlungen und Verordnungen erstreckt, ist die Anwendung des § 110 BGB auf medizinische Behandlungsverträge mit dem Sinn und Zweck der gesetzlichen Regelung nur schwer zu vereinbaren.

5. Zusammenfassung

Möchten die Parteien aus dem Behandlungsvertrag eigene Rechte bzw. Pflichten des Vertragspartners herleiten, so ist dies nur möglich, wenn ein solcher wirksam zustande gekommen ist.

Regelmäßig schließen die gesetzlichen Vertreter den Behandlungsvertrag mit dem Arzt zugunsten des Minderjährigen ab. In Notfällen, bei Routineeingriffen und bei nicht mit besonders hohen Risiken einhergehenden Behandlungen darf sich der Arzt grundsätzlich darauf verlassen, dass der mit dem Kind allein erschienene Elternteil kraft Gesetzes oder Ermächtigung befugt ist, den anderen Elternteil zur Übernahme der Behandlungskosten mit zu verpflichten. Dies gilt jedoch regelmäßig nicht bei der Inanspruchnahme von Zusatzleistungen oder medizinisch nicht dringend indizierten Eingriffen, wenn die Kosten den Rahmen der angemessenen Unterhaltspflicht überschreiten oder es sich im Einzelfall um aufschiebbare, schwierige und einschneidende Behandlungsmaßnahmen handelt, die mit nicht unerheblichen Risiken verbunden sind. Hier darf der Arzt auch dann, wenn sich Gegenteiliges nicht aufdrängt, nicht darauf vertrauen, dass der anwesende Elternteil den Abwesenden mitverpflichten kann, sodass ihm hier eine Erkundigungspflicht auferlegt wird. Diese Grundsätze gelten für die Zustimmung in den Behandlungsvertrag und die Einwilligung in den Eingriff als solchen gleichermaßen.

Soweit der Minderjährige selbsttätig einen Vertragsschluss bewirkt, bedarf es zur Wirksamkeit grundsätzlich der Einwilligung bzw. der Genehmigung des gesetzlichen Vertreters. Dieses Erfordernis entfiele nur dann, wenn das Rechtsgeschäft aus der Sicht des Minderjährigen lediglich rechtlich vorteilhaft wäre. Da aus dem Behandlungsvertrag aber neben der Verpflichtung zur Vergütung der ärztlichen Leistung auch noch weitere Pflichten des Patienten erwachsen, ist dieser, nach der hier vertretenen Auffassung nicht „lediglich rechtlich vorteilhaft“. Gesetzlich normierte Ausnahmen bestehen auch nicht durch die sozialversicherungsrechtliche Einbettung des Behandlungsvertrages bzw. durch die durch § 36 Abs. 1 SGB I auf den mindestens 15-jährigerigen Minderjährigen erweiterte Antragsbefugnis. Möchten die Erziehungsberechtigten die durch § 36

Abs. 1 SGB I gesetzlich eingeräumte sozialrechtliche Handlungsfähigkeit des Minderjährigen unterbinden, müssen sie dies zuvor der gesetzlichen Krankenversicherung schriftlich mitteilen.

Minderjährige, die mit Zustimmung der Vertreter sowie gegebenenfalls des Familiengerichtes einer Erwerbstätigkeit nachgehen, gelten regelmäßig für die die Erwerbstätigkeit betreffenden Rechtsgeschäfte als voll geschäftsfähig. Ob hiervon auch der Abschluss eines medizinischen Behandlungsvertrages zum Erhalt bzw. zur Wiederherstellung der Erwerbsfähigkeit umfasst ist, ist gerichtlich bisher nicht entschieden und wird in der Literatur kontrovers diskutiert. Gegen eine solch erweiternde analoge Anwendung der Teilgeschäftsfähigkeit Minderjähriger im Bereich von Dienst- und Arbeitsverhältnissen auf den Abschluss von medizinischen Behandlungsverträgen spricht u. a. der grundsätzliche Gesetzesaufbau, der die §§ 112 f. BGB durch die Ermächtigung zu einer partiellen und sachlich abgegrenzten Geschäftsfähigkeit als Ausnahme zum Regelfall der §§ 107 f. BGB ausweist.[185] Auch vom Wortlaut des § 112 BGB, der den Minderjährigen lediglich für solche Rechtsgeschäfte unbeschränkt geschäftsfähig erklärt, „welche der Geschäftsbetrieb mit sich bringt", sind medizinische Behandlungsmaßnahmen nicht ohne Weiteres erfasst, sodass eine solch weite Auslegung der §§ 112 ff. BGB nur schwer vertretbar scheint. Streitig ist in der Literatur auch, ob die Wirksamkeit des Behandlungsvertrages nach den Grundsätzen des § 110 BGB herbeigeführt werden kann. Erhält ein Minderjähriger von dem gesetzlichen Vertreter finanzielle Mittel zur eigenen Verfügung, so werden auch rechtlich nachteilige Geschäfte spätestens dann wirksam, wenn der Minderjährige die Vergütung aus den ihm zur Verfügung gestellten Mitteln abschließend bewirkt hat. Ob dies auch für den Abschluss von Behandlungsverträgen gilt, wurde gerichtlich bisher ebenfalls nicht entschieden, erscheint jedoch durchaus fraglich, da regelmäßig nicht davon ausgegangen werden kann, dass die Sorgeberechtigten, auch wenn sie dem Minderjährigen das Taschengeld grundsätzlich zur freien Verfügung überlassen haben, ihre Zustimmung damit auch in medizinische Eingriffe, Behandlungen oder Verordnungen geben wollen.

Schließt der minderjährige Patient jedoch im Ergebnis den Behandlungsvertrag nach Maßgabe der §§ 106 ff. BGB selbst wirksam ab, so ist allein er Vertragspartner des Arztes.[186] Da die bisher zum MHbeG ergangene Rechtsprechung vermuten lässt, dass auch Kosten für umfangreiche *indizierte* medizinische Behandlungen

185 *Moritz*, Stellung des Minderjährigen, Seite 307; Palandt/*Ellenberger* § 112 Rn 1; Nomos BGB 2012, *Dörner* § 112 Rn 1.

186 *Schröder*, Auskunftsanspruch der Eltern, Seite 22.

von der Haftungsbeschränkung des Minderjährigen gem. § 1629 a Abs. 1 BGB erfasst werden,[187] trägt der Arzt, der Kenntnis von der Minderjährigkeit seines Patienten hat, insoweit auch das Vergütungsrisiko.

Im Notfall, das heißt, wenn weder der Minderjährige noch der gesetzliche Vertreter die Möglichkeit haben, über die dringend gebotene Behandlung einen Behandlungsvertrag zu schließen, lässt sich der Honoraranspruch des Mediziners im Zweifel aus §§ 677, 683, 670 BGB herleiten, wenn die Leistung im Interesse des Patienten bzw. der gesetzlichen Vertreter ist und angenommen werden kann, dass diese deren mutmaßlichem Willen entspricht.

Zusammenfassend kann an dieser Stelle festgehalten werden, dass derzeit trotz der zahlreichen Versuche, aus den bisher bestehenden Ausnahmeregelungen für Minderjährige eine Teilmündigkeit herzuleiten, ein medizinischer Behandlungsvertrag mit Ausnahme von Notfallbehandlungen derzeit wirksam nur durch oder mit Zustimmung der gesetzlichen Vertreter geschlossen werden kann.

II. Der Behandlungsvertrag „de lege ferenda"

1. Einführende Überlegungen zu den vorangestellten Thesen

a. Zur kognitiven und emotionalen Entwicklung von Minderjährigen

Der entwicklungspsychologischen[188] Literatur, die sich auch erst seit Beginn des 20. Jahrhunderts[189] mit der kognitiven und emotionalen Entwicklung Minderjähriger intensiv befasst,[190] ist zu entnehmen, dass auch die Psychologie für diese Problematik bisher keine einheitlichen Theorien entwickeln konnte. Im Rahmen der auch dort geführten Diskussionen scheinen ebenfalls verschiedenartige Grundannahmen

187 Vgl. AG Leipzig, Urteil vom 10.5.2007 – 114 C 8347/06 = Beck RS 2008, 01985.

188 Die „Entwicklungspsychologie" beschäftigt sich mit den Veränderungen des Verhaltens und des Erlebens des Menschen im Laufe seines gesamten individuellen Lebens und versucht die Faktoren, die diese beeinflussen, zu entschlüsseln.

189 Die entwicklungspsychologischen Untersuchungen, speziell das Gebiet der Jugendpsychologie, erlangten grundsätzlich erst zwischen dem 1. und dem 2. Weltkrieg an Bedeutung und gelangten in Deutschland erst lange nach dem Ende des 2. Weltkrieges in den Blickwinkel der Forschung. *Busch,* Seite 81 m.w.Nw.

190 Historische Entwicklung der Kindheitsforschung dargestellt in *Krüger/Grunert* Handbuch Kindheitsforschung, Seite 11–34. Vgl. *Rothärmel u. a.,* mit Darstellung des Forschungsstandes in den USA Seite 70–75.

und Betrachtungsweisen ineinanderzugreifen bzw. aufeinanderzutreffen. So stehen sich dort u.a. biologische, soziologische, tiefenpsychologische, gesellschaftstheoretische, psychoanalytische, psychopathologische, sozialisationstheoretische, systemische, sozialökonomische und lerntheoretische Ansätze gegenüber, die aufgrund unterschiedlicher Herangehensweisen, Ansätze, Sichtweisen, Schwerpunkte, Annahmen und Kenntnisse auch zu den unterschiedlichsten Ergebnissen gelangen.[191] Dies verdeutlicht noch einmal die Komplexität dieser Thematik sowie die Tatsache, dass es auch aus der Sicht der Entwicklungspsychologie derzeit anscheinend keine maßgebliche Theorie gibt, die in Bezug auf den Reifegrad[192] für die einzelnen Altersstufen des heranwachsenden Menschen allgemeingültige Antworten liefern kann. So ist es auch nicht verwunderlich, dass die schematisierte und vom Subsumtionsgedanken geprägte Rechtswissenschaft wie auch die Rechtsprechung und Gesetzgebung, die in unserer Rechtsordnung als staatliches Korrektiv auf gesellschaftliche Veränderungen und neue wissenschaftliche Erkenntnisse regelmäßig erst reagieren können, wenn sich solche in einer erkennbaren Beständigkeit manifestiert haben, bisher keine neuen Rahmenbedingungen in Bezug auf die Kompetenzen von Minderjährigen geschaffen haben. Tatsache ist jedoch, dass die vom Gesetzgeber des ausgehenden 19. Jahrhunderts festgesetzten starren Altersgrenzen sowie die Kriterien zur Einwilligungsfähigkeit nicht nur vor dem Hintergrund der gesellschaftlichen Entwicklung sowie unserer seit 1949 geltenden Verfassung, sondern auch im Hinblick auf die heutigen entwicklungspsychologischen Erkenntnisse über Reife- und Erkenntnisprozesse bei heranwachsenden Menschen korrekturbedürftig erscheinen.

In der juristischen Literatur steht die Suche nach allgemeingültigen Kriterien zur positiven Feststellung der Einwilligungsfähigkeit im Mittelpunkt, die Frage nach einer gegebenenfalls erforderlichen Anpassung der Regelungen über die Geschäftsfähigkeit bleibt hingegen weitestgehend unberücksichtigt. In diesem Zusammenhang liefern die Arbeiten von *Busch,*[193] die dort auch einzelne entwicklungspsychologische Theorien[194] vorstellt, sowie die Studie von *Rothärmel,*

191 Darstellend auch *Krüger/Grunert,* Handbuch Kindheitsforschung, Seite 43–175.

192 „Reife“ bezeichnet in unserer Gesellschaft ganz allgemein die Übereinstimmung einer individuell zu entwickelnden Verhaltensstruktur mit einer sozial gesetzten Verhaltensnorm. Der „Reifegrad“ determiniert das jeweilige Entwicklungsstadium. Vgl. *Busch* Seite 29 mit Hinweis auf *Thomae,* Das Problem der sozialen Reife von 14- bis 20jährigen.

193 *Busch Nicola*, Der Reifegrad des Minderjährigen als Maßstab im Zivilrecht.

194 Eine Darstellung der existierenden entwicklungspsychologischen Theorien auch in: *Krüger/Grunert,* Handbuch Kindheitsforschung, Seite 43–61; *Busch*, Seite 81 ff.

Dippold, Wiethoff, Wolfslast und Fegert[195] interessante Ansätze, jedoch haben diesbezüglich die Arbeiten von *Amelung* zur Einwilligungsfähigkeit wohl die größte Beachtung gefunden.[196]

Die entscheidenden Kriterien der Einwilligungsfähigkeit umschreibt dieser als: 1. die Fähigkeit zur vernünftigen Wertung, 2., soweit es um die kognitive Seite der Einwilligungsfähigkeit geht, die Fähigkeit zur Erkenntnis von Tatsachen und Kausalverläufen und 3. die Fähigkeit zur einsichtsgemäßen Selbstbestimmung. Hieraus formuliert *Amelung* im Wege einer Negativabgrenzung folgende Definition der Einwilligungs*un*fähigkeit:

> „*(...) Einwilligungs**un**fähig ist, wer wegen Minderjährigkeit, geistiger Behinderung oder geistiger Erkrankung nicht erfassen kann, welchen Wert oder welchen Rang die von der Einwilligungsentscheidung berührten Güter und Interessen für ihn haben, welche Folgen und Risiken sich aus der Einwilligungsentscheidung ergeben oder welche Mittel es zur Erreichung der mit der Einwilligung erstrebten Ziele gibt, die ihn weniger belasten. Das Gleiche gilt, wenn der Minderjährige, geistig Behinderte oder geistig Erkrankte zwar die erforderliche Einsicht hat, aber nicht in der Lage ist, sich nach ihr zu bestimmen.*“[197]

Da Rechtsprechung und Gesetzgebung derzeit davon ausgehen, dass Minderjährige zunächst einmal *nicht* einwilligungsfähig sind, es sei denn, sie sind nach ihrer geistigen und sittlichen Reife in der Lage, Art und Wesen, Bedeutung sowie die Tragweite und Folgen des Eingriffes zu erkennen,[198] steht für diese, dogmatisch korrekt, ein Rückgriff auf eine Negativabgrenzung nicht zur Disposition, weil hierfür das grundsätzliche Vorliegen der Einwilligungsfähigkeit vermutet werden müsste. Der Versuch der Rechtsprechung, auf der Grundlage der bestehenden, zum Teil vorkonstitutionellen Regelungen durch einzelfallorientierte Betrachtungen die Einwilligungsfähigkeit Minderjähriger positiv festzustellen, führte aber nachfolgend in der Jurisprudenz zu einer Fülle sich widersprechender, inkonsequenter und in Teilen fragwürdiger Entscheidungen und Urteilsbegründungen, sodass nun zu untersuchen ist, ob es Anhaltspunkte gibt, die es rechtfertigen, die widerlegbare Vermutung des Vorliegens dieser Fähigkeit mit dem Erreichen eines bestimmten Lebensalters vor dem 18. Lebensjahr zu verknüpfen.

---

195 *Rothämel Sonja, Dippold Ines, Wiehoff Katja, Wolfslast Gabriele, Fegert Jörg M*, Patientenaufklärung, Informationsbedürfnis und Informationspraxis in der Kinder und Jugend Psychiatrie und Psychotherapie.

196 Vgl. *Amelung*, ZStW 104, Seite 525–558 (Teil I) und 821–833 (Teil II).

197 *Amelung*, ZStW 104, 525 (558).

198 Zur Definition C,I.

aa. Entwicklungspsychologische Ansätze

In der Entwicklungspsychologie gibt es verschiedene Theorien, die jeweils mit unterschiedlichen Ansätzen versuchen, Modelle für die Entwicklung des menschlichen Verhaltens zu liefern. Als die derzeit wichtigsten Entwicklungstheorien werden 1. die kognitive Entwicklungstheorie von *Jean Piaget*,[199] 2. *Sigmund Freuds*[200] und *Erik Eriksons*[201] psychoanalytische Theorien, 3. die soziale Lerntheorie, 4. die Theorie der Informationsverarbeitung, 5. die Ethologie, 6. die Wahrnehmungstheorie von *Eleanor J. Gibson* sowie 7. die Kontexttheorie von *Wygotski* beschrieben. Auch wenn sich diese Modelle hinsichtlich ihres Inhaltes sowie ihrer Forschungsmethoden sehr voneinander unterscheiden, gleichen sie sich doch insoweit, als dass sie alle zwangsläufig zu bestimmten Kernfragen der Entwicklung Stellung nehmen müssen. Diese Fragen erwachsen aus der entwicklungsbedingten Veränderung als solche und lassen sich in vier Hauptthemen aufteilen:

1. die Frage nach der menschlichen Natur (mechanistische[202] oder organismische[203] Weltsicht),
2. die Frage nach der Art und Weise der Entwicklung (qualitativ/abrupt oder quantitativ/kontinuierlich),[204]

---

199 Darstellend: *Flammer*, Entwicklungstheorien, Seite 130–161, ebenfalls erläuternde wie kritische Darstellung vgl. *Oerter/Montada*, Entwicklungspsychologie, Seite 518–560.

200 Darstellend: *Flammer*, Entwicklungstheorien, Seite 74–90.

201 Darstellend: *Flammer*, Entwicklungstheorien, Seite 91–108.

202 Nach der *mechanistischen Ansicht* ist die menschliche Entwicklung ein mechanischer und berechenbarer Ablauf. Der Mensch wird als „passives Rädchen in einem Getriebe“ verstanden, auf das äußere Kräfte wirken. Die Entwicklung des Menschen ist demnach durch äußere Einflüsse verursacht, die auf ihn und seine geistigen Mechanismen einwirken. Eine vorausgehende Ursache wird als notwendig erachtet, um einen Prozess zu aktivieren. Ist der Prozess angestoßen, läuft er in vorhersehbaren Bahnen ab. Vgl. hierzu: *Miller*, Theorien der Entwicklungspsychologie, Seite 36 ff.

203 *Der organismische Ansatz* orientiert sich nicht an Maschinen, sondern an einem lebendigen System. Dieser Ansatz fragt nicht nach vorausgegangenen Ursachen, sondern richtet sein Augenmerk auf inhärente Eigenschaften und lässt so eine individuelle Entwicklung des Denkens und des Verhaltens durch selbst initiierte Prozesse zu. Der Mensch ist aus sich heraus aktiv, der Organismus motiviert sich aus sich selbst heraus zur Entwicklung. Vgl. hierzu: *Miller*, Theorien der Entwicklungspsychologie, Seite 36 ff.

204 *Als qualitative Veränderungen* werden Veränderungen der Struktur bzw. Organisation beschrieben. Die Entwicklungsstufen bezeichnen eher abrupte qualitativ unterscheidbare Einzelschritte und diskontinuierliche Veränderungen, wohingegen *quantitative*

3. den Anteil der Vererbung und der Umwelt an der Entwicklung[205] sowie
4. die Frage, was sich im Besonderen in welcher Reihenfolge[206] entwickelt.

Dabei führt letztere, scheinbar einfache Frage offensichtlich zu den elementarsten Unterschieden zwischen den einzelnen Theorien, da abhängig von der unterschiedlichen Herangehensweise jeweils die psychologischen Teilbereiche im Vordergrund stehen, die dem einzelnen Theoretiker für die Entwicklung essenziell erscheinen. An dieser Stelle wird deutlich, dass sich die einzelnen Ansätze jeweils mit unterschiedlichen Verhaltensebenen und Inhalten befassen (den kognitiven Prozessen, den Trieben, der Identitätsbildung und -entwicklung, den Emotionen, der Wahrnehmung, der Moral, der individuellen oder der artspezifischen Entwicklung sowie den Informationsverarbeitungsmöglichkeiten).

Während es sich aus der Sicht von *Piaget*[207] bei den wichtigsten Entwicklungen um kognitive Strukturen handelt, stehen beispielsweise für *Freud* und *Erikson*[208] die Persönlichkeitsstrukturen im Vordergrund. Andere Theoretiker

---

Veränderungen als Veränderungen der Menge, der Häufigkeit oder der Masse beschrieben werden, also als quantitativen, aufbauenden Zuwachs eines Entwicklungsschrittes.

205 An dieser Stelle ist im Rahmen der einzelnen Theorien zu klären, ob ein Verhalten angeboren ist oder erworben wurde bzw. ob die menschliche Entwicklung eher durch biologische Faktoren oder eher durch Faktoren der Umwelt beeinflusst wird. So vertreten die Anhänger des *Nativismus* (Nativismus von lat. nativus: angeboren, natürlich) die Auffassung, dass sich die Entwicklung allein aufgrund der Anlagen, die jedes Kind mitbringt, vollzieht. Umwelt, Kultur und Erziehung behindern die Entwicklung eher, statt sie zu fördern. Die Anhänger des *Empirismus* vertreten hingegen den Ansatz, dass Kinder ohne Wissen und Fertigkeiten auf die Welt kommen und sich die Entwicklung allein durch Erfahrung, Sinneswahrnehmung und das Lernen vollzieht.

206 *Miller*, Theorien der Entwicklungspsychologie, Seite 42.

207 Im Hinblick auf die vier großen Themen in der Entwicklungspsychologie vertritt *Piaget* den organismischen Ansatz, indem er davon ausgeht, dass sich der Mensch aktiv von innen heraus selbst entwickelt. Entwicklung ist nach seiner Auffassung eine angeborene Aktivität. Kinder handeln insoweit aus sich heraus aktiv und selbstregulierend. Während in seinen Theorien qualitative und quantitative Elemente zu finden sind, geht er davon aus, dass die angeborene Selbstentwicklung mit äußeren Einflüssen untrennbar verbunden ist. Nach seiner Auffassung kommt es im Rahmen der kognitiven Entwicklung zu einer deutlichen Strukturveränderung, die die Denkinhalte sowie die Sinngebung des menschlichen Handelns verändert. Kinder handeln umso logischer, je mehr sich die kognitiven Strukturen ausgebildet haben. *Miller*, Theorien der Entwicklungspsychologie, Seite 45 ff.

208 Für *Freud* und *Erikson* stehen die menschlichen Triebe im Vordergrund. Insoweit sind in diesen Ansätzen organismische sowie mechanistische Ansätze

konzentrieren sich auf den Erwerb spezifischer Fertigkeiten wie auf den Erwerb von Regeln (Informationsverarbeitungsansatz[209] und soziale Lerntheorie[210]),

---

erkennbar. Während der Mensch insgesamt in seiner Entwicklung passiv seinen Trieben ausgesetzt ist, ist er dennoch in der Lage, aus sich selbst heraus, gegebenenfalls beeinflusst durch äußere Faktoren, aktiv Verhalten zu entwickeln, um die Triebe zu umgehen und ein innerpsychisches Gleichgewicht herzustellen. Anders als bei *Piaget* liegt hier der Schwerpunkt auf der Triebgebundenheit des menschlichen Verhaltens. Diese Triebe sind grundsätzlich biologischer Natur, können jedoch durch Umweltfaktoren modifiziert werden. Wie bei *Piaget* verändert sich im Rahmen der Entwicklung die innere Struktur des menschlichen Denkens, hier liegt jedoch der Schwerpunkt nicht auf der kognitiven Denkstruktur, sondern auf der psychischen Selbstregulation beispielsweise durch die Entwicklung des Ich, Es und Über-Ich. Als Ergänzung zu der freudschen Theorie führte *Erikson* noch acht weitere psychosoziale Phasen ein, die den Lebenszyklus des Menschen umfassen. *Miller,* Theorien der Entwicklungspsychologie, Seite 113 ff.

209 Der Standpunkt der Informationsverarbeitungstheorie entspricht dem mechanistischen Weltbild, indem menschliches Verhalten wie bei einem Computer in Input-Output-Abläufen beschrieben wird, wobei qualitative wie quantitative Entwicklungsstufen gleicherweise eingeschlossen werden. Da hier das Zusammenwirken des Informationsverarbeitungsystems des Menschen im Mittelpunkt steht, treten die Fragen nach genetischer Disposition und Umwelteinflüssen eher in den Hintergrund. Der Einfluss der Umwelt wird hier insoweit relevant, als diese den Input für das kognitive System bestimmt. Im Mittelpunkt dieser Theorien stehen also weniger einzelne Entwicklungsstufen als das allgemeine kognitive Verarbeitungssystem, das mit fortschreitender neurologischer Entwicklung an Effizienz gewinnt. *Miller,* Theorien der Entwicklungspsychologie, Seite 221 ff.

210 Die Ansätze der sozialen Lerntheorie bauen eher auf einem mechanistischen Menschenbild auf, wobei berücksichtigt wird, dass der Mensch ebenso aktiv auf seine Umwelt einwirkt wie die Umwelt auf ihn selbst. Während für *Piaget* die Interaktion zwischen Kind und Umwelt die Struktur erzeugt, steht aus der Sicht der Lerntheorie die Information, die das Kind aus der Umwelt gewinnt, im Vordergrund, da es durch diesen äußeren Anstoß das Modell eines anderen Verhaltens erlernen kann. Diese Entwicklung geschieht somit nicht von innen aus sich selbst heraus, sondern durch äußeren Anstoß. Die Lerntheorie sieht eher eine quantitative als eine qualitative Entwicklung. Sie geht davon aus, dass die biologische und genetische Ausstattung eines Menschen Voraussetzung für das Lernen ist und diesem gegebenenfalls biologische Grenzen gesetzt sind, da die Lernfähigkeit eines Organismus angeboren ist. Im Übrigen fußt die Entwicklung dann aber auf Informationen und Erfahrungen aus der Umwelt. Da sich der lerntheoretische Ansatz somit mit Lernprozessen und nicht mit Inhalten der Entwicklung befasst, ist die Frage, was sich im Rahmen der Entwicklung

die Wahrnehmungsfähigkeit von Umweltangeboten,[211] den Erwerb adaptiver Verhaltensweisen (Ethologie[212]) und kulturell vermittelte Wissenssysteme (Kontexttheorien[213]).

Für die im Rahmen dieser Arbeit zu klärende Frage, in welchem Lebensalter der Mensch aufgrund seiner regelmäßig ausgebildeten kognitiven Fähigkeiten in der Lage ist, komplexe Sachverhalte inhaltlich und in ihrer konkreten Relevanz zu verstehen und darauf aufbauend einen eigenen Willen zu bilden und zu vertreten sowie sein Handeln vernunftgesteuert daran auszurichten, sind die entwicklungspsychologischen Theorien, die sich von ihrem Ansatz her „lediglich" mit dem „Wie" der Entwicklung sowie mit den Wechselwirkungen von Entwicklung und Umwelt befassen, eher ungeeignet, hingegen die Theorien, die sich mit der Frage des „Wann" der Entwicklung befassen, Antworten liefern könnten. Insoweit scheint es sinnvoll, auf eine Stadientheorie zurückzugreifen, weil eine solche durch die Möglichkeit einer konkreten und vergleichenden Bezugnahme in dem hier zu besprechenden Kontext konkret anwendbar sein kann. Da scheinbar viele Fragen, die man sich heute in der Entwicklungspsychologie stellt, aus

---

genau weiterentwickelt, eher offen. *Miller*, Theorien der Entwicklungspsychologie, Seite 173 ff.

211 *Gibsons* Theorie der Wahrnehmungsentwicklung ähnelte der Auffassung von *Piaget*. Nach seiner Auffassung verläuft die Entwicklung in quantitativen diskreten Schritten. Während andere Theorien sich damit beschäftigen, inwieweit Umwelteinflüsse und genetische Faktoren das Lernen beeinflussen, richtet *Gibson* seine Aufmerksamkeit primär darauf, *wie* Kinder aus Erfahrungen lernen und welche Umweltangebote sie hierzu nutzen, wobei dies von der angeborenen Wahrnehmungsfähigkeit beeinflusst wird. Nach *Gibsons* Auffassung nimmt überwiegend die sich entwickelnde Wahrnehmungsstruktur Einfluss auf die Entwicklung. *Miller*, Theorien der Entwicklungspsychologie, Seite 317 ff.

212 Die Position der Ethologie zu grundlegenden Fragen der Entwicklung ist, dass Vererbung und Umwelt gleichermaßen zur Entwicklung beitragen und sich die Einflüsse ständig vermischen. Den Schwerpunkt legt diese Theorie auf die Entwicklung von allgemein artspezifischen Unterschieden und Verhaltensweisen, während individuelle Unterschiede innerhalb der Art bzw. innerhalb des Individuums wenig Beachtung finden. *Miller*, Theorien der Entwicklungspsychologie, Seite 271 ff.

213 Die *Kontexttheoretiker* gehen davon aus, dass sich die menschliche Natur nur kontextbezogen verstehen lässt. Insoweit ist ein Kind ein eigener aktiver inhärenter Organismus innerhalb eines komplexen organistischen Systems, wobei die Entwicklung qualitativ als auch quantitativ abläuft. *Wygotski* geht davon aus, dass Umwelteinflüsse und genetische Faktoren im Rahmen der Entwicklung zusammenwirken, wobei hier die kognitive Entwicklung, wie bei *Piaget*, im Mittelpunkt steht. *Miller*, Theorien der Entwicklungspsychologie, Seite 339 ff.

der Stadientheorie von *Piaget*[214] hervorgegangen sind,[215] und diese heute als eine der bedeutendsten Stadientheorien in der Entwicklungspsychologie gilt,[216] sollen diese Erkenntnisse, auch wenn die kognitive Entwicklungstheorie von *Jean Piaget* grundsätzlich nicht unumstritten geblieben ist, nachfolgend dieser Arbeit als ein mögliches Entwicklungsmodell zugrunde gelegt werden.

bb. Entwicklungsstufen des Kindes nach Jean Piaget

Bis zum Anfang der dreißiger Jahre des 19. Jahrhunderts führte *Piaget* selbst zahlreiche Versuche und Studien durch, in welchen er insbesondere die Wirkungen von genetischer Disposition sowie von Umwelteinflüssen auf die Entwicklung untersuchte. Danach beschränkte er seine Arbeiten im Wesentlichen auf die Verarbeitung theoretischer Ansätze anderer Autoren und untersuchte deren Auswirkungen und Anwendbarkeit.[217] Mit dem Begriff der „Kinetogenese"[218] versuchte *Piaget* die Psychologie an die Biologie zu koppeln.[219] Mit dieser Biologisierung der Kognition wurde die Entwicklung des Kindes einer genetischen Gesetzmäßigkeit zugeführt und somit „greifbarer". *Piaget* unterscheidet in der intellektuellen Entwicklung von Minderjährigen generell vier Hauptstufen: die sensormotorische (0.–2. Lebensjahr[220]), in der die motorische Aktivität im Vordergrund steht, die präoperationale (2.–7. Lebensjahr[221]), in der das Kind

---

214 Der Schweizer Psychologe *Jean Piaget* (1896–1980) hat die Entwicklungspsychologie auf dem Gebiet der kognitiven Entwicklung stark geprägt. In vielen Untersuchungen wurden seine theoretischen und empirischen Erkenntnisse überprüft, ergänzt und korrigiert. In nahezu jedem zu dieser Arbeit herangezogenen Lehrbuch der Entwicklungspsychologie werden seine Positionen ausführlich dargestellt.

215 *Miller,* Theorien der Entwicklungspsychologie, Seite 43.

216 *Miller,* Theorien der Entwicklungspsychologie, Seite 109.

217 *Kohler,* Piaget, Seite 17 f.

218 Der Begriff stammt vom amerikanischen Wissenschaftler Edward Drinker Cope (1840–1897), der mit diesem eine genetische Fixierung der motorischen Aktivität eines Organismus beschrieb. Vgl. *Kohler,* Piaget a. a.O.

219 Vgl. hierzu *Kohler*, Piaget und die Pädagogik, Seite 278 ff.

220 Während des *sensomotorischen Stadiums* tritt die Intelligenz nur in Form von motorischer Aktivität und Reaktion auf sensorische Reize auf. Erfahrungen werden anhand von Sinnesorganen und Bewegungen gemacht. *Piaget* unterteilte das sensomotorische Stadium noch in sechs weitere, aufeinander aufbauende Unterstufen differenzierbarer Strukturen des Erkennens. Vgl.: *Miller,* Theorien der Entwicklungspsychologie, Seite 57 ff.; *Trautner*, Entwicklungspsychologie, Band 2: Theorien und Befunde, Seite 177 ff.

221 Das *präoperationale Stadium* gliedert sich in die Phase des *symbolischen, vorbegrifflichen Denkens* (2–4 Jahre) und die Phase des anschaulichen Denkens (4–7

durch beginnende symbolische Vorstellungen und Nachahmung erste Konzepte entwickelt, die konkret operationale (7.–11. Lebensjahr[222]), in dem sich logisches Denken durch die Fähigkeit zur Dezentrierung,[223] Reversibilität,[224] Seriation,[225] Invarianz[226] und Klassifikation[227] entwickelt, sowie die formal operationale

---

Jahre). In der ersten Phase erwirbt das Kind die Fähigkeit, symbolische Vorstellungen auch für abwesende Dinge oder Ereignisse zu bilden. Das Kind bildet die symbolischen Vorstellungen durch Nachahmung. Der Sprachgebrauch führt zur Entwicklung von Konzepten, die häufig noch falsch sind und an der Realität überprüft werden müssen. Das Kind egozentriert, wodurch es noch Schwierigkeiten hat, den Blickwinkel einer anderen Person einzunehmen. Das Denken in der *Phase des anschaulichen Denkens* orientiert sich noch stärker an der Wahrnehmung als an der Logik. *Miller,* Theorien der Entwicklungspsychologie, Seite 64 ff.; *Trautner*, Entwicklungspsychologie, Band 2: Theorien und Befunde, Seite 180.

222 In der *konkret operationalen* Phase entwickelt sich die Intelligenz vom Handeln zum Denken (Logik statt Wahrnehmung). Es beginnt eine systematische Auseinandersetzung mit der Welt und eine Entwicklung von Logik und rationalem Denken. Das Kind operiert mit konkreten oder vorgestellten Objekten und lernt dabei insbesondere: *Dezentrierung:* Korrigieren von Irrtümern oder Verzerrungen der Wahrnehmung; *Reversibilität:* Vermögen, in Gedanken rückwärts zu gehen (Addition – Subtraktion); *Invarianz:* Erhaltung der Substanz, obwohl sich die Form ändert; *Seriation:* Fähigkeit, Objekte der Größe nach zu ordnen; *Klassifikation:* Fähigkeit, Objekte nach bestimmten Merkmalen zu klassifizieren. Vgl. *Miller,* Theorien der Entwicklungspsychologie, Seite 69 ff.; *Trautner*, Entwicklungspsychologie, Band 2: Theorien und Befunde, Seite 180 ff.

223 *Dezentrierung* ist ein von *Piaget* geprägter Begriff. Er bezeichnet einen wesentlichen Schritt in der Überwindung des kindlichen Egozentrismus. Ein Kind, das dezentriert, ist in der Lage, zwei und mehr physikalische Dimensionen eines Objektes oder Ereignisses wahrzunehmen und in Beziehung zueinander zu setzen. Diese Beziehungen der Merkmale werden nicht nur erkannt, sondern auch vom Kind verstanden. So kann es beispielsweise die Höhe und den Umfang eines Glases berücksichtigen, um eine Einschätzung der Menge der Flüssigkeit vorzunehmen.

224 Der ebenfalls von *Piaget* geprägte Begriff der *Reversibilität* beschreibt in der Entwicklungspsychologie die Fähigkeit des Kindes, Operationen geistig vollständig durchzuführen und auch wieder umzukehren. Zu jeder Operation gibt es eine Umkehrfunktion, die den ursprünglichen Zustand wiederherstellt.

225 *Seriation* ist die Fähigkeit, Objekte in einer Reihenfolge entsprechend der Größe, dem Aussehen oder einem anderen Merkmal anzuordnen.

226 Unter *Invarianz* (Unveränderlichkeit) ist die Erkenntnis zu verstehen, dass gewisse Eigenschaften eines Objekts konstant sind und erhalten bleiben, auch wenn es sein Aussehen ändert.

227 *Klassifikation* bedeutet die Fähigkeit, eine Gruppe von Objekten entsprechend ihrem Aussehen, ihrer Größe oder einem anderen Merkmal zu benennen oder zu

Stufe (11.–15. Lebensjahr[228]).[229] Mit dem 15. Lebensjahr ist die Entwicklung der kognitiven Strukturen nach *Piaget* weitestgehend abgeschlossen. Nach Durchlaufen dieser Stufe hat das Kind nach seinen Erkenntnissen die kognitiven Fähigkeiten gleich einem Erwachsenen entwickelt und ist zum schlussfolgernden wissenschaftlichen Denken fähig. Die Veränderungen im Alter von über 15 Jahren betreffen dann nicht mehr die Struktur des Denkens, sondern nur noch dessen Inhalt und Stabilität.[230]

Die Zuordnung eines bestimmten Lebensalters zu jeder einzelnen Stufe ist nach seiner Auffassung nicht streng, sondern als Annäherung aufzufassen.[231] Auch wenn *Piaget* davon ausging, dass keine der Stufen unvermittelt in Erscheinung tritt, sondern regelmäßig auf den vorangehenden Stufen aufbaut und von diesen vorbereitet wird, so verband er mit den Übergängen jeweils eine radikale Umstrukturierung des gesamten Denkens. Damit unterschied er sich seinerzeit von den meisten anderen Entwicklungspsychologen, die fließende Phasen und diffuse Übergänge annahmen.[232] Entwicklungslinien einer strukturellen Interpretation zuzuführen, war in der Nachfolge *Piagets* auch auf andere Domänen wie die Moralentwicklung, die Entwicklung des Selbst und die Ich-Entwicklung übertragen worden.[233] *Piaget* legte mit seinem empirisch fundierten Stufenmodell der Intelligenzentwicklung die Grundlage für eine Serie weiterer Stufenmodelle. Sein Stufenmodell und die meisten seiner Nachfolgemodelle basierten auf der Annahme einer einheitlich fortschreitenden Gesamtentwicklung, das heißt, die Stufen werden in hierarchischer Abfolge durchlaufen, es kann keine Stufe

identifizieren. Dies schließt die Idee ein, dass eine Klasse eine andere Klasse beinhalten kann.

228 Auf der Stufe der *formalen Operationen* wird die Fähigkeit erworben, logisches Denken mit Abstraktionen durchzuführen. Es entwickelt sich die Fähigkeit des abstrakten und hypothetischen Denkens. Das Kind zieht Schlussfolgerungen aus vorhandenen Informationen und beginnt zu reflektieren (Metaebene). Nach dem Durchlaufen dieser Stufe ist das Kind hinsichtlich seiner kognitiven Entwicklung ein Erwachsener und ist zum schlussfolgernden wissenschaftlichen Denken fähig. Vgl. *Miller,* Theorien der Entwicklungspsychologie, Seite 71 ff.; *Trautner*, Entwicklungspsychologie, Band 2: Theorien und Befunde, Seite 184 ff.

229 Auch zu finden unter folgenden Bezeichnungen: 1. *sensomotorische Intelligenz*; 2. *präoperatives Denken;* 3. *konkret-operative Logik;* 4. *formal-operative Intelligenz.*

230 *Miller,* Theorien der Entwicklungspsychologie, Seite 74.

231 *Lees Gage, Berliner, Bach,* Pädagogische Psychologie, Seite 104 ff.

232 Vgl. hierzu *Kohler,* Piaget, Seite 75.

233 *Oerter,* Klinische Entwicklungspsychologie, Seite 242 m.w.Nw.

übersprungen werden und es gibt auch keine rückläufige Entwicklungsbewegung.[234]

Mit der Vollendung des 12. Lebensjahres hat der Minderjährige nach der Auffassung von *Piaget* somit das sogenannte formal-operative Stadium[235] erreicht, das es ihm unter Berücksichtigung gradueller Abweichungen grundsätzlich ermöglicht, logisch zu denken und Abstraktionen durchzuführen. Er kann nun individuelle Schlüsse ziehen, Interpretationen vorschlagen und Hypothesen und eigene Denksysteme entwickeln und überprüfen. Er kann auf dieser Stufe selbstständig logische Möglichkeiten erarbeiten, eine Kombinationsanalyse von Möglichkeiten durchführen und diese formulieren. Er kann darüber hinaus in dieser Phase Informationen für sich regelmäßig so organisieren, dass er Erfahrungen von einer auf die andere Situation problemlos übertragen kann. Sein Denken wird wissenschaftlich, seine Sprache gedanklich und verbal differenziert. Kinder in diesem Alter benutzen nunmehr regelhaft Wenn-dann-Formulierungen und Verknüpfungen[236] und sind somit im Besitz der kognitiven Fähigkeiten, die für eine vernünftige Willensbildung maßgeblich sind.

Auch die Fähigkeit zur freien Willensentscheidung soll ein Minderjähriger nach der Darstellung von *Busch*, die u. a. auf entwicklungspsychologische Theorien von *Erikson*, *Miller*, *Freud* und *Thomae* zurückgreift, zwischen dem 12. und dem 16. Lebensjahr entwickeln und diese Entwicklung spätestens mit der Vollendung des 16. Lebensjahres abschließen.[237] In diesem Zusammenhang kommt *Busch* zu dem Ergebnis, dass die Bedenken vieler Juristen in Bezug auf eine bei Jugendlichen verstärkte materielle Selbstgefährdung, beispielsweise durch übermäßiges Geldausgeben, um sich Anerkennung zu erkaufen, grundsätzlich unbegründet scheint, da die Beeinflussbarkeit eines 16-Jährigen nicht über diejenige eines durchschnittlichen, aber voll geschäftsfähigen Menschen hinausgehe.[238]

Auch wenn man berücksichtigt, dass ein Zwölfjähriger sicher nicht „über Nacht" vorstehende Fähigkeiten erwirbt und es im Einzelfall erfahrungsbedingt auch graduelle Abweichungen geben wird, so hat doch ein Jugendlicher

---

234 *Oerter,* Klinische Entwicklungspsychologie, Seite 244.

235 Zum Stadium der „formalen Operation" vgl. auch *Kohler,* Piaget, Seite 91 ff.

236 *Lees Gage, Berliner, Bach,* Pädagogische Psychologie, Seite 112 ff.; *Busch*, Seite 84 m.w.Nw.; vgl. auch *Glöckner,* Piagets Entwicklungstheorie, Kapitel 1.1.4.

237 Vgl. *Busch,* Seite 86–90 m.w.Nw.

238 Vgl. *Busch,* Seite 89 f.

anscheinend spätestens mit der Vollendung des 14.[239] bzw. des 16. Lebensjahres einen Entwicklungsstand erreicht, der es ihm ermöglicht, komplexe Sachverhalte zu verstehen, weiterzuentwickeln, darauf eine eigene Willensbildung aufzubauen und den gebildeten Willen auch zu äußern und zu vertreten. *Piaget* geht sogar noch weiter, indem er voraussetzt, dass die kognitive Entwicklung eines Menschen mit dem Erreichen des 15. Lebensjahres grundsätzlich abgeschlossen ist, sodass er Minderjährige dieser Altersstufe im Hinblick auf die kognitive Reife einem Erwachsenen gleichstellt, was an dieser Stelle als Zwischenergebnis erst einmal so stehen bleiben soll.

cc. Bereits normierte Altersgrenzen in unserer Rechtsordnung

Die entwicklungspsychologischen Erkenntnisse von *Piaget* finden sich rein praktisch durchaus in den heutigen Anforderungen, die die Gesellschafts- und Rechtsordnung an Minderjährige stellt, wieder.

Die Volljährigkeit wurde in Deutschland durch das Reichsgesetz vom 17. Februar 1875 auf 21 Jahre festgelegt.[240] 100 Jahre später, am 1. Januar 1975, fand eine Herabsetzung dieser Altersgrenze auf 18 Jahre[241] statt.[242] Diese Neuregelung der Volljährigkeitsgrenze mit allen rechtlichen Konsequenzen wurde damals mit der konsequenten Fortführung der politischen[243] und gesellschaftlichen Entwicklung begründet,[244] jedoch vertrat der Gesetzgeber in diesem Zusammenhang

---

239 So auch: *Reiter-Theil/Eich/Reiter*, Kinderpsych.Prax., 1993, 42, 14 (17).

240 Deutsches Reichsgesetzblatt, Band 1875, Nr. 8, Seite 71.

241 Gesetz zur Neuregelung des Volljährigkeitsalters vom 31.7.1974 (BGBl. I. S. 1713), in Kraft ab 1.1.1975. Unter den Eindrücken des Amoklaufs von Erfurt forderte Bundesinnenminister Otto Schily, bei heftiger Gegenwehr aller Parteien, die Altersgrenze wieder auf 21 Jahre anzuheben. Vgl. hierzu z. B. Spiegel-Online vom 30.4.2002 http://www.spiegel.de/politik/deutschland/streit-ueber-volljaehrigkeit-16-18-21-oder-25-a-194309-druck.html, Stand 30.8.2013.

242 In der DDR bereits am 22.5.1950 durch das Gesetz über die Herabsetzung des Volljährigkeitsalters, Gesetzblatt der Deutschen Demokratischen Republik Teil I vom 17.5.1950, Ausgabe 1950 Nr. 57, Seite 437, abrufbar über: http://www.verfassungen.de/de/ddr/volljaehrigkeitsgesetz50.htm (Stand 30.8.2013)

243 Die Herabsetzung der Volljährigkeit wurde auch durch Bemühungen auf europäischer Ebene im Hinblick auf eine einheitliche Volljährigkeitsgrenze gefördert. Der Europarat empfahl 1972 den Mitgliedstaaten, die Volljährigkeitsgrenze grundsätzlich auf einen Zeitpunkt vor dem 21. Geburtstag, möglichst auf das vollendete 18. Lebensjahr zu senken. Vgl. *Busch,* Seite 48 Fn 163 m.w.Nw.

244 Vgl. Entwurf eines Gesetzes zur Neuregelung des Volljährigkeitsalters, BT-Drucks. 7/117.

damals auch noch die Auffassung, dass die Einschränkungen der Rechtsmacht Minderjähriger ohne Zweifel noch bei den Jugendlichen notwendig sei, die das 18. Lebensjahr noch nicht vollendet haben, und dass diese Jugendlichen des besonderen Schutzes der Rechtsordnung bedürften.[245] Diese Auffassung schien jedoch schon kurz darauf nicht mehr in allen Bereichen der grundsätzlichen Haltung des deutschen Gesetzgebers zu entsprechen. So sah beispielsweise ein Gesetzentwurf der Bundesregierung vom 8.11.1977 vor, dass Kinder ab einem Alter von 14 Jahren über ihre medizinische Behandlung selbst entscheiden könnten,[246] wenn sie den Grund und die Bedeutung der Heilbehandlung einsehen und ihren Willen hiernach ausrichten können. Hier hieß es: *„(...) Die Einwilligung in eine Heilbehandlung kann, soweit gesetzlich nichts anderes bestimmt ist, das Kind nach Vollendung des 14. Lebensjahres selbst erteilen, wenn es fähig ist, Grund und Bedeutung der Heilbehandlung einzusehen und seinen Willen hiernach zu bestimmen.(...)"* Ob der Gesetzgeber an dieser Stelle eine Vermutung der Einwilligungsfähigkeit in Kombination mit einem Negativausschluss normieren wollte, geht aus der vorstehenden Formulierung nicht eindeutig hervor. Aufgrund des Zusatzes *„wenn es fähig ist ..."* hat es jedoch zunächst den Anschein, als wäre die Einwilligungsfähigkeit erst nach Positivfeststellung gegeben, sodass dem Wortlaut des § 1626 a BGB-E nur klarstellende Bedeutung zugekommen wäre. Bei einem Blick in die Begründung des Gesetzentwurfes erscheint dies jedoch anders. Diese lässt vermuten, dass der Gesetzgeber möglicherweise grundsätzlich davon ausgehen wollte, dass eine solche Einwilligungskompetenz bereits dem Lebensalter und der Entwicklung eines 14-Jährigen entspricht. In der Begründung wird in diesem Zusammenhang ausgeführt: *„(...) Der Entwurf strebt an, dass dem Willen des heranwachsenden Kindes entsprechend seinem Lebensalter und seinem Entwicklungsstand im gebotenen Maße Rechnung getragen wird (...); bei der Einwilligung in eine Heilbehandlung soll das über 14 Jahre alte Kind grundsätzlich selbst die Einwilligung erteilen können (§ 1626 a BGB – E) (...)".*[247]

Von welcher entwicklungspsychologischen Grundannahme der Gesetzgeber 1977 ausgehen wollte, ist allein dem Gesetzentwurf nicht in hinreichender Klarheit zu entnehmen, jedoch bleibt im Ergebnis die Tendenz erkennbar, dem Minderjährigen auch in Bezug auf Entscheidungen seiner eigenen, höchstpersönlichen Belange aufgrund altersspezifisch regelmäßig bereits vorhandener Kompetenzen eine

245 BT-Drucks. 7/117, Vorbemerkung Abschnitt II, Seite 6. Zitiert auch im Urteil des BSG vom 7.11.2000 AZ B 2 U 40/99 R.

246 BT-Drucks. und 8/111 zu § 1626 a BGB-E, Seite 3.

247 BT-Drucks. 8/111, Seite 14.

Einwilligungsfähigkeit auch weit unter dem 18. Lebensjahr zuzuerkennen, was die Rechtsprechung bisher in ihren Urteilsbegründungen regelmäßig ausblendet.

Die Scheu des Gesetzgebers, die im Gesetzentwurf von 1977 anklingende offizielle Herabsetzung des Einwilligungsfähigkeitsalters für medizinische Behandlungen aus Sorge vor einer Überforderung des Minderjährigen oder einer unzulässigen Beschränkung des Elternrechtes tatsächlich zu normieren, wirkt auch vor dem Hintergrund, dass in unserer Rechtsordnung heute bereits deutliche Zäsuren bestehen, bei welchen eine Berechtigung des Minderjährigen in Bezug auf den Erwerb von Rechten und Pflichten an ein gewisses Lebensalter gekoppelt ist und wodurch das Elternrecht bereits eine zeitliche Begrenzung erhält, unverständlich.

Eine deutlich erkennbare Zäsur ist heute mit dem Erreichen des 15. bzw. der Vollendung des 15. Lebensjahres zu erkennen. So gilt das Individuum mit der Vollendung des 15. Lebensjahres nach Maßgabe des JArbSchG nicht mehr als Kind, sodass entsprechende Beschäftigungsverbote grundsätzlich entfallen. Ab dem 15. Lebensjahr kann ein junger Mensch somit grundsätzlich in die Welt des Erwerbslebens eintreten und somit z. B. Ausbildungs- bzw. allgemeine Dienstverhältnisse eingehen. Das BGB erklärt im vorliegenden Fall konsequenterweise gem. §§ 112, 113 BGB einen Minderjährigen für solche Geschäfte sogar als unbeschränkt geschäftsfähig, welche der Geschäftsbetrieb mit sich bringt[248] bzw. welche die Eingehung oder Aufhebung eines Dienst- oder Arbeitsverhältnisses der – von den Vertretern – gestatteten Art oder die Erfüllung der sich aus einem solchen Verhältnis ergebenden Verpflichtungen betreffen.[249] Mithin sieht das allgemeine Zivilrecht derzeit bereits im Rahmen dieser Ausnahmeregelung vor, dass eine auf bestimmt Teilbereiche begrenzte Geschäftsfähigkeit (Teilgeschäftsfähigkeit) eines Minderjährigen ab dem Alter von 15 Jahren grundsätzlich zulässig sein kann.[250] In der juristischen Literatur forderte *Moritz*[251] bereits 1989 eine Teilmündigkeit des Minderjährigen ab der Vollendung des 15. Lebensjahres im Zivilrecht. Er vertrat schon vor 23 Jahren die Auffassung, dass die kognitiven Fertigkeiten zur Ausübung der Selbstbestimmung bei normaler Entwicklung, für welche insoweit auch schon die körperliche Reifung ein Indiz darstelle, etwa im 12. Lebensjahr

---

248 Vgl. § 112 BGB. Zulässig jedoch nur nach Ermächtigung der gesetzlichen Vertreter mit Genehmigung des Familiengerichtes.

249 Vgl. § 113 BGB, bei dem die Ermächtigung der gesetzlichen Vertreter in Abweichung zu § 112 BGB nicht der zusätzlichen Genehmigung durch das Familiengericht bedarf, jedoch vom gesetzlichen Vertreter jederzeit wieder eingeschränkt oder zurückgenommen werden kann.

250 Palandt/*Ellenberger*, § 112 Rn 4; § 113 Rn 2 ff.

251 *Moritz*, Stellung des Minderjährigen, Seite 259 ff., 321 ff.

ausgebildet seien. Der Unsicherheitsfaktor „individuelle Reifeentwicklung" würde durch einen Altersaufschlag von drei Jahren hinreichend berücksichtigt werden, sodass Minderjährigen spätestens ab der Vollendung des 15. Lebensjahres eine zivilrechtliche Teilmündigkeit zugesprochen werden müsste. Mit der Vollendung des 14. Lebensjahres kann und muss der (nichts geschäftsunfähige) Minderjährige gem. § 1746 BGB zu einer Adoption einwilligen und kann eine solche eigenverantwortlich widerrufen. § 5 RelKEG[252] erklärt den Minderjährigen mit diesem Alter für religionsmündig. Auch das Strafrecht nimmt den 15-jährigen Jugendlichen in die Pflicht, da er in diesem Alter gem. §§ 19 StGB i.V.m. § 3 JGG grundsätzlich bereits seit einem Jahr strafmündig ist und sich somit auch für strafrechtlich relevantes Verhalten verantworten muss. Die deliktsrechtliche „Schonfrist" ist für den Minderjährigen grundsätzlich schon ab der Vollendung des 7. und spätestens ab der Vollendung des 10. Lebensjahres vorüber, da er ab diesem Alter für einen vorsätzlich oder fahrlässig verursachten Schaden verantwortlich ist, wenn er bei Begehung der Tat über die zur Erkenntnis der Verantwortlichkeit erforderliche Reife verfügt, wobei es auf die individuelle Fähigkeit des Kindes/Jugendlichen, sich nach dieser Einsicht zu verhalten, noch nicht einmal ankommt. Diesbezüglich vermutet das Gesetz pauschal die Einsichtsfähigkeit spätestens ab der Vollendung des 10. Lebensjahres, deren Fehlen vom Minderjährigen behauptet und bewiesen werden muss, wobei Zweifel an der Einsichtsfähigkeit zulasten des Minderjährigen gehen.[253] Mit der Vollendung des 15. Lebensjahres ist der Minderjährige gem. § 36 Abs. 1 S. 1 SGB I grundsätzlich sozialrechtlich handlungsfähig und somit berechtigt, Anträge auf Sozialleistungen zu stellen und solche entgegenzunehmen. Weiter ist festzustellen, dass nach den landesrechtlichen Bestimmungen der einzelnen Bundesländer die allgemeine Vollzeitschulpflicht[254] übereinstimmend bereits mit dem 15. Lebensjahr endet, sodass Jugendliche in diesem Alter in erheblichem Maße selbstbestimmt und eigenverantwortlich den Weg ihres zukünftigen Lebens gestalten müssen. In allen Verfahren, die den Minderjährigen in seiner Person

---

252 RGBl. 1921, 939.

253 Palandt/*Sprau,* § 828 Rn 6.

254 Die Vollzeitschulpflicht endet nach den Landesschulgesetzen regelmäßig nach 9 bzw. 10 Jahren bzw. am 30. Juni des Schuljahres, in dem der Jugendliche 15 Jahre alt wird, spätestens mit dem 30. Juni des Schuljahres, in dem der Jugendliche das 16. Lebensjahr vollendet hat. Mit dem Enden der Vollzeitschulpflicht beginnt die Teilzeitschulpflicht, die auch durch eine Lehre oder dem Besuch einer Berufsschule erfüllt werden kann. Dass Jugendliche, die der Vollzeitschulpflicht nicht mehr unterliegen, im Rahmen eines Ausbildungsverhältnisses oder leichter Tätigkeiten bis zu 7 Stunden täglich und 35 Stunden wöchentlich beschäftigt werden dürfen, stellt § 7 JArbSchG klar.

betreffen, mithin alle Verfahren, die nicht ausschließlich auf das Vermögen des Minderjährigen gerichtet sind, ist der Minderjährige bereits ab dem 14. Lebensjahr gem. § 9 Abs. 1 Nr. 3 FamFG verfahrensfähig und somit zur eigenständigen Wahrnehmung seiner Rechte berechtigt.[255]

Eine andere Altersgrenze, ab der dem Minderjährigen in unserer Rechtsordnung eine gewisse Teilrechtsfähigkeit zugesprochen wird, ist das 16. Lebensjahr. So ist ein Minderjähriger ab dem vollendetem 16. Lebensjahr gem. § 2229 Abs. 1 BGB testierfähig und hat gem. § 2271 Abs. 1 BGB auch die selbstbestimmte Berechtigung zum Widerruf wechselseitiger Verfügungen sowie zur Anfechtung, zur Aufhebung sowie zum Rücktritt vom Erbvertrag (§§ 2282 Abs. 1, 2290 Abs. 2, 2296 Abs. 2 BGB). Er ist grundsätzlich gem. § 1303 Abs. 2, 1316 Abs. 2 S. 2 BGB ehemündig und korrespondierend hierzu gem. § 607 Abs. 1 ZPO für Verfahren in Ehesachen prozessfähig. Weiterhin sind Jugendliche in diesem Alter nach den Kommunalgesetzen der Bundesländer Niedersachsen,[256] Bremen,[257] Berlin,[258] Nordrhein-Westfalen,[259] Mecklenburg Vorpommern,[260] Sachsen-Anhalt[261] und Schleswig-Holstein[262] in Bezug auf die Kommunalwahlen aktiv wahlberechtigt, wobei die Absenkung des allgemeinen Wahlrechtsalters sogar auf das 14. Lebensjahr immer wieder kontrovers diskutiert wird.[263] Vor dem Zivilgericht können Jugendliche ab dem 16. Lebensjahr gem. §§ 455, 452 ZPO als Zeugen vereidigt werden, was vor dem Hintergrund der Strafbarkeit einer beeidigten Falschaussage grundsätzlich nicht unbedenklich ist. Auch der Erwerb von einzelnen alkoholischen Getränken ist nach § 9 JuSchG ab der Vollendung des 16. Lebensjahres zulässig. Das Bundesjagdgesetz sieht in § 16 die Möglichkeit vor, Jugendlichen zwischen 16 und 18 Jahren einen Jugendjagdschein

---

255 *Bumiller/Harders*, FamFG § 9 Rn 1.

256 § 34 Abs. 1 Nr. 1 NGO.

257 § 1 Abs. 1 Nr. 1 BremWahlG.

258 § 1 Abs. 1 Nr. 1 2. Alt. LWahlG Berlin.

259 § 7 KWahlG NRW.

260 § 7 Abs. 1 Nr. 1 KWG M-V.

261 §§ 20 Abs. 2 i.V.m. § 1 Abs. I GO Sachsen Anhalt.

262 § 3 Abs. 1 Nr. 1 GKWG Schl.H.

263 Vgl. z.B. *Benedikt Hauser*, Konrad-Adenauer-Stiftung, Kommunales Wahlrecht ab 16, Link: http://www.kas.de/wf/doc/kas_3520-544-1-30.pdf?040615165341, Stand 30.8.2013; Stellungnahme des Landesjugendring Niedersachsen zum Gesetzentwurf der Fraktion Bündnis 90/Die Grünen (Drucks. 16/171) zur Erweiterung des Wahlrechtes und Herabsenkung des Wahlrechtsalters auf 14 Jahre. Abrufbar über: http://www.ljr.de/uploads/media/Stellungnahme08Wahlalter.pdf, Stand 30.8.2013.

zu erteilen, der unter Aufsicht zur Teilnahme an Gesellschaftsjagden berechtigt, was im Ergebnis bedeutet, dass Jugendliche dieser Altersgruppe unter Aufsicht sowie auf Übungsplätzen Gewalt über Jagdwaffen ausüben dürfen.[264] Ab dem 16. Lebensjahr dürfen Jugendliche die Führerscheine der Klassen M, L, T und S erwerben und sich somit mit Kleinkrafträdern, forst- und landwirtschaftlichen Zugmaschinen sowie Leichtmobilen und Quads offiziell im Straßenverkehr bewegen. Das deutsche Transplantationsgesetz (TPG) regelt die „wesentlichen rechtlichen Aspekte der Transplantationsmedizin wie u. a.: Todeszeitpunkt, Zustimmung zur Organentnahme, Gewinnung und Verteilung der Organe sowie Regulierung der Lebendspende".[265] Die Zustimmung zur Organentnahme ist gem. § 2 Abs. 1 TPG ab 16 Jahren, der Einspruch dagegen gem. § 2 Abs. 2 TPG ab 14 Jahren[266] möglich. Die Einwilligungsfähigkeit in eine postmortale Organspende mit der Vollendung des 16. Lebensjahres erscheint im Hinblick auf die diesem Alter ebenfalls bereits zugestandene Testierfähigkeit als konsequent und folgerichtig. Soweit man dem Gesetzgeber nicht unterstellen möchte, dass er die vermeintlich „fehlende *medizinische* Einsicht" eines Minderjährigen zum Wohle der Allgemeinheit „ausnutzt", scheint dieser also grundsätzlich sehr wohl davon auszugehen, dass ein 16-jähriger Jugendlicher die Einsichts-, Reflextions- und Erkenntnisfähigkeit besitzt, um die medizinische Funktion gegebenenfalls schwer und lebensbedrohlich geschädigter Organe sowie die Tragweite der Entscheidung, im Falle des eigenen Todes die eigenen Organe als Spenderorgane für schwer erkrankte Menschen zur Verfügung zu stellen, zu erfassen. Die komplexe Frage nach der Zustimmung

---

264 So bestimmt § 13 Abs. 7 WaffG: *„Inhabern eines Jugendjagdscheines im Sinne von § 16 des Bundesjagdgesetzes wird eine Erlaubnis zum Erwerb und Besitz von Schusswaffen und der dafür bestimmten Munition nicht erteilt. Sie dürfen Schusswaffen und die dafür bestimmte Munition nur für die Dauer der Ausübung der Jagd oder des Trainings im jagdlichen Schießen einschließlich jagdlicher Schießwettkämpfe ohne Erlaubnis erwerben, besitzen, die Schusswaffen führen und damit schießen; sie dürfen auch im Zusammenhang mit diesen Tätigkeiten die Jagdwaffen nicht schussbereit ohne Erlaubnis führen."*

265 Vgl. Schlussbericht der *Enquete-Kommission* „Recht und Ethik der modernen Medizin", Drucks. 14/9020, Seite 200–201.

266 Die für den Widerspruch bei der Vollendung des 14. Lebensjahres gezogene Altersgrenze wird in der Gesetzesbegründung zum TPG vom 16.4.1996 wie folgt begründet: *„Der Widerspruch gegen eine Organentnahme kann im Hinblick auf seine mögliche religiöse Motivation und angesichts der Religionsmündigkeit (Artikel 4 Abs. 1 des Grundgesetzes in Verbindung mit § 5 Satz 1 des Gesetzes über die religiöse Kindererziehung vom 15. Juli 1921, BGBl. III, Gliederungs-Nr. 404-9) bereits vom vollendeten vierzehnten Lebensjahr an erklärt werden."* Vgl. BT-Drucks. Drucksache 13/4355, Seite 18.

zur Organspende setzt ein Bewusstsein von Gesundheit, Krankheit und Tod, ein differenziertes Verständnis von Ursache und Auswirkung körperlicher Defizite auf das menschliche Leben, eine weit ausgebildete und differenzierte Sozialkompetenz und nicht zuletzt die Fähigkeit eines verantwortungsvollen Umgangs mit seinem eigenen Körper und der Gesundheit anderer Menschen voraus, was der Gesetzgeber einem 16-jährigen Jugendlichen also grundsätzlich zutraut. Wenn einem 16-Jährigen somit die Befugnis eingeräumt wird, durch eine Einwilligung in die Entnahme eigener Organe eine Verantwortung für das Leben anderer Menschen mitzutragen, erschließt es sich nicht, dass er diese Kompetenz nicht auch in Bezug auf die Verantwortlichkeit für sein eigenes Wohlergehen aus medizinischer Sicht haben soll. Ergebnisorientiert könnte in diesem Zusammenhang eingewandt werden, dass das Risiko einer Überforderung des Minderjährigen in diesem Fall für diesen keine negativen Konsequenzen hätte, da er die Einwilligung freiwillig erteilt und diese nur für den Fall des (Hirn-)Todes abgegeben wird. Eine solche Begründung ließe sich mit der Schutzwirkung des Transplantationsgesetzes, das durch fremdnützige Eingriffe vor allem die Interessen des Empfängers in den Vordergrund stellt, durchaus vereinbaren. Dies ändert jedoch nichts daran, dass die Frage nach einer Entscheidungskompetenz für die fremdnützige Preisgabe eigener Organe trotz der Tatsache, dass es für den Minderjährigen bzw. seine Angehörigen objektiv keinen Nachteil begründet, postmortal Organe zu spenden, die Fähigkeit eines abstrakten und konkreten medizinischen Verständnisses als Voraussetzung für das Begreifen der grundsätzlichen Notwendigkeit solcher Eingriffe sowie eine weit ausgeprägte Alltags- und Sozialkompetenz voraussetzt.

aaa. Exkurs: Gesetzliche Regelung in Österreich

Anders als in Deutschland hat beispielsweise Österreich[267] bereits im Jahre 2001 mit dem Kindschaftsrechtsänderungsgesetz in § 146 c ABGB[268] die grundsätzliche

---

267 Ebenso haben die Niederlande in Art. 7:450 Abs. 2 S. 3 BW Jugendliche ab dem vollendeten 16. Lebensjahr für allein einwilligungsfähig erklärt. Darüber hinaus sollen Kinder zwischen 12 und 16 Jahren mit den gesetzlichen Vertretern zusammen entscheiden, jedoch bedürfe es keiner Zustimmung der Vertreter, wenn der minderjährige Patient zwischen 12 und 16 Jahren ausdrücklich nach entsprechender reiflicher Überlegung dabei bleibt, dass er die Behandlung wünscht, obwohl die Erziehungsberechtigten eine Zustimmung verweigert haben.

268 §146 c ABGB lautet: *„(1) Einwilligungen in medizinische Behandlungen kann das einsichts- und urteilsfähige Kind nur selbst erteilen; im Zweifel wird das Vorliegen dieser Einsichts- und Urteilsfähigkeit bei mündigen Minderjährigen vermutet. Mangelt es an der notwendigen Einsichts- und Urteilsfähigkeit, so ist die*

Einwilligungskompetenz von Minderjährigen[269] in eine medizinische Behandlung[270] ausdrücklich geregelt.[271]

Generell wird im ABGB der Stellung der Kinder, insbesondere im dritten Abschnitt, der sich unter der Gesetzesüberschrift „Von Rechten zwischen Eltern und Kindern" in den §§ 139–186 a ABGB ausführlich mit den Rechten sowie Rechtsbeziehungen von Minderjährigen befasst, eine besondere bzw. eine hervorgehobene Aufmerksamkeit gewidmet.[272] Gem. § 146 c Abs. 1 S. 1 ABGB kann nach österreichischem Recht das einsichts- und urteilsfähige Kind die Einwilligung in

---

Zustimmung der Person erforderlich, die mit Pflege und Erziehung betraut ist. (2) Willigt ein einsichts- und urteilsfähiges minderjähriges Kind in eine Behandlung ein, die gewöhnlich mit einer schweren oder nachhaltigen Beeinträchtigung der körperlichen Unversehrtheit oder der Persönlichkeit verbunden ist, so darf die Behandlung nur vorgenommen werden, wenn auch die Person zustimmt, die mit der Pflege und Erziehung betraut ist. (3) Die Einwilligung des einsichts- und urteilsfähigen Kindes sowie die Zustimmung der Person, die mit Pflege und Erziehung betraut ist, sind nicht erforderlich, wenn die Behandlung so dringend notwendig ist, dass der mit der Einholung der Einwilligung oder der Zustimmung verbundene Aufschub das Leben des Kindes gefährden würde oder mit der Gefahr einer schweren Schädigung der Gesundheit verbunden wäre."

269 Auch andere Länder haben schon vor vielen Jahren verbindliche Altersgrenzen für Selbst- bzw. Mitbestimmungsrechte im Rahmen der medizinischen Behandlung normiert. Vgl. z.B. Part 1 Sec. 8 des englischen Family Law Reform Act 1969, der eine Altersgrenze von 16 Jahren enthält. Hier heißt es: *„Kinder im Alter von über 16 Jahren müssen (neben den Eltern) auch selbst in die medizinische Behandlung einwilligen."* Auch verschiedene Bundesgesetze US-amerikanischer Staaten sehen unterschiedliche Altersgrenzen für bestimmte Behandlungsmaßnahmen vor, dargestellt im Einzelnen in der rechtsvergleichenden Studie *Belling/Eberl/Michlik*, Das Selbstbestimmungsrecht Minderjähriger, Seite 14 ff. In Frankreich, wo das Recht des Minderjährigen, in einen Heileingriff einzuwilligen, denselben Grundsätzen folgt wie in Deutschland, bildet beispielsweise die Verordnung von Ovulationshemmern die (derzeit einzige) anerkannte „Teilmündigkeit" im Bereich der Gesundheitssorge. Jugendliche ab 14 Jahren haben dort freien Zugang zu Kontrazeptiven. Vgl. darstellend *Rothärmel*, Seite 55 f.

270 Der Begriff *„medizinische Behandlung"* orientiert sich am weiten Behandlungsbegriff des § 110 StGB und umfasst nicht nur die eigentliche Heilbehandlung, sondern auch diagnostische, prophylaktische und schmerzlindernde Maßnahmen sowie kosmetische Operationen und wird analog beispielsweise auch auf Piercing und Tätowierungen angewandt, Koziol ABGB, *Hopf*, § 146 c Rn 2.

271 In diesem Zusammenhang fordert *Taupitz* eine vergleichbare gesetzliche Regelung für Minderjährige in Deutschland. *Taupitz,* MedR 2012, 583 (585).

272 Vgl. hierzu auch *Hennig*, Problematik nicht indizierter Eingriffe, Seite 172 ff.

medizinische Behandlungen *nur* selbst erteilen;[273] wobei im Zweifel das Vorliegen dieser Einsichts- und Urteilsfähigkeit bei *mündigen Minderjährigen* vermutet wird.[274] *Mündig* ist der Minderjährige gem. § 21 Abs. 2 ABGB bereits mit der Vollendung des 14. Lebensjahres.[275] Ist er einwilligungsfähig, kommt eine Substitution seines Willens grundsätzlich nicht in Betracht.[276] Durch die Vermutungswirkung wird auf eine Positivfeststellung der Einwilligungsfähigkeit in Bezug auf diese Altersgruppe verzichtet. Als Korrektiv bestimmt § 146 b Abs. 1 S. 2 ABGB, dass in dem Fall, dass es dem Minderjährigen an der notwendigen Einsichts- und Urteilsfähigkeit mangelt, die Zustimmung der Person erforderlich wird, die mit der Pflege und der Erziehung betraut ist.[277] Wie im deutschen Recht kann jedoch der Minderjährige auch im Falle der Einwilligungsfähigkeit den Behandlungsvertrag erst mit dem Erreichen der Volljährigkeit selbstbestimmt abschließen.[278] Das ABGB unterscheidet zwischen einer „leichten" (§ 146 c Abs.1 ABGB) und einer schweren bzw. nachhaltigen (§ 146 c Abs. 2 ABGB) Beeinträchtigung der körperlichen Unversehrtheit oder Persönlichkeit, wobei sich die Schwere der Folge regelmäßig an § 84 StGB orientiert, sodass hierfür nach österreichischem Recht die Folge in jedem Fall länger als 24 Tage andauern oder zu einer sonst schweren bzw. dauerhaften Gesundheitsschädigung oder Berufsunfähigkeit führen muss.[279] Liegt eine „leichte" Beeinträchtigung vor, reicht die Zustimmung des einsichts- und

---

273 Auch das ABGB verlangt, dass der Minderjährige diesbezüglich die Einsicht besitzt, *Diagnose, therapeutische Möglichkeiten und Alternativen sowie Chancen und Risiken der Behandlung zu erfassen,* Koziol ABGB, *Hopf,* § 146 c Rn 2.

274 § 146 b ABGB schließt nicht aus, dass die Einsicht und Urteilsfähigkeit auch vor dem Erreichen der Mündigkeit vorliegen kann, *Hopf* in Koziol ABGB, § 146 c Rn 2.

275 § 21 ABGB lautet insoweit: *„(1) Minderjährige und Personen, die aus einem anderen Grund als dem ihrer Minderjährigkeit alle oder einzelne ihrer Angelegenheiten selbst gehörig zu besorgen nicht vermögen, stehen unter dem besonderen Schutz der Gesetze. (2) Minderjährige sind Personen, die das 18. Lebensjahr noch nicht vollendet haben; haben sie das 14. Lebensjahr noch nicht vollendet, so sind sie unmündig."*

276 *Hopf* in Koziol ABGB, § 146 c Rn 2.

277 Anders als in Deutschland ist in Österreich der „eigenmächtige Heileingriff", mithin der Heileingriff ohne wirksam erteilte Einwilligung, in § 110 StGB geregelt, der auch bei fachgerechter Behandlung eine Freiheitsstrafe bis zu sechs Monaten oder eine Geldstrafe bis zu 360 Tagessätzen androht. Gem. § 110 Abs. 3 StGB i.V.m. § 2 StPO handelt es sich aber insoweit um ein Privatklagedelikt, sodass der Patient eine Anklage zu veranlassen und das Vorliegen der Tatbestandsvoraussetzungen zu beweisen hat. Vgl. *Tanczos*, Arzthaftung, Seite 40 (44 f.).

278 *Hopf* in Koziol ABGB, § 146 c Rn 1.

279 *Hopf* in Koziol ABGB, § 146 c Rn 2.

urteilsfähigen Minderjährigen. Bei einer schweren oder nachhaltigen Beeinträchtigung muss auch der gesetzliche Vertreter zustimmen.

bbb. Stellungnahme

Mit dem Vorstoß, die regelmäßig vor dem Erreichen der Volljährigkeit entwickelte Einwilligungsfähigkeit minderjähriger Patienten als gesetzliche Vermutung zu normieren, hat der Gesetzgeber in Österreich aktiv zur Sicherung der Patientenautonomie Minderjähriger beigetragen, indem er die Einwilligungsfähigkeit „offiziell“ von dem Erreichen der Volljährigkeit sowie der Geschäftsfähigkeit abkoppelt. Zwar nennt auch das ABGB selbst keine Kriterien, die auf das Fehlen der erforderlichen und bei Minderjährigen ab dem 14. Lebensjahr vermuteten Fähigkeiten hinweisen, jedoch sind für die Überprüfung einer Negativabweichung von einem vermuteten Sollzustand in der Praxis einfacher nachvollziehbare und praktikable Standards zu entwerfen. Auf der anderen Seite gibt das ABGB bei genauerer Betrachtung aber auch nur eine Teilvorlage für die Lösung der Problematik, da es im Folgenden in § 146 c Abs. 2 ABGB die Einwilligungsfähigkeit des einsichts- und urteilsfähigen Minderjährigen insoweit wieder einschränkt, als dass die Zustimmung der sorgeberechtigten Bezugspersonen im Sinne einer kumulativen Einwilligung zusätzlich verlangt wird, wenn die Behandlung *„gewöhnlich mit einer schweren oder nachhaltigen Beeinträchtigung der körperlichen Unversehrtheit oder der Persönlichkeit verbunden ist“*. Ist also von vornherein zu befürchten, dass die Behandlung mit hoher Wahrscheinlichkeit mit schweren oder nachhaltigen Beeinträchtigungen (länger als 24 Tage) der körperlichen Unversehrtheit oder der Persönlichkeit verbunden sein kann, kann auch hier der grundsätzlich mündige Minderjährige nicht ohne seinen gesetzlichen Vertreter in die Behandlung einwilligen. Problematisch scheint bei dieser Formulierung die Verknüpfung der „schweren und nachhaltigen Folgen“ mit dem „gewöhnlichen, mithin regelmäßig zu erwartenden Eintritt einer nachhaltigen Beeinträchtigung“, da dies in vielen Fällen wohl schwer vorhersehbar ist. Selbst wenn der Mediziner im Ergebnis mit einer Nebenwirkung oder entsprechenden Folge rechnet bzw. rechnen muss, bleibt unklar, inwieweit er die Nachhaltigkeit und Schwere der konkreten Folge vorhersehen konnte, da sich vorübergehende Nebenwirkungen im Einzelfall auch zu schweren Komplikationen mit lebenslangen Folgen entwickeln können. Vor diesem Hintergrund besteht auch bei dieser Formulierung eine rechtliche Grauzone, die vermuten lässt, dass ein Mediziner auch den mündigen Minderjährigen im Zweifel nur bei gleichzeitiger Zustimmung des gesetzlichen Vertreters behandeln wird.

b. Zusammenfassung

Vor dem Hintergrund der Entwicklungsstufen *Piagets*, die zwar inhaltlich auch in der entwicklungspsychologischen Literatur bis heute rege diskutiert werden und denen durchaus auch dogmatisch anders begründete Theorien gegenüberstehen, die aber in der Psychologie in ihrer grundsätzlichen Struktur und Aussage anerkannt sind, treten Minderjährige offensichtlich mit der Vollendung des 12. Lebensjahres in eine Entwicklungsphase ein, in der sie die kognitiven Fähigkeiten besitzen, bei einer altersgerecht mitgeteilten Information auch komplexe Sachverhalte zu verstehen und daraus eigene Hypothesen, Schlussfolgerungen und Ansichten zu entwickeln. Mit der Vollendung des 15. Lebensjahres ist diese Phase und damit die gesamte kognitive Entwicklung des Menschen nach *Piaget* grundsätzlich abgeschlossen. Nach dem Durchlaufen dieser letzten Entwicklungsstufe hat das Kind nach seiner Auffassung die kognitiven Fähigkeiten gleich einem Erwachsenen entwickelt und ist zum schlussfolgernden wissenschaftlichen Denken fähig. Auch wenn dieser Reifeprozess aufgrund individueller Erfahrungen, des familiären und sozialen Umfelds eines Kindes und gegebenenfalls auch aufgrund genetischer Disposition sicherlich nicht bei jedem Kind/Jugendlichen einheitlich verläuft, so kann nach vorstehenden Ausführungen aber durchaus angenommen werden, dass der durchschnittlich entwickelte Minderjährige ab dem 14., spätestens jedoch, soweit man im Hinblick auf individuelle Entwicklung noch einen zeitlichen Aufschlag gewähren möchte, ab dem 16. Lebensjahr über die hinreichende kognitive und emotionale Kompetenz für eine autonome und somit selbstbestimmte Entscheidungsfindung verfügt.[280] Als Vorlage für eine gesetzliche Normierung in Deutschland könnten, zumindest in Ansätzen, die im ABGB bereits seit 2001 normierten Regelungen zur Einwilligungsfähigkeit Minderjähriger in medizinische Behandlungsmaßnahme herangezogen werden, die die grundsätzliche Vermutung der Einwilligungsfähigkeit an die Vollendung des 14. Lebensjahres knüpfen. Dies entspricht nach der Auswertung der, begleitend zu dieser Arbeit durchgeführten Befragung der in der Praxis tätigen Mediziner auch dem überwiegenden Empfinden der Medizinpraxis, in der ein deutliches Partizipations- und Selbstbestimmungsbedürfnis bei Minderjährigen ab dem 14. Lebensjahr verspürt wird[281] und Minderjährige dieser Altersgruppe mit durchschnittlichen Krankheitserfahrungen auch regelmäßig für

280 So auch: *Moritz*, Stellung des Minderjährigen, Seite 259 ff.

281 Vgl. Studie zur Praxisrelevanz, Frage 9.

kompetent genug gehalten werden, um selbstbestimmt in eine medizinische Behandlung einzuwilligen.[282] Eine feststehende Altersgrenze zur Einwilligungsfähigkeit würde die Mehrzahl der im Rahmen dieser Arbeit befragten Mediziner jedoch erst ab dem 16. Lebensjahr ziehen wollen.[283] Die in diesem Alter insbesondere auch im rechtsgeschäftlichen Bereich gegebenenfalls noch bestehenden Erfahrungsdefizite, die es dem Minderjährigen möglicherweise erschweren, die Folgen rechtsgeschäftlicher Entscheidungen in Gänze zu überblicken, ändern nichts an dem grundsätzlichen Vorhandensein der Kompetenz, komplexe Sachverhalte in Ursache, Wirkung und Folgen begreifen zu können. Gegebenenfalls bestehende Erfahrungsdefizite können, wie bei Erwachsenen auch, bei Minderjährigen in diesem Alter durch eine altersgerechte Aufklärung behoben werden. Dass der Gesetzgeber heute grundsätzlich auch von einer zumindest teilweise vor der Vollendung des 18. Lebensjahres abgeschlossenen Reifeentwicklung ausgeht, zeigt die Tatsache, dass sich Minderjährige dieser Altersgruppe im Straf- und Deliktsrecht für ihre Handlung bereits selbst verantworten müssen, dass sie ab dem 16. Lebensjahr grundsätzlich dem allgemeinen Arbeitsmarkt zur Verfügung stehen, für Rechtsgeschäfte in diesem Bereich sogar voll geschäftsfähig sein können und, wie nachfolgend noch dargestellt wird, hier noch nicht einmal mehr durch das Minderjährigenhaftungsbegrenzungsgesetz geschützt werden.[284] Weiter stellt der Gesetzgeber klar, dass Minderjährige bereits ab dem 14. Lebensjahr in eigenen Belangen ihre Verfahrensrechte selbst wahrnehmen, dass sie zwar eingeschränkt, aber ansonsten gleichberechtigt am motorisierten Straßenverkehr teilnehmen und sogar zum grundsätzlichen Führen einer Waffe berechtigt werden können. Sie sind grundsätzlich testierfähig, ehemündig, im kommunalen Bereich wahlberechtigt und können Erklärungen zur Organspende abgeben.

Unter Berücksichtigung der realen Selbstbestimmungskompetenz des Minderjährigen, der Elternpflicht auf Respektierung vorhandener Fähigkeiten des Heranwachsenden, der Beachtung der Grenzen einer unzulässigen wirtschaftlichen Überlastung Minderjähriger sowie im Interesse des Rechtsverkehrs an rechtssicheren Bestimmungen[285] wäre die Normierung einer zuzubilligenden partiellen Geschäfts- wie auch Einwilligungsfähigkeit in medizinischen Angelegenheiten vor dem 18. Lebensjahr durchaus denkbar. Vor diesem

282 Vgl. Studie zur Praxisrelevanz, Frage 10.
283 Vgl. Studie zur Praxisrelevanz, Frage 11.
284 Vgl. Abschnitt C.I.7.
285 Vgl. *Moritz,* Stellung des Minderjährigen, Seite 321 f.

Hintergrund ist nun zu überprüfen, inwieweit eine Anpassung der Normen über die Geschäfts- und Einwilligungsfähigkeit von Minderjährigen in Bezug auf ein medizinisches Behandlungsgeschehen mit den Grundsätzen des Minderjährigenrechtes vereinbar ist.

2. Partielle Geschäftsfähigkeit für medizinisch indizierte Eingriffe

Partielle medizinische Geschäftsfähigkeit ab dem vollendeten 16. Lebensjahr für medizinisch indizierte Eingriffe und Behandlungsmaßnahmen und Schwangerschaftsabbrüche nach der Beratungslösung.

a. Ziel der Regelung

Ziel dieser Regelung ist die Klarstellung, dass Minderjährige mit der Vollendung des 16. Lebensjahres in Bezug auf medizinisch indizierte Behandlungen, für die sie nach der hier vertretenen Auffassung in diesem Alter regelmäßig auch über die erforderliche Einwilligungsfähigkeit verfügen,[286] den hierzu erforderlichen Behandlungsvertrag selbstständig schließen können. Dies wird in der Medizinpraxis zum einen für Rechtssicherheit sorgen und zum anderen ein Auseinanderfallen von Einwilligungs- und Geschäftsfähigkeit verhindern. Ein solcher Gleichklang ist zur Sicherung der tatsächlichen Patientenautonomie des minderjährigen Jugendlichen notwendig und sinnvoll, weil das Selbstbestimmungsrecht bei der Anwendung unterschiedlicher Bewertungsmaßstäbe für die Einwilligungs- und Geschäftsfähigkeit sonst lediglich ein Pseudorecht darstellt. Medizinisch nicht indizierte Eingriffe sind von dieser Regelung ausgenommen, sodass es auch bei nicht medizinischen Eingriffen (Piercings/ Tätowierungen) wie auch bei indikationslosen medizinischen Eingriffen im Rahmen der wunscherfüllenden Medizin (Schönheitsoperationen) bei den bisher bestehenden allgemeinen Grundsätzen verbleibt.[287] Da keine dringende Notwendigkeit zur sofortigen Durchführung solcher Maßnahmen besteht, kann dem Minderjährigen zugemutet werden, mit der Durchführung solcher Eingriffe im Zweifel bis zum Erreichen der Volljährigkeit zu warten. Schwangerschaftsabbrüche nach der Beratungslösung werden ausdrücklich mit einbezogen, da es bei diesen regelmäßig an der medizinischen Indikation fehlt.

286 Siehe hierzu Abschnitt C.

287 So auch *Hennig*, Problematik nicht indizierter Eingriffe, Seite 53 ff.

b. Vereinbarkeit mit den bestehenden Vorschriften des Minderjährigenrechtes

Bei der Frage nach der grundsätzlichen Zulässigkeit einer partiellen Geschäftsfähigkeit unterscheidet die Rechtsprechung zwischen einer partiellen Geschäftsfähigkeit bezogen auf einen *gegenständlichen Bereich* und einer solchen bezüglich *einfacher bzw. schwieriger Geschäfte.*

Letzteres wurde insbesondere im Hinblick auf eine partielle Geschäfts*un*fähigkeit Volljähriger diskutiert und vom BGH bisher mit Hinweis auf die Rechtssicherheit im Rechtsverkehr ausdrücklich verneint,[288] jedoch erkennt dieser grundsätzlich die partielle Geschäftsunfähigkeit eines Geschäftsfähigen[289] sowie eine partielle Geschäftsfähigkeit[290] eines beschränkt Geschäftsfähigen in Bezug auf einen *gegenständlichen Bereich* ausdrücklich an. Der BGH definiert in diesem Zusammenhang die Geschäftsfähigkeit als

> *„Fähigkeit zur Prüfung der in Betracht kommenden Gesichtspunkte bei einem konkreten Rechtsgeschäft"*[291] und stellt ausdrücklich fest, dass *„(...) eine Person, die in der Lage ist, ihren Willen frei zu bestimmen, deren intellektuelle Fähigkeiten aber nicht ausreichen, um bestimmte schwierige rechtliche Beziehungen verstandesmäßig zu erfassen, deswegen noch nicht geschäftsunfähig ist(...)".*[292]

Darstellungen zu Kriterien einer freien Willensbildung als Fähigkeit zur individuellen, persönlichkeitsspezifischen Entscheidungsfindung finden sich auf der Grundlage der verschiedenen juristischen Handlungslehren überwiegend im Strafrecht im Zusammenhang mit der Zurechnungs- und Unrechtsproblematik. Da für die Herleitung dieser Fähigkeit jedoch auch dort auf die außerhalb des strafrechtlichen Bezugssystems stehende Psychologie sowie die

---

288 Vgl. BGH, NJW 1970, 1680 (1681); BGH, NJW 1961, 261; BGHZ 30, 112 (117); BGH, NJW 1953, 1342, hier heißt es im Leitsatz: *„Eine auf besonders schwierige Geschäfte beschränkte partielle Geschäftsunfähigkeit ist nicht anzuerkennen."*

289 Vgl. BGH, NJW 1953, 1342 und 1961, 261; BGH, NJW 1970, 1680 (1681); auch BGHZ 30, 112, 117 = NJW 1959, 1587 (1588) hier heißt es im Leitsatz: *„Die Geschäfts- und Prozessunfähigkeit eines Anwalts kann sich als partielle auf die Führung eines bestimmten Rechtsstreit beschränken."* BGH, NJW 1955, 1714.

290 Nomos BGB, *Schulze,* § 112 Rn 1; OLG Hamm, NJW-RR 1992, 1253; Palandt/*Ellenberger,* § 112 Rn 1; zur Frage, ob die Generaleinwilligung nach § 110 BGB zur „partiellen Geschäftsfähigkeit" führt, ausdrücklich verneinend: AG Siegen: Urteil vom 25.1.1991 – 7 C 2956/90 BeckRS 2011, 01875.

291 BGH, v. 19.6.1970 IV ZR 83/69 = BGH, FamRZ 1970, 545 (546).

292 BGH, a.a.O.

neurobiologische Hirnforschung zurückgegriffen wird, lassen sich diese auch im vorstehenden Kontext anwenden. Vorausgesetzt wird hier regelmäßig die mentale, voluntative und psychische Fähigkeit einer natürlichen Person, einen Sachverhalt zu verstehen und so in die Realität einzugreifen, dass ein Kausalverlauf angestoßen wird.[293] Abgesehen von der ebenfalls interessanten Frage, inwieweit die Willensbildung eines Menschen, die im Einzelfall regelmäßig auch von äußeren Faktoren beeinträchtigt werden kann, überhaupt in Gänze „frei" ist,[294] ergibt sich aus vorstehenden Ausführungen, dass es entwicklungspsychologisch begründbar ist, dass der heranwachsende Mensch mit dem Erreichen des 16. Lebensjahres regelmäßig all das entwickelt hat, was für eine vernünftige und autonome Willensbildung erforderlich ist, sodass er einen komplexen Sachverhalt verstehen, Übertragungen vornehmen und Kausalverläufe anstoßen kann. Hierbei wurde durch einen Zeitaufschlag berücksichtigt, dass die dieser Annahme zugrunde liegenden Entwicklungsstufen von *Piaget*, bei denen der 12-Jährige regelmäßig das formal operative Stadium erreicht hat, in welchem er vorstehende Fähigkeiten besitzt, bzw. regelmäßig spätestens bis zum Erreichen des 15. Lebensjahres ausbilden wird, lediglich Eckpunkte einer „normalen", nicht krankhaften Entwicklung darstellen, die nicht von jedem Minderjährigen gleich schnell erreicht werden. Wenn also ein Minderjähriger mit 16 Jahren regelmäßig über die erforderliche Willensbildungsfähigkeit sowie die kognitiven Fähigkeiten zum Abschluss eines Behandlungsvertrages verfügt, ist dieser, insbesondere vor dem Hintergrund der Auffassung des Bundesverfassungsgerichtes, dass die Rechte der Eltern mit zunehmender Reife des Minderjährigen zurücktreten,[295] nicht mehr schutzbedürftig, sodass das verfassungsrechtlich geschützte Selbstbestimmungsrecht des Minderjährigen das ebenfalls garantierte elterliche Erziehungsrecht sowie deren gesetzliche Vertretungsbefugnis verdrängt, wenn der Minderjährige von seinem Selbstbestimmungsrecht Gebrauch machen möchte.

Das Einzige, was dem regelgerecht entwickelten minderjährigen Menschen im Alter von 16 Jahren gegebenenfalls noch fehlt, ist die Lebenserfahrung in Bezug auf den rechtsgeschäftlichen Bereich, sodass er in diesem Alter die konkreten rechtsgeschäftlichen Folgen seiner Erklärung noch nicht in Gänze überblicken kann. Im Hinblick auf die vom BGH getätigte Feststellung, dass allein mangelndes Wissen beim grundsätzlichen Vorhandensein der kognitiven

---

293 *Lampe,* Struktur des strafbaren Unrechts, Festschrift für Hirsch, Seite 83 ff. (92).

294 Vgl. darstellend: *Buchner*, Abhängigkeit des haftungsrechtlichen Standard, Seite 63 ff. m.w.Nw.

295 BVerfGE 59, 360 (382).

Erkenntnisfähigkeiten nicht automatisch die Geschäftsunfähigkeit begründet[296] und auch ein gerade volljährig gewordener Mensch regelmäßig noch nicht über eine wesentlich umfangreichere rechtsgeschäftliche Weitsicht verfügen wird, ist allein das Vorliegen eines im Einzelfall gegebenenfalls bestehenden Erfahrungsrückstandes nicht geeignet, um auf eine fehlende Geschäftsfähigkeit zu schließen. Ein solches Defizit kann durch eine altersentsprechende gewissenhafte ärztliche (wirtschaftliche) Aufklärung sowie durch die Beratung der sorgeberechtigten Bezugspersonen, zu der diese selbstverständlich auch im Falle des selbstbestimmten Handelns des Minderjährigen gesetzlich und moralisch verpflichtet bleiben, hinreichend kompensiert werden. Da der Minderjährige darüber hinaus lediglich zum Abschluss von Behandlungsverträgen über medizinisch *indizierte* Behandlungen berechtigt wird, ist das wirtschaftliche Risiko insoweit überschaubar, als dass bei gesetzlich krankenversicherten Minderjährigen dieser Altersgruppe neben den Sorgeberechtigten der Krankenversicherer, auch bei Antragstellung durch den Minderjährigen selbst, gem. § 36 Abs. I SGB I, und bei privat versicherten Minderjährigen im Zweifel die sorgeberechtigten Eltern aufgrund der ihnen obliegenden Personensorge, die auch die Durchführung von medizinisch notwendigen Behandlungsmaßnahmen umfasst, zur Übernahme der Kosten verpflichtet sind. Sollten im Rahmen einer umfangreichen indizierten Behandlung Behandlungskosten entstehen, die im Einzelfall nicht von der Krankenkasse übernommen werden und/oder von den gesetzlichen Vertretern nicht übernommen werden können, so lässt die bisher zum MHbeG ergangene Rechtsprechung vermuten, dass auch umfangreiche Behandlungskosten für medizinisch indizierte Behandlungen und Eingriffe von der Haftungsbeschränkung des Minderjährigen gem. § 1629 a Abs. 1 BGB erfasst werden. So entschied beispielsweise das *AG Leipzig* im Jahre 2007, dass der Haftungsausschluss auch für die Kosten einer kieferorthopädischen Behandlung gelte. Das Gericht führte aus:

> *„(...) Die Klägerin wurde am (...) 2005 volljährig. Sie hat den Kontoauszug vom 28.9.2005 vorgelegt, aus dem hervorgeht, dass sich zu diesem Zeitpunkt auf ihrem Konto ein Betrag in Höhe von 100,00 Euro befunden hat. (...). Die Haftungsreduzierung zugunsten der Klägerin entfällt nicht gem. § 1629 a Abs. 2 BGB. Danach gilt das Haftungsprivileg unter anderem für verbindliche Verpflichtungen aus Rechtsgeschäften, die allein der Befriedigung der persönlichen Bedürfnisse des zuvor Minderjährigen dienten. Von der Haftungsbeschränkung gem. § 1628 Abs. 1 BGB ausgenommen sind Kleingeschäfte des täglichen Lebens und alterstypische Konsumgeschäfte. Nach*

296 BGH, v. 19.6.1970 IV ZR 83/69 = BGH, FamRZ 1970, 545 (546).

Auffassung des Gerichtes fallen aufwendige Heilbehandlungen jedoch nicht unter Abs. 2. Es mag sein, dass einzelne notwendige medizinische Maßnahmen, (...), die vollständig von der Krankenkasse vergütet werden, in Übereinstimmung mit der Auffassung des Amtsgerichtes Norderstedt Verbindlichkeiten darstellen, die allein zur Befriedigung persönlicher Bedürfnisse eingegangen wurden. Die Grenze sollte nach Auffassung des Gerichts jedoch da gezogen werden, wo der medizinische Mindestschutz überschritten wird und dann keine oder nur eine teilweise Vergütung durch die Krankenkasse erfolgt. Bei der gegenständlichen kieferorthopädischen Behandlung handelt es sich um eine solche, die nur zum Teil oder gar nicht von der gesetzlichen Krankenkasse übernommen wird und daher nach Auffassung des Gerichts als eine aufwendige und kostspielige Heilbehandlung angesehen werden muss, für die § 1629 a Abs. 2 BGB nicht zur Anwendung kommen kann. (...)"[297]

Mithin trägt hier der Arzt, der regelmäßig besser als der Patient den Umfang der Behandlungskosten abschätzen kann und im Rahmen seiner vertraglichen Nebenpflichten selbstverständlich auch zur wirtschaftlichen Aufklärung des Patienten[298] verpflichtet ist, im Ergebnis das Vergütungsrisiko, wenn er bei Behandlungen, deren Kosten nicht überschaubar bzw. regelmäßig nicht im vollen Umfange von den Krankenkassen übernommen werden, allein mit einem Minderjährigen den Behandlungsvertrag schließt. Da der Arzt in solchen Fällen grundsätzlich nicht gezwungen ist, mit dem Minderjährigen zu kontrahieren, entspricht dies den allgemeinen Grundsätzen des Minderjährigenschutzes im rechtsgeschäftlichen Bereich.[299] Soweit man unter den Begriff „Minderjährigenschutz" nicht lediglich das Abschirmen des Minderjährigen vor sämtlichen rechtsgeschäftlichen Risiken versteht, sondern darunter auch die Verpflichtung der Sorgeberechtigten, des Gesetzgebers sowie der Gesellschaft subsumiert, den Minderjährigen mit wachsender Kompetenz auch zunehmend sein Selbstbestimmungsrecht zu belassen, damit dieser die Möglichkeit erhält, sich in unserem Gesellschafts-, Geschäfts- und Rechtssystem zu üben, entspräche das Zugeständnis

---

297 AG Leipzig, Urteil vom 10.5.2007 – 114 C 8347/06 = Beck RS 2008, 01985. Palandt/*Götz*, § 1629 a Rn 7.

298 *Schelling,* MedR 2004, 422 ff.

299 Zur finanziellen Aufklärungsverpflichtung des Arztes vgl. *Schelling a.o.a.O.*; *Steinhilper,* in Laufs/Kern, § 25 Rn 24 m.w.Nw; *Füllgraf,* NJW 1984, 2619 f.; LG Saarbrücken, Urteil vom 4.5.1984 AZ 16 S 1/84 = NJW 1984, 2632 (2633 f.); BGH, NJW 1972, 335 = VersR 1972, 153; OLG Düsseldorf, NJW 1963, 1679; OLG Hamburg, VersR 1983, 63; BGH, NJW 1977, 337; OLG Karlsruhe, NJW 1966, 399; OLG Stuttgart, NJW 1973, 560; OLG Hamm, NJW 1976, 1157; BGHSt 12, 379 = NJW 1959, 825; BGH, NJW 1972, 335; BVerfG, NJW 1979, 1925.

einer partiellen Geschäftsfähigkeit im Rahmen von medizinischen Behandlungen auch dem gesetzgeberischen Schutzkonzept.

Behandlungsverträge über medizinisch nicht indizierte Eingriffe, insbesondere solche der rein wunscherfüllenden Medizin, können durch den Minderjährigen generell nicht wirksam abgeschlossen werden. Diesbezüglich eine Einschränkung bestehen zu lassen, ist vertretbar, da es dem Minderjährigen zuzumuten ist, mit Eingriffen, die medizinisch nicht indiziert sind, bis zum Erreichen des 18. Lebensjahres zu warten, wenn er mit seinen gesetzlichen Vertretern kein Einvernehmen über die Behandlung herstellen kann. Dies gilt umso mehr, als die derzeitigen gesetzlichen Bestimmungen eine Kostenübernahme für solche Eingriffe durch die Krankenkasse oder aber die gesetzlichen Vertreter nicht vorsehen. Sollte ein Minderjähriger unter bestehenden optischen Unregelmäßigkeiten seines Körpers tatsächlich einen Leidensdruck entwickeln, so wird das gegebenenfalls ohnehin zur medizinischen Indikation führen und dazu, dass eine Beseitigung dieses Zustandes im Rahmen der kindeswohlorientierten Entscheidung durch die gesetzlichen Vertreter zu unterstützen ist. Da die Entscheidung über das Vorliegen einer medizinischen Indikation eine rein medizinisch-fachbezogene Frage darstellt, kann dem Arzt auch abgefordert werden, dies zu überprüfen, sodass er das Vergütungsrisiko selbst kalkulieren kann. In den Fällen, in denen es ein Mediziner bei dieser Feststellung an der erforderlichen Sorgfalt mangeln lässt, ist es sachgerecht, dass dieser das Vergütungsrisiko trägt.

Schwangerschaftsabbrüche nach der Beratungslösung werden ausdrücklich mit einbezogen, da es hier regelmäßig an der medizinischen Indikation fehlt, der Minderjährigen jedoch, wie nachfolgend dargestellt wird, die Kompetenz in eine solche Behandlung einzuwilligen mit der Vollendung des 16. Lebensjahres zuzusprechen ist, sodass sie folgerichtig auch den hierzu notwendigen Behandlungsvertrag abschließen können muss. Vor dem Hintergrund, dass die von der Krankenkasse nicht übernommenen Kosten eines Schwangerschaftsabbruches nach der Beratungslösung, die grundsätzlich von der Schwangeren zu tragen sind, bei nicht erwerbstätigen oder geringverdienenden Schwangeren, wie es bei der Gruppe der hier relevanten jungen Frauen regelmäßig der Fall sein wird, unabhängig von der Frage, ob die Minderjährige gesetzlich, privat oder überhaupt krankenversichert ist, gem. §§ 19, 22 SchKG[300] vom jeweiligen

300 Das Gesetz zur Vermeidung und Bewältigung von Schwangerschaftskonflikten (Schwangerschaftskonfliktgesetz – SchKG) vom 27.7.1992 gewährleistet den Anspruch auf eine umfassende Beratung oder eine spezielle Schwangerschaftskonfliktberatung sowie im Einzelfall den Anspruchs von Frauen auf Übernahme der Kosten

Bundesland nach Antrag der Kostenübernahme bei der/einer Krankenkasse erstattet werden müssen und somit an dieser Stelle der Honoraranspruch des Arztes abgesichert ist, stünde auch hier der Minderjährigenschutzgedanke nicht entgegen.

Sollte der Minderjährige im Rahmen der Vertragsbeziehung dem Mediziner vorsätzlich oder fahrlässig einen Schaden zufügen, so haftet er bereits heute nach den bestehenden Vorschriften unbeschränkt aus Delikt. Da § 1629 a BGB Ansprüche aus deliktischer Haftung aus der Haftungsbegrenzung ausschließt, trifft den geschädigten Mediziner in einem solchen Fall kein rechtlicher Nachteil.

Selbst im Falle eines Rechtsstreites würde der Minderjährige aufgrund der derzeit bereits bestehenden Rechtslage auch im Prozessrecht nicht an Selbstständigkeit verlieren. Auch wenn das Prozessrecht in den §§ 51 Abs. 1, 52 ZPO grundsätzlich davon ausgeht, dass vorbehaltlich etwaiger Sonderregelungen nur voll geschäftsfähige, mithin volljährige Personen prozessfähig sind, so sind doch auch beschränkt Geschäftsfähige im Rahmen von höchstpersönlichen Angelegenheiten im Einzelfall berechtigt, einen Rechtsstreit auch ohne den gesetzlichen Vertreter zu führen.[301] Insoweit sind sie uneingeschränkt verfahrensfähig.[302] Soweit ein vom BGB gegenständlich beschränkter Minderjähriger als voll geschäftsfähig angesehen wird, wie beispielsweise durch §§ 112, 113 BGB, akzeptiert dies die ZPO ebenfalls. Auch hier ist der Minderjährige sodann partiell prozessfähig,[303] sodass er dies im Falle einer partiellen Absenkung der Altersgrenze auch für Forderungen aus dem Behandlungsvertrag wäre. Gleiches gilt gem. § 71 Abs. 1 und 2 SGG für das sozialgerichtliche Verfahren. Zur Übernahme gegebenenfalls entstehender Prozess- und Verfahrenskosten bleiben die gesetzlichen Vertreter im Rahmen der Personensorge verpflichtet. Sollten diese hierzu nicht in der Lage sein, wären solche über das Institut der Prozesskosten-/Verfahrenskostenhilfe abzurechnen. In der Tatsache, dass der Mediziner im Falle des Obsiegens nach einer gerichtlichen Auseinandersetzung ggf. die eigenen Kosten und Auslagen bei dem vermögenslosen Minderjährigen nicht vollstrecken kann, verwirklicht sich kein anderes Risiko, als das, das bei der Inanspruchnahme eines vermögenlosen Schuldners bzw. einer Inanspruchnahme durch einen solchen besteht.

---

für einen straflosen Schwangerschaftsabbruch, wenn ihnen die Aufbringung der Mittel aus wirtschaftlichen Gründen nicht zuzumuten ist.

301 Als Beispiel § 125 Abs. 1 FamFG, § 9 Abs. 1 Nr. 3 FamFG i.V.m. §§ 1671 oder 1684 Abs. 1 BGB.

302 *Ahrens*, Teilprozessfähigkeit, Seite 2 f.

303 MüKo/*Lindemacher*, ZPO, § 51, 52 Rn 5.

c. Zusammenfassung

Aufgrund der Tatsache, dass bei einem 16-Jährigen regelmäßig all die kognitiven Fähigkeiten entwickelt sind, die eine vernünftige Willensbildung erfordern, ist nach der hier vertretenen Auffassung dem Minderjährigen mit der Vollendung des 16. Lebensjahres für den Teilbereich Gesundheitssorge in Bezug auf medizinisch indizierte Eingriffe die volle Geschäftsfähigkeit zuzuerkennen. Vor dem Hintergrund, dass es dem BGH zur Feststellung der Geschäfts*un*fähigkeit nicht ausreicht, dass ein Mensch, der grundsätzlich die Fähigkeit zur freien Willensbildung entwickelt hat, lediglich intellektuell nicht ausreichend informiert, erfahren oder in der Lage ist, bestimmte rechtliche Beziehung zu überblicken, scheint es nicht sachgerecht, dem Minderjährigen lediglich aufgrund eines gegebenenfalls bestehenden Erfahrungsdefizites, das nicht mit „intellektuellem Unvermögen“ gleichzusetzen ist, die Geschäftsfähigkeit für diesen Teilbereich weiterhin abzuerkennen. Dies gilt umso mehr, als das dieses Erfahrungsdefizit Minderjähriger im medizinischen Bereich durch die weitgehende Aufklärungsverpflichtung des Arztes sowie die Unterstützungs- und Beratungsverpflichtung der sorgeberechtigten Bezugspersonen und bei Schwangerschaftsabbrüchen nach der Beratungslösung zusätzlich durch die verpflichtende Beratung durch eine fachkundige Beratungsstelle kompensiert werden kann, sodass der Minderjährige in die Lage versetzt wird, die rechtliche und wirtschaftliche Tragweite des Vertragsabschlusses zu überblicken.

C. Die Einwilligungsfähigkeit Minderjähriger in medizinische Eingriffe und das Vetorecht

I. Die Einwilligungsfähigkeit und das Vetorecht „de lege lata"

Das ärztliche Handeln muss, wenn es berufsrechtlich legitim sein und vor dem Recht bestehen soll, drei Grundvoraussetzungen genügen. Erstens erfordert der ärztliche Eingriff eine *Indikation.* Zweitens bedarf der Arzt der *Einwilligung* seines *aufgeklärten Patienten* oder jedenfalls dessen mutmaßlicher Einwilligung bzw. der Zustimmung des gesetzlichen Vertreters, des Betreuers oder des Vormundschaftsgerichts und drittens hat der Arzt beim Vollzug seines Eingriffs *den fachlichen Regeln und wachsenden Sorgfaltspflichten zu genügen.*[304]

1. Die medizinische Indikation

Der Heileingriff setzt eine Indikation voraus. Ärztliche Behandlungsmaßnahmen ohne Indikation sind demzufolge keine Heileingriffe[305] und gegebenenfalls behandlungsfehlerhaft.[306] *Medizinisch indiziert* ist eine Heilbehandlung dann, wenn sie angezeigt ist, mithin ein Grund zur Anordnung bzw. Verordnung eines bestimmten diagnostischen oder therapeutischen Verfahrens vorliegt, der die Anwendung einer ärztlichen Maßnahme rechtfertigt.[307] Der medizinische Indikationsbegriff steht inhaltlich im Gleichklang mit dem allgemeinen strafrechtlichen Begriff der Indikation.[308] Sie bildet medizinrechtlich, zusammen mit der

---

304 *Laufs* in Laufs/Kern, § 6 Rn 1.

305 *Kern* in Laufs/Kern, § 49 Rn 5.

306 OLG Köln VersR 1992, 1097.

307 *Kern* in Laufs/Kern, § 49 Rn 1 mit Verweis auf *Pschyrembel,* Klinisches Wörterbuch, 261. Aufl. 2004, Stichwort „Indikation", S. 905, vgl. auch *Tönsmeyer,* Grenzen elterlicher Sorge, Seite 105 f. m.w.Nw.

308 Abgesehen von den speziellen Indikationsbegriffen im § 218 a StGB ist ein Eingriff aus strafrechtlicher Sicht indiziert, *„wenn er nach den Erkenntnissen und Erfahrungen der Heilkunde geeignet und nach den Grundsätzen eines gewissenhaften Arztes notwendig ist, Leben, Gesundheit und Wohlbefinden des Patienten zu erhalten oder*

aufgeklärten Einwilligung und der standardgemäßen Behandlung, eines der drei „Kernstücke" der ärztlichen Legitimation[309] und schafft so als Normkonzept die grundsätzliche Erlaubnis für den Einsatz einer medizinischen Intervention.[310] Eine kontraindizierte Behandlung darf auch nicht auf nachhaltigen Wunsch des Patienten durchgeführt werden und verliert somit, auch bei Einwilligung des Patienten, nicht an strafrechtlicher Relevanz.[311] Aber auch dort, wo eine indizierte Maßnahme dem Patienten keinen medizinischen Nutzen mehr bringt, kann die Indikation grundsätzlich entfallen, und das unabhängig davon, ob die Maßnahme gegebenenfalls vom Willen oder vom mutmaßlichen Willen des Patienten gedeckt war oder ist, was insbesondere in Palliativ- und Intensivmedizin von Bedeutung sein kann.[312] Die Frage nach der Indikationsstellung fällt somit aus rechtlicher Sicht ausschließlich in den Verantwortungsbereich des behandelnden Mediziners[313] und ist im Zweifel einer gerichtlichen Überprüfung zugänglich.

2. Die Einwilligung

Die Rechtsprechung behandelt den ärztlichen *Heileingriff* seit nunmehr über 115 Jahren als vorsätzliche Körperverletzung.[314] Die Rechtswidrigkeit entfällt nur dann, wenn die medizinisch indizierte ärztliche Heilmaßnahme[315] durch die *Einwilligung* des Patienten bzw. der vertretungsberechtigten Personen gerechtfertigt ist, jedoch

---

herzustellen bzw. Störungen zu lindern". Vgl. *Rouka,* Seite 82; *Lackner/Kühl,* § 223 Rn 9 m.w.Nw. sowie Abschnitt C.I.4.

309 *Damm,* MedR 2011, 7 (12).

310 *Damm,* MedR 2011, 7 (12).

311 OLG Karlsruhe v. 11.9.2002 7 U 102/01 = MedR 2003, 104 (106), das dem Mediziner abverlangt, aufgrund seiner Stellung und seines Wissensvorsprungs dem Patienten nicht nur von einer weiteren Operation abzuraten, sondern diese sogar zu verweigern, OLG Düsseldorf v. 16.11.2000 8 U 101/99.

312 *Opderbecke/Weißauer*, MedR 1998, 395 (397): *„Kann eine Heilmaßnahme dem Patienten keine Hilfe mehr bringen, so wird sie sinnlos; sie ist medizinisch nicht mehr indiziert. Die immanenten Grenzen der ärztlichen Behandlungspflicht sind damit erreicht."*

313 Vgl. *Tönsmeyer,* Grenzen elterlicher Sorge, Seite 106 Fn 658.

314 Ständige Rechtsprechung seit RGSt 25, 375 (377); *Knauer/Brose,* in Spickhoff, MedR § 223 StGB Rn 16; BGHZ, 108 153; *Tröndle,* § 223 Rn 9 m.w.Nw; Schönke/Schröder -*Eser,* § 223 Rn 29 ff.; BGH, NJW 1982, 97; BGHZ 166, 336 (339); BGHZ 169, 364 (366); BGHZ 176, 342 (347).

315 Zur Erforderlichkeit des Heilcharakters vgl. *Tönsmeyer,* Grenzen elterlicher Sorge, Seite 106 ff. m.w.Nw.

sind Rechtsnatur, Voraussetzungen sowie die Definition der rechtfertigenden Einwilligung bis heute nicht normiert und inhaltlich hoch umstritten.

a. Rechtsnatur der (stellvertretenden) Einwilligung

Der Grundgedanke der rechtfertigenden Einwilligung findet sich bereits im altrömischen Recht und ist niedergelegt in der Digestenstelle D.47.10.1.5.[316] in dem Grundsatz[317] *„nulla iniuria*[318] *est, quae in volentem fiat"*.[319] Diese konnte damals aber nur persönlich vorgenommen werden, da dem römischen Recht die Stellvertretung insgesamt noch fremd war.[320] Heute ist es grundsätzlich selbstverständlich, dass rechtsgeschäftliche Willenserklärungen auch stellvertretend abgegeben werden können, obwohl auch in unserer heutigen Rechtsordnung bestimmte Bereiche noch stellvertretungsfrei bleiben. Während Geschäfte, die das Vermögen betreffen, regelmäßig eine Stellvertretung zulassen (Behandlungsvertrag), sind Erklärungen, die höchstpersönliche Belange betreffen[321] (Einwilligung in die medizinische Behandlung als solche), regelmäßig stellvertretungsfeindlich. Die Einwilligung in eine die körperliche Integrität betreffende Handlung wird spätestens seit dem Urteil des BGH aus dem Jahre 1958, losgelöst von der Geschäftsfähigkeit, nicht mehr als Einwilligung in ein Rechtsgeschäft i.S. des § 183 BGB und damit nicht mehr als rechtsgeschäftliche Willenserklärung,[322] auf die die §§ 104 ff. BGB direkt

316 Die „Digesten" sind eine Zusammenstellung aus den Werken römischer Rechtsgelehrter und bilden den wichtigsten Teil unserer Überlieferung des römischen Rechts. Sie wurden 533 n. Chr. von Kaiser Justinian I. in Konstantinopel als Gesetzbuch verkündet.

317 Vgl. *Bleiler*, Seite 20.

318 Der Begriff „iniuria" stand nicht für Unrecht im Allgemeinen, sondern nur für ein bestimmtes Delikt in Form einer „Art" Persönlichkeitsverletzung. Während das Zwölftafelgesetz nur schwerwiegende Fälle der „iniuria" regelte, so umfasste der Tatbestand später jede bewusste Missachtung fremder Persönlichkeit. Vgl. *Ohly*, Einwilligung, Seite 25 f.

319 „Niemand kann sich über eine Handlung beschweren, die mit seinem Willen vorgenommen wurde".

320 *Kern*, NJW 1994, 753.

321 Eheschließung (§ 1311 BGB), Begründung der Lebenspartnerschaft, § 1 LPartG; Errichtung eines Testaments (§ 2064 BGB), der Abschluss eines Erbvertrages (§ 2274), Bestätigung eines Erbvertrages (§ 2284 BGB), die Aufhebung eines Erbvertrages (§ 2290 BGB) und der Abschluss eines Erbverzichts (§ 2347 BGB), Anfechtung der Vaterschaft (§ 1600 a Abs. 1 BGB), „Gewillkürte Höchstpersönlichkeit" (BGH NJW 1999, 90 (94).

322 *Knauer/Brose in* Spickhoff, Medizinrecht, § 223 StGB Rn 8.; *Coester-Waltjen*, MedR 2012, 553 (554); *Wölk*, MedR 2001, 80 (81); *Ulsenheimer* in Laufs/Kern, § 139 Rn 43;

oder analog Anwendung fänden, sondern als die *„Gestattung und Ermächtigung zur Vornahme tatsächlicher Handlungen, die in den Rechtskreis des Gestattenden eingreifen“*,[323] mithin als eine Rechtshandlung[324] angesehen. Die Einwilligungsfähigkeit läuft somit nicht mehr im Gleichklang mit der Geschäftsfähigkeit, da sie sich abweichend davon nach der tatsächlichen („natürlichen“) Einsichts- und Urteilsfähigkeit des Einwilligenden bestimmt.[325] Im Hinblick auf die Höchstpersönlichkeit der Einwilligung in medizinische Behandlungsmaßnahmen liegt die Problematik auf der Hand. Ist eine medizinische Maßnahme, die mit einem Eingriff in die körperliche Integrität verbunden ist, erforderlich, kann der Betroffene selbst aber nicht einwilligen, so muss, trotz der Höchstpersönlichkeit der Erklärung, eine Stellvertretung zulässig sein. Stellvertretung bei der Einwilligung in Heileingriffe ist von daher heute die Ausnahme, Selbstbestimmung die Regel. Mithin wird die Einwilligung in ihrer Rechtsnatur heute als eine Rechtshandlung qualifiziert, die grundsätzlich vom Einwilligenden höchstpersönlich zu erklären ist. Auf die Geschäftsfähigkeit des Einwilligenden im bürgerlich-rechtlichen Sinne kommt es nicht an, sondern auf dessen tatsächliche Fähigkeit, nach seiner geistigen Veranlagung und Entwicklung die Bedeutung des Eingriffs zu beurteilen. Fehlt vorbenannte Fähigkeit, müssen stellvertretend die sorgeberechtigten Bezugspersonen die Einwilligung erklären.

b. Voraussetzung der Einwilligungsfähigkeit

Die Einwilligung in eine Körperverletzung stellt den Verzicht auf ein höchstpersönliches, disponibles Rechtsgut dar, über das der Patient verfügen kann. Da die Einwilligung *keine rechtsgeschäftliche* Willenserklärung im Sinne der §§ 104 ff. BGB ist, kommt es auf die Geschäftsfähigkeit des Minderjährigen ebenso wenig

---

darstellend LG Tübingen, NJW 1960, 1389 (1390); *Tönsmeyer,* Grenzen elterlicher Sorge, Seite 114; BGHZ 29, 33 ff.; *Deutsch* in Spickhoff, Medizinrecht § 13 TFG Rn 9, § 6 TFG Rn 7; die strafrechtliche Rechtsprechung hatte zu diesem Zeitpunkt die Einwilligung von Minderjährigen allerdings bereits in ähnlicher Weise problematisiert – RGSt 29, 398; RGSt 41, 392; RGSt 60, 34; RGSt. 70, 107 (108) sowie BGHSt 7, 312; BGHSt 8, 278, BGH NJW 53, 912, anders noch: *Amelung, Eymann,* JuS 2001, 937 mit Hinweis auf *Zitelmann*, AcP 99 (1906), 1 ff.; RGSt 25, 375 (381); RGZ 68, 431 (436); BGHZ 7 196 (206 f.).

323 BGHZ 29, 33 = NJW 1959, 811; Kern, NJW 1994, 753 f.; LG Tübingen, NJW 1960, 1389 (1390); OLG Oldenburg, Urteil vom 11.5.2005 – 5 U 163/04 = MedR 2008, 295.

324 *Gernhuber,* FamRZ 1962, 89 (94); So auch *Dettmeyer,* MR, Seite 199; a.A.: z.B.: *Scherer*, FamRZ 1997, 589 ff.

325 *Knauer/Brose* in Spickhoff, Medizinrecht, § 223 StGB Rn 8.

an wie auf seine strafrechtliche Schuldfähigkeit. Entscheidend ist vielmehr, dass der Patient das natürliche Einsichts-, Urteils- und Verständnisvermögen hat, um die geplante ärztliche Maßnahme, ihre Folgen und das insoweit bestehende Risiko zu ermessen.[326]

aa. Definition der Einwilligungsfähigkeit und Entwicklung

Die Einwilligungsfähigkeit hat bis heute keine grundsätzliche gesetzliche Definition erhalten. Auch die Chance, der Definition der Einwilligungsfähigkeit durch eine entsprechende gesetzliche Normierung im Rahmen der Gesetzesänderungen auf der Grundlage des im Februar 2013 in Kraft getretenen PatRG zu einer verbindlichen Struktur zu verhelfen, hat der Gesetzgeber leider nicht genutzt. Im neu hinzugefügten § 630 d BGB, der mit „Einwilligung" überschrieben ist, wird lediglich der Status quo der grundsätzlichen Erforderlichkeit normiert, ohne die Einwilligungsfähigkeit als solche zumindest zu definieren.[327] Lediglich in wenigen Spezialgesetzen finden sich hierzu, jedoch ohne allgemeingültige Kodifizierung,[328] vereinzelt Regelungen.[329] Der in diesem Zusammenhang als strafrechtliche Grundnorm viel zitierte § 228 StGB regelt jedoch, entgegen seiner Überschrift, nicht konkret die Voraussetzung der Einwilligung, sondern setzt diese definitionslos voraus und schränkt die rechtfertigende Reichweite allein in Bezug

---

326 *Ulsenheimer* in Laufs/Kern, § 139 Rn 43 m.w.Nw.

327 § 630 d Einwilligung lautet: *„(1) Vor Durchführung einer medizinischen Maßnahme, insbesondere eines Eingriffs in den Körper oder die Gesundheit, ist der Behandelnde verpflichtet, die Einwilligung des Patienten einzuholen. Ist der Patient einwilligungsunfähig, ist die Einwilligung eines hierzu Berechtigten einzuholen, soweit nicht eine Patientenverfügung nach § 1901 a Absatz 1 Satz 1 die Maßnahme gestattet oder untersagt. Weiter gehende Anforderungen an die Einwilligung aus anderen Vorschriften bleiben unberührt. Kann eine Einwilligung für eine unaufschiebbare Maßnahme nicht rechtzeitig eingeholt werden, darf sie ohne Einwilligung durchgeführt werden, wenn sie dem mutmaßlichen Willen des Patienten entspricht." (2) Die Wirksamkeit der Einwilligung setzt voraus, dass der Patient oder im Fall des Abs. 1 S. 2 der zur Einwilligung Berechtigte vor der Einwilligung nach Maßgabe von § 630 e Abs. 1 bis 4 BGB aufgeklärt worden ist. (3) Die Einwilligung kann jederzeit und ohne Angabe von Gründen formlos widerrufen werden.*

328 So verlangt § 40 Abs. 1 Nr. 3 a AMG in Anlehnung an die von der Rechtsprechung geprägten Formulierung, dass der Proband *„volljährig und in der Lage ist, Wesen, Bedeutung und Tragweite der klinischen Prüfung zu erkennen und ihren Willen hiernach auszurichten"*.

329 Vgl. § 40 Abs. 1 Nr. 3 a AMG; § 20 Abs. 1 Nr. 2 MPG; § 3 KastrG.

auf Körperverletzungsdelikte unter bestimmten Voraussetzungen ein,[330] indem er die strafausschließende Wirkung unter den Vorbehalt einer normativen Bewertung nach Maßgabe der „guten Sitten“ stellt.[331] Verlangt wird hier eine bewusst erklärte Zustimmung einer verfügungsberechtigten, einwilligungsfähigen Person in ein sozialadäquates tatbestandsmäßiges Verhalten, wobei sich diese wohl regelmäßig nicht nur auf die Verletzungshandlung[332] als solche, sondern neben der Handlung auch auf den Erfolg, zumindest das Risiko der Erfolgsverwirklichung beziehen muss.[333]

Nach der Rechtsprechung des BGH ist ein Patient unabhängig von seinem Lebensalter einwilligungsfähig, *„wenn er in der Lage ist, nach seinem geistigen Entwicklungsstand sowie aus seinen persönlichen Fähigkeiten heraus die Bedeutung und Tragweite des bevorstehenden Eingriffes sowie der Risiken und Nutzen zu verstehen und auf dieser Grundlage pragmatische und tragbare Entscheidungen zu treffen“*,[334] wobei unklar bleibt, wann insbesondere ein Minderjähriger diese Fähigkeit besitzt bzw. auf welche Kriterien zurückgegriffen werden kann, um das Vorliegen einer entsprechend der Definition abgeschlossenen kognitiven Entwicklung festzustellen.

Die verfassungsrechtliche Legitimation erfährt die Einwilligung aus dem verfassungsrechtlich garantierten Selbstbestimmungsrecht des Patienten, Art. 1 Abs. 1, Art. 2 Abs. 1 und Art. 2 Abs. 2 S. 1 GG,[335] der bewusst ein gesetzlich

330 *Knauer/Brose,* in Spickhoff, MedR, § 228 StGB Rn 1.

331 In § 228 StGB heißt es: *„Wer eine Körperverletzung mit Einwilligung der verletzten Person vornimmt, handelt nur dann rechtswidrig, wenn die Tat trotz der Einwilligung gegen die guten Sitten verstößt.“*

332 OLG Celle, Urteil vom 25.11.1963 – 2 Ss 415/63 in NJW 1964, 736.

333 BayObLG, NJW 1968, 665; *Helgerth,* Einwilligung in infektiösen Geschlechtsverkehr, NStZ 1988, 261 (263); *Fischer,* § 228 Rn 5; *Paeffgen* in Kindhäuser, Neumann, Paeffgen, StGB, § 228 Rn 10.

334 BGH, NJW 1953, 912; BGH, NJW 1959, 825; BGH, NJW 1969, 1582 (1583); OLG München, NJW 1958, 633; OLG Hamm, NJW 1983, 2095; BayObLG, NJW 1999, 372; *Knauer/Brose* in Spickhoff, MedR § 223 StGB Rn 8; *Fischer,* § 223 Rn 5; *Amelung, Eymann,* JuS 2001, 937 (941) m.w.Nw., Palandt/*Ellenberger*, Überl. v. § 104 Rn 8.

335 Nach wie vor ist im Schrifttum umstritten, ob das medizinische Selbstbestimmungsrecht in Art. 2 Abs. 2 GG oder/und in Art. 2 Abs. 1 i.V.m. Art. 1 Abs. 1 GG verankert ist. Das BVerfG bezog sich ursprünglich auf Art. 2 Abs. 1 i.V.m. Art. 1 Abs. 1 GG (BVerfGE 52, 131 (168) = NJW 1979, 1925 (1930), nunmehr aber verweist es auf Art. 2 Abs. 2 GG (BVerfGE 89, 120 (130) = NJW 1994, 1590; BVerfG, NJW 2011, 2113 (2114). So auch schon abweichende Meinung von Richter *Hirsch/Niebler/Steinberger*

geschütztes Rechtsgut freigibt.[336] Somit entfaltet diese ihre Wirkung in mehrere Richtungen: Schutz der Körperintegrität, Sicherung der Patientenautonomie[337] sowie Schutz des Arztes vor Strafe. Das Schlüsselwort in diesem Zusammenhang ist die „Selbstbestimmung",[338] die in unserer demokratischen Rechtsordnung einen hohen Stellenwert genießt. *Selbstbestimmung* führt unweigerlich aber auch zur notwendigen Übernahme der *Selbstverantwortung,* wofür ein gewisses Maß an *Selbststeuerungskompetenz* erforderlich ist, die sich bei Kindern erst entwickeln muss, sich im Ergebnis aber auch erst entwickeln kann, wenn der Minderjährige die Möglichkeit bekommt, sich in der Ausübung der Selbstbestimmung zu üben. Soweit sich bei einem Minderjährigen die erforderliche Selbstbestimmungsfähigkeit noch nicht hinreichend ausgebildet hat, sind allein die Sorgeberechtigten im Wege einer wohlwollenden Fremdbestimmung zur Einwilligung in eine Behandlungsmaßnahme berechtigt und gegebenenfalls verpflichtet. Auch wenn das „Fremdbestimmtwerden" grundsätzlich auch eine Form von Selbstbestimmung sein kann, indem sich der „Bestimmende" im Vertrauen den Handlungen bzw. den Entscheidungen eines anderen hingibt, ändert dies nichts daran, dass es sich heute dogmatisch gesehen um die Ausnahme handelt, da das Selbstbestimmungsrecht als höchstpersönliches Recht grundsätzlich nicht stellvertretungsfähig ist.[339] Wo das Selbstbestimmungsrecht des Minderjährigen beginnt, endet heute, zumindest theoretisch, das Entscheidungsrecht der Eltern und umgekehrt.[340] Die für Eltern sicherlich oftmals schwer zu akzeptierende Tendenz, überflüssig zu werden, wohnt damit, zumindest aus rechtlicher Sicht, dem Elternrecht inne.

In die deutsche Rechtsprechung haben Grundsätze der rechtfertigenden Einwilligung in Bezug auf den ärztlichen Eingriff konkret erst zum Ende des 19. Jahrhunderts, und hier auch ausschließlich im *strafrechtlichen Kontext*, Einzug erhalten.[341]

---

in Anmerkung zu BVerfG NJW 1979, 1925, (130 ff.). Vgl. hierzu auch *Sternberg-Lieben/Reichmann,* NJW 2012, 257 ff.

336 *Sternberg-Lieben,* Schranken im Strafrecht, Seite 33 ff., 57 ff.

337 *Rothärmel, Wolflast, Fegert,* MedR 1999, 293 (296).

338 *Sternberg-Lieben/Reichmann,* NJW 2012, 257 (258 ff.).

339 Im Hinblick auf die medizinische Behandlung wird jedoch das Rechtsgut der körperlichen Integrität für hinreichend objektivierbar gehalten, sodass eine Bemessung anhand des Leitbildes des Kindeswohls möglich sei, so auch *Rothärmel, Wolflast, Fegert,* MedR 1999, 293 (296).

340 *Sternberg-Lieben/Reichmann,* NJW 2012, 257 (259) mit Hinweis auf *Reichmann/Ufer* JR 2009, 485 (486).

341 Die Entwicklung in der Rechtsprechung darstellend *Nebendahl,* MedR 2009, 197 ff.

So verurteilte das Reichsgericht im Jahre 1894 einen Oberarzt wegen Körperverletzung, da er bei einem siebenjährigen Kind wegen tuberkulöser Vereiterung des Fußwurzelknochens gegen den Willen des Vaters, der Anhänger der Naturheilkunde war, eine Fußamputation vorgenommen hatte. Während das Landgericht eine Verurteilung in erster Instanz ablehnte, da eine Gesundheitsschädigung nicht vorgelegen habe, sah das Reichsgericht in dem medizinisch indizierten Eingriff eine Körperverletzung, die nur mit der Einwilligung des sorgeberechtigten Vaters hätte gerechtfertigt werden können.[342] Eine grundsätzliche wie auch immer geartete Einwilligungskompetenz des Minderjährigen selbst war jedoch für das Reichsgericht noch undenkbar. Im Jahr 1908 hatte das Reichsgericht sodann über das Vorliegen der tätlichen Beleidigung wegen der Vornahme sexueller Handlungen an Minderjährigen zu entscheiden und formulierte nunmehr, dass es für die Einwilligung in das geschützte Rechtsgut (Ehre) nicht auf die Geschäftsfähigkeit, sondern auf die persönlichen Fähigkeiten und Zustände der jugendlichen Verletzten ankäme. In jedem Fall sei zu prüfen, ob dem Einwilligenden das gekennzeichnete Urteilsvermögen innewohnt.[343] Demgegenüber entschied das Reichsgericht 1911, dass eine alleinige Entscheidungsbefugnis des Minderjährigen in die medizinische Behandlung wegen der schwerwiegenden Bedeutung einer solchen sowie mit Rücksicht auf das Recht der elterlichen Sorge[344] nicht bestehe.[345] Dennoch war es im Ergebnis ebenfalls das Reichsgericht, das im Rahmen seiner strafrechtlichen Rechtsprechung die bis heute bestehende Definition der Einwilligungsfähigkeit Minderjähriger im Hinblick auf eine strafausschließende Wirkung prägte, indem es das Vorliegen der Einwilligungsfähigkeit Minderjähriger im Einzelfall bejahte, *„wenn diese nach ihrer geistigen und sittlichen Reife die Bedeutung und Tragweite des Eingriffes und seiner Gestattung zu ermessen vermögen“*.[346]

Den Ausgangspunkt der *zivilrechtlichen Bewertung* der rechtfertigenden Einwilligung im Rahmen der medizinischen Behandlung Minderjähriger bildete die Entscheidung des BGH vom 5.12.1958,[347] in der das Gericht die Einwilligungserklärung als solche von den §§ 107 ff. BGB und somit von der Geschäftsfähigkeit abgekoppelte und die Wirksamkeit einer solchen nach der Rechtsprechung des

342 RGSt 25, 375 (377 ff.); *Dettmeyer,* MR, Seite 27; *Bleiler,* Seite 23.

343 RGSt 71, 349.

344 Heute betont das BVerfG, dass die Rechte der Eltern mit zunehmender Reifung des Minderjährigen zurückgedrängt werden. Vgl. BVerfGE 59, 360 (382).

345 RG, JW, 1911, 747 (748).

346 RGSt 41, 392; 60, 34; 70, 107; im Anschluss dann auch BGHSt 53, 912.

347 BGH, NJW 1959, 811.

Reichsgerichtes von der Reifeentwicklung abhängig machte. Auch wenn die Formulierungen des BGH in Einzelfällen geringfügig voneinander abweichen, so hat sich die eingangs zitierte Definition der Einwilligungsfähigkeit, die der BGH 1958 entwickelte, bis heute nicht wesentlich verändert.

bb. Bezugspunkt der Einwilligungserklärung

Um feststellen zu können, ob ein Minderjähriger die zur Einwilligung erforderliche Reife besitzt, muss zunächst einmal geklärt sein, auf welche Bereiche sich die Erkenntnisfähigkeit des Minderjährigen konkret beziehen muss. Durch die Einwilligung verliert die grundsätzlich straf- und deliktsrechtlich relevante Handlung, auf die sich die Einwilligungserklärung bezieht, ihren rechtswidrigen Charakter und wird somit zulässig. Einwilligungsfähig ist ein Minderjähriger dann, wenn er u. a. *„die Tragweite des Eingriffes erfassen und seine Entscheidung hiernach ausrichten kann"*. Fraglich ist somit an dieser Stelle, wie *„die Tragweite des Eingriffes"* als straf- und deliktsrechtlich relevanter Bezugspunkt zu bestimmen ist, da dieser Bezugspunkt den Maßstab für den Umfang der vorhandenen Einsichts- und Urteilsfähigkeit liefert.

Möglich wäre es, den sachlichen Umfang der Einsichts- und Urteilsfähigkeit auf den Eingriff als solchen sowie den Inhalt der ärztlichen Aufklärung zu beziehen, womit die Urteilsfähigkeit „lediglich" die der Aufklärungspflicht unterliegenden Details umfassen müsste.

Denkbar wäre es jedoch auch, die potenziellen physischen und psychosozialen sowie gegebenenfalls auch wirtschaftlichen Folgen bezüglich der weiteren Lebensgestaltung, die möglicherweise mit dem Eingriff im Zusammenhang stehen können, mithin die lebensverändernden (Langzeit-) Folgen im weiteren Sinne in die Urteilsfähigkeit mit einzubeziehen.

Letztgenannter Ansatz scheint jedoch dogmatisch nur schwer begründbar. Der Anwendungsbereich der §§ 823 BGB, 223 ff. StGB bezieht sich auf den konkreten Schutz der körperlichen Integrität vor widerrechtlichen und zurechenbaren Verletzungshandlungen und nicht auf den allumfassenden Schutz der gegenwärtigen und zukünftigen (Persönlichkeits-) Entwicklung. Zwar ist auch das Persönlichkeitsrecht als solches ein „sonstiges Recht" im Sinne von § 823 Abs. 1 BGB, doch ist das zivilrechtliche Persönlichkeitsrecht, auch wenn es sich aus den Art. 1 und 2 GG ableitet, schon aufgrund seiner unmittelbaren Wirkungen gegenüber Privatpersonen nicht mit dem verfassungsrechtlichen Begriff des allgemeinen Persönlichkeitsrechts gleichzusetzen.[348] Als „sonstiges Recht" werden von § 823 BGB

348 Vgl. Palandt/*Sprau,* § 823 Rn 84.

in verfassungskonformer Anwendung nur absolute Rechte verstanden, mithin neben körperlicher Unversehrtheit auch das Persönlichkeits- und Selbstbestimmungsrecht, nicht jedoch das Recht, das Leben durch zutreffende Erkenntnis aller möglicherweise in Zukunft eintretenden Eventualitäten, auf die sich der Eingriff auswirken könnte, zu erfassen und jegliches Handeln hiernach zu bestimmen. Von den §§ 223 ff. StGB wird das Persönlichkeits- bzw. Selbstbestimmungsrecht als solches grundsätzlich weder genannt noch erfasst. Die durch § 223 StGB geschützte und vertypte normative Erwartung bezieht sich allein auf Eingriffe in die körperliche Integrität und Unversehrtheit. Es geht also nicht um einen allumfassenden Schutz des allgemeinen Persönlichkeitsrechts, sondern lediglich um einen Teilausschnitt daraus. Im Rahmen eines in erster Linie gesundheits- und integritätsbezogenen Tatbestands kann das Persönlichkeitsrecht also nur eine annexhafte der körperlichen Integrität dienende Funktion haben[349] und wird somit als solches von § 223 StGB nur mittelbar erfasst. Zudem würden an dieser Stelle auch die Anforderungen an den Minderjährigen weit überspannt, da auch regelmäßig bei einem volljährigen Patienten eine solch umfassende Erkenntnis nicht immer vorliegen wird. Dies gilt umso mehr, als sich im Einzelfall die konkret eintretenden Risiken, das Ergebnis sowie die gegebenenfalls eintretenden Folgen einer Behandlung oder Nichtbehandlung nicht immer mit Sicherheit vorhersagen lassen, da nie auszuschließen ist, dass eine Behandlung aus gegebenenfalls nicht erklärlichen Gründen bei einem Patienten einmal nicht anschlägt bzw. mit unerwarteten Nebenwirkungen einhergeht, oder aber eine Erkrankung aus ebenfalls bisher wissenschaftlich nicht belegbaren Gründen sich auch ohne die grundsätzlich indizierte Behandlung nicht weiter entwickelt oder gar zurückbildet.

Im Rahmen des in erster Linie gesundheits- und integritätsbezogenen Tatbestandes der § 223 ff. StGB sowie des auf die absoluten Rechte beschränkten Persönlichkeitsschutzes des § 823 Abs. 1 BGB kann es nur darauf ankommen, dem Patienten eine verständige Entscheidung über den konkreten Eingriff als solchen abzuverlangen.[350] Nur diesen und die daraus entstehenden unmittelbaren Risiken und Folgen muss der Minderjährige verstehen und in seine autonome Entscheidungen mit einbeziehen können,[351] sodass es auf die Erkenntnisfähigkeit in Bezug auf möglicherweise eintretende psychosoziale oder physische

---

349 *Lesch* NJW 1989, 2309 (2311); vgl. auch *Schwartz*, Die hypothetische Einwilligung im Strafrecht, Seite 79 ff. m.w.Nw.; a.A.: *Horn*, in SKStGB, § 223 Rn 35 ff., der das Selbstbestimmungsrecht als eigenständiges Schutzgut des § 223 StGB StGB ansieht.

350 Vgl. *Lesch*, NJW 1989, 2309 (2311 ff.).

351 *Nebendahl*, MedR 2009, 197 (202).

Veränderungen im weiteren Sinne, die der Eingriff bewirken könnte, nicht ankommen kann. Im Weiteren dürfen an dieser Stelle die Begriffe „Kompetenz" und „Erfahrung" nicht miteinander vermischt werden. Kompetenzen und Fähigkeiten erwachsen aus einem Zusammenspiel von Entwicklung und Erfahrungen und nicht umgekehrt. Die Weitsicht, ggf. eintretende Folgen eines Eingriffes für eine mögliche zukünftige Lebensgestaltung zu erkennen, resultiert regelmäßig nicht aus der Kompetenz, die Risiken sowie den Nutzen einer Behandlung zu verstehen, sondern aus selbst erlernten oder übernommenen Erfahrungswerten. Auch wenn einem Minderjährigen gegebenenfalls in einzelnen Teilbereichen durch fehlende Erfahrungen Kompetenzen fehlen, die eine derartige Weitsicht im umfassenden Sinne ermöglichen, kann er in Bezug auf die konkrete Situation und den damit in unmittelbarem Zusammenhang stehenden Risiken und Folgen im Einzelfall hochkompetente Entscheidungen treffen, wenn er grundsätzlich die hierfür erforderlichen kognitiven Fähigkeiten besitzt. Solch kognitive Fähigkeiten können Kinder auch altersuntypisch durch gezielte Förderung oder in bzw. durch Krisen- und Überforderungssituationen entwickeln. So ist beispielsweise eine beschriebene Folge der Parentalisierung,[352] dass aufgrund altersunangemessener Erfahrungswerte Phasen (nicht Stufen) kindlicher Entwicklung übersprungen werden, was in Teilbereichen zum Vorhandensein von ausgebildeten und altersuntypischen Kompetenzen führen kann, während sich dafür in anderen Bereichen erhebliche Entwicklungsdefizite zeigen.[353] Diesen Lernprozess kann ein Kind mit (fast) allen damit im Zusammenhang stehenden Verantwortlich- und Fähigkeiten in kürzester Zeit bewältigen, sodass aus der unterschwellig anhaltenden Überforderungssituation Alltagskompetenzen, Wissen, Verantwortungsbewusstsein sowie Bewältigungsstrategien und Fähigkeiten erwachsen, zu denen ein gleichaltriges Kind in einem gesunden familiären Gefüge regelmäßig (noch) nicht in der Lage wäre. Während bei einem solchen Kind möglicherweise

---

352 Im Sinne einer emotionalen und tatsächlichen nicht altersangemessenen und überfordernden Übernahme der Elternrolle durch die Kinder mit atypischen Rollenbesetzungen, bei denen die Kinder als Partner- und gegebenenfalls Elternersatz agieren.

353 Das Phänomen der Parentalisierung von Kindern wird meist im Zusammenhang mit der Trennung oder dem Tod eines Elternteiles oder aber bei Kindern psychisch erkrankter Eltern beschrieben, bei denen die Kinder auf Elternebene geholt, gegen den anderen Elternteil instrumentalisiert werden oder diesen ersetzen müssen, sodass sie sich plötzlich in der Rolle des fehlenden oder nicht handlungsfähigen Elternteils mit all den damit im Zusammenhang stehenden Verantwortlichkeiten wiederfinden. Vgl. *Hardt u. a.*, Sehnsucht Familie, Seite 300; *Bindel-Krögel,* u. a., Kinderdelinquenz, Seite 156 f.

andere Kompetenzen nur defizitär ausgebildet sind, wird es im Einzelfall im Bereich „Alltagsorganisation“ gegebenenfalls über Kenntnisse, Organisations- und Verantwortungsbewusstsein, Fähigkeiten und Fertigkeiten sowie über eine Weitsicht ähnlich einem Erwachsenen verfügen können, sodass für die Feststellung seiner Einsichts- und Erkenntnisfähigkeit für diesen Teilbereich auch nur auf die für diesen Bereich notwendigen kognitiven Fähigkeiten abgestellt werden kann, wenn man seinen Entwicklungsstand hinreichend berücksichtigen will. Ein anderer Begriff, der in diesem Zusammenhang immer wieder zu finden ist, ist der der sogenannten „posttraumatischen Reifung“,[354] die nach einem Trauma ebenfalls zu einem Entwicklungsgewinn führen bzw. eine beschleunigte Reifung bewirken kann.[355] Überträgt man diese Phänomene auf Kinder und Jugendliche mit intensiver medizinischer Erfahrung, die im Einzelfall als traumatische sowie Überforderungssituationen charakterisiert werden können, so werden auch in diesem Bereich aus der anhaltenden Überforderung medizinische Kompetenzen sowie ein medizinisches Verständnis erwachsen, die dem eines Erwachsenen entsprechen können. Notgedrungen werden sich bei diesen Kindern gegebenenfalls andere Kompetenzen nur defizitär entwickeln, sodass ein Jugendlicher mit einem hohen medizinischen Sachverstand aufgrund eigener Erfahrung möglicherweise weniger als ein anderer die mittelbaren Folgen des Eingriffes auf seine hypothetische Lebensführung überblicken kann. Dies ändert jedoch nichts daran, dass er in Bezug auf den konkret bevorstehenden medizinischen Eingriff die Kompetenz hat, nach sachgerechter und altersentsprechender Aufklärung die Tragweite des Eingriffes sowie die unmittelbaren Auswirkungen, Risiken und Folgen zu erfassen und diese adäquat gegen den Nutzen der Behandlung abzuwägen. Mithin ist hinsichtlich der Frage des Bezugspunktes der *„Tragweite des Eingriffes“* eng am Wortlaut der Definition allein auf den unmittelbar bevorstehenden Eingriff in Form aller der Aufklärungspflicht unterliegenden medizinisch relevanten Tatsachen, Risiken und unmittelbaren Folgen abzustellen.[356]

---

354 Der Begriff der *„posttraumatischen Reifung“* findet sich in der psychologischen Literatur regelmäßig im Zusammenhang mit der posttraumatischen Belastungsstörung in der Psychotraumatologie. Hierunter wird ein kognitiver Prozess verstanden, durch den Betroffene ihrer traumatischen Erfahrung auch positive Interpretationen zusprechen und einen Sinn im traumatischen Geschehen entdecken. Dies kann zu einem Entwicklungsgewinn und zur Ausprägung erweiterter Fähigkeiten führen. Vgl. *Hagen/Schwarz*, Psychische Entwicklung bei chronischer Krankheit, Seite 107 ff. m.w.Nw.

355 *Hagen/Schwarz*, Psychische Entwicklung bei chronischer Krankheit, a. a.O.

356 So auch *Nebendahl,* MedR 2009, 197 (202); *Lesch,* NJW 1989, 2309 (2311 f.).

cc. Gleichklang der zivil- und strafrechtlichen Grundsätze der Einwilligungsfähigkeit

Kinder erlernen im Rahmen ihrer Entwicklung gesellschaftlich erwünschtes Sozial- bzw. Moralverhalten insbesondere durch Erziehung, Erfahrungen sowie durch die Reaktionen ihrer unmittelbaren Bezugspersonen und des unmittelbaren Umfeldes auf Grenzen testendes und Grenzen überschreitendes Verhalten. Insoweit kann normabweichendes Handeln von Kindern und Jugendlichen (mit oder ohne straf- bzw. deliktsrechtlicher Relevanz) in einem gewissen Maß durchaus als normal und ubiquitär[357] bezeichnet werden, wobei mit „normal" keine normative Wertung verbunden ist, sondern auf eine statistische Häufigkeit Bezug genommen wird.

In Bezug auf die rechtliche Verantwortlichkeit Minderjähriger unterscheiden sich grundsätzlich Privat- und Strafrecht, die nicht in jedem Fall den gleichen Grundsätzen folgen. Aus der Sicht des Minderjährigen sind in diesem Zusammenhang die unterschiedlichen Ansätze im Rahmen der Zurechnung des gegebenenfalls normbrechenden Verhaltens relevant. Die Zurechnung erfolgt grundsätzlich auf unterschiedlichen Ebenen und setzt sich aus objektiven und subjektiven Bestandteilen zusammen, sodass objektiv begangenes Unrecht auch subjektiv zum persönlichen Schuldvorwurf gemacht werden muss. Das Bindeglied zwischen dem objektiven und dem subjektiven Unrecht ist somit immer die Frage nach dem Verschulden. Während hierfür im Rahmen der strafrechtlichen Bestimmung schon nach dem Gesetzeswortlaut der §§ 20 StGB, 3 S. 1 JGG die Fähigkeit relevant ist, das Unrecht der Tat einzusehen *und* nach dieser Einsicht zu handeln, wofür ein erforderliches Maß an Einsichts- *und* Steuerungs- bzw. Handlungsfähigkeit verlangt wird, knüpft die allgemeine zivilrechtliche Wertung lediglich an die Einsichtsfähigkeit[358] des Minderjährigen an und lässt somit die individuelle Fähigkeit, auch dieser Einsicht gemäß zu handeln, zunächst unberücksichtigt.[359] In diesem Zusammenhang werden im Rahmen der Bewertung der Rechtswidrigkeit einer Handlung, bei Minderjährigen wie auch Volljährigen, also durchaus unterschiedliche materielle straf- und zivilrechtliche Aspekte und Kriterien relevant.

Bei der Frage nach der Einwilligungsfähigkeit Minderjähriger geht es im Straf- wie auch im Zivilrecht jedoch nicht um die Zurechnung einer strafrechtlich relevanten Handlung, sondern um die Wirksamkeit einer Rechtshandlung, die im Zweifel eine straf- bzw. deliktsrechtlich relevante Handlung eines anderen rechtfertigt. Hier gilt es also Kriterien zu finden, die darauf hindeuten, dass der Minderjährige

357 *Meier* in: Meier (Hrsg.), Kinder im Unrecht, 2010, Seite 14 f.

358 Vgl. Palandt/*Sprau* § 828 Rn 6.

359 Vgl. Abschnitt C.I.7.

die erforderliche Fähigkeit besitzt, den Sinn, den Zweck sowie die Folgen einer Handlung zu verstehen, und die Kompetenz, diesbezüglich eine sachgerechte und eigenverantwortliche Entscheidung zu treffen. Vor dem Hintergrund der Einheit der Rechtsordnung müssen insoweit die Anforderungen an die Voraussetzungen der zivil- und strafrechtlichen Einwilligungsfähigkeit kongruent verlaufen. Soweit die Einwilligung in einen medizinischen Eingriff die deliktische Haftung ausschließt, würde eine darüber hinausgehende Strafbarkeit dem Ultima-Ratio-Grundsatz des Strafrechts widersprechen. Andersrum wäre es nicht vertretbar, wenn der geschädigte Patient nach einer strafrechtlich relevanten und nicht durch Einwilligung gerechtfertigten Handlung, die daraus resultierende Schadenersatz- und Schmerzensgeldansprüche deliktisch nicht durchsetzen könnte, da die Einwilligung zwar nicht die strafrechtliche aber die deliktische Relevanz beseitigt. Dem steht auch nicht entgegen, dass der BGH 2010 im Rahmen einer Entscheidungsbegründung zum Abbruch lebenserhaltender Behandlungsmaßnahmen auf der Grundlage des Patientenwillens[360] ausführte: *„(...) Wo die Grenze einer rechtfertigenden Einwilligung verläuft und der Bereich der strafbaren Tötung auf Verlangen beginnt, ist, ebenso wie die Frage nach der Reichweite einer eine Körperverletzung rechtfertigende Einwilligung (§ 228 StGB), eine strafrechtsspezifische Frage, über die im Lichte der Verfassungsordnung und mit Blick auf die Regelungen anderer Rechtsbereiche, jedoch im Grundsatz autonom nach materiell strafrechtlichen Kriterien zu entscheiden ist (...).“* In vorgenannter Entscheidung hatte der Senat über die Reichweite eines vor dem Einsetzen der Einwilligungsunfähigkeit mündlich geäußerten Patientenwillen zu entscheiden, im Falle der dauernden Bewusstlosigkeit keine lebensverlängernden Maßnahmen in Form von künstlicher Ernährung und Beatmung zu wünschen, sowie über die Frage, ob unter Berücksichtigung des seit 2009 in Kraft getretenen „Patientenverfügungsgesetzes“[361] die zulässige passive Sterbehilfe lediglich durch ein Unterlassen im Rechtssinn (§ 13 StGB) oder auch durch aktives Handeln im natürlichen Sinne möglich ist. Anders als in der vom BGH zu entscheidenden Konstellationen betrifft die hier zu klärende Frage jedoch nicht die Reichweite einer zunächst wirksam erklärten Einwilligung, sondern die rechtlich zuvor relevante Problematik, welche kognitiven Voraussetzungen vorliegen müssen, um die Einwilligung als solche zunächst einmal grundsätzlich wirksam erklären zu können. Welche Reichweite der dann wirksam erteilten Einwilligung im Einzelfall zukommt, kann zweifelsohne ausschließlich jeweils im

360 BGH, Urteil vom 25.6.2010 NJW 2010, 2963 (2966).

361 Vgl. 3. Gesetz zur Änderung des Betreuungsrechts vom 29.07.2009, veröffentlicht im Bundesgesetzblatt Jahrgang 2009, Teil I Nr. 48, Seite 2286–2287.

konkreten zivil- bzw. im strafrechtlichen Kontext unter Berücksichtigung verfassungsrechtlicher Vorgaben sowie der in den spezifischen Rechtsbereich hineinwirkenden Rechtsgebiete entschieden werden.

Da aber die Frage nach der Voraussetzung der Einwilligungsfähigkeit als solche keine rechtsgebietsspezifische, sondern eine grundlegende auf psychologischen Grundsätzen aufbauende rechtsdogmatische Frage darstellt, ist diese im Straf- wie im Zivilrecht nach denselben Kriterien zu beurteilen. Dieser Gleichklang von zivil- und strafrechtlichen Grundsätzen ist umso wichtiger, als ein Auseinanderfallen von delikts- und strafrechtlicher Verantwortlichkeit aufgrund einer unterschiedlichen Bewertung der Voraussetzungen eines Rechtfertigungsgrundes im identischen Sachverhalt vor dem Hintergrund der Einheit der Rechtsordnung nicht vertretbar wäre.[362]

Mithin unterscheiden sich die deliktsrechtliche und strafrechtliche Problematik in Bezug auf die Voraussetzung der Einwilligungsfähigkeit, abgesehen von der unterschiedlichen rechtlichen Ausgangslage sowie den rechtsgebietsspezifischen Unterschieden, nicht wesentlich,[363] sodass die zu erarbeitenden Kriterien der straf- wie auch der zivilrechtlichen Definition gleichermaßen zugrunde gelegt werden können. Gleichwohl finden sich im Straf- wie auch im Zivilrecht im Einzelfall ergänzende rechtsgebietsspezifische Aspekte, die auch für die medizinische Praxis relevant sind, die grundsätzlichen Kriterien der straf- und zivilrechtlichen Einwilligungsfähigkeit jedoch nicht betreffen.

c. Handhabung in der Medizinpraxis

Die Einwilligungserklärung als solche wurde früher in der medizinischen Praxis nicht als selbstbestimmte, auf der Grundlage einer freien Willensbildung tatsächlich gewollte Zustimmung verstanden. Vielmehr schien es üblich, dem Patienten durch eine „wohlwollende Täuschung“ die Schwere der Krankheit, den Zeitpunkt, die Risiken, die Art sowie den Umfang eines Eingriffes aus der Sorge heraus zu verschweigen, er könne nicht zur Behandlung erscheinen oder diese nicht über sich ergehen lassen. Denn nur der Arzt wusste, was für den Kranken das Beste war. So finden sich beispielsweise in dem von *Dr. Adolf von*

---

362 OLG München, Urteil vom 7.12.1956 –3 U 1285/54 = NJW 1958, 633 (634).

363 Unterschiede betreffen insbesondere die rechtsgebietsspezifischen Bereiche der Beweislastverteilung sowie den vorausgesetzten objektiven oder subjektiven Verschuldensmaßstab.

Bardeleben[364] 1852 bearbeiteten „Lehrbuch der Chirurgie und Operationslehre" in Bezug auf die „geistige Vorbereitung" von Patienten folgende Ausführungen: *„(...) Nicht bloß der Tod und die Schmerzen werden von Kranken gefürchtet, sondern auch Difformitäten, welche Folge der Operation sein könnten. Da muss denn der Chirurg einen Teil der Wahrheit verbergen, indem er solche Verunstaltungen in den Augen des Kranken geringer erscheinen lässt*[365]*. (...) Hat sich der Kranke einmal zur Operation entschlossen, so muss man ihm in der Regel Tag und Stunde derselben geheim halten, weil er die ganze Zeit bis dahin gewiss in Angst zubringen würde. (...). In solchen Fällen gibt man dann Medikamente, welche bestimmt sind, den Organismus des Kranken vorzubereiten, unter dem Vorwande, sie seien gegen die Krankheit gerichtet. (...). Manche Kranke hingegen verlangen, dass man sie auf die Operation vorbereite (...), ja einige Kranke haben es sogar gern, wenn man sich mit ihnen über Einzelheiten der Operation unterhält. Natürlich muss der Chirurg bei dieser Gelegenheit seine Ausdrücke mildern und alles vermeiden, was den Kranken verschrekken könnte. (...).*"[366] Ein solches Verständnis von Patientenaufklärung ist im 21. Jahrhundert, insbesondere aus haftungsrechtlicher Sicht, in der Tat nicht mehr vorstellbar. Heute stellt die aufgeklärte Einwilligung die zentrale Legitimation der ansonsten strafrechtlich relevanten medizinischen Behandlung dar, sodass Einwilligung und Patientenaufklärung in der medizinrechtlichen Diskussion grundsätzlich besondere Aufmerksamkeit erfahren, was sich jedoch in der medizinischen Praxis in Bezug auf die Befragung der Mediziner über ihre Rechtskenntnisse zur Einwilligungsfähigkeit Minderjähriger nur bedingt wiederfindet. So gaben 87% der im Rahmen der Studie befragten Klinikärzte und 62% der befragten niedergelassenen Ärzte an, keine oder nur eine ungefähre Ahnung von der durch die Rechtsprechung entwickelten Definition der Einwilligungsfähigkeit zu haben, wobei 43% der Klinikärzte und 50% der niedergelassenen Ärzte bereits die Sorge hatten, eine von der Einwilligung der Erziehungsberechtigten nicht gedeckte Behandlungsentscheidung zu treffen und deshalb strafrechtlichen Konsequenzen ausgesetzt zu sein. Die Tatsache, dass

---

364 *Dr. Heinrich Adolf von Bardeleben*, geboren als Heinrich Adolf Schwager am 1.3.1819 in Frankfurt (Oder), war ein führender deutscher Chirurg, königlich preußischer Geheimer Obermedizinalrat, Generalarzt 1. Klasse à la suite des Sanitätskorps, Professor an der Universität sowie an der medizinisch-chirurgischen Akademie für das Militär in Berlin. Er starb am 24. September 1895.

365 *Bardeleben*, Lehrbuch der Chirurgie 1852, Seite 32.

366 *Bardeleben*, Lehrbuch der Chirurgie, 1852, Seite 33.

75% der Klinikärzte angaben, dass der Behandlungsalltag keinen Raum lässt, um mit Minderjährigen entsprechende Gespräche zur Feststellung der individuellen Einsichtsfähigkeit zu führen, obwohl sie sich grundsätzlich zutrauen, die Einwilligungsfähigkeit festzustellen, erklärt, dass ebenfalls 75% der befragten Kliniker selbst in dem Fall, dass sie einen Minderjährigen für einwilligungsfähig hielten, „eher nicht" ohne die zusätzliche Zustimmung der gesetzlichen Vertreter behandeln würden. Selbst wenn der für einwilligungsfähig befundene Minderjährige die Behandlung ausdrücklich wünschen würde, würden 68% der Kliniker den Behandlungswunsch des Minderjährigen „eher nicht" berücksichtigen. Hier wird deutlich, dass die Problematik der Einwilligungskompetenz minderjähriger Patienten weder durch die Medizinpraxis noch durch die Rechtswissenschaft allein gelöst werden kann, denn auch wenn die Rechtswissenschaft allgemeingültige Kriterien zur Feststellung der Einwilligungsfähigkeit entwickeln würde, müsste das Gesundheitssystem einen Rahmen schaffen, der den behandelnden Ärzten den Kosten- und Zeitdruck nähme, um im Behandlungsalltag Raum für entsprechende Feststellungs- und Aufklärungsgespräche mit vulnerablen Patienten (minderjährige, gegebenenfalls nicht einwilligungsfähige volljährige sowie alte Patienten) zu führen. Möglicherweise ist es hierfür erforderlich, einen wirtschaftlichen Anreiz anzubieten bzw. ein wirtschaftliches Interesse an der Feststellung der Einwilligungsfähigkeit zu wecken. Denkbar wäre in diesem Zusammenhang, für die besonders zeitintensive Befassung mit (möglicherweise) nicht einwilligungsfähigen Patienten in den Gebührenordnungen gesonderte Abrechnungstatbestände zu schaffen. Solange jedoch die personellen und zeitlichen Rahmenbedingungen in unserem Gesundheitssystem keinen Raum für entsprechende Patientengespräche zulassen, werden im Ergebnis weder die Konkretisierung der Einwilligungsfähigkeitskriterien noch die Schaffung wirtschaftlich vorteilhafter Abrechnungsziffern allein bewirken, dass sich im Behandlungsalltag eine veränderte Gesprächsführung und Aufklärungspraxis entwickeln wird. Dies gilt umso mehr, als die befragten Mediziner offensichtlich davon ausgehen, sich auf rechtlich sicherem Terrain zu bewegen, wenn sie im Rahmen der Behandlung Minderjähriger zwingend die Zustimmung der gesetzlichen Vertreter verlangen, was jedoch aus der Sicht des einwilligungsfähigen Minderjährigen nicht immer der Fall sein wird. Würde der Gesetzgeber im Hinblick auf medizinische Eingriffe die Rechte minderjähriger bzw. generell nicht einwilligungsfähiger Personen normieren, müsste die Medizinpraxis schon aus haftungsrechtlichen Gründen reagieren, sodass dadurch gegebenenfalls die Schaffung entsprechender Rahmenbedingungen mittelbar erzwingbar wäre.

3. Der medizinische Standard

Um durch Einwilligung gerechtfertigt zu sein, muss die medizinische Behandlung den fachlichen Regeln und wachsenden Sorgfaltspflichten genügen, also lege artis durchgeführt worden sein. Medizinische Standards[367] und Leitlinien[368] dienen als Instrumente der Qualitätssicherung und sollen sich jeweils an dem aktuellen Stand der medizinischen Wissenschaft und Forschung orientieren. Sie bilden den Rahmen für die Festlegung von rechtlichen Verbindlichkeiten für ärztliches Handeln. Besondere Bedeutung kommt den Begriffen im Arzthaftungsprozess zu, in dessen Rahmen die Feststellung eines Behandlungsfehlers eine Voraussetzung der Haftung ist.[369] Den Sorgfaltsmaßstab im Haftungsprozess bestimmen die Gerichte nicht selbst. Sie stellen vielmehr nach einem Zwischenfall darauf ab, wie sich ein gewissenhafter Arzt in der gegebenen Lage verhalten hätte. Insoweit ist zu beachten, „dass die Rechtsprechung den Ärzten im Normalfall keine Verhaltensanforderungen vorgeben darf, sondern die von Rechts wegen an den Arzt zu stellenden Anforderungen aus den medizinischen

---

367 Der *medizinische Standard* gibt den jeweils aktuellen medizinisch-wissenschaftlichen Erkenntnisstand unter Berücksichtigung praktischer Erfahrung und professioneller Akzeptanz wieder. Er wird aus einzelnen Forschungsergebnissen, Lehrmeinungen und institutionalisierten Expertenkommissionen gewonnen und ist niedergelegt in Originalpublikationen, wissenschaftlichen Übersichtsarbeiten und Lehrbüchern. Hieraus können sich verschiedene, aber auch gleichwertige Behandlungswege ergeben. Dieser Standard kennzeichnet den Maßstab für medizinische Behandlungsabläufe, der sowohl für das ärztliche Berufsrecht, das Arzthaftungsrecht und die strafrechtliche Verantwortlichkeit als auch im sozialrechtlichen Behandlungsverhältnis gleichermaßen gilt, vgl. §§ § 2 Abs. 1 S. 3 SGB V. Daher können auch die Versicherten der gesetzlichen Krankenversicherung von den behandelnden Ärzten die Einhaltung des Facharztstandards verlangen. Vgl. *DGMR,* MedR 2003, 711.

368 Leitlinien sind in einem systematischen Konsensfindungsverfahren entwickelte Orientierungshilfen für eine angemessene medizinische Vorgehensweise bei bestimmten diagnostischen und therapeutischen Maßnahmen und dienen damit verschiedenen Steuerungszwecken. Sie verfolgen in erster Linie die Sicherung und Verbesserung der gesundheitlichen Versorgung der Bevölkerung in der ärztlichen Berufspraxis und sollten in das medizinische Bildungssystem einfließen. Zugleich sollten Leitlinien aber auch dazu beitragen, die Arzt-Patienten-Beziehung durch größeren Informationsaustausch zu stärken, indem die Qualität der ärztlichen und pflegerischen Leistung und die menschliche Zuwendung verbessert werden. Die jeweiligen Steuerungszwecke der Leitlinie sind ausdrücklich zu benennen. Vgl. *DGMR,* MedR 2003, 711.

369 Vgl. *Hart,* MedR 1998, 8 (12 f.).

Standards zu entnehmen sind".[370] Die Abweichung vom medizinischen Standard ist regelmäßig behandlungsfehlerhaft, da dieser die erforderliche Sorgfalt festlegt.[371] Die Abweichung von der Leitlinie ist dann behandlungsfehlerhaft, wenn die Leitlinie dem Standard entspricht.[372] Neben den Leitlinien stehen Richtlinien und Empfehlungen als weitere Formen institutionell gesetzter ärztlicher Handlungsregeln. Deren Befolgung kann entweder zwingend (keine Abweichung zulässig), prinzipiell (eine Abweichung ist im begründeten Einzelfall möglich) oder empfohlenermaßen (geringster Verbindlichkeitsgrad; Abweichung immer möglich) zu befolgen sein. In dieser Abstufung sollte man von Standards, Richtlinien, Leitlinien und Empfehlungen sprechen.[373] Weiter ist zu beachten, dass sich medizinische Standards nicht zwingend an einer aus medizinischer Sicht optimalen Behandlung orientieren, sondern an einem einzuhaltenden „Minimalstandard", da faktische Grenzen des Alltages wie Kapazität und Finanzierbarkeit nicht ausgeblendet werden können,[374] sodass der Maßstab für den medizinischen Standard auch regional abweichen kann, solange das Minimum an Qualität gewährleistet ist. Mithin stellt die medizinische Praxis grundsätzlich selbst die „Richtlinien" für den eigenen Haftungsmaßstab auf, auf den die Rechtsprechung zurückgreift und von denen eine Abweichung wohl nur in begründeten Einzelfällen gerechtfertigt sein kann.

4. Strafrechtliche Aspekte der Einwilligung in den ärztlichen Heileingriff

Unter dem ärztlichen Heileingriff bzw. der ärztlichen Heilbehandlung ist jede ärztliche Tätigkeit, die eine wissenschaftlich indizierte, auf Wiederherstellung oder Aufrechterhaltung der menschlichen Gesundheit bzw. der körperlichen Integrität gerichtete, lege artis unter der Berücksichtigung des Selbstbestimmungsrechtes des

370 *Laufs* in Laufs/Kern, § 6 Rn 32.

371 Grundsätzlich galt dies schon im gemeinen Recht des 19. Jahrhunderts. Nach dem Doktoreid hatte der Arzt *„in Ausübung der Kunst"* das zu befolgen, *„was Erfahrung und treue Beobachtung der Natur im Fortschreiten mit den Entdeckungen der Zeit"* ihn lehrten. Vgl. *Laufs* in Laufs/Kern, § 6 Rn 32 m.w.Nw.

372 Vgl. *Hart*, MedR 1998, 8 (12 f.).

373 Vgl. DGMR, MedR 2003, 711 f.

374 Vgl. darstellend: *Buchner*, Abhängigkeit des haftungsrechtlichen Standard, Seite 63 ff. m.w.Nw.

Patienten durchgeführte Maßnahme darstellt, zu verstehen.[375] Dabei umfasst der Begriff der *„Heilbehandlung"* nur solche „Eingriffe und Behandlungen", die nach den Erkenntnissen und Erfahrungen der Heilkunde und den Grundsätzen eines gewissenhaften Arztes zu dem Zwecke erforderlich sind und vorgenommen werden, um Krankheiten oder Leiden zu verhüten, zu erkennen, zu heilen oder zu lindern.[376]

Trotz zahlreicher Reformentwürfe zur strafrechtlichen Normierung des „eigenmächtigen Heileingriffes" hat ein solcher in den vergangenen 100 Jahren, anders als in Österreich,[377] in Deutschland noch keinen Einzug ins StGB nehmen können.[378] Nicht zuletzt aufgrund der sich dadurch ergebenden Strafbarkeitslücke lehnt es die Rechtsprechung, insbesondere im Hinblick auf das sich aus Art. 2 Abs. 1, 2 GG ergebene Selbstbestimmungsrecht des Patienten, bis heute ab, den ärztlichen Heileingriff aus dem Tatbestand der Körperverletzungsdelikte der §§ 223 ff. StGB gänzlich herauszunehmen.[379] Die Rechtmäßigkeit der

---

375 Vgl. *Hollmann*, NJW 1973, 1393 (1394); OLG Karlsruhe, NJW 1986, 1552.

376 Vgl. *Ulsenheimer in* Laufs/Kern, § 138 Rn 6, mit Hinweis auf die Definition in § 161 des Entwurfs eines Strafgesetzbuchs von 1960 (E 1960), BR-Drucks 270/60. Rein kosmetische Operationen, die In-vitro-Fertilisation, Sterilisation und Kastration, die Wunschsectio, Blutspenden und Transplantationen, soweit sie nicht den Patienten, sondern „Dritte" betreffen, sowie Eingriffe zu Forschungszwecken, das Doping oder der Schwangerschaftsabbruch innerhalb der ersten drei Monate nach Beratung (§ 218 a Abs. 1 StGB) seien dagegen „unzweifelhaft tatbestandsmäßige Körperverletzungen", die allerdings bei Vorliegen eines Rechtfertigungsgrundes rechtmäßig sein können.

377 § 110 AStGB regelt den *eigenmächtigen medizinischen Eingriff,* der, unabhängig davon, ob er erfolgreich war oder nicht, *auf Verlangen des Behandelten* unter Strafe gestellt wird. § 110 AStGB lautet: *„(1) Wer einen anderen ohne dessen Einwilligung, wenn auch nach den Regeln der medizinischen Wissenschaft, behandelt, ist mit Freiheitsstrafe bis zu sechs Monaten oder mit Geldstrafe bis zu 360 Tagessätzen zu bestrafen. (2) Hat der Täter die Einwilligung des Behandelten in der Annahme nicht eingeholt, dass durch den Aufschub der Behandlung das Leben oder die Gesundheit des Behandelten ernstlich gefährdet wäre, so ist er nach Abs. 1 nur zu bestrafen, wenn die vermeintliche Gefahr nicht bestanden hat und er sich dessen bei Aufwendung der nötigen Sorgfalt (§ 6) hätte bewusst sein können. (3) Der Täter ist nur auf Verlangen des eigenmächtig Behandelten zu verfolgen."*

378 Zu den seit 1911 beginnenden, wiederkehrenden Reformvorschlägen in Literatur und Regierungsentwürfen vgl. *Tag,* Körperverletzung/Patientenautonomie, § 4, Seite 31 ff. Darstellend auch *Riegger,* Seite 97 (100 ff.)

379 So schon BGH NJW 1958, 267 (268) unter Berufung auf RGSt 25, 375 (378); 38, 64; 61, 256, und BGH NJW 1956, 1106 (1107); BGHSt 43, 306 (308); BGH, NJW 2011, 1088 (1089), (Zitronensaftfall); BGH, NJW 1998, 1802 (1803).

Gleichstellung einer „wohlwollenden“ und sogar heilenden Körperverletzung mit einer bewusst schädigenden und schädlichen Handlung wurde bereits in der rechtswissenschaftlichen Literatur[380] des ausgehenden 19. Jahrhunderts kontrovers diskutiert.[381] *Kröger* stellt in ihrer Dissertation die Versuche der Literatur, durch unterschiedliche dogmatische Ansätze zu einer grundsätzlichen „Straffreiheit“ des wohlwollenden medizinischen Eingriffes zu gelangen, übersichtlich dar,[382] doch vermochten diese die Rechtsprechung bis heute nicht zu überzeugen, da keine dieser Ansätze zu einer hinreichend konkreten Abgrenzung des straflosen vom strafbaren ärztlichen Eingriff führen konnte.[383] Mithin behandelt die Rechtsprechung den ärztlichen Heileingriff auch heute noch wie jede andere, die körperliche Unversehrtheit oder aber das Leben beeinträchtigende strafrechtlich relevante Verletzungshandlung, und dies ungeachtet der von den Gegnern dieser Rechtsprechung geäußerten Kritik, dass bei einer medizinisch indizierten Behandlung regelmäßig das Ziel verfolgt werde, das körperliche Wohlbefinden, die Gesundheit und das Leben des Patienten wiederherzustellen, zu erhalten und/oder zu verbessern, der Arzt somit regelmäßig im Interesse des Patienten tätig wird und deshalb vor dem Hintergrund des Sinns von Strafe und der strafrechtlichen

380 Die Auffassung der Rechtsprechung wird trotz ihrer kriminalpolitischen Vorzüge von einem Großteil der Literatur abgelehnt. Dies wird damit begründet, dass bei der Beurteilung des ärztlichen Heileingriffs nicht auf das rein objektive Erscheinungsbild, sondern auf die soziale Sinnhaftigkeit abzustellen sei. „Körperverletzung“ dürfe deshalb nicht „äußerlich“ verstanden, sondern müsse als „Körperinteressenverletzung“ aufgefasst werden. *Ulsenheimer* in Laufs/Kern, § 138 Rn 5.

381 Innerhalb der in der Literatur geführten Diskussion wird insbesondere die Frage gestellt, ob der medizinisch indizierte und lege artis durchgeführte Heileingriff unabhängig von seinem Erfolg (Erfolgstheorie) oder Misserfolg (Handlungstheorie) eine tatbestandsmäßige Körperverletzung darstellt. *Ulsenheimer* in Laufs/Kern, § 138 Rn 10. Die Körperinteressentheorie versteht den Begriff der „Körperverletzung“ nicht äußerlich, sondern als Körperinteressenverletzung, sodass der indizierte Eingriff den Tatbestand nicht erfüllt. Die Erfolgstheorie differenziert nach gelungenem und misslungenem Heileingriff. Der Tatbestand sei nur dann erfüllt, wenn es bei einer Ex-post-Betrachtung zu einer Verschlechterung des Gesundheitszustandes gekommen ist. Darstellend vgl.: Loose, Strafrechtliche Grenzen, Seite 22 ff.

382 *Kröger*, Rechtfertigung des ärztlichen Heileingriffes, Seite 47 ff.

383 Versucht wurde zunächst, die Straflosigkeit des Arztes aus einer gewohnheits- und berufsrechtlichen Rechtfertigung des Arztes bzw. kraft „Zwecks“ des ärztlichen Handelns zu entwickeln. Später gelangten u. a. die Theorien der „Kunstgerechtigkeit“ sowie die „Erfolgs- und Körperinteressentheorien“ in den Mittelpunkt der Diskussion. *Kröger* a. a.O.

Verfolgung nicht mit dem „Messerstecher“ oder dem „Schläger“ gleichzustellen sei.[384] So verständlich dieser Einwand[385] zunächst einmal erscheint, so schwer wiegt das Argument, dass es aufgrund des derzeitigen Fehlens einer eigenständigen Strafbarkeitsnorm für den „eigenmächtigen medizinischen Eingriff“,[386] dessen Grenze gegebenenfalls zu Eingriffen und Maßnahmen auf der Grundlage der heute grundsätzlich anerkannten hypothetischen bzw. mutmaßlichen Einwilligung[387] fließend sein kann, zu einer derzeit wohl kaum vertretbaren Strafbarkeits- und Haftungslücke käme, da dann im Ergebnis fachgerechte, nicht schädigende bzw. „gelungene“ Eingriffe auch ohne Einwilligung des Patienten oder dessen gesetzlichen Vertreters straffrei wären. Zwar wird es aus zivilrechtlicher Sicht nach fachgerecht durchgeführten und gelungenen Eingriffen im Einzelfall an einem für die Haftung erforderlichen Schaden fehlen.[388] Gleichwohl kann aber auch in solchen Situationen ein Anspruch auf Schmerzensgeld in Betracht kommen, wenn der Patient im Zusammenhang mit einer Behandlung, die ohne seine wirksame Zustimmung erfolgte, Schmerzen oder Einschränkungen erlitten hat. Im Ergebnis ist hier der Gesetzgeber gefragt, den „so dringend notwendigen Tatbestand der eigenmächtigen Heilbehandlung“ in das Strafgesetzbuch aufzunehmen.[389]

Geht man mit der herrschenden Rechtsprechung davon aus, dass der medizinische Eingriff grundsätzlich den Tatbestand der Körperverletzung erfüllt, so ist in Bezug auf die dogmatische Einordnung der Einwilligung grundsätzlich weiter umstritten, ob diese schon den Ausschluss des objektiven Tatbestandes[390] bewirkt oder lediglich rechtfertigende Wirkung entfaltet. Die herrschende Meinung sowie die Rechtsprechung,[391] die in der Einwilligung einen durch das

384 So Schönke/Schröder-*Eser,* § 223 N 29 ff.; a.A.: *Tröndle,* § 223 Rn 9, *Bockelmann,* JZ 1962, 525 (527 ff.).

385 Vertreten durch Vertreter der Körperinteressentheorie und der Erfolgstheorie. Siehe Fn 381.

386 Vgl. Referentenentwurf des Bundesjustizministeriums aus dem Jahre 1996. Dazu auch *Katzenmeier,* ZRP 1997, 156 ff.

387 Vgl. hierzu *Schwartz,* Die hypothetische Einwilligung im Strafrecht, Seite 77 ff. der sich auch mit der Frage beschäftigt, inwieweit das Selbstbestimmungsrecht des Patienten überhaupt von § 223 ff. StGB erfasst sein kann.

388 Anders könnte dies jedoch bereits bei dem Zurückbleiben von Narben beurteilt werden.

389 *Ulsenheimer* in Laufs/Kern, § 138 Rn 4.

390 *Schroth* in: Patientenautonomie am Beispiel der Lebendorganspende, Seite 79 (88 f.); für viele darstellend: *Otto,* Grundkurs Strafrecht, § 8 Rn 123 ff.

391 BGH, NJW 1966, 1855 (1856); NJW 1988, 2310 f.; NJW 2000, 885 (886 f.); JuS 2011, 468 ff.; für viele *Wessels/Beulke,* § 9 Rn 360 ff.

Selbstbestimmungsrecht legitimierten Verzicht auf Rechtsschutz sehen, betrachten die Einwilligung „lediglich“ als Rechtfertigung für den Eingriff in ein disponibles Rechtsgut.[392] Die erforderliche Korrektur führt die Judikatur somit nach wie vor erst auf der Ebene der Rechtswidrigkeit durch, sodass die Tatbestandsmäßigkeit insoweit nicht entfällt. Die Einwilligung schließt die Strafbarkeit des Arztes wegen der Verletzung des disponiblen Rechtsgutes der Gesundheit und der körperlichen Integrität jedoch nur dann aus, wenn der Eingriff aus strafrechtlicher Sicht indiziert war, nach den Regeln der ärztlichen Kunst durchgeführt wurde[393] und die Einwilligung frei von Zwang und Irrtum war.[394] Abgesehen von den speziellen „Indikationsbegriffen“ im § 218 a StGB[395] ist ein Eingriff aus strafrechtlicher Sicht indiziert, wenn *„er nach den Erkenntnissen und Erfahrungen der Heilkunde geeignet und nach den Grundsätzen eines gewissenhaften Arztes notwendig ist, Leben, Gesundheit und Wohlbefinden des Patienten zu erhalten oder herzustellen bzw. Störungen zu lindern“*,[396] was inhaltlich der allgemeinen medizinischen Indikation entspricht.[397] Mithin liegt der definitorische Schwerpunkt auch hier auf einer objektiv nachweisbaren Geeignetheit sowie der Notwendigkeit einer Maßnahme. Im Weiteren muss ein Eingriff, um durch Einwilligung gerechtfertigt zu sein, *lege artis* nach den Regeln der ärztlichen Kunst durchgeführt werden.[398] Maßstab sind in diesem Zusammenhang die medizinischen Standards, die regelmäßig den aktuellen Erkenntnissen der medizinischen Praxis, Forschung und Wissenschaft angepasst werden.[399] Zuletzt muss die Einwilligungserklärung nach sachgerechter Aufklärung frei von Zwang und Irrtum

392 Vgl. *Tachezy*, Mutmaßliche Einwilligung, Seite 30 Fn 70 m.v.w.Nw.

393 *Boll*, Strafrechtliche Probleme bei Kompetenzüberschreitungen, Seite 91 f.

394 *Amelung, Eymann*, JuS 2001, 937 (943); *Ulsenheimer*, in Laufs/Kern, Handbuch des Arztrechts, Rn 33.

395 Im Rahmen des Schwangerschaftsabbruches wird unterschieden zwischen der medizinischen, embryopathischen, kriminologischen und sozialen Indikation.

396 Vgl. *Rouka*, Seite 82; *Lackner/Kühl*, § 223 Rn 9 m.w.Nw.

397 *Medizinisch* indiziert ist eine Heilbehandlung dann, *wenn sie angezeigt ist, d. h. ein Grund zur Anordnung bzw. Verordnung eines bestimmten diagnostischen oder therapeutischen Verfahrens vorliegt, der die Anwendung einer ärztlichen Maßnahme rechtfertigt.* Vgl. *Kern* in Laufs/Kern, § 49 Rn 1 mit Verweis auf *Pschyrembel*, Klinisches Wörterbuch, 261. Aufl. 2004, Stichwort „Indikation“, 905, vgl. auch *Tönsmeyer*, Grenzen elterlicher Sorge, Seite 105 f. m.w.Nw.

398 *Boll*, Strafrechtliche Probleme bei Kompetenzüberschreitungen, Seite 91 f.; *Fischer*, StGB § 223 Rn 13 a.

399 Vgl. hierzu Abschnitt C.I.3.

durch eine einwilligungsfähige Person in Bezug auf ein disponibles Rechtsgut abgegeben, mithin schriftlich, mündlich oder konkludent geäußert werden.

Für die Einwilligungsfähigkeit gelten nun die vorstehend bereits ausgeführten Grundsätze, sodass es hier derzeit an verbindlichen Altersgrenzen fehlt und im konkreten Fall auf die persönliche Reife und Erkenntnisfähigkeit des Patienten abgestellt wird. Diese Feststellung obliegt nun, trotz des Fehlens allgemeingültiger normativer Kriterien zur Feststellung der Einwilligungsfähigkeit von Minderjährigen, ex ante dem Arzt und ex post der Überprüfung der Gerichte, sodass sich der Mediziner zumindest in dem Fall, dass er die fehlende Einwilligungsfähigkeit eines Patienten/Minderjährigen *schuldhaft* verkennt, der Gefahr strafrechtlichen Sanktionen aussetzt. Verweigern die gesetzlichen Vertreter oder aber der einwilligungsfähige Minderjährige die Einwilligung und handelt der Arzt dennoch oder hält der Mediziner einen einwilligungsunfähigen Minderjährigen für einwilligungsfähig, so ist er grundsätzlich aufgrund der fehlenden Einwilligung wegen vorsätzlicher Körperverletzung strafbar. In einem solchen Fall können ihm „nur noch" einzelne Rechtfertigungsgründe als strafrechtliche Korrektive dazu verhelfen, seine Strafbarkeit zu verhindern.

a. Erlaubnistatbestandsirrtum

Irrt sich der Arzt über die tatsächlichen Voraussetzungen der Einwilligungsfähigkeit bzw. eines anerkannten Rechtfertigungsgrundes, da er den Minderjährigen in seiner Verstandesreife überschätzt, oder geht er davon aus, dass die gesetzlichen Vertreter bei Kenntnis in den Eingriff einwilligen würden, irrt er über an sich zur Rechtfertigung führende Umstände, sodass er sich gem. § 16 Abs. 1 StGB analog im sogenannten Erlaubnistatbestandsirrtum befindet.[400] Gleiches gilt auch bei einer irrigen Annahme des Mediziners in Bezug auf das Bestehen einer medizinischen oder kriminologischen Indikation im Rahmen des Schwangerschaftsabbruches gem. § 218 a StGB.[401] Dieser lässt nach der herrschenden Meinung den Vorsatz entfallen,[402] sodass die Behandlung nicht als vorsätzliche Tat strafbar ist, jedoch bleibt der Arzt, sofern ihm im Rahmen

---

400 BGH, NJW 2000, 885 (887); *Ulsenheimer* in Laufs/Kern, Handbuch des Arztrechts, § 139 Rn 59 ff.; *Fröhlich,* Seite 54 f.; *Tag*, Körperverletzung/Patientenautonomie, § 3, Seite 16.

401 *Ulsenheimer* in Laufs/Kern, Handbuch des Arztrechts, § 143 Rn 46.

402 Eingeschränkte Schuldtheorie: *Horn,* Anmerkung zu OLG Celle, Urteil vom 6.3.1969 – 1 Ss 514/68, NJW 1969, 2156. Darstellend: *Hecker,* Erlaubnistatbestandsirrtum, JuS 2011, 369 (370 ff.).

seiner Prüfpflichten eine Sorgfaltspflichtverletzung vorzuwerfen ist,[403] gem. § 16 Abs. 1 S. 2 StGB analog wegen fahrlässiger Körperverletzung strafbar.

b. Verbotsirrtum

Irrt sich der Mediziner jedoch lediglich über das tatsächliche Bestehen oder die Grenzen der rechtfertigenden Einwilligung bzw. eines anderen anerkannten Rechtfertigungsgrundes, unterliegt er also beispielsweise der irrigen Annahme, ohne Rücksicht auf ärztliche Erkenntnis nach eigenem Ermessen handeln zu dürfen,[404] so handelt es sich um einen Verbotsirrtum, der nach § 17 StGB zu beurteilen ist. Ein solcher liegt beispielsweise vor, wenn der Arzt unabhängig davon, ob ihm Zweifel an der Einwilligungsfähigkeit des Minderjährigen gekommen sind, glaubt, er brauche keine Einwilligung, da er den Eingriff für medizinisch notwendig hält. In diesem Fall bliebe der Vorsatz der Körperverletzung unberührt, jedoch führt der Irrtum bei Unvermeidbarkeit zum Schuldausschluss, während er bei Vermeidbarkeit[405] gem. §§ 17, 49 StGB „lediglich" zur Strafmilderung führen kann.[406] Die Grenzen des Verbotsirrtumes zum Erlaubnistatbestandsirrtum sowie zum rechtfertigenden Notstand sind dabei in der Tat oftmals nur schwer trennscharf zu ziehen. In Bezug auf eine im Ergebnis durch die Patientin ungewollte Sterilisation hat der BGH[407] diese beiden Irrtümer im Hinblick auf die Einwilligung in eine medizinische Behandlung relativ deutlich beschrieben. Hier heißt es:

> *„(...) Hält ein Arzt eine Operationserweiterung im Interesse des Patienten für geboten und nimmt er dabei irrigerweise an, der Betroffene hätte bei vorheriger Befragung seine Zustimmung gegeben, dann irrt er über das Vorliegen von tatsächlichen Voraussetzungen des Rechtfertigungsgrunds der mutmaßlichen Einwilligung. Ein solcher Erlaubnistatbestandsirrtum schließt in Analogie zu § 16 vorsätzliches Handeln aus. Dagegen liegt ein Verbotsirrtum gem. §17 StGB vor, wenn der Arzt das fehlende Einverständnis des Patienten erkennt oder doch zumindest für möglich hält (dolus eventualis), einen körperlichen Eingriff aber gleichwohl für rechtlich zulässig*

403 Dass der Arzt bei seiner Einschätzung die erforderliche Sorgfalt beachtet hat, kann er im Nachhinein regelmäßig nur durch eine hinreichende Dokumentation seiner Erwägungen zur Entscheidungsfindung nachweisen.

404 *Ulsenheimer* in Laufs/Kern, Handbuch des Arztrechts, § 143 Rn 47 mit Verweis auf LK-*Jähnke,* § 218 a Rn 31, 33.

405 In der NJW 2000, 885 (887) weist der BGH jedoch darauf hin, dass die Frage der Vermeidbarkeit „kaum je zweifelhaft" sein dürfte. *Tag*, Körperverletzung/Patientenautonomie, § 3, Seite 16.

406 *Ulsenheimer* in Laufs/Kern, Handbuch des Arztrechts, § 139 Rn 61.

407 BGH, NJW 2000, 885 (887).

erachte, weil ihm dieser aus medizinischer Sicht sinnvoll und geboten erscheint. In diesem Fall missachtet er – wenn auch wohlmeinend – das dem Patienten grundsätzlich zustehende Selbstbestimmungsrecht und irrt damit lediglich über die Grenzen eines Rechtfertigungsgrunds. Ein solcher Irrtum lässt den Vorsatz unberührt. War er für den Arzt vermeidbar, so kann er lediglich strafmildernd wirken(...)"

Im Ergebnis schützt jedoch die Irrtumslehre den Mediziner bei einer Fehleinschätzung in Bezug auf die Einwilligung eines Patienten in eine ärztliche Maßnahme nur dann vor strafrechtlichen Konsequenzen, wenn er im Zweifel auch später noch nachweisen kann, dass er die erforderliche Sorgfalt beachtet hat. In der Praxis lassen die diesbezüglichen Eintragungen in der Patientendokumentation aus Unwissenheit oder Nachlässigkeit jedoch regelmäßig zu wünschen übrig, was vor dem Hintergrund der möglichen Beweislastumkehr bei fehlender oder mangelhafter Dokumentation einen rechtlichen „Fallstrick" bedeuten kann.

c. Mutmaßliche Einwilligung und rechtfertigender Notstand § 34 StGB

Andere strafrechtlich relevante Rechtfertigungsgründe, die mit dem medizinischen Eingriff immer wieder in Berührung kommen, sind die gesetzlich nicht normierte mutmaßliche Einwilligung sowie der rechtfertigende Notstand gem. § 34 StGB.

aa. Rechtfertigender Notstand § 34 StGB

Beim rechtfertigenden Notstand verletzt der Täter ein Rechtsgut, um ein anderes zu schützen, was nach dem Wortlaut des Gesetzes dann nicht rechtswidrig ist, wenn a.) bei der Abwägung der widerstreitenden Interessen das geschützte Interesse das beeinträchtigte wesentlich überwiegt, b.) die gegenwärtige Rechtsgutsverletzung nicht anders abwendbar, der Eingriff somit erforderlich ist, c.) der Eingriff angemessen ist, um die Gefahr abzuwenden und d.) der Täter subjektiv handelt, um die Gefahr von sich oder einem anderen auch tatsächlich abwenden zu wollen.[408] Was den Rang der betroffenen Rechtsgüter betrifft, so ist bei Individualrechtsgütern grundsätzlich die Reihenfolge Leben, Gesundheit, persönliche Freiheit, sonstige Persönlichkeitswerte sowie Sachgüter zugrunde zu legen.[409] Auch wenn es dem Wortlaut nicht zu entnehmen ist, so betrifft § 34 StGB in seiner Anwendung und Ausrichtung jedoch regelmäßig die Abwägung von Rechtsgütern *zweier* Rechtsgutsträger. Hier wird dann eine objektive Interessenabwägung

---

408 *Fischer,* § 34 Rn 2 a ff. m.w.Nw.; *Gründel,* 106 (107).
409 *Erb,* JuS 2010, 108 (110).

durchgeführt, um festzustellen, welches der widerstreitenden Rechtsgüter als höherrangig zu bewerten ist.[410] Zugunsten des wesentlich höherrangigen Rechtsgutes des einen darf dann in das Rechtsgut des anderen eingegriffen werden.[411]

Die Frage, wie die Rechtfertigungsgründe grundsätzlich zueinander stehen, ob sie sich von Natur aus gegenseitig ausschließen, in Konkurrenz zueinander treten oder generell auch im Sinne einer Mehrfachrechtfertigung nebeneinander einschlägig sein können, wird durchaus streitig diskutiert,[412] muss jedoch an dieser Stelle nicht beantwortet werden, da im Ergebnis Einigkeit darüber besteht, dass der rechtfertigende Notstand, in seiner Ultima-Ratio-Funktion für Konfliktlagen außergewöhnlicher Art, regelmäßig subsidiär ist und somit erst dann zur Anwendung kommt, wenn die spezielleren Rechtfertigungsgründe wie Notwehr, Einwilligung und mutmaßliche Einwilligung nicht greifen, was im Grunde lediglich Auswirkungen auf die Prüfungsreihenfolge hat.

Umstritten ist der Geltungsbereich des § 34 StGB jedoch dann, wenn es um die Rechtsgüter *desselben* Rechtsgutsträgers geht, mithin Personenidentität bei dem geschützten und dem verteidigten Rechtsgut besteht. So wäre beispielsweise der nicht durch eine (auch nur mutmaßliche) Einwilligung gedeckte ärztliche Noteingriff grundsätzlich nicht gem. § 34 StGB gerechtfertigt, da es eben für den rechtfertigenden Notstand auf eine objektive Güterabwägung ankommt, wodurch aber das Selbstbestimmungsrecht des Patienten unterlaufen werden würde, wenn die persönlichen Wünsche des Patienten unbeachtet blieben.[413]

Lediglich bei klar voneinander abgrenzbaren Interessen wird derzeit von der herrschenden Meinung davon ausgegangen, dass § 34 StGB bei der Abwägung höherwertiger Interessen gegen ein weniger wertvolles Gut auch bei demselben Rechtsgutsträger zur Anwendung kommen kann.[414]

---

410 *Fischer*, § 34 Rn 7 ff.

411 Vgl. *Fischer*, § 34 Rn 2; *Erb*, JuS 2010, 108 (112).

412 Für ein grundsätzliches Nebeneinander, vgl. für viele: *Wessels/Beulke*, AT, § 8 Rn 282 ff.; *Fischer*, § 34 Rn 22 m.w.Nw.; a.A.: *Paeffgen* in Kindhäuser, Neumann, Paeffgen, StGB, vor § 32 Rn 77 und § 34 Rn 32 jeweils m.w.Nw.; *Hauck*, in Leipold/Tsambikakis/Zöller, vor § 32 Rn 10 versteht die Konkurrenz als solche im Rahmen der Rechtfertigungsgründe als Gebot der vorrangigen Prüfung spezieller Rechtfertigungsgründe. Darstellung und Diskussion der Standpunkte auch in: *Tachezy*, Mutmaßliche Einwilligung, Seite 95 ff.

413 Vgl. *Killinger*, Arzthaftung, Seite 159 Rn 279 m.w.Nw.

414 *Wessels/Beulke*, AT, § 8, Rn 297 ff. (322); BGH JZ 1973, 173; *Ulsenheimer*, JUS 1972, 252 (255). a.A.: *Müller*, MedR 2011, 339 (343), der das Selbstbestimmungsrecht des Einzelnen als kein messbares und damit abwägbares Interesse darstellt, sodass es

So könnte sich beispielsweise der Arzt, der die gesetzlichen Vertreter einer einwilligungsfähigen Minderjährigen gegen den ausdrücklichen Willen des Kindes über eine bestehende Schwangerschaft unterrichtet, da er dies zum Wohle der Minderjährigen für erforderlich hält, grundsätzlich einmal nicht auf § 34 StGB berufen. Dies könnte nach vorstehender Auffassung jedoch dann anders zu beurteilen sein, wenn die Unterrichtung der gesetzlichen Vertreter, beispielsweise bei medizinischen Komplikationen zur Abwendung einer Gefahr für Leib und Leben der minderjährigen Mutter, erforderlich wäre.[415] Ein solcher interpersonaler Interessenkonflikt könnte sich im vorbenannten Fall gegebenenfalls auch dann auflösen, wenn in solchen Fällen der Arzt das Geheimhaltungsinteresse der Mutter gegen das Leben oder die Gesundheit des ungeborenen Kindes abwägen müsste. Zwar betrachtet das Bundesverfassungsgericht die rechtliche Verbindung von der Mutter und dem ungeborenen Kind als „Zweiheit in Einheit",[416] jedoch stellt es auch klar, dass es vor dem Hintergrund der gesetzgeberischen Verpflichtung zum Schutz des ungeborenen Lebens geboten sein kann, die Rechte der Mutter einzuschränken.[417] Ob jedoch ein solcher Schutz des ungeborenen Kindes, der zunächst einmal Aufgabe des Gesetzgebers ist, gegebenenfalls auch gegen den Willen der

---

sich verbiete, dass andere in der Weise abwägen, dass beispielsweise die körperliche Unversehrtheit oder das Leben über die Fortbewegungsfreiheit zu setzen sind. Eine Rechtfertigung nach den §§ 32, 34 StGB sei daher nur in den Fällen einschlägig, in denen eine Fremdgefährdung gegeben ist.

415 *Schröder*, Auskunftsanspruch der Eltern, Seite 130 m.w.Nw.

416 Vgl. BVerfG, NJW 1993, 1751 (1753). Hier geht es jedoch im Rahmen der Neuregelung des Schwangerschaftsabbruches um den entgegengesetzten Fall der Rechtsverletzung des ungeborenen Kindes im Interesse der Mutter und nicht wie hier um eine Rechtsverletzung bei der Mutter im Interesse des ungeborenen Kindes.

417 BVerfG a.o.a.O. Hier führt das BVerfG aus: *„(...) Verhaltensanforderungen zum Schutz des ungeborenen Lebens stellt der Staat, indem er durch Gesetz Gebote und Verbote ausspricht, Handlungs- und Unterlassungspflichten festlegt. Dies gilt auch für den Schutz des Nasciturus gegenüber seiner Mutter, ungeachtet der Verbindung, die zwischen beiden besteht und bei Mutter und Kind zu einem Verhältnis der „Zweiheit in Einheit" führt. Ein solcher Schutz des Ungeborenen gegenüber seiner Mutter ist nur möglich, wenn der Gesetzgeber ihr einen Schwangerschaftsabbruch grundsätzlich verbietet und ihr damit die grundsätzliche Rechtspflicht auferlegt, das Kind auszutragen. Das grundsätzliche Verbot des Schwangerschaftsabbruchs und die grundsätzliche Pflicht zum Austragen des Kindes sind zwei untrennbar verbundene Elemente des verfassungsrechtlich gebotenen Schutzes(...)."* In diesem Sinne auch schon BVerfG NJW 1975, 573 (575).

werdenden Mutter durch Auslegung des § 34 StGB in das Ermessen eines Mediziners gestellt werden darf, dürfte im Ergebnis Zweifel hervorrufen.

Ein von dem Patienten ausgeübtes Selbstbestimmungsrecht kann somit in einem entsprechenden Kontext im Rahmen einer Abwägung grundsätzlich auch mit dem Leben und der körperlichen Unversehrtheit konkurrieren. Da aber beim Vorliegen eines interpersonalen Interessenkonfliktes die Anwendung der Notstandsregelung regelmäßig ausgeschlossen sein wird, wird die Zulässigkeit eines Eingriffes bei einer Kollision des Selbstbestimmungsrechtes mit dem Leben und der körperlichen Unversehrtheit in persona im Zweifel immer einer einzelfallorientierten Abwägung zugeführt werden müssen.[418] Eine wie auch immer geartete Vernunfthoheit des Arztes existiert in diesem Zusammenhang jedenfalls nicht.[419]

Im Ergebnis erstarkt das durch eine einwilligungsfähige Person *ausgeübte* Selbstbestimmungsrecht somit regelmäßig in einer Rechtsposition, die im Rahmen einer Güterabwägung nur selten von anderen Rechtsgütern des gleichen Rechtsgutinhabers, die dieser eben gerade nicht schützen wollte, überwogen werden kann. Dies wird beispielsweise deutlich an einer selbstbestimmten Behandlungsverweigerung und der damit verbundenen autonomen Entscheidung, einer gegebenenfalls zum Tode führenden Erkrankung keinen Widerstand durch den Versuch der Heilung leisten zu wollen.[420] Die Entscheidungs- und Abwägungsregeln des § 34 StGB passen aus der Sicht des selbstbestimmenden Individuums auf diese Fälle offensichtlich nicht. Sie passen erst unter der Annahme, dass die endgültige Entscheidung über die Beendigung des Lebens nicht mehr allein in der Macht des Rechtsgutsträgers liegt, wenn es eine Möglichkeit der Lebensverlängerung oder die einer Heilung zu geben scheint, da der Lebensschutz durch unsere Verfassung eben auch unter die staatliche Aufsicht gestellt wurde.[421] In diesem Falle löst man

418 Die Frage nach der Abwägung des Selbstbestimmungsrechtes mit dem verfassungsrechtlichen Gebot des Lebensschutzes spielt insbesondere in der bis heute nicht zur Ruhe gekommenen Diskussion zur aktiven Sterbehilfe eine Rolle. Vgl. Hierzu beispielsweise: *Knopp*, MedR 2003, 379 ff.; eine Darstellung der aktuellen Diskussion auch bei *Kutzer*, FPR 2007, Seite 59 ff.

419 Vgl. *Ulsenheimer* in Laufs/Kern, Handbuch des Arztrechts § 139 Rn 62 ff. m.w.Nw.

420 So betonte das BVerfG 2011, dass die Freiheitsgrundrechte das Recht einschließen, von der Entscheidungsfreiheit Gebrauch zu machen oder nicht. Die grundrechtlich geschützte Freiheit schließt auch die „Freiheit zur Krankheit" und damit das Recht ein, auf Heilung zielende Eingriffe abzulehnen, selbst wenn diese nach dem Stand des medizinischen Wissens dringend angezeigt sind. BVerfG NJW 2011, 2113 (2115).

421 Umstritten ist in diesem Zusammenhang, ob das verfassungsrechtlich garantierte Recht auf Leben und körperliche Unversehrtheit eine staatliche Pflicht begründet,

sich jedoch wieder von der Interpersonalität der betroffenen Rechtsgüter, da dann nicht mehr „Leben“ und „Selbstbestimmung zum Nichtleben“ eines Rechtsgutsträgers gegeneinander abgewogen werden, sondern die „Selbstbestimmung zum Nichtleben“ mit der „staatlichen Schutzpflicht“,[422] was, mit Ausnahme der staatlichen Pflicht zum Schutz des ungeborenen Lebens, kaum begründbar scheint, da das Konstrukt staatlicher Schutzpflichten in diesem Fall nicht die freiheitssichernde Abwehrfunktion der Grundrechte verstärkt, sondern die Grundrechte in freiheitsfeindlicher Umkehrung gegen den Grundrechtsträger, dem sie zu dienen haben, in Stellung bringt.[423] Soweit sich der Arzt nach einem ausgeübten Selbstbestimmungsrecht des Patienten nicht sicher sein kann, dass die nun konkret eingetretene Folge von dem Patienten bei der selbstbestimmten Entscheidung bedacht und somit auch gewollt war, der selbstbestimmte Wille jedoch auf eine Nichtbehandlung gerichtet war, kann die Entscheidung zu einem beachtlichen Gewissenskonflikt führen. Soweit der Mediziner sich dann trotz entgegenstehendem Willen *in Notfällen* für eine Behandlung entscheiden sollte, wird man diese Entscheidung in Zweifelsfällen nach dem Grundsatz *„in dubio pro vita“*[424] wohl über den Notstand rechfertigen können bzw. müssen.

Da aber im Falle der Behandlung nicht einwilligungsfähiger Minderjähriger das Selbstbestimmungsrecht regelmäßig nicht durch den Rechtsgutsträger selbst, sondern in fremdbestimmender Weise durch die gesetzlichen Vertreter ausgeübt wird, erhält die staatliche Überwachungs- und Kontrollfunktion an dieser Stelle

sich gegenüber diesbezüglichen Gefährdungen schützend vor den Bürger zu stellen. So BVerfG NVwZ 1990, 955 (959); NJW 1980, 759 (761); NJW 1975, 573 (575) jedoch regelmäßig im Hinblick auf den Schutz des Einzelnen (oder dem Ungeborenen) vor rechtswidrigen Eingriffen Dritter. Vgl. hierzu auch *Sternberg-Lieben/Reichmann*, NJW 2012, 257 (260 f.).

422 Nach ständiger, mit der „Lüth-Entscheidung“ (BVerfGE 7, 198, 204 f. = BVerfG GRUR 1958, 254 ff.) begründeter Judikatur kommt den Grundrechten eine Doppelfunktion zu, einerseits als subjektive Abwehrrechte des Bürgers, andererseits als objektive Grundsatznormen und Wertentscheidungen der Verfassung. Aus Letzterem ergibt sich, dass dem Gesetzgeber bestimmte Schutzpflichten für Rechtsgüter des Bürgers auferlegt werden. *Sternberg-Lieben/Reichmann*, NJW 2012, 257 (260 f.); *Hillgruber*, Seite 78 ff.; BVerfG NJW 1977, 2255; BVerfG 1975, 573 (575).

423 So *Sternberg-Lieben/Reichmann*, NJW 2012, 257 (260).

424 „In dubio pro vita“ im Sinne des Wegfalls der Erklärungsgrundlage vgl. *Spickhoff* in Spickhoff, Medizinrecht § 1901 a BGB Rn 12; *Ulsenheimer* in Laufs/Kern, Handbuch des Arztrechts§ 139 Rn 62, insbesondere Fn 6 mit Hinweis auf *Ulsenheimer*, FS Eser, 2005, 1225 ff.; ausdrücklich auch: *Kern* in Laufs/Kern, Handbuch des Arztrechts § 54 Rn 11.

wieder eine besondere Bedeutung. Dies gilt umso mehr, als die elterliche Ermächtigung unter dem Vorbehalt der Wahrung des Kindeswohls steht und im Zweifel durch das Gericht ersetzt werden kann. In Bezug auf die Behandlung Minderjähriger können nach vorstehenden Ausführungen drei Fallkonstellationen unterschieden werden:

1. Der Minderjährige ist nicht einwilligungsfähig, die gesetzlichen Vertreter sind nicht erreichbar und eine zügige Behandlung ist erforderlich.

In diesem Fall greift zunächst einmal die mutmaßliche Einwilligung[425] der gesetzlichen Vertreter zur Behandlung des Kindes. Auf den rechtfertigenden Notstand käme es somit grundsätzlich nicht mehr an.

2. Der Minderjährige ist einwilligungsfähig und verweigert nach ordnungsgemäßer Aufklärung die medizinisch notwendige Behandlung.

Ist der Minderjährige einwilligungsfähig, kommt es auf den Willen der gesetzlichen Vertreter nicht mehr an, da das Elternrecht in diesem Fall vor der Kompetenz des Kindes weicht. Insoweit findet das Elternrecht aus Art. 6 Abs. 1 GG als „fiduziarisches Pflichten-Recht"[426] seine verfassungsimmanenten Schranken in der Körperintegrität (Art. 2 Abs. 2 GG) und dem allgemeinen Persönlichkeitsrecht des Kindes (Art 2 Abs. 1 i.V.m. Art 1 Abs. 1 GG), mithin in der Selbstbestimmungsbefugnis des einwilligungsfähigen Minderjährigen. In konsequenter Anwendung wird man auch im Falle einer Behandlungsverweigerung durch einen Minderjährigen davon ausgehen müssen, dass der Patientenwille zu beachten ist, da auch der einwilligungsfähige Minderjährige nicht ohne gerichtliche Anordnung einer Zwangsbehandlung unterzogen werden darf. Sicherlich kann schon allein die Tatsache, dass ein Minderjähriger eine medizinisch dringend indizierte Behandlung ablehnt, Anlass dazu geben, das Vorliegen der Einwilligungsfähigkeit nochmals kritisch zu überprüfen. Gleichwohl gibt es jedoch auch Minderjährige,

425 Ein Eingriff ist durch die „mutmaßliche Einwilligung" gerechtfertigt, wenn eine Einwilligung nicht eingeholt werden konnte, aber angenommen werden kann, dass ein verständiger Patient in der konkreten Lage dem Eingriff oder dem Abbruch der Behandlung zugestimmt hätte. Vgl.: BGH, NJW 2000, 885 (886); BGH, NJW 1993, 2372 (2374); nicht in Betracht kommen die Grundsätze mutmaßlicher Einwilligung bei Operationserweiterungen, die bei gehöriger Diagnostik und Planung vorhersehbar waren. BGH, NJW 1991, 2342.

426 BVerfG NJW 1982 1375 (1376) nennt das Elternrecht ein fiduziarisches Recht, ein dienendes Grundrecht, eine im echten Sinne anvertraute treuhänderische Freiheit. *Ramm*, NJW 1989, 1708 (1712).

die aufgrund schwerer Erkrankungen und spezifischer Krankheitserfahrungen sehr wohl in der Lage sind, selbstbestimmt und im vollen Bewusstsein der daraus resultierenden Konsequenzen eine lebensverlängernde oder gegebenenfalls auch lebensrettende Maßnahme selbstbestimmt abzulehnen.[427] In solchen Fällen ist der Wille des einwilligungsfähigen Minderjährigen zu berücksichtigen, sodass in dem Fall das Rechtsgut „Leben" hinter dem „Selbstbestimmungsrecht" zurückzutreten hat. Das Recht auf Selbstbestimmung beinhaltet, dass insbesondere in den Fällen mit hoher Bedeutung für das weitere Leben auch der *einsichtsfähige* Minderjährige selbst entscheiden kann. Der Grundsatz, dass sich niemand „zum Richter in der Frage aufwerfen (darf), unter welchen Umständen ein anderer vernünftigerweise bereit sein sollte, seine körperliche Unversehrtheit zu opfern, um dadurch wieder gesund zu werden",[428] gilt in einem solchen Fall auch im Verhältnis zwischen Eltern und Kindern.[429]

3. *Der Minderjährige ist nicht einwilligungsfähig, die gesetzlichen Vertreter sind anwesend, verweigern jedoch nach ordnungsgemäßer Aufklärung die medizinisch notwendige Behandlung.*

Während bei nicht dringend notwendigen Eingriffen die Einwilligung als verweigert gilt, hat der Arzt bei dringend indizierten Eingriffen und einer akuten Gefahrenlage für das Kind ob seiner Garantenstellung die Verpflichtung, gem. § 1666 Abs. 2 Nr. 5 BGB eine familiengerichtliche Entscheidung herbeizuführen.[430] In dem Fall, dass eine gerichtliche Entscheidung aufgrund der Dringlichkeit der Behandlung nicht mehr eingeholt werden kann, wird der Arzt regelmäßig gem. § 34 StGB gerechtfertigt sein, wenn eine Gefahr für das Kindeswohl besteht, da kindeswohlgefährdende Erklärungen der Sorgeberechtigten vor dem Hintergrund des Sorgerechtmissbrauches von der Vertretungsbefugnis nicht gedeckt und somit nicht wirksam sind. In der vorstehenden Fallkonstellation gelangt man jedoch gegebenenfalls auch über die mutmaßliche Einwilligung zur Rechtfertigung des Arztes, da bei sorgerechtsmissbräuchlichen Entscheidungen direkt auf die mutmaßliche Einwilligung des Familiengerichtes bzw. des Ergänzungspflegers abgestellt werden könnte.

---

427 Ausführlich wie kritisch zu dieser Thematik: *Czerner*, MedR 2001, 354–360.

428 BGH, NJW 1958, 267 (268).

429 *Müller*, MedR 2011, 339 (344) m.w.Nw.

430 OLG Celle, NJW 1995, 792 f.; *Ulsenheimer*, Arztstrafrecht, Rn 96; *Spickhoff*, Medizinrecht, § 223 Rn 51.

bb. Die mutmaßliche Einwilligung

Die mutmaßliche Einwilligung bildet nach herrschender Meinung[431] einen eigenständigen Rechtfertigungsgrund und ist nicht lediglich ein Unterfall des rechtfertigenden Notstands.[432] Sie wird regelmäßig in (Not-)Fällen relevant, in denen die (rechtzeitige) Einwilligung des Patienten oder seines gesetzlichen Vertreters nicht oder nicht rechtzeitig möglich ist, etwa bei einem bewusstlosen Patienten, der Nichterreichbarkeit des gesetzlichen Vertreters oder bei einer nicht vorhersehbaren intraoperativen Eingriffserweiterung.[433] Für das Vorliegen der mutmaßlichen Einwilligung müssen grundsätzlich alle Voraussetzungen der ausdrücklichen Einwilligung mit Ausnahme der Einwilligungserklärung vorliegen. Eine weitere Voraussetzung ist, dass das Einverständnis des Patienten nicht rechtzeitig eingeholt werden kann bzw. konnte.[434] Sobald somit seitens des Rechtsgutsträgers ein entgegenstehender Wille geäußert wurde oder aber der Arzt es trotz der Möglichkeit, den Willen des Patienten festzustellen, versäumt hat, dessen Einwilligung zu dem Eingriff einzuholen, kann er sich auf die mutmaßliche Einwilligung des Patienten regelmäßig nicht mehr berufen. Ausnahmen sind im letzteren Fall lediglich dann denkbar, wenn eine dringende vitale Indikation vorliegt und die Nichtbehandlung oder der Abbruch des Eingriffs medizinisch unvertretbar wäre.[435] Bei chirurgischen Eingriffen, bei denen der Arzt die ernsthafte Möglichkeit einer Operationserweiterung oder den Wechsel in eine andere Operationsmethode in Betracht ziehen muss, ist der Patient vor der Operation entsprechend aufzuklären.[436] Hat der Arzt vor der Operation Hinweise auf eine möglicherweise erforderlich werdende Operationserweiterung unterlassen und zeigt sich intraoperativ die Notwendigkeit zu einem weiteren oder erweiterten Eingriff, dann kann und muss er, soweit dies möglich ist, die Operation beenden und den Patienten nach Abklingen der Narkoseeinwirkungen entsprechend aufklären und seine Einwilligung für den zusätzlichen Eingriff einholen.[437] Bei vitaler oder aus

---

431 Darstellung der vertretenen Standpunkte auch bei *Tachezy,* Mutmaßliche Einwilligung, Seite 40 ff. m.v.w.Nw.

432 *Fischer,* vor § 32 Rn 4 m.v.Nw. Zum Stand der kontroversen Diskussion; BGH 35, 249; *Ulsenheimer* in Laufs/Kern, Handbuch des Arztrechts § 67 Rn 10.

433 *Ulsenheimer* in Laufs/Kern, Handbuch des Arztrechts, a. a.O.

434 Vgl. *Tachezy,* Mutmaßliche Einwilligung, Seite 43 ff. m.v.w.Nw.

435 *Wellner* in Spickhoff, Medizinrecht, § 839 Rn 283 ff. m.w.Nw.

436 BGH, NJW 1993, 2372 (2375).

437 BGH, NJW 1993, a. a.O.

sonst konkreten Umständen zeitlich und sachlich absolut dringender Indikation kann eine Eingriffserweiterung durch die mutmaßliche Einwilligung in Ausnahmefälle nur dann gerechtfertigt sein, wenn das Schadensrisiko der Eingriffserweiterung geringfügig ist und hinter dem Risiko der Eingriffsbegrenzung zurückbleibt.[438]

Zuletzt muss der mutmaßliche Wille des Betroffenen feststehen, wobei Uneinigkeit darüber besteht, ob hier allein auf subjektive oder zumindest auch auf objektive Interessensgesichtspunkte abzustellen ist.[439] Wenn der mutmaßliche Wille nicht oder nicht zweifelsfrei zu ermitteln ist, müsste auf hypothetischem[440] Wege auf den Willen und das Interesse eines verständigen Patienten abgestellt werden,[441] wobei dies ohne Schaffung eines strafrechtlich relevanten Sondertatbestands der „eigenmächtigen Heilbehandlung" durch den Arzt, zu rechtlich schwer lösbaren Konstellationen führen kann.[442] Ist ein minderjähriger Patient nicht einwilligungsfähig, ist auf den mutmaßlichen Willen der gesetzlichen Vertreter abzustellen, der nach den gleichen Grundsätzen zu ermitteln ist.

5. Zivilrechtliche Aspekte der Einwilligung in den ärztlichen Heileingriff

Zivilrechtlich wird die Frage nach der rechtswirksamen Einwilligung des Patienten im Zusammenhang mit der deliktischen Haftung aus § 823 BGB

438 *Wellner* in Spickhoff, Medizinrecht, § 839 Rn 283 ff. m.w.Nw.

439 Ausführliche Darstellung der unterschiedlichen Standpunkte in: *Tachezy,* Mutmaßliche Einwilligung, Seite 45 ff. m.v.w.Nw.

440 Zur Frage, ob das Konstrukt der hypothetischen Einwilligung ein notwendiges Korrektiv oder ein systemwidriges Institut darstellt vgl. Jansen, ZJS 2011, 482 ff.

441 *Fischer,* § 223 Rn 15 m.w.Nw.

442 *Jansen,* ZJS 2011, 482 (495) kommt zu dem Ergebnis, dass durch die Anwendung der Rechtsfigur der hypothetischen Einwilligung dem Interesse des Arztes gegenüber dem Interesse des Patienten der Vorrang eingeräumt werde, indem das Selbstbestimmungsrecht des Patienten außer Acht gelassen wird. Daher könne die hypothetische Einwilligung den Konflikt zwischen Therapiefreiheit und Patientenautonomie nicht sachgerecht lösen. Die Schaffung eines Sondertatbestands der eigenmächtigen Heilbehandlung könnte das Problem beheben, indem Ärzte ihren Beruf ohne zu großes strafrechtliches Risiko ausüben können und der Patient sich darauf verlassen kann, dass etwaige Verstöße des Arztes sanktioniert werden können.

relevant. Den Ausgangspunkt der zivilrechtlichen Bewertung der rechtfertigenden Einwilligung bei ärztlichen Eingriffen bildet die Entscheidung des BGH[443] vom 5.12.1958.[444] Hier erklärte der BGH die Grundsätze für die Geschäftsfähigkeit zur Bestimmung der Einwilligungsfähigkeit für unanwendbar und erklärte den Minderjährigen für einwilligungsfähig, *„wenn er nach seiner geistigen und sittlichen Reife das Wesen, die Bedeutung und Tragweite des Eingriffes und seiner Gestattung zu ermessen vermag"*. Der BGH erklärte in dieser Entscheidung damals einen 21-jährigen, mithin damals noch minderjährigen Patienten, für einwilligungsfähig. 1971 entschied der BGH in Bezug auf die Frage, ob eine 16-Jährige in eine Warzenentfernung mittels Röntgenstrahlen einwilligen könnte, jedoch anders und stellte fest, dass ein Minderjähriger zumindest bis zum Erreichen des 18. Lebensjahres bei wichtigen Entscheidungen immer der Einwilligung der Vertreter bedürfte.[445] Im Jahre 1991 hatte er dann zu entscheiden, ob ein kurz vor dem 18. Lebensjahr stehender Jugendlicher in eine Operation zur Beseitigung einer Aortenisthmusstenose einwilligen konnte, die im Ergebnis zu einer Querschnittlähmung führte. Ohne die Frage, ob ein fast 18-jähriger Patient selbst einwilligungsfähig sein kann überhaupt zu problematisieren, lehnte der BGH hier die Einwilligungskompetenz des Minderjährigen ab.[446]

Nicht nur die uneinheitliche und einzelfallbezogene Rechtsprechung, sondern auch die zahlreichen Versuche der Literatur, der unbestimmten Definition der Einwilligungsfähigkeit[447] durch Anlehnung an neu entwickelte oder bereits bestehende gesetzliche Wertungen zu einer Struktur zu verhelfen, haben in der medizinischen Praxis nachvollziehbarerweise für ein erhebliches Maß an Rechtsunsicherheit gesorgt. Auch die rechtlich im besonderen Maße relevante Frage, ob Altersgrenzen als Eckpunkte nennbar sind, ab denen von dem Vorliegen einer hinreichenden Einwilligungskompetenz ausgegangen werden könnte bzw. nach welchen Kriterien bei einem Minderjährigen in Bezug auf die Einsichts- und Urteilsfähigkeit die erforderliche *„geistige und sittliche Reife"*, regelmäßig vorliegen soll, hat in der Vergangenheit

443 BGH, NJW 1959, 811 ff.

444 *Nebendahl*, MedR 2009, 197.

445 BGH, NJW 1972, 335 ff.

446 BGH, VersR 1991, 812 ff.

447 *Rixen/Höfling/Kuhlmann/Westhofen*, MedR 2003, 191 f. sehen schon in den vagen Begriffen „Wesen", „Bedeutung" und „Tragweite" eine nicht handhabbare Unklarheit, sodass das Konzept der Einwilligungsfähigkeit noch unzureichend strukturiert sei.

zahlreiche Erklärungsmodelle hervorgebracht. Nachfolgend sollen einzelne Konkretisierungsversuche der Rechtsprechung wie auch der Literatur kurz dargestellt werden.[448]

a. Anlehnung an die Wertung der §§ 20, 21 StGB, §§ 1 Abs. 2, 3 JGG, § 828 BGB

Zunächst gab es die Überlegung, die Einwilligungsfähigkeit anhand der Vorschriften über die strafrechtliche Verantwortlichkeit gem. §§ 20, 21 StGB, §§ 1 Abs. 2, 3 JGG zu ermitteln.[449] Dies wird jedoch von der herrschenden Meinung vor dem Hintergrund abgelehnt, dass Einwilligungs- und Schuldfähigkeit jeweils an unterschiedliche Maßstäbe[450] anknüpften, da die Einwilligung die Verantwortung für die Beeinträchtigung *eigener* und die Schuldfähigkeit die Verantwortung für die Beeinträchtigung *fremder* Rechtsgüter beträfe.[451] Ebenso abgelehnt wurde die Anlehnung an die Deliktsfähigkeit gem. § 828 Abs. 3 BGB, bei der der Minderjährige in der Lage sein muss, das Unrecht eigenen Tuns gegenüber *anderen* Menschen einzusehen,[452] da auch hier wie bei der Schuldfähigkeit ein anderer Bereich des Urteilsvermögens maßgebend wäre.[453]

b. Anlehnung an feste Altersgrenzen

Bei einer Orientierung an festen Altersgrenzen schien eine Anlehnung an die Vorschriften der Geschäftsfähigkeit §§ 104 ff. BGB zunächst sinnvoll, da der Schutzzweck[454] der §§ 104 ff. BGB grundsätzlich mit dem der Einwilligungsfähigkeit vergleichbar zu sein scheint. Eine analoge Anwendung der §§ 104 ff. BGB scheide jedoch nach der wohl überwiegenden Meinung ebenfalls aus, da sie der Regelung der wachsenden Selbstbestimmung des Minderjährigen nicht gerecht werde. Während im rechtsgeschäftlichen Bereich eine Fremdbestimmung des Minderjährigen durch die gesetzlichen Vertreter in Kauf genommen werden könne, bedürfe die Einwilligung in höchstpersönliche Rechte im besonderen Maße in

448 Darstellend *Nebendahl,* MedR 2009, Seite 197–205.

449 Vgl. *Holer,* Seite 107.

450 Vgl. *Köhler,* AT, Seite 250; *Geilen,* JZ 1974, 145 (151); *Reipschläger,* Seite 29 m.w.Nw.

451 Vgl. *Neyen,* Seite 16, *Wachenhausen,* Seite 57.

452 Vgl. Palandt/*Sprau* § 828 Rn 6.

453 Vgl. *Stratenwerth* § 9 Rn 23.

454 Verwirklichung des elterlichen Erziehungsrechtes, Sicherung des Rechtsverkehrs.

differenzierter Weise der Berücksichtigung des Selbstbestimmungsrechtes.[455] Darüber hinaus könne es eine rechtlich ausschließlich vorteilhafte Einwilligung nicht geben, da die Einwilligung als Rechtfertigungsgrund ausschließlich rechtlich nachteilig ist.[456] Soweit also der gesetzlichen Wertung der §§ 104 ff. BGB bei der Entscheidung über die Einwilligungsfähigkeit ein Gewicht beigemessen werden solle, so könne dies nur in dem Sinne erfolgen, dass eine alleinige Entscheidung auch des urteilsfähigen Minderjährigen in eine ärztliche Behandlung nicht zulässig wäre.[457] Kontrovers diskutiert wird unter den Vertretern dieses Ansatzes jedoch, bei welchen Altersstufen im Übrigen eine entsprechend scharfe Trennlinie ziehbar wäre. In diesem Zusammenhang werden die Altersstufen von 14,[458] 16[459] und 18[460] Jahren genannt, wobei einige Autoren dann jeweils unterhalb der von ihnen favorisierten Altersstufe zwingend von der Einwilligungsunfähigkeit ausgehen möchten.

Abweichend von der Festlegung einer starren Altersgrenze wurde der Einwilligungsfähigkeit im Rahmen eines Dreistufenmodells Altersstufen als Unter- und Obergrenze zugeordnet. Bei der untersten Stufe sei hiernach die Einwilligungsfähigkeit zwingend zu verneinen, bei der obersten zu bejahen und im Zwischenbereich komme es auf den Einzelfall an. Hier differieren die Standpunkte in Bezug auf das Lebensalter, an dem diese Untergrenze festzumachen sei, zwischen 14[461] und 16[462] Jahren. Auch wenn dieses Modell aus praktischer Sicht nicht uninteressant

---

455 Vgl. BGHSt, 12, 379 (382); LK *Hirsch,* vor § 32 Rn 118; *Wessels/Beulke,* § 9 Rn 374, *Stratenwerth,* § 9 Rn 23 *Amelung,* ZStW 104, 525 (527), *Rouka,* Seite 90, *Reipschläger,* Seite 39; a.A.: MüKo/*Schmitt,* § 105 Rn 22 f.

456 *Nebendahl,* MedR 2009, 197 (199).

457 *Nebendahl,* MedR 2009, 197 (199).

458 Vgl. *May,* Autonomie, Seite 125 Fn 150 mit Hinweis auf *Taupitz,* Gutachten A zum 63. JT, Seite 58–61; *Kern,* NJW 1994, 753 (755); *Lipp,* Freiheit und Fürsorge, Seite 84 ff.; *Spickhoff,* NJW 2000, 2297 (2299) der auf eine entsprechende Tendenz im IPR hinweist sieht das 14. Lebensjahr selbst „nur" als grobe Richtlinie zur Bestimmung der Einwilligungsfähigkeit.

459 *Busch,* Seite 82 ff. (86); *Rouka,* Seite 124 f.; *Moritz* sieht die erforderlichen Fähigkeiten Minderjähriger zur Selbstbestimmungskompetenz grundsätzlich ab dem 12. Lebensjahr, spätestens jedoch mit der Vollendung des 15. Lebensjahrs als gegeben an. Vgl. *Moritz,* Stellung des Minderjährigen, Seite 259 f.

460 *Seizinger,* Konflikt, Seite 31, 98; MüKo/*Gitter,* 3. Aufl. vor § 104 Rn 89; *Kothe,* AcP 185 (1985) 105, 143 ff.

461 Vgl. Regierungsentwurf zu § 1626 a BGB BT-Drucks. 7/2060; *Laufs/Kern;* Seite 29.

462 Vgl. *Seizinger,* Konflikt, Seite 98; unter Berücksichtigung der „Schwere des Eingriffes" *Neyen,* Seite 62.

ist, löst es die Problematik unabhängig davon, bei welchem Alter die Grenzen zwischen den jeweiligen Stufen gezogen werden, in der Form jedoch „lediglich" für die erste und dritte Stufe. Die Minderjährigen, die sich altersmäßig in der mittleren Stufe befinden, in der wahrscheinlich die größten individuellen Entwicklungsunterschiede festzustellen sind, bewegen sich weiterhin in einer rechtlich nicht definierten Grauzone.

c. Verfestigter Standard in der Medizinpraxis

Andere Stimmen in der Literatur lehnen eine Fixierung der Altersstufe de lege ferenda ab und verweisen auf einen sich verfestigenden Standard in der Medizinpraxis,[463] der jedoch im Ergebnis nur schwer zu definieren sein wird, da es auch in der Medizinpraxis für diese Problematik offensichtlich keine einheitlichen Lösungsvorschläge zu geben scheint und zudem das dortige Problembewusstsein noch nicht überall hinreichend vorhanden ist. Auch auf der Internetseite der Bundesärztekammer sucht man vergeblich nach einer allgemeingültigen Empfehlung zur Feststellung der Einwilligungskompetenz. Lediglich die Zentrale Ethikkommission bei der Bundesärztekammer hat im Jahre 1997 im Hinblick auf den „Schutz nicht einwilligungsfähiger Personen in der medizinischen Forschung" zu einem empfohlenen Vorgehen bei der Feststellung Stellung genommen.[464] Hier heißt es am Ende der Stellungnahme:

> *„Zur Feststellung der Einwilligungsfähigkeit hat der Arzt jeweils im Einzelfall zu prüfen, ob die Person fähig ist,*
>
> 1. *einen bestimmten Sachverhalt zu verstehen; dies gilt insbesondere im Hinblick auf das Ziel des Vorhabens, Verfahren, Beeinträchtigungen, Risiken und Alternativen,*
> 2. *diese Information in angemessener Weise zu verarbeiten,*
> 3. *sie nachvollziehbar und nicht durch Krankheit oder geistige Unreife verzerrt zu bewerten und*
> 4. *auf dieser Grundlage von Verständnis, Verarbeitung und Bewertung den eigenen Willen zu bilden und zu äußern.*

---

463 Vgl. *Laufs/Uhlenbruck*, Handbuch des Arztrechtes, § 139 Rn 29; *Deutsch/Spickhoff*, MedR, Rn 444; *Kern*, NJW 1994, 754 (755).

464 Stellungnahme der „Zentralen Ethikkommission", abrufbar über: http://www.zentrale-ethikkommission.de/downloads/Schutz1.pdf, Stand 30.8.2013.

Sind diese Fähigkeiten bei der Person nicht festzustellen, muss von fehlender Einwilligungsfähigkeit ausgegangen werden.“

In der juristischen Literatur liefert neben *Amelung*[465] beispielsweise *Dettmeyer* eine Übersicht zu denkbaren Kriterien zur Beurteilung der Einwilligungsfähigkeit eines minderjährigen Patienten. Hier sind erwähnt: Alter, Vorbildung, Allgemeinbildung, Erfahrung mit vorangegangenen ärztlichen Maßnahmen, Interesse und Aufmerksamkeit des Minderjährigen am Aufklärungsgespräch, bisherige bedeutsame und von dem Minderjährigen selbstständig getroffene Entscheidungen, bisheriges Verhalten des Minderjährigen als Patient (Compliance), Qualität der Rückfragen bei Aufklärungsgespräch, Haltung des Minderjährigen zur Frage der Einbeziehung der Sorgeberechtigten und die Qualität der Begründung für seine Haltung.[466]

Dass sich jedoch beispielsweise aus vorstehenden Empfehlungen oder aber aus einer erkennbaren Übung der Medizinpraxis ein wie auch immer gearteter „medizinischer Standard“ in Bezug auf die Feststellung der Einwilligungsfähigkeit Minderjähriger ausgebildet, geschweige denn gefestigt hat, ist bisher nicht erkennbar.

d. Anlehnung an § 5 RelkErzG

Vertreten wird auch,[467] die Einwilligungsfähigkeit an § 5 RelkErzG anzulehnen. Diese Regelung hat heute keine bedeutende praktische Relevanz mehr, gilt aber allgemein als ein Modell, in welchem die zunehmende Reife des heranwachsenden Kindes „vorbildlich berücksichtigt worden ist“,[468] indem das Kind nach der Vollendung des 14. Lebensjahrs die Entscheidungskompetenz dafür hat, an welches religiöse Bekenntnis es sich halten will, mithin religionsmündig ist. Zudem gab diese Regelung nach der Gesetzesbegründung des Transplantationsgesetzes vom 16.4.1996[469] die Vorlage für die Entscheidung, die Widerspruchsberechtigung für die Organspende gem. § 2 Abs. 2 S. 3 TPG an das 14. Lebensjahr zu koppeln. Ob sich jedoch § 5 RelkErzG als Modell zur Begründung einer allgemeinen Reifeentwicklung eignet, scheint

465 Vgl. Abschnitt B.II.1.a.

466 *Dettmeyer*, MR, Seite 223.

467 *Loose,* Strafrechtliche Grenzen, Seite 176 m.w.Nw.; *Reiserer,* FamRZ 1991, Seite 1136 (1140).

468 Staudinger/*Salgo,* Anh. zu § 1631 BGB, § 5 RKEG Rn 10.

469 Vgl. BT-Drucks. 13/4355, Seite 18.

ungeachtet dessen, ob Kinder aus heutiger entwicklungspsychologischer Sicht möglicherweise in diesem Alter tatsächlich einen nachweisbaren Reifegrad erreicht haben, in der Tat fraglich. Diese Altersgrenze muss im dortigen Kontext im engen historischen Zusammenhang mit der Konfirmation bzw. Firmung betrachtet werden, die als Feierlichkeiten nach dem „nachgeholten Taufunterricht" bzw. des wiederholten Taufbekenntnisses als innerkirchliche Unterweisung den offiziellen Akt der Aufnahme als Mitglied in die kirchliche Gemeinschaft darstellen. Da die Kirche den Kindern durch dieses freiwillige Bekenntnis eine gewisse religiöse Urteilskraft zugesteht, geht damit verknüpft die Religionsmündigkeit einher. Vor diesem Hintergrund scheint es bedenklich, aus der Religionsmündigkeit das gleichzeitige Vorliegen der Einwilligungsfähigkeit herzuleiten.

e. Theorie der „Doppeleinwilligung"

Auch die sogenannte Kumulationslösung als quasi „Doppeleinwilligung" durch die sorgeberechtigten Bezugspersonen und den Minderjährigen ist in der Literatur zu finden.[470] Hier müssten unabhängig von der Tatsache, ob der Minderjährige einwilligungsfähig ist oder nicht, beide Parteien in die Behandlung einwilligen, wobei sich nur wenige Vertreter dieser Ansicht mit der endgültigen Entscheidungskompetenz in Konfliktfällen befassen. Die Antwort auf die konkrete Frage, ob bei einem einwilligungsfähigen Minderjähren zusätzlich auch die Vertreter einwilligen müssen, hat der BGH in seiner Leitentscheidung aus dem Jahre 1958 offengelassen,[471] da im konkreten Fall das Einholen der elterlichen Zustimmung tatsächlich unmöglich war. Inzwischen ist eine entscheidende Norm, nämlich der § 1626 Abs. 2 BGB, neu gefasst worden. Nunmehr haben die Eltern von Gesetzes wegen *„die wachsende Fähigkeit und das wachsende Bedürfnis des Kindes zu selbstständigem verantwortungsbewusstem Handeln"* zu berücksichtigen. Vor dem Hintergrund der Gesetzesbegründung zur Änderung des § 1626 Abs. 2 BGB im Jahre 1979[472] kann man im Hinblick auf die Höchstpersönlichkeit der Einwilligung in ärztliche Behandlungsmaßnahmen zu dem durchaus streitigen[473] Ergebnis gelangen, dass die

470 Vgl. *Jäger*, Mitbestimmungsrechte, Seite 146 unter Berufung auf *Lüderitz,* AcP 178, 263 (277); *Eberbach,* MedR 1986, 14 (15); MüKo/*Gitter,* vor § 104 Rn 89.

471 Vgl. BGHZ 29, 33 (37) = NJW 1959, 811.

472 BT-Drucks. 8/2788, Seite 34.

473 *Wölk*, MedR 2001, 80 (83 f.) m.w.Nw. spricht den Sorgeberechtigten in diesen Fällen zumindest ein Informationsrecht zu, um die Beratung und den Beistand

Einwilligung eines einwilligungsfähigen Minderjährigen grundsätzlich allein ausreicht.[474]

f. Typisierbare Teilmündigkeit

Auch der Gedanke, für typisierbare Eingriffe als „Sonderfälle"[475] eine Teilmündigkeit zu schaffen wurde immer wieder diskutiert,[476] hat sich jedoch als Prinzip nicht durchsetzen können.[477] Die wenigen gesetzgeberisch formulierten Beispiele, die als Abwägungsergebnis auf vertypte Eingriffe abstellen, führen nicht zur Erweiterung der Einwilligungskompetenz des Minderjährigen, sondern vielmehr zur Beschränkung des Autonomieprinzips zugunsten der gesetzgeberischen Fürsorge. So hat der Gesetzgeber die Einwilligungsbefugnis für die Sterilisation gem. § 1631 c BGB bei 18 Jahren angesetzt,[478] für die Kastration gem. § 2 Abs. 1 Nr. 3 KastrG beispielsweise bei 25 Jahren. In ähnlicher Weise typisiert ist die Regelung des § 40 Abs. 4 AMG, die die Teilnahme Minderjähriger an fremdnützigen Studien nicht vollumfänglich jedoch weitestgehend ausschließt[479] und damit die grundsätzlich der Handlungsfreiheit unterliegende altruistische Motivation eines einwilligungsfähigen Minderjährigen zu dessen Schutz zurückstellt. Auch § 8 Abs. 1 Nr. 1 a TPG schließt vor dem Hintergrund der Typisierung des Konfliktes

---

für den Minderjährigen zu ermöglichen. Dies sei vor dem Hintergrund des Erziehungsrechtes eine zumutbare Beeinträchtigung des Allgemeinen Persönlichkeitsrechtes des Minderjährigen.

474 *Kern*, NJW 1994, 754 (755).

475 *Neyen*, Seite 66; *Seizinger*, Konflikt, Seite 130 ff.; *Rothärmel* u.a., Seite 52 ff.; *Deutsch*, MedR, Rn 444.

476 Z.B. Regierungsentwurf zum 5. Strafrechtsreformgesetz, der in E § 219 e eine Teilmündigkeit für die Einwilligung einer Minderjährigen ab dem 16. Lebensjahr in den Schwangerschaftsabbruch vorsah, BT-Drucks. 6/3434.

477 Zur Diskussion von „Sonderfällen" i.S. einer Einwilligungsbefugnis in den Schwangerschaftsabbruch siehe *Seitzinger*, Konflikt, Seite 140 ff.; in die Verordnung von Kontrazeptiva ab dem 14. Lebensjahr siehe *Seitzinger*, Konflikt, Seite 132; oder in die Drogenberatung siehe *Seitzinger*, Konflikt, Seite 156 ff.

478 Die Vorschrift enthält ein absolutes Verbot der Sterilisation Minderjähriger und verwirklicht es durch entsprechende Begrenzung der elterlichen Sorge und Ausschluss der Einwilligung durch den Minderjährigen auch beim Vorhandensein der erforderlichen Einsichtsfähigkeit Palandt/*Götz*, § 1631 c Rn 1.

479 Begrenzte Ausnahmen macht § 40 Abs. 4 AMG für die Prüfung von Diagnostikern und Vorsorgemitteln zur Verhütung und Bekämpfung von Krankheiten Minderjähriger unter eng umgrenzten Voraussetzungen.

das Selbstbestimmungsrecht eines Minderjährigen im Hinblick auf eine Lebendorganspende gänzlich aus.

g. Anlehnung an die Wertung des § 36 SGB I

Auch eine Lösung der Einwilligungsproblematik unter der Berücksichtigung der Wertung des § 36 Abs. 1 SGB I wird streitig diskutiert. Zum einen findet sich hier die Auffassung, dass Minderjährige ab einem bestimmten Reifegrad in Fragen der Heilbehandlung Alleinentscheidungsrechte haben können, sofern der Schutzauftrag der Eltern durch Informationsansprüche abgesichert ist.[480] Dagegen wird jedoch argumentiert, dass nach vorstehender Auffassung nicht hinreichend beachtet würde, dass die Rücknahme von Anträgen, der Verzicht auf Sozialleistungen und die Entgegennahme von Darlehen wiederum der Zustimmung des gesetzlichen Vertreters bedürften. Zudem könne die Handlungsfähigkeit des Minderjährigen durch schlichte Erklärung des gesetzlichen Vertreters wieder eingeschränkt werden. Im Ergebnis gewähre § 36 SGB I daher lediglich einen Freiraum, der – insoweit § 107 BGB ähnlich – auf die Vornahme rechtlich vorteilhafter Geschäfte beschränkt sei und darüber hinaus unter dem Vorbehalt elterlicher Kontrolle steht. § 36 SGB I ziele somit allein darauf ab, dem Minderjährigen zu ermöglichen, seine Krankenkasse selbst zur Übernahme der Behandlungskosten zu verpflichten, bzw. die gewünschten Leistungen zunächst einmal selbstständig zu beantragen. Darüber, dass der Minderjährige im gleichen Zuge auch den Inhalt des Behandlungsvertrages verstehen muss, tätigt § 36 SGB I keine Aussagen und wird darüber hinaus von diesem auch nicht vorausgesetzt.[481]

h. Lehre von der Einsichtsfähigkeit

Da die vorstehenden, überwiegend in der Literatur diskutierten Ansätze zu keiner verbesserten Definierbarkeit der Eckpunkte der Einwilligungsfähigkeit führen konnten, wird heute zur Feststellung dieser nach wie vor darauf abgestellt, ob der Minderjährige nach seiner geistigen und sittlichen Reife imstande ist, Wesen, Bedeutung und Tragweite des Eingriffs zu erkennen sowie sachgerecht zu beurteilen, und zudem in der Lage ist, sich auch nach den gewonnenen Erkenntnissen zu verhalten. Die Verpflichtung, diese Feststellung zu treffen, obliegt ex ante allein dem Arzt. Die Überprüfung der Rechtmäßigkeit dieser Feststellung jedoch ex post den Gerichten.

---

480 *Wölk*, MedR 2001, 80 (84); vgl. auch *Kothe*, AcP 185 (1985), 105, 148 f.
481 Vgl. hierzu auch Abschnitt B.I.4.c.dd.

Aufgrund der Tatsache, dass der Mediziner bisher weder durch die Rechtsprechung noch durch den Gesetzgeber konkrete Hinweise erhalten hat, welche Fähigkeiten der Minderjährige zur Feststellung der Einwilligungsfähigkeit nun konkret vorweisen muss, kommt es bei der diesbezüglichen Beurteilung derzeit im besonderen Maße auf seine entwicklungspsychologischen Kenntnisse sowie auf seine subjektive Einschätzung im Kontakt mit dem Minderjährigen an. Die daraus resultierende und nachvollziehbare rechtliche Unsicherheit, die im Einzelfall auf dem Mediziner lastet, wurde für diesen in der Vergangenheit noch unkalkulierbarer, da die Rechtsprechung sowie die rechtswissenschaftliche Literatur selbst bei dem grundsätzlichen Vorliegen vorstehender Kompetenzen die anscheinend bestehende Einwilligungsfähigkeit Minderjähriger in Einzelfällen durch das Hinzufügen weiterer Kriterien ex post wieder eingeschränkt haben.

aa. Schwere des Eingriffes

So wird in einigen Urteilen zur Einschränkung der Einwilligungsfähigkeit ex post auf die Schwere des Eingriffes abgestellt. Hier heißt es, je größer die Gefahren für Leib oder Leben des Minderjährigen seien und je schwerwiegender die Folgen des Eingriffes erschienen, desto eher werde die Einwilligungsfähigkeit des Minderjährigen zu verneinen sein.[482]

Die generelle Ablehnung einer Einwilligungskompetenz Minderjähriger für schwere und gegebenenfalls auch lebensbedrohliche Eingriffe scheint im Hinblick auf die bereits dargestellte mögliche sprunghafte Reifeentwicklung bedenklich. Im Hinblick darauf, dass der Bezugspunkt der Einwilligungserklärung ohnehin der konkret bevorstehende Eingriff sein sollte,[483] wurden die Schwere des Eingriffes und dessen Folgen von dem Arzt bei der Aufklärung des Minderjährigen sowie bei der Feststellung der Einwilligungsfähigkeit regelmäßig bereits berücksichtigt. Da allein der Mediziner in der konkreten Behandlungs- und Entscheidungssituation im direkten Kontakt mit dem Minderjährigen war und die Rechtsprechung darüber hinaus nicht definiert, ab welchem „Schweregrad" des Eingriffes oder der möglichen Folgen die Einwilligungskompetenz des Minderjährigen eher nicht mehr vorliegen soll, scheint es aus der Sicht des

---

482 Vgl. BGH; NJW 1970, 511 (512 f.); BGH; NJW 1972, 335 (337); darstellend auch *Fröhlich*; Seite 37 f.; *Belling/Eberl/Michlik*, Das Selbstbestimmungsrecht Minderjähriger, Seite 134; *Lesch*, NJW 1989, 2309 (2310); *Knauer/Brose* in Spickhoff, Medizinrecht, § 223 StGB Rn 49.

483 Vgl. Abschnitt C.I.2.b.bb.

Mediziners anmaßend, wenn die Rechtsprechung die auf vorstehenden Erwägungen des Arztes getroffene Feststellung ex post allein durch objektive und nicht näher definierte Kriterien für unrichtig erklärt.

bb. Dringlichkeit des Eingriffes

Ein anderes Merkmal, auf das gelegentlich ex post bei der Beurteilung der Wirksamkeit der Einwilligung des Minderjährigen hingewiesen wird, ist die Dringlichkeit[484] des Eingriffs,[485] bei der die Einwilligungsfähigkeit jedoch nach der überwiegenden Auffassung eher nicht vorliegen soll.[486] Begründet wird dies mit dem nachvollziehbaren Einwand, dass eine Befürwortung der Einwilligungsfähigkeit eines Minderjährigen in Eilfällen dazu führe, dass die Beurteilung der Wirksamkeit der Einwilligung eher nicht an der individuellen Fähigkeit des Minderjährigen gemessen werde, sondern an dem Ergebnis der drängenden Entscheidung. Darüber hinaus bestehe für dieses Kriterium auch keine Notwendigkeit, da im Fall der Nichterreichbarkeit der gesetzlichen Vertreter eines nicht einwilligungsfähigen Minderjährigen im Rahmen der Notfallbehandlung die Lösung über die mutmaßliche Einwilligung der gesetzlichen Vertreter bzw. im Zweifel über den rechtfertigenden Notstand gem. § 34 StGB gefunden werden könne.[487]

Rechtsdogmatisch wäre die Begründung einer „ausnahmsweisen Entbehrlichkeit der elterlichen Mitwirkung/Entscheidung in Eilfällen" auch schon allein deshalb nicht überzeugend, da die Verhinderung der Eltern auch sonst nicht dazu führt, dass der Minderjährige allein entscheiden kann. Bei einer Verhinderung der Eltern des nicht einwilligungsfähigen Minderjährigen muss außerhalb

484 Nicht generell, jedoch in Verbindung mit einem kurz vor der Volljährigkeit stehenden Minderjährigen, wenn die Einholung der elterlichen Zustimmung nicht möglich ist, bejahend: BGH, NJW 1972, 335 (337) unter Hinweis auf BGH, NJW 1959, 811. Während der BGH 1959 die Einwilligungsfähigkeit bei einem fast 21-Jährigen, dessen Eltern nicht erreichbar waren, annahm, wurde unter Bezug auf diese Rechtsprechung 1972 die Einwilligungsfähigkeit einer fast 17-Jährigen mit dem Hinweis auf einen einerseits aufschiebbaren und andererseits nicht ganz unwichtigen Eingriff, für den die Einholung der Zustimmung der Eltern möglich gewesen wäre, verneint.

485 Vgl. darstellend: *Fröhlich*, Seite 35 f.; *Amelung*, ZStW 104, 821 (831); BGHZ 12, 379 (382); BGH, NJW 1972, 335 (337); im Ergebnis Urteil des BGH in FamRZ 1972, 89 (90), in welchem einer 16-Jährigen die Einwilligungsfähigkeit zur Entfernung einer Warze im Nahstrahlverfahren aberkannt wurde, da der Eingriff zwar nicht unwichtig, jedoch nicht dringlich gewesen sei.

486 Vgl. *Ratzel*, § 12 Rn 373 ff.; MüKo/*Huber*, § 1626 Rn 42.

487 Ausführlich *Reipschläger*, Seite 65 ff.

der mutmaßlichen Einwilligung bzw. der Notstandsregelungen in Eilfällen gem. § 1693 BGB das Familiengericht Maßnahmen ergreifen und gegebenenfalls in weniger eiligen Fällen gem. § 1909 BGB zunächst einen Ergänzungspfleger bestellen.[488]

cc Beurteilungsspielraum des Arztes

Um auf der anderen Seite die Überprüfbarkeit der ärztlichen Entscheidung in Bezug auf die Feststellung der Einwilligungsfähigkeit einzuschränken, forderten einige Autoren, dies insbesondere in der älteren Literatur, dass dem Arzt bei der Beurteilung der Einwilligungsfähigkeit des Patienten ein Beurteilungsspielraum bzw. eine Einschätzungsprärogative[489] zukommen solle. Soweit diese Forderung in Anlehnung an das Verwaltungsrecht auch als „Ermessensspielraum" bezeichnet wurde, lehnt *Fröhlich* dies in seiner 1999 verfassten Arbeit mit dem dogmatischen Hinweis ab, dass das Ermessen stets auf der Rechtsfolgeseite ausgeübt werde, hingegen es bei der Einwilligungsfähigkeit um eine Voraussetzung auf der Tatsachenseite gehe,[490] sodass der Begriff des „Beurteilungsspielraumes" grundsätzlich zutreffender wäre.[491]

Zwar könnte allein das Zugeständnis eines Beurteilungsspielraumes die Problematik der fehlenden Feststellungskriterien nicht lösen, jedoch wäre ein solches deshalb zu begrüßen, als der Mediziner, der im Einzelfall nach reiflicher Prüfung zu dem Ergebnis gelangt, dass der Minderjährige einwilligungsfähig ist, nach hinreichender Dokumentation seiner Überprüfungsgrundlage subjektiv, wie objektiv die Sicherheit hätte, dass diese Entscheidung grundsätzlich auch rechtlich Bestand hat. Hierdurch könnte die offensichtlich vorhandene Scheu, aus Sorge vor haftungsrechtlichen Konsequenzen dem Willen eines

488 Darstellend: *Zorn,* elterliche Sorge, Seite 192 ff. Rn 276.

489 Vgl. *Fröhlich,* Seite 52 f.; *Lesch,* NJW 1989, 2309 (2310); *Belling/Eberl/Michlik,* Das Selbstbestimmungsrecht Minderjähriger, Seite 130.

490 Vgl. *Fröhlich,* Seite 53 und Anmerkung in Fn 201.

491 Anders als beim „Ermessen", das auf der Rechtsfolgenseite einen Entscheidungsspielraum eröffnet, lässt der „Beurteilungsspielraum" als solcher auf der Rechtsfolgenseite der Norm keinen Handlungsspielraum zu. Hier hat der Gesetzgeber durch unbestimmte Rechtsbegriffe den Tatbestand unbestimmt gehalten, sodass hier ein Auslegungsspielraum verbleibt. Während die Auslegung dieser unbestimmten Rechtsbegriffe im Verwaltungsrecht regelmäßig der vollen gerichtlichen Überprüfbarkeit unterliegt, wird der Behörde in Bezug auf einige Bereiche, wie z.B. Prüfungsentscheidungen und dienstliche Beurteilungen, ein „Beurteilungsspielraum" zuerkannt, der nur eingeschränkt gerichtlich überprüfbar ist.

einwilligungskompetenten Minderjährigen ohne oder gegen den Willen der gesetzlichen Vertreter Vorrang zu gewähren, erheblich abgebaut werden. Die hierdurch eingeschränkte Kontrolle der Gerichte würde sich sodann auf gravierende Feststellungsfehler und -versäumnisse beschränken. Der BGH lehnte jedoch einen solchen Beurteilungsspielraum bereits im Jahre 1959 mit Nachdruck ab, indem er ausführte:

> *„(...) Soweit die Ärzte für sich die alleinige Entscheidung darüber in Anspruch nehmen, ob und in welchem Umfang der Kranke im Einzelfall aufzuklären ist, kann dies nicht gebilligt werden, wenn damit gesagt werden soll, dass dem Richter jede Nachprüfung der ärztlichen Entscheidung untersagt sei. Die Frage, ob der Kranke im Einzelfall ausreichend aufgeklärt worden ist, berührt das rechtliche Gebiet, denn von ihr hängt die Beurteilung der vom Richter zu entscheidenden Rechtsfrage ab, ob der Patient rechtswirksam in die Behandlung eingewilligt hat. (...) Die Nachprüfung der Frage, ob der Arzt seiner Aufklärungspflicht genügt hat und der Patient rechtswirksam in die Behandlung eingewilligt hat, kann dem Richter aber nicht entzogen werden. (...) Zusammenfassend ergibt sich, dass die Frage der ärztlichen Aufklärungspflicht als auch die Voraussetzung einer wirksamen Einwilligung des Patienten in die vorgesehene Behandlung in den Grundzügen nach wie vor nach den in Rspr. und Rechtslehre vorherrschenden Grundsätzen zu beurteilen ist." (...)*[492]

Würde aber der Gesetzgeber im Strafgesetzbuch nunmehr einen, den ärztlichen Beurteilungsspielraum begrenzenden Tatbestand des „eigenmächtigen medizinischen Eingriffes" schaffen, so wäre die Möglichkeit der richterlichen Bewertung des konkreten Sachverhaltes zusätzlich gesichert, sodass die Anerkennung eines Beurteilungsspielraumes des Arztes im Hinblick auf die Feststellung der Einwilligungsfähigkeit, nicht per se ausgeschlossen scheint.

i. Stellungnahme

Zusammenfassend ist festzustellen, dass die bisherigen Versuche der straf- und zivilrechtlichen Rechtsprechung und Literatur, die Voraussetzung der Einwilligungsfähigkeit Minderjähriger in die medizinische Behandlung zu konkretisieren, außer einem erheblichen Maß an Rechtsunsicherheit, zumindest für die medizinische Praxis, keine praktikable Lösungen geliefert haben. Einerseits soll ein Minderjähriger nach nicht eindeutig definierbaren Kriterien einwilligungsfähig sein, wenn er hierfür die erforderliche Reife und Entwicklung besitzt, andererseits wird dann aber eben diese Wirksamkeit der Erklärung unter dem Hinweis auf die Schwere, die Dringlich- oder Notwendigkeit des Eingriffes ex

---

492 BGH, NJW 1959, 811 (814).

post im konkreten Fall wieder eingeschränkt. Raum für einen Beurteilungsspielraum des Arztes im Rahmen dessen, eine vom Arzt begründete Entscheidung nur auf schwere Fehler überprüfbar ist und im Übrigen akzeptiert wird, sieht die Rechtsprechung bisher nicht. Diese Rechtsunsicherheit provoziert, dass das Selbstbestimmungsrecht des minderjährigen Patienten dadurch übergangen wird, dass sich der Mediziner im Konfliktfall eher an dem Willen der gesetzlichen Vertreter orientiert, da er kein haftungsrechtliches Risiko eingehen möchte und somit aus Respekt vor der Elternentscheidung, das Selbstbestimmungsrecht des „de-jure“ für inkompetent erklärten Jugendlichen der elterlichen Entscheidung unterordnet.[493] Zudem führt diese rechtliche und definitorische Unbestimmtheit dazu, dass die in diesem Zusammenhang in der medizinischen Literatur gut gemeinten Ratschläge durch missverständliche Formulierungen insbesondere dem unerfahrenen Arzt bedenkliche Vorlagen für Fehlentscheidungen liefern. So findet sich beispielsweise in einem Standardwerk für die ärztliche Begutachtung, quasi zwischen den Zeilen, der rechtlich bedenkliche Satz, *„dass sich in der Rechtsprechung die Tendenz ergebe, dass in ärztliche Behandlungen, die keine gravierenden Eingriffe bedeuten und keine gravierenden Folgen nach sich ziehen, auch schon 14-jährige einwilligen“* können.[494] Der offiziellen Empfehlung der ständigen Impfkommission des Robert-Koch-Institutes (STIKO) ist folgender Hinweis zu entnehmen: *„(...) Bei Minderjährigen ist regelmäßig die Einwilligung der Eltern bzw. Sorgeberechtigten einzuholen. Jugendliche können selbst einwilligen, wenn sie die erforderliche Einsichts- und Entscheidungsfähigkeit besitzen; das ist in der Regel mit 16 Jahren der Fall. (...)“*[495] Objektiv betrachtet sind diese Aussagen derzeit ganz offensichtlich falsch. Zwar mag es Entscheidungen geben, in denen die Rechtsprechung einem 14- oder 16-Jährigen bei einem wie auch immer gearteten „kleinen“ Eingriff die Einwilligungskompetenz zugestanden hat, gleichwohl ist eine diesbezügliche

---

493 In diesem Sinne formulierte *Eser* bereits 1982, dass *„die ärztliche Praxis – das Fehlen aktueller Gerichtsentscheide belegt es – gegenwärtig nicht Gefahr zu laufen scheint, dass das Eigenentscheidungsrecht des Minderjährigen überbetont würde – eher drängt sich der gegenteilige Eindruck auf, dass der Arzt auf „Nummer sicher“ zu gehen pflegt und daher selbst dort auf die Einwilligung der Eltern besteht, wo auf Grund der (Teil-) Mündigkeit des jungen Menschen bereits eigenes Zustimmen genügen würde.“* *Eser*, Ärztliches Handeln, Seite 178 (179 f.).

494 *Fritze*, Begutachtung, Seite 89.

495 *Robert* Koch Institut: Epidemiologisches Bulletin 2. August 2010/Nr. 30, Seite 292, abrufbar über: http://edoc.rki.de/documents/rki_ab/reINkOM7MRTuI/PDF/26xCTv0fm57FM6.pdf, Stand 20.9.2013.

Grundhaltung, die zur Annahme einer diesbezüglichen *„Tendenz"* erforderlich wäre, in der Rechtsprechung bisher eben nicht erkennbar. Auch die im Deutschen Ärzteblatt veröffentlichten Ausführungen, dass Minderjährige zwischen dem 14. und 18. Lebensjahr rechtswirksam einwilligen können, wenn vonseiten des Arztes unter Berücksichtigung der Art und Schwere des konkreten Eingriffs von der Einsichts- und Urteilsfähigkeit des minderjährigen Patienten zur sachgemäßen Bewertung ausgegangen werden kann,[496] mögen zwar im Einzelfall auf gerichtlichen Entscheidungen basieren, sind jedoch als dort formulierte Handlungsempfehlungen rechtlich bedenklich.

In diesen Hinweisen fehlt im Hinblick auf die derzeit herrschende Rechtsprechung jeweils das kurze, aber bedeutende Wort *„gegebenenfalls"*. Diese Formulierungen, die im ersten Fall noch nicht einmal eingrenzt, wann die Schwelle von einem „harmlosen" zu einem „gravierender" Eingriff überschritten wird und im zweiten Beispiel nicht benennt, unter welchen Voraussetzungen eine Ausnahme von der „Regelannahme" der Einwilligungsfähigkeit 16-Jähriger in Impfbehandlungen vorliegt, werden möglicherweise den unerfahrenen Mediziner dazu verleiten, einen 14- oder 16-Jährigen für „kleine" Eingriffe oder Impfungen, die im Einzelfall mit erheblichsten Komplikationen einhergehen können, pauschal als einwilligungsfähig zu betrachten.

Auf der anderen Seite hat auch die rechtswissenschaftliche Lehre erkannt, dass die juristische Definition der Einwilligungsfähigkeit für die medizinische Praxis nicht unproblematisch ist, jedoch sind auch die dort zu findenden „Ratschläge" in ihrer Formulierung im Ergebnis oft nicht geeignet, um die verbleibende Unsicherheit zu beseitigen. „Rein praktisch" findet sich beispielsweise im gängigen Strafrechtskommentar *Fischer* die „Empfehlung", bei minderjährigen Schwangeren in Bezug auf einen Schwangerschaftsabbruch wie folgt vorzugehen:[497]

> *„(...)14-jährige Schwangere sind i. d. R. aufgrund der fehlenden Reife nicht einwilligungsfähig. Bei 16-Jährigen entscheidet in allen Fällen, wenn nicht ausnahmsweise die Einwilligungsfähigkeit aufgrund fehlender Reife verneint werden muss, die Schwangere. Die Entscheidung von einwilligungsfähigen, mithin reifen 14- bis 16-Jährigen sind zu respektieren, wenn der Schwangeren nicht Gesundheitsgefahren drohen. Bei Vorliegen einer medizinischen oder kriminologischen Indikation sind unter 16-Jährige ohne Mindestaltersbestimmung, wenn grundsätzlich die erforderliche Reife angenommen werden kann, allein entscheidungsbefugt. Sie können nicht gezwungen werden, das Kind auszutragen. Ansonsten kommt es auf die Einwilligung der Vertreter an. Letzteres ist bei unter 16-Jährigen allenfalls dann entbehrlich, wenn*

496 Parzeller/Wenk/Zedler/Rothschild, DÄBl. 2007, Heft 9 Seite A 576 (581).
497 Vgl. *Fischer,* § 218 a Rn 16 und 16 a.

bei der medizinisch-sozialen Indikation die Gefahr für die Schwangere nicht anders abgewendet werden kann. (...)"

Diese Empfehlung darf aus der Sicht des Mediziners als juristischer Laie eher als verwirrend und als nicht wirklich hilfreich bezeichnet werden. Aus rechtlicher Sicht ist die Formulierung im vorbenannten Kommentar jedoch insoweit interessant, als dass der Verfasser entgegen der gesetzgeberischen Annahme anscheinend davon ausgeht, dass 16-Jährige in Bezug auf einen Schwangerschaftsabbruch grundsätzlich als einwilligungsfähig betrachtet werden müssen, da hier, *„... wenn nicht ausnahmsweise die Einwilligungsfähigkeit aufgrund fehlender Reife verneint werden muss ...",* anscheinend immer die Minderjährige selbst einwilligungsfähig sein soll, was zu begrüßen ist, jedoch derzeit nicht der hierzu ergangenen Rechtsprechung der Zivil- und Strafkammern bzw. -senate entspricht.

Auch die Formulierung in *Laufs/Kern*, Handbuch des Arztrechtes, 4. Auflage 2010 ist insoweit missverständlich.[498] In der Fußnote bezüglich der Ausführung, dass Kinder unter 14 Jahren ausnahmslos einwilligungsunfähig sein sollen, wird lediglich auf ein Urteil verwiesen, in dem das LG Frankenthal[499] die Einwilligungserklärung eines 9-jährigen Kindes in eine rituelle, mithin eine medizinisch nicht indizierte Beschneidung ablehnt.[500] Auf die Allgemeingültigkeit dieser Annahme wird nicht eingegangen. Darüber hinaus nimmt die von dem Gericht zitierte Kommentierung im *Palandt*[501] lediglich Bezug auf „einerseits aufschiebbare und andererseits nicht unwichtige" Eingriffe an unter 16-Jährigen und steht somit im sachlichen Bezug zum vorbenannten Urteil, trifft jedoch keine generelle Aussage über die grundsätzliche Einwilligungsfähigkeit von unter 14-Jährigen. Zwar scheint für den BGH in seiner kritisierten Entscheidung zum Vetorecht Minderjähriger eine Einwilligungsfähigkeit unter 18-Jähriger grundsätzlich nicht in Betracht zu kommen.[502] Dies beträfe jedoch,

---

498 Hier heißt es: *„(...) Einigkeit besteht allerdings darüber, dass Minderjährige unter 14 Jahren – meist als Kinder bezeichnet – ausnahmslos nicht, Minderjährige kurz vor Vollendung des 18. Lebensjahres dagegen regelmäßig schon einwilligungsfähig sind."*

499 LG Frankenthal, MedR 2005, 243 (244).

500 Hier heißt es: *„... Die Einwilligung des Kl. selbst in die Beschneidung ist bereits deshalb unerheblich, da er zum Zeitpunkt des Eingriffs erst neun Jahre alt war und bei einem Neunjährigen nicht anzunehmen ist, dass dieser nach seiner geistigen und sittlichen Reife die Bedeutung und Tragweite des Eingriffs und seiner Gestattung ermessen kann (...)".*

501 Palandt/*Thomas*, BGB, Kommentar, 61. Aufl., § 823 Rn 42.

502 Vgl. BGH, NJW 2007, 217.

sofern der BGH überhaupt so verstanden werden wollte, alle Minderjährigen und nicht nur die Minderjährigen unter dem 14. Lebensjahr. Da bei der Berücksichtigung einer solchen Rechtsprechung auch an die Einwilligungsfähigkeit eines fast 18-Jährigen nicht mehr zu denken wäre, könnte gleich analog der Geschäftsfähigkeit eine starre Altersgrenze bei der Vollendung des 18. Lebensjahres gezogen werden, was vom Gesetzgeber sowie der Rechtsprechung jedoch ausdrücklich nicht gewollt ist.

Nach der Auffassung von *Knauer/Brose* sind Minderjährige unter 14 Jahren „in der Regel" noch nicht einsichtsfähig.[503] Dieser differenzierteren Formulierung ist zuzustimmen, da es durchaus Konstellationen gibt, in denen auch ein unter 14 Jahre alter Minderjähriger in eine Behandlung einwilligen kann. Die Tatsache, dass im Einzelfall junge Kinder einen Eingriff aus Angst vor der Behandlung ablehnen, hat nichts mit der Frage zu tun, ob sie den Sinn und das Risiko der Behandlung oder der Nichtbehandlung verstehen können. Soweit sich ein Kind aus Angst nicht behandeln lässt, mag möglicherweise die von der Rechtsprechung zum Teil als Korrektiv genutzte subjektive Komponente einer wirksamen Einwilligung fehlen,[504] nämlich die Fähigkeit, sich nach der Erkenntnis erwartungsgemäß zu verhalten, was jedoch nicht geeignet ist, im Vorwege pauschal die Aberkennung der Einwilligungsfähigkeit als solches zu bewirken, da Angst durch eine sach- und altersgerechte Aufklärung auch genommen werden kann. In diesem Zusammenhang bedient sich *Amelung* des Beispiels eines Kindes, das sich trotz ausreichenden Verständnisses über die Notwendigkeit und den Ablauf der ärztlichen Behandlung nicht zur Aufopferung eines kranken Zahnes entschließen kann, weil es nicht imstande ist, die Furcht vor dem Schmerz der Extraktion zu überwinden.[505] Ob das Fehlen dieses voluntativen Merkmals, das in dieser Form in der

---

503 *Knauer/Brose* in Spickhoff, Medizinrecht, § 223 StGB Rn 49.

504 Vgl. BayObLG, Beschluss vom 7.9.1998 – 5 St RR 153-98, NStZ 1999, 458 (459). Ebenso stellte das OLG Frankfurt, das über einen Schmerzensgeldanspruch eines beschnittenen Jungen zu entscheiden hatte, in einer aktuelleren Entscheidung auf das voluntative Element ab. Vgl.: OLG Frankfurt a.M., Beschluss vom 21.8.2007 – 4 W 12/07 = NJW, 2007, 3580 (3581) hier hieß es: *„(...) Intellektuell dürfte dem Ast. zwar die Bedeutung der Beschneidung bewusst gewesen sein, weil er angibt, dass ihm die Tradition der Beschneidung bei den Muslimen grundsätzlich bekannt war. Er hatte nach den bezeichneten Umständen jedoch mit großer Wahrscheinlichkeit nicht die Reife, eine eigenverantwortliche Entscheidung darüber zu treffen (voluntatives Element)(...).“*

505 *Fröhlich,* Seite 35 mit Verweis auf *Amelung,* ZStW 104, 525 (555 f.).

traditionellen Definition der Rechtsprechung nicht enthalten ist,[506] geeignet ist, bei Minderjährigen grundsätzliche die Einwilligungsfähigkeit zu verneinen, ist insbesondere vor dem Hintergrund dieses Beispiels fraglich. Überträgt man den gleichen Fall auf einen Erwachsenen, so würde wohl niemand ernsthaft fordern, diesem aufgrund seiner schwer überwindbaren Angst vor der Behandlung die Einwilligungsfähigkeit abzuerkennen. Das Erfordernis, *„auf Grundlage der Erkenntnis grundsätzlich tragbare Entscheidungen treffen zu können“,* bedeutet nicht, dass diese Entscheidung bei einer medizinischen Indikation in einer Behandlungspflicht erstarkt. Im Gegenteil! Zwar lässt sich die subjektive Komponente in dieser Formulierung nicht leugnen, doch ist der Schwerpunkt dieses Kriteriums auf ein objektives Erkennen einer sinnvollen (Be-)Handlung gerichtet, das dann aufgrund der grundsätzlich vorhandenen Fähigkeit, die erhaltenen Informationen auf die eigene Person und den konkreten Sachverhalt zu übertragen, zu einer autonomen Willensbildung und Ausübung führt. Zu solchen Erkenntnisprozessen sind Minderjährige nach *Piaget* mit dem Erreichen der formal operativen Entwicklungsstufe, mithin regelmäßig mit der Vollendung des 12. Lebensjahres, grundsätzlich in der Lage. Nicht gemeint ist hier die Fähigkeit, Behandlungsängste zu überwinden. Wenn der Patient offensichtlich ein hinreichendes Verständnis in Bezug auf die Behandlungsnotwendigkeit hat und in der Lage ist zu erkennen, was für ihn eine sinnvolle Behandlung wäre, die Folgen der Nichtbehandlung realisiert und benennen kann, dass er sich aus Angst der Behandlung verweigert, dann ist das eigentliche Problem nicht die fehlende Einwilligungsfähigkeit. In solchen Fällen obliegt es dann dem behandelnden Arzt, dem Minderjährigen wie auch dem erwachsenen Patienten diese Angst durch Aufklärung und Beratung zu nehmen und, wenn das nicht gelingt, nach einer möglichen Behandlungsalternative zu suchen.

Zusammenfassend erscheint aus der Sicht der Medizinpraxis derzeit nicht nur die herrschende rechtliche Definition der Einwilligungsfähigkeit als zu unbestimmt, sondern darüber hinaus auch die bisher entwickelten Lösungsmodelle wie auch insgesamt die rechtlich nur halbherzig geführte Diskussion als unbefriedigend. Auch wenn die vorherrschende Definition, dass ein Minderjähriger als einwilligungsfähig betrachtet werden kann, wenn er die erforderliche Reife besitzt, die Tragweite sowie den Nutzen und die Risiken des bevorstehenden Eingriffes zu erfassen und seinen Willen hiernach auszurichten, inhaltlich grundsätzlich geeignet scheint, um sachgerechte und individuelle

506 BayObLG, a.o.a.O. mit Hinweis auf entgegenstehende Literaturmeinung.

Einzelfallentscheidungen zu treffen, so verlangt diese jedoch dem Mediziner im Einzelfall fachfremde entwicklungspsychologische Spezialkenntnisse ab, über die er nicht in jedem Fall verfügt. Die Tatsache, dass 50% der im Rahmen dieser Arbeit befragten, in der Klinik tätigen Pädiater sich grundsätzlich selbst nicht zutrauen, die Einwilligungsfähigkeit von Minderjährigen selbst festzustellen, spricht für sich.[507] Die grundsätzlich gut gemeinten Lösungsvorschläge und Empfehlungen aus der medizinischen wie der juristischen Literatur können in der Medizinpraxis, insbesondere vor dem Hintergrund der ebenfalls im besonderen Maße uneinheitlichen Rechtsprechung, in Bezug auf diese Patientengruppe keine hinreichende Rechtssicherheit bewirken. Dass diese Situation nun die Gefahr der Beschneidung von Selbstbestimmungsrechten Minderjähriger in sich birgt, wird dadurch deutlich, dass jeweils 70% der befragten niedergelassenen Ärzte sowie der befragten Klinikärzte aus Sorge, die tatsächliche Kompetenz des Minderjährigen für die konkrete Behandlungssituation nicht richtig eingeschätzt zu haben, dem Minderjährigen im Zweifel die Einwilligungskompetenz bewusst aberkennen und nur nach ausdrücklicher Einwilligung der gesetzlichen Vertreter einen Eingriff vornehmen würden. Aus der Sicht eines einwilligungsfähigen Minderjährigen ist eine solche Folge rechtlich nur schwer vertretbar.

6. Patientenrechte aus der Sicht des Minderjährigen, Vetorecht

Die Arzt-Patient-Beziehung hat sich insbesondere aufgrund der gesellschaftlichen, sozialen, wissenschaftlichen und technologischen Fortschritte sowie der heute bestehenden begrenzten finanziellen Ressourcen im Gesundheitswesen in den vergangenen Jahrzehnten bedeutend gewandelt. Das Privileg, behandelt zu werden, wandelte sich zur „Dienstleistung Heilbehandlung“, im Rahmen derer in Deutschland heute jeder Mensch die medizinische Grundversorgung als Kunde auf Augenhöhe abfordern kann. Wurde die Notwendigkeit einer ärztlichen Maßnahme noch vor 100 Jahren kaum infrage gestellt, so muss der Mediziner heute einer umfangreichen Aufklärungs-, Begründungs- und Rechenschaftsverpflichtung nachkommen. Vor diesem Hintergrund scheint sich das Vertrauensverhältnis zwischen Arzt und Patient mehr und mehr in gesetzlichen und vertraglichen Regelungen aufzulösen. Unverändert ist bis heute jedoch das dienende Fürsorgeprinzip,

507 Vgl. Studie zur Praxisrelevanz, Frage 3.

das dem ärztliche Berufsethos, der seine Wurzeln u. a. im Hippokratischen Eid[508] sowie dem darauf basierenden Genfer Gelöbnis des Weltärztebundes von 1948,[509] dem Nürnberger Codex 1947[510] und der Deklaration von Helsinki von 1964[511] findet. Die Patientenautonomie[512] als solche nimmt jedoch in diesen Schriften erstaunlicherweise, trotz regelmäßiger Anpassung, lediglich eine untergeordnete Rolle ein. Die streitigen Fragen im Hinblick auf die Autonomie[513] des Patienten beziehen sich heute insbesondere auf die Frage der Einwilligungsfähigkeit (von Minderjährigen wie auch im Lebensabend) sowie der Aufklärung und werden zusammengeführt in der Informed-Consent-Problematik. Minderjährige Patienten werden, soweit sie einwilligungs*un*fähig sind, regelmäßig von diesem Grundsatz ausgeschlossen.[514] Eigene Informations- oder gar Mitbestimmungsrechte sieht das

---

508 *„Der Eid des Hippokrates"*, benannt nach dem griechischen Arzt Hippokrates von Kos (um 460 bis 370 v. Chr.), gilt als erste grundlegende Formulierung einer ärztlichen Ethik. Die Urheberschaft des Eides ist jedoch noch ungeklärt. Abgedruckt in *Laufs/Kern*, § 4 Rn 13 ff.

509 Die *Genfer Deklaration* (Genfer Gelöbnis) wurde im September 1948 auf der 2. Generalversammlung des Weltärztebundes in Genf verabschiedet. Sie soll eine zeitgemäße Version des Eids des Hippokrates darstellen und wurde mehrfach revidiert (1968, 1983, 1994, 2005 und 2006). Abgedruckt in *Laufs/Kern*, § 4 Rn 16.

510 Der *Nürnberger Kodex* ist eine zentrale, aktuell heute angewendete ethische Richtlinie zur Vorbereitung und Durchführung medizinischer, psychologischer und anderer Experimente am Menschen. Vgl. *Laufs* in Laufs/Kern, § 4 Rn 19.

511 Als *Deklaration von Helsinki* wird eine Deklaration des Weltärztebundes zu „Ethischen Grundsätzen für die medizinische Forschung am Menschen" bezeichnet. Sie wurde von der 18. Generalversammlung des Weltärztebundes in Helsinki im Juni 1964 verabschiedet. Der Text wurde mehrfach revidiert. Vgl. *Laufs* in Laufs/Kern, § 4 Rn 19.

512 Autonomes Handeln wird allgemein als Möglichkeit gesehen, sich frei zu erleben und aus dieser Freiheit heraus zu handeln (vgl. *Kölch/Fegert,* FPR 07, 76). „Autonomie" wird heute als eine Art Sammelbegriff verwendet, in dem sich Selbstbestimmung, Unabhängigkeit, Freiwilligkeit, Freiheit und die Autonomie vereinen (darstellend: *May,* Autonomie, Seite 21).

513 Der Begriff der Autonomie wurde aus philosophischer Sicht im Wesentlichen von *Immanuel Kant* (22.4.1724 – 12.2.1804) geprägt, von ihm aber weniger im handelnden als im moralischen Sinne verstanden. Vgl. *May,* Autonomie, Seite 21.

514 Aber auch der „einwilligungsfähige" Minderjährige wird mit samt seiner Kompetenzen und Rechte vom Gesetzgeber noch nicht hinreichend wahrgenommen. So verlangt § 1901 a BGB (eingefügt durch das 3. BetreuungsrechtsänderungsG 2009), dass bei Errichtung einer Patientenverfügung die Person einwilligungsfähig und volljährig sein muss.

derzeitige Recht der Heilbehandlung für Kinder und Jugendliche nur in Teilbereichen vor; sie gelten grundsätzlich als durch die Zustimmung ihrer Eltern adäquat[515] vertreten.[516] Die bisherigen Versuche in der Rechtswissenschaft, Selbstbestimmungsrechte minderjähriger Patienten zu sichern, haben sich darauf konzentriert, die für Erwachsene entwickelten Rechte Kindern nach Möglichkeit zugänglich zu machen,[517] und nicht darauf, ein eigenes Konzept für den minderjährigen Patienten zu entwickeln. *Coester-Waltjen*[518] stellt verschiedene, Minderjährige betreffende medizinrechtlich normierte Regelungen dar und zeigt auf, dass aus dem Gesetz unterschiedliche Stufen der Selbstbestimmung Minderjähriger erkennbar seien, nämlich *die Geschäftsfähigkeit* (autonome Handlungsbefugnis mit Erreichen der Volljährigkeit),[519] die *alleinige Einwilligungsfähigkeit* des Minderjährigen[520] (bei bestehender Einsichts- und Urteilsfähigkeit), eine *Kombination von Selbst- und Fremdbestimmung durch eine Co-Entscheidung von Sorgerechtsinhaber und Minderjährigem,*[521] die *Alleinentscheidungsbefugnis der Vertreter mit*[522] *und/oder ohne*[523] *Vetorecht des Minderjährigen* auch unterhalb der Schwelle der Einsichts- und Urteilsfähigkeit und schließlich, als schwächste Stufe, *die am Wohl und möglichst auch am Willen des Rechtsgutträgers ausgerichtete Fremdbestimmung.*[524]

---

515 *Ramm* beschreibt das Institut der gesetzlichen Vertretung insgesamt als entbehrlich, überholt und verfassungswidrig, da die Rechtsentwicklung zur Anerkennung der Eigenverantwortung des Kindes tendiere und dies mit der gesetzlichen Vertretung unvereinbar wäre. Aus seiner Sicht sei die Elternverantwortung fast durchweg durch den Vertrag zugunsten Dritter und den Vertrag mit Schutzwirkung befriedigend wahrgenommen. Für alle anderen Fälle verweist er auf dann einzuholende vormundschaftsgerichtliche Entscheidungen, was durchaus kritisch betrachtet werden muss und in der Praxis nur schwer umsetzbar sein wird. *Ramm*, NJW 1989, 1708 (1710).

516 *Rothärmel u. a.*, MedR 1999, 293.

517 *Rothärmel u. a.*, MedR 1999, 293 (295).

518 *Coester-Waltjen*, MedR 2012, 553 ff.

519 Patientenverfügung gem. § 1901 a Abs. 1 S. 1 BGB.

520 Bei bestehender Einsichts- und Urteilsfähigkeit z. B. § 8 c Abs. 1 Nr. 1 a TPG.

521 § 40 Abs. 4 Nr. 3 S. 3 Halbs. 2 AMG, § 20 Abs. 4 Nr. 4 S. 2 MPG, § 8 a S. 1 Nr. 5 TPG.

522 BGH, NJW 2007, 217 ff. in jedem Fall bei relativ indizierten Eingriffen bei einem urteilsfähigen Minderjährigen.

523 Gem. § 40 Abs. 4 Nr. 3 S. Halbs. 2 AMG ist das Veto des Minderjährigen ist zu beachten; § 8 c Abs. 2 TPG i.V.m. § 1627 BGB sieht kein normiertes Vetorecht vor, jedoch ist der Vertreter an eine kindeswohlorientierte Entscheidung gebunden.

524 Aus dem Elternrecht Art. 6 Abs. 2 GG i.V.m. dem Recht zur Personensorge gem. §§ 1626, 1631 BGB.

Im Rahmen der diesbezüglich geführten Diskussionen geht es regelmäßig um die Frage der autonomen Entscheidungskompetenz des Minderjährigen bzw. um dessen Beteiligungsrechte an den Entscheidungen seiner Vertreter. Eine hieran anknüpfende, ebenfalls kontrovers diskutierte Frage ist, inwieweit den gesetzlichen Vertretern im Falle der alleinigen Einwilligungsfähigkeit des Minderjährigen umgekehrt ebenfalls Beteiligungsrechte, zumindest in Form von Aufklärungs- und Informationsrechten, zukommen.

a. Der einwilligungsfähige Minderjährige

Das Recht zur Selbstbestimmung über den eigenen Körper gehört zum Kernbereich der durch das Grundgesetz geschützten Würde und Freiheit des Menschen. Der Persönlichkeitsschutz von Patienten wird im Arztrecht durch den Grundsatz der „aufgeklärten Einwilligung" als Voraussetzung eines jeden Heileingriffes verwirklicht (Informed-Consent-Paradigma). Zur Klärung der Frage, ab wann ein Minderjähriger die grundsätzlich verfassungsrechtlich garantierte Selbstbestimmung selbst ausüben kann, sind die Fragen der *Grundrechtsmündigkeit* sowie der *Grundrechtsträgerschaft* zu klären, im Rahmen derer sich die vorstehend dargestellten rechtlichen Fragen im verfassungsrechtlichen Kontext wiederfinden.

aa. Grundrechtsträgerschaft und Grundrechtsmündigkeit Minderjähriger

Grundrechte räumen regelmäßig demjenigen, der durch sie berechtigt wird (Grundrechtsträger), das subjektive Recht ein, von demjenigen, der durch sie verpflichtet wird, ein Unterlassen, möglicherweise auch ein Tun oder ein Dulden, zu verlangen.[525] Unter Grundrechtsträgerschaft ist die Fähigkeit natürlicher oder juristischer Personen zu verstehen, Träger von den im Grundgesetz genannten Grundrechten zu sein.[526] Bei der *Grundrechtsträgerschaft* natürlicher Personen handelt es sich ausschließlich um „eine Rechtseigenschaft des potenziellen Dürfens, nicht um

---

525 *Pieroth/Schlink,* § 5 Rn 118.

526 Darüber hinaus bestimmen die Grundrechte selbst, wer von dem Schutzbereich umfasst werden soll, mithin im konkreten Fall Grundrechtsträger ist. Danach gibt es Grundrechte, die jedem Menschen zustehen (Menschenrechte), solche, die nur Deutschen zustehen (Deutschengrundrechte) sowie das Asylrecht, dessen Träger nur Ausländer sein können, sodass für jedes Grundrecht eine gesondert vorzunehmende Prüfung der Grundrechtsträgerschaft erforderlich ist. Festzuhalten ist aber, dass außer Art. 12 a Abs. 1 GG (Wehrdienst) und Art. 38 Abs. 2 GG (Wahlrecht) *kein* Grundrecht seinen Inhalt oder Schutzbereich nach einem bestimmten Alter bestimmt.

eine natürlich-tatsächliche Eigenschaft des aktuellen Könnens". Folgerichtig setzen Rechtsprechung[527] und Literatur[528] den Beginn der Grundrechtsträgerschaft regelmäßig mit der Vollendung der Geburt an, sodass Minderjährige als Träger von Grundrechten angesehen werden.[529]

Hiervon zu unterscheiden ist die *Grundrechtsmündigkeit*[530] als Fähigkeit eines Grundrechtsträgers, seine Grundrechte selbstständig ausüben zu können,[531] wobei entweder auf die individuelle Einsichts- und Entscheidungsfähigkeit der konkret betroffenen Person (*gleitende Altersgrenze*) oder auf die Grenzen, die der Gesetzgeber gezogen hat (*starre Altersgrenzen*),[532] abgestellt wird.[533] Ungeachtet der diesbezüglich geführten Diskussion scheint jedoch der Gesetzgeber, wie auch in anderen Bereichen, konsequenterweise davon auszugehen, dass die Fähigkeit, die Grundrechte selbstständig auszuüben, bei Minderjährigen heranwächst. So lässt sich bereits dem Gesetzesentwurf zur Neuregelung des Rechts der elterlichen Sorge vom 2.5.1974 entnehmen, dass *„das Kind nach heutigem Rechtsbewusstsein nicht als Objekt elterlicher Fremdbestimmung anzusehen ist, sondern als Grundrechtsträger, der mit zunehmendem Alter grundrechtsmündig wird. Ihm muss daher – entsprechend seiner Einsichtsfähigkeit – vom Gesetz die Möglichkeit gegeben werden, an der Durchführung elterlicher Sorgemaßnahmen mitzuwirken,*[534] was der Gesetzgeber sodann bei der Neuregelung des Rechts der elterlichen Sorge in 1626 Abs. 2 BGB ausdrücklich normiert hat. Insoweit kann zunächst einmal festgehalten werden, dass Minderjährige grundsätzlich grundrechtsfähig sind und mit zunehmendem Alter regelmäßig auch die erforderliche

527 Für viele BVerfG NJW 1968, 2233 (2235); BVerfGE NJW 1974, 1609 (1611); BVerfG NJW 1978, 807 (811); BVerfG NJW 1982, 1379; HessStGH, NJW 1966, 31 (32).

528 *Hohm,* NJW 1986, 3107 (3108) m.w.Nw.

529 *Hohm,* NJW 1986, 3107 (3108).

530 Die „Lehre von der Grundrechtsmündigkeit" wurde von *Krüger* in die verfassungsrechtliche Diskussion eingeführt, FamRZ 1956, 329 ff. Darstellend *Hohm,* NJW 1986, 3107 (3109) Fn 24.

531 *Pieroth/Schlink,* § 5 Rn 138 ff.

532 Darstellung der Diskussion m.w.Nw. *Hohm,* NJW 1986, 3107 (3109)

533 Bei dieser Diskussion sind zusätzlich drei Sachprobleme zu unterscheiden. 1. das unmittelbare Verhältnis des Minderjährigen zum Staat, 2. das Zusammentreffen von Grundrechten Minderjähriger mit dem elterlichen Erziehungsrecht und 3. die Geltendmachung von Grundrechten durch Minderjährige im Rahmen einer Verfassungsbeschwerde. Vgl. hierzu *Pieroth/Schlink,* § 5 Rn 139 ff.

534 Vorblatt zur BT-Drucks. 7/2060, im Zusammengang mit dem Beschluss des OLG Hamm vom 16.7.1998 – 15 W 274/98 zum Schwangerschaftsabbruch bei Minderjährigen, vgl. *Schwerdtner,* NJW 1999, 1525 ff.

Einsichts- und Urteilsfähigkeit erwerben, die sie zur alleinigen Ausübung ihrer Grundrechte befähigt.[535] Dies betrifft insbesondere die Selbstausübungsbefugnis für die Grundrechte aus Art. 1 und Art. 2 GG, die in Teilbereichen sogar bereits das ungeborene Leben schützen.[536] Vorstehende Ausführungen korrespondieren mit der hier vertretenen Annahme, dass das Elternrecht weicht, soweit der Minderjährige die Kompetenz zum selbstbestimmten Handeln erworben hat. Welche Kriterien jedoch im Ergebnis auch aus verfassungsrechtlicher Sicht der Feststellung des Vorliegens der Einsichts- und Urteilsfähigkeit zugrunde gelegt werden müssen, bleibt auch in diesem Zusammenhang ungeregelt.

bb. Handlungsfreiheit und allgemeines Persönlichkeitsrecht vs. Elternrecht

Soweit in dieser Arbeit vom „Selbstbestimmungsrecht" des Patienten die Rede ist, so ist dessen Herkunft an dieser Stelle kurz zu skizzieren. Die *allgemeine Handlungsfreiheit* ist in Art. 2 Abs. 1 GG geregelt.[537] Sie schützt nicht lediglich einen bestimmten Lebensbereich, sondern jegliches menschliche Verhalten und stellt mit diesem weiten Schutzbereich ein Auffanggrundrecht dar.[538]

Das *allgemeine Persönlichkeitsrecht* ist vom Bundesverfassungsgericht aus Art. 2 Abs. 1 GG in Verbindung mit Art. 1 Abs. 1 GG[539] entwickelt worden. In Verbindung mit der Menschenwürde erhält das allgemeine Persönlichkeitsrecht eine qualitativ einzigartige Aufwertung des Subjektschutzes. Dabei verbürgt es sich inhaltlich im besonderen Maße dem Recht zur Selbstbestimmung des Einzelnen.[540] Als „unbenanntes" Freiheitsrecht ist es in besonderem Maße für neue Entwicklungen offen. Seine Aufgabe ist es, die persönliche Lebenssphäre und die Erhaltung ihrer Grundbedingungen zu sichern,[541] wobei sich die allgemeine Handlungsfreiheit aus Art 2 Abs. 1 GG als „aktives Element" in das allgemeine Persönlichkeitsrecht einfügt. Eingriffe in das allgemeine Persönlichkeitsrecht bedürften zunächst

---

535 Vgl. exemplarisch BVerfG NJW 1978, 807 (809); NJW 1982, 1375 (1377).

536 In der Grundsatzentscheidung zum Schwangerschaftsabbruch, BVerfG NJW 1975, 573 (575), spricht sich das BVerfG bereits deutlich für einen ausgeprägten Grundrechtsschutz aus Art. 1 und Art. 2 GG für Nichtgeborene aus.

537 Hier heißt es: Art. 2 GG: *„(1) Jeder hat das Recht auf die freie Entfaltung seiner Persönlichkeit, soweit er nicht die Rechte anderer verletzt und nicht gegen die verfassungsmäßige Ordnung oder das Sittengesetz verstößt."*

538 *Pieroth/Schlink*, § 8 Rn 387.

539 Art. 1 Abs. 1 GG lautet: *„(1) Die Würde des Menschen ist unantastbar. Sie zu achten und zu schützen ist Verpflichtung aller staatlichen Gewalt."*

540 *Pieroth/Schlink*, § 8 Rn 391.

541 Vgl. BVerfGE 54, 148, 153 = NJW 1980, 2070 f.; *Seiber*, FamRZ 1995, 1457 (1462).

einer formellen gesetzlichen Grundlage. Insoweit zieht die Rechtsprechung die Schrankentrias des Art. 2 I GG, die verfassungsmäßige Ordnung, die Rechte anderer sowie das Sittengesetz, entsprechend heran.[542] Vor diesem Hintergrund ist es zunächst einmal verfassungsrechtlich zulässig, dass das Selbstbestimmungsrecht des Minderjährigen durch die Rechte anderer, nämlich das Elternrecht, das in Art. 6 Abs. 2 GG seinen verfassungsrechtlichen und in den §§ 1626, 1629 BGB seinen einfachgesetzlichen Niederschlag gefunden hat, begrenzt wird.[543] Da die Eltern bei der Ausübung ihres Rechtes an das Kindeswohl gebunden sind, ist ein staatlicher Eingriff in das Elternrecht in Ausübung des staatlichen Wächteramtes nur zulässig, wenn dies dem Wohl des Kindes entspricht.

Den Gegensatz von Persönlichkeits- und Selbstbestimmungsrecht des Kindes aus Art. 2 Abs. 1 GG zum Elternrecht aus Art. 6 Abs. 2 GG hat das BVerfG zunächst dadurch überbrückt, dass es das Elternrecht sowie die Elternpflicht auf das Kind und seine Persönlichkeitsentfaltung bezog, sodass sich das Kindesinteresse aus Art. 1 sowie Art. 2 GG als solches in das Elternrecht einfügte. Das Elternrecht konnte somit im Interesse sowie zum Schutz der Rechte des Kindes aus Art. 1 und Art. 2 GG eingeschränkt werden.[544] In seiner Entscheidung zur Schweigepflicht von Schülerberatern gegenüber den Eltern leitete das BVerfG die Rechte des Kindes dann jedoch unmittelbar aus Art. 6 Abs. 2 GG ab, sodass es das Elternrecht nunmehr als dienendes und „fiduziarisches Recht“ qualifizierte, das mit zunehmender Kompetenz des Minderjährigen umgekehrt proportional[545] weicht.[546]

542 BVerfG, NJW 1973, 891 (892) (heimliche Tonaufnahmen); BVerfG, NJW 1980, 2572 (Taubenfütterverbot).

543 Anders *Ramm*, NJW 1989 1708 ff. der das Institut der Gesetzlichen Vertretung als überholt und verfassungswidrig erachtet, da es der Rechtsentwicklung auf Anerkennung der Eigenverantwortung des Kindes zuwider laufe. Hiergegen: Schmidt, NJW 1989, 1712 ff.

544 Vgl. BVerfG, NJW 1968, 2233 (2235); NJW 1971, 1447, 1448; 81, 1201 (1202); 1982, 1379 f.

545 Nach *Michel*, Forschung an Minderjährigen, Seite 103 f. tritt das Elternrecht bei wachsender Selbstständigkeit des Minderjährigen „umgekehrt proportional zurück“. Dieser Grundsatz ergebe sich auch aus § 1626 Abs. 2 S. 1 BGB, nach dem die Eltern die wachsenden Fähigkeiten sowie das wachsende Bedürfnis des Kindes nach Selbstständigkeit zu berücksichtigen haben.

546 Vgl. BVerfG 1982, 1375 (1377); *Ramm*, NJW 1989, 1708 (1712); BayObLG, Beschl. vom 18.04.1985, NJW-RR 1986, 3 (4); kritisch zum Urteil des BAyObLG mit starrer Gegenposition: *Knöpfel,* FamRZ 1985, 1211 ff. Nach seiner Auffassung darf sich der Jugendliche bis zur Volljährigkeit der elterlichen Erziehung nicht entziehen. Dies ergebe sich aus Art. 6 Abs. 2 und 3 GG sowie aus dem Grundrecht des Kindes

cc. *Einwilligungserklärung durch den Minderjährigen*

Gelangt der behandelnde Arzt zu der Überzeugung, dass der Minderjährige in Bezug auf das konkrete Behandlungsgeschehen die erforderliche Reife sowie die geforderten kognitiven Fähigkeiten besitzt, mithin grundsätzlich selbst einwilligungsfähig ist, kommt es im Ergebnis ausschließlich auf die Einwilligung des Minderjährigen an,[547] wobei sich der Mediziner bewusst sein muss, dass er die Umstände, aufgrund derer er seine Entscheidung getroffen hat, im Streitfall nachvollziehbar begründen muss und einem diesbezüglichen Irrtum nicht immer eine vorsatzausschließende Bedeutung zukommt. Solange sich der Minderjährige so entscheidet, wie es sich seine gesetzlichen Vertreter vorstellen, wird der Mediziner unproblematisch seine Maßnahmen an den Erklärungen des Minderjährigen ausrichten. Problematisch wird es jedoch im Konfliktfall des Minderjährigen mit seinen sorgeberechtigten Bezugspersonen.[548] Sollte der Mediziner auch hier von der Einwilligungsfähigkeit des Minderjährigen überzeugt sein, sodass für ihn allein seine Behandlungswünsche zu beachten sind, stellt sich für ihn aber die weitere Frage, inwieweit den gesetzlichen Vertretern gegebenenfalls dennoch Informations- und Aufklärungsansprüche zustehen.

dd. *Exkurs: Patientenverfügung*

Während sich die juristische Literatur sowie die medizinische Praxis immer wieder mit den vorhandenen Kompetenzen des einwilligungsfähigen Minderjährigen sowie mit dem Konflikt bei Meinungsverschiedenheiten zwischen dem Minderjährigen und seinem gesetzlichen Vertreter konfrontiert sehen, scheint der Gesetzgeber die Praxisrelevanz dieser Problematik nach wie vor nicht zu erkennen. Anders ist es nicht zu erklären, dass er den einwilligungsfähigen Minderjährigen im Rahmen der Normierung der Patientenverfügung ausdrücklich und bewusst übergeht.

---

auf Erziehung aus Art. 2 Abs. 1 GG. Eine sich entwickelnde Grundrechtsmündigkeit vor dem Erreichen der Volljährigkeit lehnt er ab. Die damit verbundene Freiheitseinschränkung habe der Minderjährige hinzunehmen.

547 Palandt/*Götz,* § 1629 Rn 4; *Nebendahl,* MedR 2009, 197 (198) Fn 17; a. A.: Vertreter der Theorien der Doppeleinwilligung vgl. C, I, 5, e; so ausdrücklich auch *Rehborn/ Schäfer* in Jorzig, Arzthaftung, 2011, 253 (265); Kern, GesR 2009, 1 (9).

548 Nach *Eser* ist das Veto der Eltern „jedenfalls in straf- und haftungsrechtlicher Hinsicht bedeutungslos", soweit der minderjährige Patient einwilligungsfähig ist. Gleichwohl diskutiert er bereits 1982 die Problematik des fehlenden Honoraranspruches. Vgl. *Eser*, Ärztliches Handeln, Seite 178 ff., Fn 3.

§ 1901 a BGB wurde durch das 3. BetreuungsrechtsänderungsG[549] eingefügt und regelt erstmals die so genannte „Patientenverfügung“, mit der für den Fall Vorsorge getroffen werden soll, dass der auf einen Behandlungsabbruch gerichtete Wille nicht mehr geäußert werden kann. Wie bei der Einwilligung in eine ärztliche Maßnahme kommt es auch für die Wirksamkeit einer Patientenverfügung nicht auf die Geschäftsfähigkeit, sondern allein auf die Einwilligungsfähigkeit des Betroffenen an.[550] Gleichwohl verlangt § 1901 a BGB als persönliche Wirksamkeitsvoraussetzung neben der Einwilligungsfähigkeit zusätzlich das Kriterium der Volljährigkeit, was verfassungsrechtlich bedenklich scheint, da es dadurch dem einwilligungsfähigen Minderjährigen, der in dem Moment der Errichtung der Patientenverfügung grundsätzlich den entsprechenden Behandlungsmaßnahmen selbst zustimmen oder solche ablehnen könnte, verwehrt bleibt, diesen Willen präventiv für den Fall des Verlustes seiner Entscheidungskompetenz schriftlich festzulegen. Dies gilt umso mehr, als der Begründung zum *„Stünker-Entwurf“*,[551] welcher sich in der Sache letztendlich durchgesetzt hat, nicht zu entnehmen ist, aus welchem Grund die Volljährigkeit zur Voraussetzung gemacht wurde.[552] Bedenkt man jedoch, dass ein 16-Jähriger (ohne eine erforderliche Positivfeststellung der Einwilligungsfähigkeit) gem. § 2 Abs. 2 TPG die Einwilligung in die postmortale Organspende sowie die Übertragung der Entscheidung hierzu wirksam erklären kann, ist nicht nachvollziehbar, dass er keine Präventivverfügung errichten darf, aus der sich ergibt, ob er im schwersten Krankheitsfall lebensverlängernde Maßnahmen wünscht, oder nicht. Auch das elterliche Vertretungsrecht hilft hier nicht weiter, da die Patientenverfügung als höchstpersönliche Verfügung nicht stellvertretungsfähig ist.[553] Ebenso wenig wird man durch eine verfassungskonforme Auslegung der Norm die Möglichkeit der wirksamen Errichtung einer Patientenverfügung dem einwilligungsfähigen Minderjährigen eröffnen können, da § 1901 a BGB aufgrund des unmissverständlichen gesetzgeberischen Willens sowie der eindeutigen Formulierung einer solch ergänzenden Auslegung nicht zugänglich ist, sodass der reife und einwilligungsfähige Minderjährige durch

549 BtÄndG vom 29.7.2009 BGBl. I, S. 2286.

550 Vgl. *„Stünker-Entwurf“* vom 6.3.2008, BT-Drucks. 16/8442, Seite 12; Palandt/*Götz* § 1901 a Rn 10.

551 BT Drucks. 16/8442.

552 Weitere Entwürfe waren der *„Bosbach-Entwurf“* vom 16.12.2008 (BT-Drucks. 16/11360) und der *„Zöller-Entwurf“* vom 18.12.2008 (BT-Drucks. 16/11493), die beide das Volljährigkeitskriterium nicht vorsahen.

553 BGH NJW 2003, 1588; *Sternberg-Lieben/Reichmann*, NJW 2012, 257 (261).

§ 1901 a BGB erheblich in seinem medizinischen Selbstbestimmungsrecht eingeschränkt wird.[554]

ee. Informationsrecht der Eltern

Soweit nun aber die Behandlungszustimmung der gesetzlichen Vertreter eines einwilligungsfähigen Minderjährigen entbehrlich ist, ist fraglich, inwieweit den sorgeberechtigten Bezugspersonen gleichwohl aber ein Informationsrecht verbleiben muss.

aaa. Informations- und Aufklärungsansprüche der gesetzlichen Vertreter?

Das Elternrecht ist gem. Art. 6 Abs. 2 GG als ein vorübergehendes, treuhänderisch[555] verliehenes „Pflichten-Recht" ausgestaltet. Dieses lässt die elterliche Fremdbestimmung nur so lange zu, bis das Kind zum selbstbestimmten Handeln in der Lage ist. Insoweit stellen die §§ 1626 ff. BGB eine einfachgesetzliche Ausgestaltung des auf Auflösung angelegten Elternrechtes aus Art. 6 Abs. 2 GG dar.[556] Sobald der Minderjährige die notwendige Reife hat, kann seine Entscheidung diejenige der Sorgerechtsinhaber verdrängen.[557] Vor diesem Hintergrund scheinen das Selbstbestimmungsrecht des Minderjährigen aus Art. 2 Abs. 1 GG i.V.m. Art. 1 Abs. 1 GG und das Elternrecht aus Art. 6 Abs. 2 GG keine kollisionsfähigen Rechte zu sein,[558] da sich beide Rechte im Hinblick auf ihre Wechselwirkung ergänzen und gegenseitig bedingen bzw. ausschließen,[559] sodass sie sich anscheinend nicht berühren können. Aber welcher Teil des Elternrechtes weicht konkret? Konkret weicht beim Vorliegen der Selbstbestimmungsfähigkeit des Minderjährigen „lediglich" die Fremdbestimmungs*befugnis* der Eltern, mithin die Vertretungsberechtigung, nicht jedoch die elterliche Sorge (Vertretung, Personen- und Vermögenssorge) in Gänze. In diesem Sinne regelt

---

554 Darstellend und lösungsorientiert vgl. hierzu: *Sternberg-Lieben/Reichmann*, NJW 2012, 257–263.

555 BVerfGE 59, 360 (377) m.w.Nw. („fiduziarisches Recht"); 64, 180 (189); 107, 104 (121); vgl. auch darstellend *Tönsmeyer*, Grenzen elterlicher Sorge, Seite 124 ff.; *Schröder*, Auskunftsanspruch der Eltern, Seite 41 ff. m.w.Nw.

556 BVerfG 82, S. 168, 180; *Schröder*, Auskunftsanspruch der Eltern, Seite 61.

557 Palandt/*Götz* vor § 1626 Rn 2; § 1629 Rn 4; *Moritz,* Stellung des Minderjährigen, Seite 146; *Tönsmeyer*, Grenzen elterlicher Sorge, Seite 124 ff.

558 In diesem Sinne: *Rehborn/Schäfer* in Jorzig, Arzthaftung, 2011, 253 (265).

559 Nach *Schwerdtner* „stellen somit weder das Grundgesetz noch das Bürgerliche Gesetzbuch eine Arena für einen Zweikampf zwischen Eltern- und Kindesrecht bereit." *Schwerdtner,* NJW 1999, 1525 (1526).

das Gesetz auch das Dreiecksverhältnis der Minderjährigen zum Kindeskind sowie zum Vormund desselben. Im Falle der Minderjährigkeit der Mutter erklärt § 1673 Abs. 2 S. 1 BGB das Ruhen der elterlichen Sorge, was gem. § 1675 BGB bedeutet, dass die minderjährige Mutter grundsätzlich nicht berechtigt zu sein scheint, die elterliche Sorge auszuüben. § 1673 Abs. 2 BGB ordnet sodann jedoch an, dass der minderjährigen Mutter die Personensorge für das Kind neben dem gesetzlichen Vertreter des Kindes zustehen soll, sodass die „elterliche Sorge" nicht insgesamt ruht, sondern lediglich die Vermögenssorge und, wie § 1673 Abs. 2 S. 2 2. Halbsatz BGB noch einmal ausdrücklich klarstellt, die Vertretung des Kindes. Die Personensorge für das Kind wird jedoch von minderjährigen Eltern begleitend durch den Vormund ausgeübt, wobei in Konfliktfällen zwischen den minderjährigen Eltern und dem Vormund in Bezug auf Personensorgesachen der Wille der Eltern gem. § 1673 Abs. 2 S. 3 BGB im Zweifel Vorrang hat, sodass der Vormund im Einzelfall seine Vertreterhandlung danach ausrichten oder eine familiengerichtliche Entscheidung herbeiführen muss. Da Lebenssachverhalte gerade im Rahmen des hier zu besprechenden Kontext selten isoliert dastehen, sondern sich auch auf andere Bereiche und Interessen des Minderjährigen auswirken, die auch beim Vorliegen eines hinreichenden Einsichts- und Urteilsvermögen des Minderjährigen noch der elterlichen Sorge unterstehen, kann es mittelbar sehr wohl zu einer Interessen- und Grundrechtskollision kommen, sodass im Rahmen der Abwägung beiden Grundrechten Rechnung zu tragen und zu klären ist, inwieweit das elterliche Personensorgerecht aus Art. 6 Abs. 2 GG dem Selbstbestimmungsrecht des Minderjährigen sowie dem Schweigegebot des Arztes vorgeht.

Gem. § 1626 Abs. 2 BGB haben die Eltern bei der Pflege und Erziehung die wachsenden Fähigkeiten zum selbstständigen verantwortungsbewussten Handeln des Kindes zu berücksichtigen. Insoweit lässt sich aus dem von der Verfassung sowie dem BGB den Eltern vorübergehend treuhänderisch überlassenen Elternrecht die Verpflichtung entnehmen, dem Minderjährigen die Selbstentscheidung und Selbstbestimmung so weit zuzubilligen, wie seine Selbstbestimmungsfähigkeit konkret ausgebildet ist. Ein eigener durchsetzbarer Rechtsanspruch des Kindes gegen die Eltern auf das Zugeständnis dieser Freiheit lässt sich hieraus jedoch nicht ableiten.[560] Sachwalter der Kindesinteressen ist in Konfliktfällen der Staat, der aber nur eingreifen darf, wenn das ihm zustehende Wächteramt aus Art. 6 Abs. 2 S. 2 GG dies gebietet.[561]

---

560 *Moritz,* Stellung des Minderjährigen, Seite 146.

561 *Moritz,* Stellung des Minderjährigen, Seite 146.

Ist der Minderjährige nicht einwilligungsfähig, lässt sich ein Informationsrecht der Eltern aus der Pflege- und Sorgeverpflichtung und -berechtigung der Eltern ableiten. Dies gilt umso mehr, als sie in einem solchen Fall ohnehin auch in die Behandlung einwilligen und hierfür entsprechend aufgeklärt werden müssen.

Ist der Minderjährige im Hinblick auf die konkrete Behandlungsmaßnahme einwilligungsfähig, tritt die elterliche Kompetenz in Bezug auf die konkrete Behandlungssituation auflösend in den Hintergrund. Da ein medizinischer Eingriff aber auch Folgen haben kann, die über die konkrete Behandlungssituation hinausgehen und den Minderjährigen darüber hinaus in seiner Person oder seinem Vermögen betreffen können, scheint es bedenklich, die Eltern, wenn sie schon die Entscheidung ihres minderjährigen Kindes für oder gegen die Behandlung aufgrund der bestehenden Einwilligungskompetenz akzeptieren müssen, gänzlich aus der Behandlungssituation auszuschließen. Dies gilt umso mehr, als dass regelmäßig auch die Eltern neben dem Krankenversicherer im Rahmen indizierter Eingriffe zur Übernahme von Behandlungskosten verpflichtet bleiben. Betrachtet man also das Elternrecht als ein ausschließlich dem grundsätzlich auf Schutz und Hilfe angewiesenen Kind[562] und dem Kindeswohl dienendes[563] Pflichten-Recht, das sich mit zunehmender Selbstbestimmungskompetenz auflöst, bis es schließlich erlischt,[564] muss den Eltern, die ihrem Kind im Übrigen zur Unterstützung, Beratung, Betreuung, Erziehung, zum Unterhalt wie auch zum Schutz verpflichtet sind, ein Informationsanspruch verbleiben. Insoweit sind die Informationsinteressen der Eltern abstrakt durch die §§ 1626 ff. BGB geschützt, da Informationen über das Kind für die Ausübung der elterlichen Sorge unentbehrlich sind,[565] was im Ergebnis auch dem Charakter der elterlichen Sorge als einer sich langsam auflösenden Fremdbestimmung entspricht.

Einen Informationsanspruch der gesetzlichen Vertreter in vorbenannten Konstellationen ohne eine entsprechende vertragliche Vereinbarung originär aus dem geschlossenen Behandlungsvertrag herzuleiten,[566] stößt auf Bedenken. Soweit die gesetzlichen Vertreter den Behandlungsvertrag schließen, wird

---

562 BVerfG NJW 1986, 3129, 3130 m.w.Nw.

563 Palandt/*Götz,* § 1626 Rn 1.

564 BVerfG NJW 1986, 3129, 3130; BVerfGE 59, 360 (382) = NJW 1982, NJW 1982, 1375 (1376).

565 *Schröder*, Auskunftsanspruch der Eltern, Seite 61.

566 *Schröder*, Auskunftsanspruch der Eltern, Seite 41 f.

dieser in der Regel als Vertrag zugunsten des Kindes zustande kommen,[567] sodass allein die Eltern aus dem Vertrag verpflichtet, der Minderjährige dagegen nur berechtigt wird (§ 328 BGB).[568] Insoweit hat zunächst einmal allein der Minderjährige das Forderungsrecht bezüglich der Haupt- und Nebenpflichten. Beinhaltet der Behandlungsvertrag keine ausdrückliche Regelung über die Informationspflicht der Eltern, so dürfte ein verallgemeinerungsfähiger Informationsanspruch der Eltern aus dem zugunsten des Kindes geschlossenen Vertrag nicht gerechtfertigt sein, da die gesetzlichen Vertreter als Versprechensempfänger lediglich einen Anspruch auf Leistung an das Kind haben, was grundsätzlich auch die Aufklärungs- und Informationsansprüche betrifft.[569] Ist das Kind einwilligungs*un*fähig, treten an dessen Stelle die gesetzlichen Vertreter. Bei einwilligungsfähigen Minderjährigen hingegen steht den gesetzlichen Vertretern zumindest aus vertragsrechtlicher Sicht kein originärer Informationsanspruch aus dem Behandlungsvertrag zu. Ob ein solcher durch erläuternde oder ergänzende Vertragsauslegung auf der Grundlage dispositiven Rechtes bzw. unter Rückgriff auf das Institut Treu und Glauben aus § 241 BGB begründbar ist, kann nur im konkreten Einzelfall, nicht im Allgemeinen entschieden werden.[570]

Ein Informationsrecht der Eltern könnte aber auch mittelbar aus der Wertung des Art. 19 Abs. 2 GG hergeleitet werden. So begrenzt *Czerner* das Selbstbestimmungsrecht des Minderjährigen, das mit zunehmendem Alter linear ansteige, durch die Schrankentrias aus der objektiven Wertordnung, dem elterlichen Erziehungsrecht und schließlich dem staatlichen Wächteramt. Nach dem Grundsatz der praktischen Konkordanz ließe sich der schonendste Ausgleich im Falle einer Kollision des Elternrechtes mit der Entscheidung des autonomiefähigen Minderjährigen nur dadurch erzielen, dass auch das Elternrecht aus Art. 6 Abs. 2 GG berücksichtigt und in den Entscheidungsprozess der Behandlungsentscheidung mit einbezogen werden würde. Die vollständige Ausklammerung der elterlichen Beteiligung würde zu einer Totalverdrängung eines Grundrechtes, in diesem Fall des Elternrechtes, aus dem Kollisionsfeld führen, was sich auch

---

567 BGH, MedR 2005, 714 (716) Behandlungsvertrag bei fehlendem Versicherungsschutz = NJW 2005, 2069 (2071); *Kern*, MedR 2005, 628 (631); *Kern* in Laufs/Kern, § 39 Rn 27.

568 *Kern* in Laufs/Kern, § 39 Rn 27; BGH, NJW 1984, 1400; OLG Schleswig, Entscheidung vom 10.9.2004 – 4 U 31/97; LSK 2006, 040730; Palandt/*Grüneberg*, § 328 Rn 5.

569 Palandt/*Grüneberg*, § 328 Rn 5.

570 Vgl. hierzu darstellend *Schröder*, Auskunftsanspruch der Eltern, Seite 41 ff.

vor dem Hintergrund der Wesensgehaltsgarantie[571] aus Art. 19 Abs. 2 GG, *„die sich wie ein Schutzwall um das elterliche Erziehungsrecht aus Art.6 Abs. 2 GG lege"*, verböte.[572]

Ob sich eine Informationspflicht der Eltern im privatrechtlichen Verhältnis zum behandelnden Arzt aus § 36 Abs. 1 bzw. Abs. 2 SGB I ableiten lässt, ist fraglich. Nach § 36 Abs. 1 S. 2 SGB I soll der Leistungsträger den gesetzlichen Vertreter über die Antragstellung und die erbrachten Sozialleistungen unterrichten. Die Unterrichtung steht hier regelmäßig nicht im Ermessen[573] des Leistungsträgers, vielmehr handelt es sich grundsätzlich um eine Pflicht,[574] hier des Krankenversicherers,[575] aus der sich nicht die Verpflichtung des behandelnden Arztes zur Aufklärung und Information der Eltern eines einwilligungsfähigen Minderjährigen ableiten lässt. Auch die Tatsache, dass den gesetzlichen Vertretern durch die Informationspflicht des Leistungsträgers die Wahrnehmung der Rechte aus § 36 Abs. 2 SGB I bzw. im Rahmen der Wahrnehmung ihres gesetzlichen Erziehung-, Personen- und Vermögenssorgeauftrages die Einflussnahme auf die Verfügung über eine bereits erbrachte Sozialleistung ermöglicht werden soll, wenn dies für die Interessen des Jugendlichen geboten scheint,[576] lässt

571 Nach Art. 19 Abs. 2 GG darf in keinem Fall ein Grundrecht in seinem Wesensgehalt angetastet werden. Die Vorschrift findet auf alle Grundrechte und grundrechtsgleiche Rechte Anwendung und stellt eine verfassungsrechtliche Minimalgarantie für den Grundrechtsschutz dar. Diese ist auf den Schutz des individuellen subjektiven Grundrechts bezogen, sodass eine Grundrechtsbeeinträchtigung verfassungswidrig ist, wenn der einzelne Grundrechtsträger von seinem Grundrecht keinen Gebrauch mehr machen kann. Den verfassungsändernden Gesetzgeber bindet die Wesensgehaltsgarantie jedoch nicht. Vgl. *Ehlers/Schoch*, Rechtsschutz, § 13 Rn 159.

572 Vgl. *Czerner*, MedR 2001, Seite 354 (359 f.).

573 Der Leistungsträger kann im eigenen Interesse von der Unterrichtung absehen, wenn (z.B. bei Sachleistungen oder geringfügigen Geldleistungen) der Aufwand unverhältnismäßig hoch wäre, das Informationsbedürfnis des gesetzlichen Vertreters aber gering sein dürfte. Er wird von einer Unterrichtung absehen müssen, wenn ihr berechtigte Interessen des Minderjährigen entgegenstehen, insbesondere der gesetzliche Vertreter von Vorgängen Kenntnis erlangen würde, die ihm z.B. nach § 203 I StGB nicht offenbart werden dürfen. Die Unterrichtungspflicht zudem ist auf die Verfahrenshandlungen beschränkt. Vgl. Krauskopf/*Waschull,* § 36 SGB I Rn 13 ff.

574 *Schröder*, Auskunftsanspruch der Eltern, Seite 62.

575 Diese bezieht sich jedoch nur auf die Verfahrenshandlung der Antragsstellung als solches und steht somit im direkten Zusammenhang mit dem Leistungsfall. Vgl. Krauskopf/*Waschull*, § 36 SGB I Rn 14.

576 Krauskopf/*Waschull*, § 36 SGB I Rn 16.

vermuten, dass § 36 SGB I die Informationsinteressen der Eltern zwar abstrakt schützt,[577] ein privatrechtlicher Auskunftsanspruch gegenüber dem Arzt lässt sich hierauf jedoch nicht stützen.

Mithin haben die gesetzlichen Vertreter eines einwilligungsfähigen Minderjährigen nach der hier vertretenen Auffassung grundsätzlich dessen Behandlungsentscheidung zu akzeptieren, sodass diesbezüglich das Elternrecht vor der von dem behandelnden Arzt festgestellten Selbstbestimmungskompetenz des Kindes weicht. Gleichwohl verbleibt ihnen aber ein allgemeiner Informations- und Aufklärungsanspruch,[578] da dies für die Ausübung der elterlichen Sorge im Übrigen unerlässlich ist und hierdurch zudem der geschützte Kernbereich der elterlichen Gesundheitssorge hinreichend geschützt ist.[579]

bbb. Rechtspflicht des Arztes zur eigenständigen Information?

Fraglich ist an dieser Stelle, ob der allgemeine Aufklärungs- und Informationsanspruch der Eltern einwilligungsfähiger Minderjähriger zu einer Informationspflicht des Arztes erstarken kann, sodass der Mediziner von sich aus aktiv, gegebenenfalls auch gegen den Willen des Minderjährigen, den Elternkontakt suchen muss.

Eine solch aktive Unterrichtungspflicht verneinte das LG Köln in einem Urteil aus 2008 ausdrücklich[580] und wies damit die Klage einer minderjährigen Patientin auf Zahlung von Schmerzensgeld sowie auf Feststellung einer Schadensersatz- und Unterhaltsverpflichtung des Arztes ab.[581] Anders entschied der BGH, der 1982

---

577 *Busch,* Seite 62 f.

578 Andere Ansicht *Ulsenheimer* in Laufs/Kern, § 139 Rn 48. Das elterliche Sorgerecht tritt hinter die Einwilligungsmündigkeit des Minderjährigen zurück, *„allein auf seine“* Entscheidung kommt es an, sodass der Arzt *„weder verpflichtet noch berechtigt ist (Schweigepflicht!), die Eltern in das Behandlungsgeschehen mit einzubinden“;* so auch *Rehborn/Schäfer* in Jorzig, Arzthaftung, 2011, 253 (265).

579 *Spickhoff,* NJW 2000, 2297 (2300) weist darauf hin, dass das Elternrecht auch bei einwilligungsfähigen Minderjährigen zumindest de lege ferenda nicht über Gebühr ausgeschaltet werden dürfe und die Sorgeberechtigten in der Praxis zumindest bei drohenden schweren gesundheitlichen Gefahren in den Prozess der ärztlichen Beratung und damit in die Bereiche der medizinischen Aufklärung mit einbezogen werden müssen.

580 LG Köln, Urteil vom 17.9.2008 – 25 O 35/08 = BeckRS 2008, 20631.

581 Zum Sachverhalt: Die damals 15-jährige Klägerin suchte in Begleitung der Mutter mit dem Wunsch zur Kontrazeption die Praxis der beklagten Ärztin auf. Im Rahmen einer dabei durchgeführten Sonografie stellte die beklagte Ärztin eine Schwangerschaft fest. Die Mutter der Klägerin erfuhr hiervon nichts, da sie sich währenddessen im Wartezimmer aufhielt. Die Klägerin wünschte die Vornahme eines Schwangerschaftsabbruchs.

einen Mediziner gem. § 323 c StGB verurteilte, da er es auf den ausdrücklichen Wunsch seiner 21-jährigen und somit volljährigen Patientin hin unterließ, die vor der Praxis wartende Mutter über den Verdacht einer Eileiterschwangerschaft sowie die Notwendigkeit der sofortigen Krankenhausbehandlung zu unterrichten.[582] Da die Patientin die Aufforderung des Arztes, sofort ein Krankenhaus aufzusuchen, nicht befolgte, verstarb sie am Folgetag an den Folgen einer Eileiterruptur. Nach der Ansicht des BGH hat der Gynäkologe die nach § 323 c StGB gebotene und auch zumutbare Hilfeleistung in Gestalt der Information der Mutter über den Zustand ihrer Tochter pflichtwidrig unterlassen. Denn *„im Verhältnis zur Mutter der Patientin trat die Schweigepflicht zurück, weil auch ihre Unterrichtung ein erforderliches und angemessenes Mittel zur Rettung der Patientin war"* und es überdies zur Rettung des *„höherwertigen Rechtsguts hier sogar nur einer begrenzten – nämlich die Ursachen des Zustands verschweigenden – Offenbarung bedurft hätte"*.[583] Zu einer solchen Offenbarung wäre der Mediziner im vorbenannten Fall vor dem Hintergrund des rechtfertigenden Notstandes berechtigt[584] und sogar verpflichtet gewesen.

Dieser Entscheidung kann so nicht gefolgt werden. Auch wenn den Eltern im Verhältnis zu ihrem selbstbestimmungsfähigen Kind richtigerweise ein Informationsrecht verbleibt und die Offenbarung von medizinischen Details durch den Arzt gegenüber den Eltern im Einzelfall über die Notstandsregelungen eine Rechtfertigung fände,[585] begrenzt das Selbstbestimmungsrecht des (im vorliegenden Fall sogar volljährigen) Patienten die Garantenpflicht des Arztes zu weiteren, von dem

---

Die Beklagte vereinbarte daraufhin für die Klägerin zunächst einen Termin bei einer Beratungsstelle und überwies sie anschließend ins Krankenhaus, in dem am Folgetag festgestellt wurde, dass sich die Klägerin bereits in der 14. Schwangerschaftswoche befand und somit ein Abbruch im Wege der Beratungslösung nicht mehr infrage kam. Die Beklagte wurde hierüber unterrichtet, informierte jedoch die Eltern der Klägerin nicht. In der Folge brachte die Klägerin einen Jungen zur Welt.

582 BGH, Urteil vom 26.10.1982 – 1 StR 413/82 (LG Rottweil) = BGH NStZ 1983, 313 ff.

583 Kritisch hierzu *Lilie*, Anmerkung zum BGH NStZ 1983, 313 ff., NStZ 1983, 3138315 ff.).

584 Nach dem Wortlaut des § 34 StGB wäre eine Befugnis zur Offenbarung eines Geheimnisses regelmäßig dann anzunehmen, wenn eine gegenwärtige Gefahr für ein wesentlich überwiegendes Rechtsgut besteht und diese Notstandslage nicht anders als durch Verletzung der ärztlichen Schweigepflicht abwendbar ist (§ 34 S. 1 StGB), wobei sich die Notstandshandlung als ein „angemessenes Mittel" zur Gefahrenabwehr erweisen muss (§ 34 S. 2 StGB).

585 *Ulsenheimer* in Laufs/Kern, § 67 Rn 12 ff.

Patienten nicht gewollten *aktiven* Maßnahmen,[586] sodass der Informationsanspruch der Eltern nicht grundsätzlich dazu führt, dass sich die Mitteilungsberechtigung des Arztes derart zu einer Rechtspflicht verfestigt, dass der Arzt von sich aus den Kontakt zu Dritten suchen muss. Lediglich in Notfallsituationen bzw. in dem Fall, dass der Mediziner erkennen musste, dass ein minderjähriger Patient der dringenden Behandlungsaufforderung nicht nachkommt bzw. nicht nachkommen wird, kann aus der Offenbarungsberechtigung zum Schutze des minderjährigen Patienten eine Offenbarungsverpflichtung erwachsen. Hieraus aber eine generelle, vom Sachverhalt losgelöste aktive Mitteilungsverpflichtung zu konstruieren, ist schon deshalb bedenklich, da grundsätzlich auch eine Behandlungsverweigerung des einwilligungsfähigen Patienten, minder- oder volljährig, vom Selbstbestimmungsrecht umfasst wird und somit zu beachten ist. Insoweit wird der Mediziner einen Minderjährigen, der eine Unterrichtung seiner gesetzlichen Vertreter nicht wünscht, darüber aufklären müssen, dass er in dem Fall, dass die gesetzlichen Vertreter um Informationen bitten, einer solchen Aufforderung grundsätzlich nachkommen muss. Dieser Standpunkt wird die Kritik provozieren, dass die gesetzlichen Vertreter, die von der Behandlung des Minderjährigen keine Kenntnis haben, da dieser sich ohne deren Wissen in die ärztliche Sprechstunde begibt, gar nicht in der Lage sind, ihr Informationsrecht geltend zu machen. Da sich aber das den Eltern verbleibende Auskunftsrecht aus der Wechselwirkung von Art. 6 Abs. 2 GG und dem Selbstbestimmungsrecht des Minderjährigen sowie dem gesetzlichen Sorge- und Erziehungsauftrag aus den §§ 1626 ff. BGB allein aus dem Eltern-Kind-Verhältnis ableitet und rechtfertigt und die Eltern selbst mit dem Arzt in Bezug auf den Informationsanspruch in keinerlei rechtlicher Beziehung stehen, ist der Mediziner außerhalb von Notfallsituationen bzw. der Sicherstellung einer umgehenden Behandlung zur Vermeidung einer solchen nicht verpflichtet und auch nicht berechtigt, von sich aus den Elternkontakt zu suchen. Die Zerrüttung bzw. Störung der Kommunikation im Eltern-Kind-Verhältnis ist keine ausreichende Rechtfertigung, um an sich dem Schweigegebot unterliegende Informationen gegen den Willen des minderjährigen Patienten aktiv den gesetzlichen Vertretern zu offenbaren.

ff. Adressat der Patientenaufklärung

Adressat der Aufklärung ist grundsätzlich der (minderjährige) Patient selbst.[587] Nach vorstehenden Ausführungen muss der Arzt im Falle der Einwilligungsfähigkeit des Minderjährigen aber zusätzlich die sorgeberechtigten

586 *Lilie*, NStZ 1983, 313 ff.

587 *Kern* in Laufs/Kern, § 17 a Rn 51.

Bezugspersonen, sofern diese Informationen einfordern, als Aufklärungsadressaten mit einbeziehen, da diesen kraft ihrer elterlichen Sorge ein Informationsrecht belassen werden muss und zusteht. Darüber hinaus müssen sie in die Lage versetzt werden, dem Minderjährigen beratend und unterstützend im Rahmen der Entscheidungsfindung zur Seite zu stehen, wofür die Aufklärung der gesetzlichen Vertreter erforderlich ist. Für die Einwilligung zur Teilnahme an klinischen Studien zur Wirksamkeit neuer Medikamente hat der Arbeitskreis medizinischer Ethik-Kommissionen der Bundesrepublik Deutschland durchaus ansprechende Muster-Patienteninformationsschriften und – Einwilligungserklärungen für Kinder (ca. zwischen 7–11 Jahren) und Jugendliche (ca. zwischen 12–16 Jahren) veröffentlicht.[588] Soweit solche auch für die übrigen Bereiche der medizinischen Behandlung Minderjähriger von offizieller Stelle zur Verfügung gestellt werden würden, würde solche vermutlich in den medizinischen Behandlungsalltag schnell Einzug nehmen.

b. Der nicht einwilligungsfähige Minderjährige

aa. Einwilligungserklärung durch die gesetzlichen Vertreter

Ist der Minderjährige nicht einwilligungsfähig, so müssen an seiner Stelle die Personensorgeberechtigten einwilligen, in der Regel die Eltern, gegebenenfalls der Vormund[589] oder ein Ergänzungspfleger.[590] Gemeinsam sorgeberechtigte Eltern üben in der Regel die Sorge hierfür gemeinsam aus.[591] Bei „Gefahr im Verzug" darf jeder Elternteil allein die zum Wohle des Kindes notwendigen Handlungen vornehmen und somit in den Vertragsabschluss sowie in die medizinische Behandlung einwilligen. Aber auch sonst muss die Einwilligung nicht stets von beiden Elternteilen gemeinsam erklärt werden. Der Bundesgerichtshof[592] hat hierzu eine sogenannte Dreistufentheorie entwickelt:

---

588 Vgl. *AMEK* vom 19.11.2011, abrufbar über: http://www.ak-med-ethik-komm.de/formulare.html, Stand 30.8.2013.

589 Anders als beim Betreuer eines volljährigen Patienten (§ 1904 BGB) bedarf die Einwilligung für Minderjährige auch dann keiner vormundschaftsgerichtlichen Genehmigung, wenn die ärztlichen Maßnahmen mit besonderen Risiken verbunden sind. Das gilt (wenig konsequent) auch dann, wenn nicht Eltern, sondern ein Vormund oder Pfleger handelt.

590 §§ 1909 ff. BGB.

591 §§ 1626, 1627, 1629 BGB bzw. §1626 a BGB.

592 Vgl. BGHZ 105, 45; *Dettmeyer*, MR, Seite 204; *Deutsch/Spickhoff*, MedR, Rn 794.

1. In den Routinefällen des Alltags (z.B. Behandlung leichterer Erkrankungen und Verletzungen in der Praxis des niedergelassenen Arztes) kann der Arzt, solange ihm keine entgegenstehenden Umstände bekannt sind, ohne weitere Rückfragen darauf vertrauen, dass der das Kind begleitende Elternteil aufgrund einer allgemeinen Funktionsaufteilung zwischen den Eltern ermächtigt ist, für den nicht erschienenen Teil mit zu handeln.
2. Bei Eingriffen schwererer Art mit nicht unbedeutenden Risiken hat sich der Arzt durch entsprechende Fragen zu vergewissern, ob der erschienene Elternteil eine solche Ermächtigung hat und wie weit diese reicht. Der Arzt darf aber auch hier auf die wahrheitsgemäße Antwort vertrauen, solange er nicht konkreten Anlass hat, daran zu zweifeln. Falls im Aufklärungsgespräch Dinge zur Sprache kommen, mit denen die Eltern vermutlich nicht gerechnet haben, kann die Anregung angebracht sein, die Einwilligungsfrage noch einmal miteinander zu besprechen.
3. Ist die Behandlung mit besonders großen Risiken verbunden und sind zuvor schwierige und weitreichende Entscheidungen, unter Umständen auch über Behandlungsalternativen oder einen möglichen Behandlungsaufschub zu treffen, kann der Arzt nicht ohne Weiteres von einer entsprechenden Ermächtigung ausgehen. Hier muss er das Gespräch mit beiden Elternteilen suchen oder sich von dem abwesenden Teil ausdrücklich versichern lassen, dass dieser auf Teilnahme am Aufklärungsgespräch verzichtet und dem anderen Elternteil freie Hand zur Einwilligungserklärung lässt.

Bei Uneinigkeit der gemeinsam sorgeberechtigten Eltern gilt die Einwilligung als versagt. Abgesehen von Eilfällen, in denen das ärztliche Handeln keinen Aufschub duldet, muss es der Arzt grundsätzlich dem zustimmenden Elternteil überlassen, wegen der Weigerungshaltung des anderen Elternteiles das Familiengericht anzurufen mit dem Ziel, ihm die Alleinentscheidung zu übertragen (§ 1628 BGB). Lediglich in Notfallsituationen oder bei dem Verdacht sorgerechtsmissbräuchlicher Elternentscheidung ist in diesen Fällen dem Mediziner ein Handeln nach den allgemeinen rechtlichen Grundsätzen möglich.

bb. Das Vetorecht des Minderjährigen

Ist ein Minderjähriger nicht einwilligungsfähig, haben grundsätzlich die gesetzlichen Vertreter eine kindeswohlorientierte Entscheidung zu treffen. Im Hinblick darauf, dass das Elternrecht und das Selbstbestimmungsrecht des Minderjährigen keine unmittelbar miteinander konkurrierenden Rechte darstellen, da sie sich gegenseitig ausschließen und bedingen, stellt sich nun auch an dieser Stelle die Frage, inwieweit dem Minderjährigen in dem Fall, dass sein Selbstbestimmungsrecht durch seine sorgeberechtigten Bezugspersonen ausgeübt wird, Beteiligungsrechte, hier Informations- und Aufklärungsansprüche, sowie die Möglichkeit, einer Behandlungsentscheidung der gesetzlichen Vertreter gegebenenfalls ein Veto[593] entgegenzusetzen, zustehen.

Wie auch das Elternrecht, das *im Verhältnis zum Minderjährigen* in seiner Pflichtgebundenheit auf Auflösung angelegt ist, sodass es, sobald der Minderjährige die Kompetenz zur Selbstbestimmung entwickelt hat, aus sich heraus zurücktritt, stellt das Selbstbestimmungsrecht des Minderjährigen *im Verhältnis zum verfassungsrechtlich garantierten Elternrecht* nach der Auffassung der Verfasserin ebenfalls eine verfassungsrechtlich geschützte Position dar, die im Hinblick auf die Wesensgehaltsgarantie aus Art. 19 Abs. 2 GG auch in ihrem Kern bestehen bleiben muss. So wie sich die Wesensgehaltsgarantie aus Art. 19 Abs. 2 GG *wie ein Schutzwall um das elterliche Erziehungsrecht aus Art. 6 Abs. 2 GG legt*, sodass den Eltern eines einwilligungsfähigen Minderjährigen bis zur Volljährigkeit des Kindes zumindest ein Aufklärungs- und Informationsanspruch verbleibt, schützt Art. 19 Abs. 2 GG im umgekehrten Fall das dem Minderjährigen im Kern zu erhaltene Selbstbestimmungsrecht sowie seine Menschenwürde, sodass er das Recht haben muss, den Behandlungsentscheidungen sowie auch den Behandlungsverweigerungen seiner Eltern ein Veto entgegenzusetzen, mit dem sich die gesetzlichen Vertreter und der Arzt auseinandersetzen müssen.

Auch wenn das Fremdbestimmtwerden eine Form von Selbstbestimmung sein kann, so kann eine Fremdbestimmung, die nicht dem Willen des Minderjährigen entspricht, im Einzelfall einen erheblichen Eingriff in das Persönlichkeitsrecht darstellen. So verpflichtete das OLG Hamm 1998 in einer viel kritisierten Entscheidung eine fast 17-jährige Jugendliche aufgrund der fehlenden Einwilligung der Eltern in einen Schwangerschaftsabbruch zur Austragung eines Kindes gegen ihren ausdrücklichen Willen: „*(...) Der sorgeberechtigte Elternteil, der seine Zustimmung zu einem von seiner minderjährigen Tochter geplanten Schwangerschaftsabbruch verweigert, übt sein Sorgerecht deshalb nicht missbräuchlich aus, und ihm kann auch kein unverschuldetes Versagen i.S. von § 1666 BGB n.F. vorgeworfen werden. Er gefährdet das Wohl seiner Tochter dadurch nicht, dass er von ihr das Austragen ihres Kindes verlangt. Von einer solchen Pflicht der Schwangeren geht die staatliche Rechtsordnung vielmehr grundsätzlich aus*“[594], und griff

593 Eine erstmalige gesetzliche Normierung des Vetorechtes findet sich in § 8 a Nr. 4 TPG.

594 OLG Hamm, Beschluss vom 16.7.1998 – 15 W 274-98 = NJW 1998, 3424 ff.

damit im besonderen Maße in die Selbstbestimmung sowie den gesamten weiteren Lebensweg der Jugendlichen ein.[595]

Aus dem Vetorecht können dem Minderjährigen Anhörungs- und Aufklärungsansprüche erwachsen oder, wie es im vorbenannten Fall erforderlich gewesen wäre, das Recht, die Einwilligungserklärung der Eltern durch einen gerichtlichen Beschluss ersetzen zu lassen sowie in bestimmten Situationen zwischen vergleichbaren Behandlungsalternativen zu wählen.[596] Ein solches Wahlrecht gründet auf dem einfachen Grundsatz, wonach fürsorglicher Zwang dort unverhältnismäßig ist, wo es an der objektiven Erforderlichkeit fehlt. Da auch die Nichtbehandlung eine Behandlungsalternative sein kann, kann das Vetorecht im Einzelfall sogar das Recht zur Behandlungsverweigerung begründen.[597] Unberücksichtigt bleibt bei der bisherigen Diskussion um das Vetorecht Minderjähriger weiter, dass der Gesetzgeber selbst im FamFG ein grundsätzliches „Veto" des Minderjährigen gegen Entscheidungen der sorgeberechtigten Bezugspersonen normiert hat, da Jugendlichen, die das das 14. Lebensjahr vollendet haben, gem. § 9 Abs. 1 Nr. 3 FamFG ein eigenes Antragsrecht sowie gem. § 60 FamFG auch ein eigenes Beschwerderecht zusteht, sodass sie gegen Entscheidungen der Sorgeberechtigten selbst gerichtlich vorgehen können.

Anders als die herrschende Meinung in der Literatur[598] erkennt der BGH bisher ein solch mittelbares „Beteiligungsrecht" des Minderjährigen nur beim gleichzeitigen Vorliegen der entsprechenden Reife ausdrücklich sowie ausschließlich für *„relativ indizierte Eingriffe"* an.[599] Die hierzu jüngst ergangene Entscheidung zur Problematik der Einwilligung Minderjähriger in ärztliche Heileingriffe vom 10.10.2006 betraf eine Operation zur Korrektur einer

---

595 Fast 20 Jahre zuvor befand das LG München I, NJW 1980, 646 ff., dass eine 16-Jährige, sofern sie die Tragweite ihrer Entscheidung erfasst, zum Abbruch einer Schwangerschaft aus sozialer Indikation nicht der Zustimmung ihrer gesetzlichen Vertreter bedarf, hielt es jedoch nicht für sorgerechtmissbräuchlich, dass die Eltern die Zustimmung zum Behandlungsvertrag verweigerten, da diese ihre Entscheidung, in einen Behandlungsvertrag mit dem Zweck der Abtreibung nicht einzuwilligen, unter vernünftiger Abwägung der Argumente getroffen haben, was insoweit inkonsequent scheint.

596 Vgl. *Rothärmel,* Seite 196.

597 Vgl. *Rothärmel,* a.o.a.O.

598 Vgl. zur Literaturmeinung die zusammenfassende Darstellung der Konzeptionen der Rechtswissenschaftler *Amelung, Ulsenheimer* und *Taupnitz* in: *Jortzig*, Arzthaftung 2011, Seite 258–260.

599 BGH, Urteil vom 10.10.2006 – VI ZR 74/05 = MedR 2008, 289 (2900); = BGH, NJW 2007, 217 (218).

pathologischen Wirbelsäulenverkrümmung bei einer im Zeitpunkt der Operation 15-jährigen Patientin, die letztendlich eine Querschnittslähmung zur Folge hatte. Die behandelnden Ärzte hatten mehrere, allerdings in der Gesamtschau nicht ausreichende Aufklärungsgespräche mit den Eltern geführt, bei denen auch die Klägerin anwesend war. Der BGH geht davon aus, dass die Einwilligungszuständigkeit für die nur relativ indizierte Operation bei den Eltern liegen würde, dass aber der Klägerin – falls sie über ausreichende Urteilsfähigkeit verfügt – ein „Vetorecht gegen die Fremdbestimmung durch die gesetzlichen Vertreter" zuzubilligen ist. Um von dem Vetorecht Gebrauch machen zu können, ist danach auch der – ausreichend urteilsfähige – minderjährige Patient entsprechend aufzuklären. Allerdings könne der Arzt im Allgemeinen darauf vertrauen, dass die Aufklärung und Einwilligung der Eltern genügt. Ob die vom BGH für die Vetoberechtigung verlangte Urteilsfähigkeit konkret das Maß der Reife der Einwilligungsfähigkeit erreichen muss, lässt das Gericht im vorstehend zitierten Urteil offen. Die im Mittelpunkt stehende Frage der Einwilligungszuständigkeit wird vom BGH in der viel kritisierten Entscheidung anscheinend eher als Frage des richtigen Aufklärungsadressaten gesehen. Das Urteil erweckt den Anschein, dass der BGH nunmehr zwar nicht im Allgemeinen, jedoch zumindest in Bezug auf die Einwilligung in die medizinische Behandlung von dem grundsätzlichen Zustimmungserfordernis der gesetzlichen Vertreter auszugehen scheint, was im Wertungswiderspruch zur bisherigen herrschenden Rechtsprechung sowie der bisherigen, vom BGH selbst entwickelten und zumindest bis heute nicht beanstandeten Definition der Einwilligungsfähigkeit steht und insoweit verwundert. Abgesehen davon, dass beim Vorliegen der erforderlichen Reife nach der hier vertretenen Auffassung ein Vetorecht im Einzelfall ohnehin zur selbstbestimmten Einwilligungskompetenz aufschwingt, sodass die vorhandene Selbstbestimmungsfähigkeit des Minderjährigen das Elternrecht auf einen Aufklärungs- und Informationsanspruch reduziert, erscheint eine solche Einschränkung der kindlichen Teilhabe an medizinischen Behandlungsentscheidungen schon vor dem Hintergrund der vom Gesetzgeber bereits 1979 formulierten Begründung zur Änderung des § 1626 Abs. 2 BGB fraglich.[600] Hier heißt es:

> *„(...) Wichtigstes Ziel jeder Erziehung ist die Entwicklung des Kindes zur selbstverantwortlichen Persönlichkeit. Soll dieses Ziel beim Eintritt der Volljährigkeit erreicht sein, ist es notwendig, das Kind rechtzeitig darauf vorzubereiten. Eltern-Kind-Beziehungen, die bis zur Volljährigkeit des Kindes vorherrschend von Befehl*

---

600 Kritische Würdigung: *Kern*, Anmerkung zum BGH, Urteil vom 10.10.2006 – VI ZR 74/05 in LMK 2007, 220412.

und Gehorsam geprägt sind, sind zur Bewältigung dieser Aufgabe kaum geeignet. Vielmehr muss das Kind mit zunehmenden Alter und wachsender Einsicht an die altersgemäße Selbstständigkeit herangeführt werden. Die Neufassung des § 1626 Abs. 2 BGB soll dazu beitragen, dass dieser Grundsatz allgemein verstanden wird ... "[601]

Ähnliches ist der Stellungnahme des Gesetzgebers zum KindRG aus dem Jahre 1998 zu entnehmen: „*(...) Die Entwicklung von Kinderrechten bedeutet also, diese sowohl als Förderungsverpflichtungen der Eltern und der staatlichen Gemeinschaft zu sehen als auch Kindern die ihrem Lebensalter angemessenen Selbstbestimmungs- und Beteiligungsrechte zu sichern. (...)*"[602]

Betrachtet man beispielsweise die Situation in der Kinderonkologie, so erscheint die vom BGH geäußerte Auffassung, so er diese auch in solchen Fällen vertreten würde, bedenklich, da grundsätzlich davon ausgegangen werden kann und muss, dass beispielsweise ein 15-Jähriger, der gegebenenfalls bereits mehrere Jahre an einer Krebserkrankung leidet, die Folgen und Auswirkungen der Strahlen- und Chemotherapie kennt und erduldet bzw. erlitten hat und weiß, dass es sich bei der erneut dringend indizierten Therapie lediglich um einen Versuch der Lebensverlängerung mit der Hoffnung auf Heilung handelt, durchaus fähig und in der Lage sein wird, einen Behandlungsabbruch für sich zu entscheiden. Auch die Beachtung eines solchen Wunsches nach der Unterlassung einer indizierten Behandlung muss vor dem Hintergrund der Grundrechtsmündigkeit von Minderjährigen ernst genommen werden. Darüber hinaus werden den Eltern das Recht und die Möglichkeit zur Behandlungsentscheidung durch das Vetorecht des Minderjährigen nicht per se genommen, sondern lediglich einer ärztlichen und gegebenenfalls gerichtlichen Überprüfbarkeit zugeführt, die der 14-jährige Jugendliche gem. § 9 FamFG ohnehin bereits selbst herbeiführen kann. In Konfliktfällen führt das Vetorecht dann zu einer Abwägungsverpflichtung des Arztes, die er in die Beratung der Parteien mit einfließen lassen muss und die im Einzelfall zu einer intensiveren Betreuung von Eltern und Kind in Konfliktfällen führen würde.

In vorbenannter Fallkonstellation werden sich Eltern verständlicherweise an jeden Behandlungsversuch, der das Leben ihres Kindes auch nur geringfügig verlängern kann, „klammern". Durch das Vetorecht werden auch die Eltern gezwungen werden, sich mit der Einstellung des Kindes zur Krankheit, zur Behandlung, zum Leben und zum Tod sowie ihrer Verantwortung, ein schwer krankes Kind auch loszulassen, auseinanderzusetzen. Würde ein allgemeines Vetorecht höchstrichterlich oder aber gesetzlich formuliert werden, müsste die medizinische

601 BT-Drucks. 8/2788, Seite 34.
602 BT-Drucks. 13/11368, Seite 160.

Praxis darauf kurzfristig reagieren und schon aus haftungsrechtlichen Gründen in den konfliktträchtigen Bereichen entsprechend qualifiziertes Personal einsetzen. Will man den Grundsatz der wachsenden Selbstständigkeit und Selbstbestimmtheit hinreichend berücksichtigen, wird man somit die derzeit bestehenden Grundsätze zur Einwilligungsfähigkeit sowie zum Vetorecht minderjähriger Patienten überdenken müssen.

Vor dem Hintergrund der im Wesentlichen durch Richterrecht entstandenen rechtlichen Rahmenbedingungen der Heilbehandlung hat sich das Institut des „informed-consent", bei dem der Behandlungs- und Therapieplan nach ärztlicher Aufklärung im Einvernehmen mit dem Patienten aufgestellt wird, entwickelt, im Rahmen dessen sich dann spezielle ärztliche Pflichten[603] und daraus erwachsenen Patientenrechte herausgebildet haben.[604] Dies erwies sich als wirksames Instrument zum Schutz des Selbstbestimmungsrechtes des Patienten.[605] Ist der Minderjährige einwilligungsfähig, findet das Institut des informed-consent auf ihn grundsätzlich in gleicherweise Anwendung wie bei dem erwachsenen Patienten. Bei einem nicht einwilligungsfähigen Minderjährigen, bei dem nur die gesetzlichen Vertreter die Einwilligung in einen Heileingriff erteilen können, scheint dieser jedoch, jedenfalls in der medizinischen Praxis, zu versagen, da der Mediziner in diesem Fall nicht verpflichtet ist, mit dem Minderjährigen unter Berücksichtigung aller in Betracht kommenden Risiken ein Einvernehmen herzustellen. Insoweit reduziert sich der Informed-Consent-Grundsatz in der Praxis auf eine oberflächliche Unterrichtung des Minderjährigen über den groben Behandlungsablauf. Im Konfliktfall zwischen dem Minderjährigen und den sorgeberechtigten Bezugspersonen stellt sich für den Mediziner die Frage, mit wem er im Zweifel nach ärztlicher Aufklärung das Einvernehmen herstellen muss. Entweder wird er sich nun mit den Kriterien der Einwilligungsfähigkeit Minderjähriger intensiv auseinandersetzen oder aber er übergeht das unter Umständen bereits vorhandene Selbstbestimmungsrecht seines jungen Patienten und richtet seine Behandlung aus Sorge vor haftungsrechtlichen Konsequenzen allein an dem Willen der Eltern aus, indem er dem Minderjährigen die Entscheidungskompetenz bewusst aberkennt. Im Ergebnis ist somit festzuhalten, dass das Institut des informed-consent aus der Sicht des minderjährigen Patienten bisher nur eingeschränkt hilfreich ist und in

---

603 Insbesondere Aufklärungs-, Prüf- und Dokumentationspflichten.

604 *Rothärmel/Wolflast/Fegert*, MedR 1999, 293 (295).

605 So bereits BGH, NJW 1956, 1106 (1107) „Erstes Elektroschockurteil"; BGH, NJW 1959, 811 (812).

der Praxis aufgrund der auch heute noch bestehenden starken Elternorientiertheit der behandelnden Ärzte[606] regelmäßig kaum beachtet wird.

Das Bundesverfassungsgericht hat das Eltern-Kind-Verhältnis lediglich grob skizziert. Das Elternrecht wurde zunächst im klassischen Sinne als ein Grundrecht verstanden, das den Staat sowie die Gerichte als unmittelbar geltendes Recht binde.[607] Andererseits erkannte das Gericht schon früh die eigenen Grundrechte des Kindes aus Art. 1 Abs. 1 und 2 Abs. 1 GG an.[608] Die Handlungsfreiheit des Kindes wurde zum einem den, in Art. 6 Abs. 2 GG genannten Eingrenzungen unterworfen,[609] zum anderen fand das Elternrecht aber auch seine Rechtfertigung darin, dem Kind Schutz und Hilfe zu gewähren, damit es sich zu einer eigenverantwortlichen Persönlichkeit entwickelt,[610] sodass es im Wesentlichen als ein Recht des Kindes verstanden wurde, das sich in das Elternrecht einfüge.[611] In seiner Entscheidung zur Schweigepflicht von Schülerberatern gegenüber den Eltern leitete das BVerfG die Rechte des Kindes dann aber unmittelbar aus Art. 6 Abs. 2 GG ab, sodass es das Elternrecht nunmehr als dienendes und „fiduziarisches Recht" qualifiziert, das mit zunehmender Kompetenz des Minderjährigen umgekehrt proportional[612] weicht.[613] Das Verhältnis des Elternrechts zu dem Recht des Kindes wird nunmehr also als eine anvertraute treuhänderische Freiheit verstanden.[614] Eine

606 So *Kölch/Fegert,* FPR 2007, 76 (77) m.w.Nw.

607 BVerfGE 4, 57; 24, 138.

608 BVerfGE 24, 144; 55, 179; 57, 352.

609 BVerfGE 53, 203; 59, 382.

610 BVerfGE 24, 144; 56, 384.

611 BVerfG, EuGRZ 2007, 235 (237); BVerfG, NJW 1968, 2233 (2235); NJW 1971, 1447, 1448; 81, 1201 (1202); 1982, 1379 f.

612 Nach *Michel*, Forschung an Minderjährigen, 103 f. tritt das Elternrecht bei wachsender Selbstständigkeit des Minderjährigen „umgekehrt proportional zurück". Dieser Grundsatz ergebe sich auch aus § 1626 Abs. 2 S. 1 BGB, nach dem die Eltern die wachsenden Fähigkeiten sowie das wachsende Bedürfnis des Kindes nach Selbstständigkeit zu berücksichtigen haben.

613 Vgl. BVerfG 1982, 1375 (1377); *Ramm*, NJW 1989, 1708 (1712); BayObLG, Beschl. vom 18.04.1985, NJW-RR 1986, 3 (4); kritisch zum Urteil des BAyObLG mit starrer Gegenposition: *Knöpfel,* FamRZ 1985, 1211 ff. Nach seiner Auffassung darf sich der Jugendliche bis zur Volljährigkeit der elterlichen Erziehung nicht entziehen. Dies ergebe sich aus Art. 6 Abs. 2 und 3 GG sowie aus dem Grundrecht des Kindes auf Erziehung aus Art. 2 Abs. 1 GG. Eine sich entwickelnde Grundrechtsmündigkeit vor dem Erreichen der Volljährigkeit lehnt er ab. Die damit verbundene Freiheitseinschränkung habe der Minderjährige hinzunehmen.

614 BVerfGE 59, 360 (376 f.).

abgestufte partielle Mündigkeitsregelung, die sich an der zunehmenden Selbstbestimmungsfähigkeit des Kindes orientiert und sachlich begründet ist, stellt nach der Auffassung des Bundesverfassungsgerichtes *keinen* Eingriff in das Elternrecht dar.[615] Diesbezüglich stellt es heute klar, dass das Elternrecht bei zunehmender Kompetenz des Minderjährigen vor dessen Selbstbestimmungsrecht zurücktritt.[616]

Vor diesem Hintergrund muss gerade dem nicht einwilligungsfähigen Minderjährigen als Kern des durch die elterliche Entscheidungsbefugnis begrenzten Selbstbestimmungsrechts ein Vetorecht verbleiben, sodass der Auffassung des BGH, der bisher lediglich *beim gleichzeitigen Vorliegen einer entsprechenden Reife* ein Vetorecht nur für *relativ indizierte* Eingriffe anerkennt, in diesem eingeschränkten Rahmen nicht gefolgt werden kann.

Das Recht des Kindes, zumindest nicht dringend erforderliche Maßnahmen, die es als Zwang erlebt, abzulehnen, kann heute zudem unmittelbar auf § 1626 Abs. 2 S. 1 BGB und § 1631 Abs. 2 BGB gestützt werden. Die Eltern haben im zunehmenden Maße den Kindeswillen zu berücksichtigen, da nicht nur das körperliche, sondern auch das psychische Wohl einen Teilbereich des unbestimmten Begriffes des „Kindeswohls" ausfüllt. Schon im Gesetzesentwurf[617] zu § 1626 Abs. 2 BGB heißt es, dass *„die Berücksichtigung des Willens eines jüngeren Kindes nicht ausgeschlossen"* werden sollte. Hieraus kann gefolgert werden, dass sich die Aussage des § 1626 Abs. 2 BGB[618] nicht darin erschöpft, dass nur die Wünsche des bereits einwilligungsfähigen Kindes berücksichtigt werden sollen. Vielmehr scheint bereits der historische Gesetzgeber davon ausgegangen zu sein, dass grundsätzlich der Beachtung der Wünsche jedes Kindes ein psychologischer wie ethischer als auch rechtlicher Eigenwert zukommt.

Wenn es jedoch im Ergebnis nicht gelingt, dieses Einvernehmen mit dem einwilligungsunfähigen Kind herzustellen, bleibt es dabei, dass die Eltern gem. § 1626 Abs. 1 BGB im Konfliktfall das Recht zur Personensorge haben und im Ergebnis bis zur unbestimmten Grenze der Kindeswohlgefährdung die alleinige

---

615 BVerfGE 59, 382 (387 f.).

616 Darstellend *Moritz*, Stellung des Minderjährigen, Seite 55 ff. m.w.Nw.

617 BT-Drucks. 8/2788, Seite 34.

618 Gem. § 1626 Abs. 2 BGB haben die Eltern zu versuchen, Entscheidungen, die das Kind betreffen, mit diesem zu besprechen, um im Hinblick auf die zu entwickelnde Fähigkeit zum selbstständigen und verantwortungsbewussten Handeln eine einvernehmliche Entscheidung mit ihrem Kind herbeizuführen, wenn dies nach dem Entwicklungsstand des Kindes angezeigt ist. In diesem Sinne Palandt/*Diederichsen*, § 1626 Rn 22.

Entscheidungskompetenz.[619] Zweifelsohne gebieten gerade der Schutz der körperlichen Integrität und damit der Schutz des Grundrechts des Minderjährigen aus Art. 2 Abs. 2 S. 1 GG, dass die gesetzlichen Vertreter über die Vornahme des Eingriffs im Kindesinteresse entscheiden, wenn ihm die notwendige Einsichtsfähigkeit hierzu fehlt. Gleichwohl ist aber auch der einwilligungsunfähige Minderjährige nicht nur Träger des Grundrechtes aus Art. 2 Abs. 2 GG, sondern auch aus Art. 2 Abs. 1 GG. Trotz der eigentlichen Funktion der Grundrechte als Abwehrrechte gegen staatliche Eingriffe stehen diese aus dem Blickwinkel des Grundrechtsträgers aufgrund der heute anerkannten mittelbaren Drittwirkung[620] auch zu eigenen und den Grundrechten Dritter in einem Konkurrenzverhältnis, dem nur durch eine sachgerechte Abwägung Rechnung getragen werden kann. Diese im Wege der praktischen Konkordanz[621] durchzuführende Abwägung gebietet, die verfassungsrechtlich geschützten Rechtsgüter bei einer Kollision einer sachgerechten Wertung und Gegenüberstellung zuzuführen, „sodass die miteinander kollidierende Grundrechte nebeneinander zur optimalen Wirksamkeit gelangen".[622] Die Verdrängung des Grundrechts des Minderjährigen aus Art. 2 Abs. 1 GG durch das ebenfalls verfassungsrechtlich geschützte Elternrecht aus Art. 6 Abs. 2 GG, zu dessen Ausübung die Eltern im Rahmen der Personensorge bei fehlender Einwilligungsfähigkeit nicht nur berechtigt, sondern auch verpflichtet sind, mag sich zwar grundsätzlich dadurch rechtfertigen, dass auch das Grundrecht des Minderjährigen aus Art. 2 Abs. 2 GG beeinträchtigt werden würde. Vor dem Hintergrund der praktischen Konkordanz sowie der Wesensgehaltsgarantie muss es aber auch hier möglich sein, die Daseinsberechtigung des Art. 2 Abs.1 GG neben dem Art. 2

619 So schon BT-Drucks. 8/2788, Seite 45.

620 BVerfGE 7, 198 (206), darstellend auch *Boston-Vogt*, Persönlichkeitsrecht, Seite 20 ff.

621 Das *„Prinzip der praktischen Konkordanz"* ist ein Begriff des Verfassungsrechtes. Dieser wurde von *Konrad Hesse* geprägt und in der verfassungsrechtlichen Diskussion etabliert. Es handelt sich dabei um eine Methode der Lösung von Normenkollision.

622 *Praktische Konkordanz* erfordert, dass sich nicht eine der widerstreitenden Rechtspositionen bevorzugt und maximal durchsetzt, sondern alle einen möglichst schonenden Ausgleich erfahren. Erreicht werden soll ein verhältnismäßiger Ausgleich der gegenläufigen Interessen mit dem Ziel ihrer Optimierung. *Praktische Konkordanz* bedeutet somit stets, die kollidierenden Rechte mit Blick auf alle Umstände des jeweiligen Falles („praktisch") gegeneinander abzuwägen und zu einem schonenden Ausgleich (zu „Konkordanz") zu bringen. Pauschal-abstrakte Lösungen für die eine oder die andere Seite sind damit nicht vereinbar. Vielmehr müssen den gegenläufigen Rechtspositionen so Grenzen gesetzt werden, dass beide nicht nur verlieren, sondern auch in möglichst großem Maße zur Geltung kommen können. Vgl. BVerfG JA 2010; 670 (672).

Abs. 2 GG und Art. 6 Abs. 2 GG zu erhalten, was eine vollständige Verdrängung ausschließt, jedoch eine gebotene Einschränkung zulässt. Aus diesem Grunde spricht viel dafür, dass das Grundrecht aus Art. 2 Abs. 1 GG nur insoweit eingeschränkt werden darf, wie es zum Schutz des Art. 2 Abs. 2 GG erforderlich ist. Mithin scheint es nicht erforderlich und somit verfassungsrechtlich bedenklich, zum Schutz des Grundrechts aus Art. 2 Abs. 2 GG das Selbstbestimmungsrecht des Minderjährigen ganz auszuschließen. Vielmehr verlangt das Grundrecht des Minderjährigen aus Art. 2 Abs. 1 GG, dass auch der nicht einwilligungsfähige Minderjährige nach einer altersgerechten Aufklärung mit seinen Einwendungen und Bedenken ernst genommen und gehört wird und diese der fremdbestimmten Entscheidung seiner Vertreter als Veto entgegenhalten kann.

Ob die vorgenannte Entscheidung des BGH nach vorstehenden Ausführungen verfassungsrechtlich somit überhaupt vertretbar ist, mag Zweifel hervorrufen. Dass ein Vetorecht nicht nur begrifflich, sondern auch aus verfassungsrechtlicher Sicht nur *nicht* einwilligungsfähige Minderjährige betreffen kann und nicht, wie der BGH es in vorgenannter Entscheidung tat, auf Minderjährige mit einer hinreichenden Urteilsfähigkeit Anwendung findet, leiten auch *Rehborn* und *Schäfer* in ihrem Beitrag her. Sie vertreten die Auffassung, dass ein allgemeines Vetorecht des Minderjährigen nach dem verfassungsrechtlichen Maßstab im Rahmen der Verhältnismäßigkeitsprüfung nicht geboten[623] wäre, da sich bezüglich des Umgangs mit der Einwilligungsfähigkeit aus der Verfassung klare Aussagen erarbeiten ließen. Die Autoren definieren die Einwilligung als solche zunächst einmal als Grundrechtsausübungsverzicht im engeren Sinne,[624] die im Wege der mittelbaren Grundrechtswirkung in das Arzt-Patienten-Verhältnis hineinwirke und weder zu einem generellen Grundrechtsverlust noch zu einem Entfallen der staatlichen Schutzpflicht führe.[625] Die Einwilligung des Grundrechtsträgers als Ausfluss des Selbstbestimmungsrechtes aus Art. 2 Abs. 2 GG stehe selbstverständlich auch dem Minderjährigen zu, dem grundsätzlich die Grundrechtsmündigkeit, mithin die Ausübungskompetenz zugesprochen werden müsse, wenn er in der Lage ist,

623 *Rehborn/Schäfer* in Jorzig, Arzthaftung 2011, Seite 253–268.

624 Hier unterscheiden die Autoren in Anlehnung an einen österreichische Rechtswissenschaftler *Merten* in Merten/Papier, Handbuch der Grundrechte, § 73, zwischen dem unechten Grundrechtsverzicht durch bewusste Nichtausübung als faktische Bewirkungshandlung, dem zulässigen Grundrechtsausübungsverzicht im weiteren Sinne sowie dem unzulässigen Grundrechtsausübungsverzicht im engeren Sinne im Sinne des Verzichtes auf die Grundrechtsfähigkeit als solche. Vgl. *Rehborn/Schäfer* in Jortzig, Arzthaftung 2011, Seite 256 f.

625 *Rehborn/Schäfer* in Jorzig, Arzthaftung 2011, Seite 256 ff.

die Bedeutung und Tragweise des Eingriffes sowie die Folgen der Gestattung oder Untersagung zu verstehen. Bis zu diesem Zeitpunkt werde der Minderjährige vor staatlichen Eingriffen durch das in Art. 6 Abs. 2 GG verankerte elterliche Erziehungsrecht geschützt.[626] Dabei sei im Einklang mit § 1626 Abs. 2 BGB davon auszugehen, dass der Minderjährige mit zunehmendem Alter sein Selbstbestimmungsrecht über seine körperliche Integrität selbst ausüben könne,[627] sodass es zu einer Kollision der Grundrechte des Minderjährigen und das der Eltern im Grunde gar nicht komme, da das Fremdbestimmungsrecht der Eltern mit zunehmendem Alter des Minderjährigen automatisch weiche, ohne dass es seitens des Minderjährigen ausdrücklich verlangt werden müsse. Dies gelte umso mehr, als das BVerfG wiederholt ausführte, dass das Selbstbestimmungsrecht ein Recht des Kindes sei, das sich in das Elternrecht einfüge.[628] Insoweit könne zwar das Vetorecht als solches bei Minderjährigen mit einer hinreichenden Urteilsfähigkeit eine klarstellende Funktion haben, sei jedoch in dem Fall, in dem der BGH es anwende, also bei nur relativ indizierten Eingriffen sowie dem Vorliegen der erforderlichen Reife, aus verfassungsrechtlicher Sicht überflüssig, da die Verfassung gebiete, dass der reife Minderjährige grundsätzlich sein Selbstbestimmungsrecht allein ausüben dürfe, sodass eine beschränkende Fremdbestimmung durch die Eltern weder erforderlich noch verhältnismäßig sei. Lediglich der nicht einwilligungsfähige Minderjährige müsse die fürsorgliche Fremdbestimmung der gesetzlichen Vertreter dulden, da das Elternrecht insoweit das Persönlichkeitsrecht verdränge. Nur für diesen käme somit ein Vetorecht nicht in Betracht. Diesen Ausführungen ist vollumfänglich zuzustimmen.

Gewicht bekommt dieses Institut somit erst dann, wenn man entgegen der Auffassung des BGH und mit der in der Literatur vertretenen Auffassung von *Amelung*, *Taupitz* als auch *Ulsenheimer* das Vetorecht auch nicht einwilligungsfähigen

---

626 *Rehborn/Schäfer* in Jorzig, Arzthaftung 2011, Seite 265.

627 So führt das BVerfG in einer Entscheidung zur Sexualerziehung in Schulen BVerfGE 47, 46, 807 (809) zu Art. 2 Abs. 1 GG i.V.m. Art. 1 Abs. 1 GG aus: *„Der Jugendliche ist nicht nur Objekt der elterlichen und staatlichen Erziehung. Er ist vielmehr von vornherein mit zunehmendem Alter in immer stärkeren Maße eine eigene durch Art. 2 Abs. 2 i.V.m. Art. 1 Abs.11 GG geschützte Persönlichkeit (...)"*.

628 Als Beispiel: BVerfG, EuGRZ 2007, 235 (237). Hier heißt es, *„das Verhältnis des Elternrechts zum Persönlichkeitsrecht des Kindes wird durch die besondere Struktur des Elternrechts geprägt. Dieses ist ein Recht im Interesse des Kindes, wie sich schon aus dem Wortlaut des Art. 6 Abs. 2 Satz 1 GG ergibt, der vom Recht zur Pflege und Erziehung des Kindes spricht und auf diese Weise das Kindesinteresse in das Elternrecht einfügt."* Vgl. auch BVerfGE 59, 360 (382).

Minderjährigen zugestehen möchte, was aus Sicht der Verfasserin grundsätzlich sachgerecht und insoweit auch verfassungsrechtlich zulässig ist, da das Vetorecht anders als die Einwilligungskompetenz das Elternrecht zunächst einmal nicht verdrängt, sondern dem Behandlungswunsch des Minderjährigen eine Bedeutung verschafft, sodass dieser im Rahmen der Grundrechtsabwägung zumindest mit berücksichtigt werden muss.

Im Ergebnis begründen die vorstehenden Darstellungen die hier eingangs vertretene Auffassung, dass auch bzw. eben gerade dem nicht einwilligungsfähigen Minderjährigen ein Vetorecht zustehen muss. Dies gilt umso mehr, da sich das Selbstbestimmungsrecht des Minderjährigen und die elterliche Fürsorgeverpflichtung nicht per se ausschließen, da „Fürsorge" im Sinne von „für etwas Sorge tragen" nicht bedeutet, dass die Fürsorgeverpflichteten bzw. -berechtigten dem „Umsorgten" stets die Handlungsberechtigung sowie die Handlungsverantwortung weg- bzw. abnehmen sollen. Vielmehr bedeutet Fürsorge, dass die Sorgeberechtigten in der Erkenntnis der wachsenden Kompetenz des Minderjährigen mit allem Respekt ihr rechtliches Können im Außenverhältnis dem moralischen wie auch dem gesetzgeberischen Auftrag zur Förderung des eigenverantwortlichen Handelns und der Selbstbestimmung des Minderjährigen im Innenverhältnis unterordnen.

cc. Der „Beistand in medizinischen Angelegenheiten"

Zudem wäre zu überlegen, dem Minderjährigen in Konfliktfällen mit seinen gesetzlichen Vertretern im Rahmen medizinischer Behandlungen sowie der minderjährigen Mutter im Rahmen der Behandlung des Kindeskindes analog § 158 FamFG einen mit entsprechenden Antrags- und Beteiligungsrechten ausgestatteten Beistand beizuordnen. Nach § 158 FamFG hat das Gericht dies in Kindschaftssachen zu tun, soweit dies zur Wahrnehmung der kindlichen Interessen erforderlich ist. Eine solche Bestellung ist u. a. regelmäßig erforderlich, wenn das Interesse des Kindes zu dem seiner gesetzlichen Vertreter in erheblichen Gegensatz steht. Außerhalb eines gerichtlichen Verfahrens wären solche *„Beistandschaften für medizinische Angelegenheiten"* vorzugsweise in den Aufgabenbereich der Jugendämter zu stellen, die dann von dem Minderjährigen, dem Arzt und/oder den sorgeberechtigten Bezugspersonen in Konfliktfällen hinzugezogen werden können bzw. müssen. Im Rahmen einer Krankenhausbehandlung scheint es sinnvoll, hierfür im Bereich des „Sozialdienstes" geschultes Personal bereitzustellen, da dieser für den Arzt, die Eltern sowie den Minderjährigen schnell erreichbar ist. Durch eine „Beistandschaft für medizinische Angelegenheiten" würden die Interessen sowie die Position des Minderjährigen im Konflikt mit seinen sorgeberechtigten

Bezugspersonen eine bedeutende Stärkung erfahren. Hiermit wäre sichergestellt, dass das kindliche Vetorecht nicht als „Pseudorecht" im Sande verläuft, da der Beistand die Interessen des Minderjährigen gegenüber den Eltern vertritt und im Zweifel eine gerichtliche Klärung einleiten kann. Auf der anderen Seite kann ein Hinzutreten entsprechend geschulter Personen auf der Seite des Kindes für alle Beteiligten eine regulierende, schlichtende und klärende Wirkung entfalten. Sollte der Beistand die kindlichen Behandlungsvorstellungen nicht befürworten, wird auch er sich mit dem Minderjährigen auseinandersetzen müssen und versuchen, mit dem Kind ein Verständnis für eine medizinisch sinnvolle Entscheidung zu erarbeiten. Sollte der Beistand die kindlichen Behandlungsvorstellungen als sachgerecht bzw. erforderlich erachten, wird er sich mit den gesetzlichen Vertretern auseinandersetzen müssen und im Zweifel eine gerichtliche Klärung veranlassen. Neben den Konfliktfällen zwischen dem Minderjährigen mit seinen sorgeberechtigten Bezugspersonen wäre an eine Beteiligung eines solchen Beistandes auch im Rahmen der Behandlungsverweigerung der Eltern zu denken.

dd. Sorgerechtsmissbräuchliche Behandlungsentscheidungen

Die gesetzlichen Vertreter sind bei ihrer Einwilligung an das Kindeswohl (§ 1627 BGB) gebunden, das in dem hier besprochenen Kontext regelmäßig mit dem Vorliegen einer medizinischen Indikation eines Eingriffes gleichzusetzen sein wird.[629] Im Rahmen ihres Sorgerechts/ihrer Sorgeverpflichtung dürfen Eltern inhaltlich bestimmen, was dem Wohl des Kindes dient.[630] Das insoweit durchaus weitreichende Interpretationsrecht der Eltern bezüglich des Kindeswohls findet seine Grenze in jedem Fall dort, wo das Kind geschädigt wird und dies den Eltern zuzurechnen ist, sodass dann das Familiengericht in Ausübung des staatlichen Wächteramts einzugreifen hat (§ 1666 BGB).[631] Stimmen die Eltern einer medizinisch indizierten Behandlung nicht[632] zu oder verlangen sie eine medizinisch nicht indizierte Behandlung des Kindes,[633] kann darin ein sorgerechtsmissbräuchliches Verhalten liegen.

---

629 Vgl. *Kern,* FamRZ 1981, 738 (739); *ders.,* NJW 1994 753 (756).

630 Dieser Freiraum der Eltern ist grundrechtlich (Art. 6 Abs. 2 S. 1 GG) und durch die Europäische Menschenrechtskonvention (Art. 8 EMRK) gesichert.

631 *Lipp* in Laufs/Kern, Rn 104.

632 AG Nordenham, Verweigerung der Einwilligung in eine Tetanus-Impfung, MedR 2008, 225 ff.

633 LG Frankenthal, Einwilligung der Eltern in die rituelle Beschneidung eines Neunjährigen, MedR 2005, 243 ff.

aaa. Therapieverweigerung durch die Eltern

Bei medizinisch indizierten Eingriffen, die in ihrer rechtlichen Konsequenz regelmäßig dem Kindeswohl entsprechen werden, kann grundsätzlich von einer Verpflichtung der Sorgeberechtigten zur Zustimmung in den Eingriff ausgegangen werden, da diese keine unvernünftigen Entscheidungen zulasten ihres Kindes treffen dürfen.[634] Eine echte Entscheidungsbefugnis in Bezug auf die Ablehnung eines indizierten und somit notwendigen Eingriffes steht den Eltern nur dann zu, wenn es gleichwertige Behandlungsalternativen gibt.[635] Verweigern beide gesetzlichen Vertreter die Einwilligung in eine dringend gebotene Therapie des einwilligungsunfähigen Minderjährigen, indem diese z. B. einer vital indizierten Bluttransfusion (problematisch beispielsweise bei Anhängern der Glaubensgemeinschaft der Zeugen Jehovas)[636] nicht zustimmen[637] oder nur in eine offensichtlich wirkungslose homöopathische Behandlung einwilligen möchten, kann darin eine missbräuchliche Fremdbestimmung für das Kind liegen,[638] die der Arzt nicht resignierend hinnehmen darf.[639] Gleiches gilt, wenn die Eltern in einen medizinisch nicht

---

634 LG Frankenthal, MedR 2005, 243 (244); *Kern*, MedR 2005, 628 (631); *ders.*, NJW 1994, 753 (756).

635 So auch *Kern,* NJW 1994, 753 (755).

636 Die Zeugen Jehovas sind Anhänger der von *Charles Taze Russel* im Jahre 1874 begründeten Gemeinschaft, die ihren Namen vom Propheten Jesaja herleitet und die bis 1931 die Bezeichnung „Ernste Bibelforscher“ führte. Ein essenzieller Glaubensimperativ der Gemeinschaft ist die Verpflichtung, sich jeglichen Blutes zu enthalten. Die Zeugen Jehovas lehnen aber nicht nur die homologe, sondern ebenso die autologe Bluttransfusion ab, denn nach der Bibel müsse jegliches aus dem Körper entwichene Blut „entsorgt“ werden. Dies gelte nicht nur für Vollblut, sondern ebenso für die Hauptbestandteile des Blutes. Eine Ausnahme sei nur dann vorgesehen, wenn das Blut zu Kultushandlungen verwendet werden soll. Einschränkungen seien jedoch bei der Hämodialyse und dem Einsatz der Herz-Lungen-Maschine zu machen, solange es zu keiner Zwischenlagerung des Blutes komme, denn dann sei die äußere Schlauchleitung nur eine Erweiterung des Kreislaufsystems, durch die das Blut ein künstliches Organ passieren könne. Vgl. *Bender,* MedR 1999, 260.

637 Vgl. OLG Celle, NJW 1995, 792 (793).

638 *Ulsenheimer* in Laufs/Kern, § 139 Rn 49.

639 Lehnen die Sorgeberechtigten die Einwilligung in eine Behandlung ab, kann die notwendige Zustimmung zwar nach § 1666 BGB durch das Familiengericht ersetzt werden. Doch erfordert die Behandlungssituation häufig rasche Entscheidungen, sodass sich die Frage stellen kann, ob ein Arzt sich strafbar macht, wenn er einen Eingriff in die Wege leitet, ohne dass zuvor gerichtlich geklärt wurde, ob die Ausübung des Sorgerechts missbräuchlich war. Auch in solchen Fällen handelt der Arzt aber nicht

indizierten Eingriff einwilligen.[640] Eltern haben ihren Kindern die Möglichkeit zu gewähren, durch Inanspruchnahme der notwendigen medizinischen Behandlung gesund das Alter der Volljährigkeit zu erreichen, um dann selbst entscheiden zu können.[641] Hier ist der Arzt berechtigt und im Hinblick auf seine aus dem Behandlungsvertrag erwachsene Garantenstellung im Interesse des Kindes auch verpflichtet, auf eine familiengerichtliche Entscheidung hinzuwirken, sodass im Falle der sorgerechtsmissbräuchlichen Einwilligungsverweigerung der gesetzlichen Vertreter die Einwilligung durch den Beschluss des Familiengerichtes ersetzt wird. Eine offensichtlich sorgerechtsmissbräuchliche Entscheidung der Eltern ist für den Arzt nicht verbindlich. Da der Arzt selbst zur Beurteilung, ob ein Missbrauch des Sorgerechtes vorliegt, nicht in jedem Fall in der Lage bzw. berechtigt ist, bleibt diese Entscheidung bei aufschiebbaren Behandlungen dem Familiengericht vorbehalten. Bei nicht aufschiebbaren dringenden Behandlungsmaßnamen ist er jedoch aufgrund einer anzunehmenden mutmaßlichen Einwilligung des Familiengerichtes oder im Zweifel aufgrund des rechtfertigenden Notstandes gerechtfertigt.[642]

bbb. Die medizinisch nicht indizierte Behandlung

Im Rahmen der fehlenden Indikation einer medizinischen Behandlung ist die *kontraindizierte*[643] medizinische Behandlung von der *nicht indizierten*[644] medizinischen Behandlung zu unterscheiden. Im Hinblick darauf, dass ein Arzt auch auf den ausdrücklichen und nachhaltigen Wunsch des einwilligungsfähigen Patienten eine kontraindizierte Behandlung nicht durchführen darf,[645] ist an eine Einwilligung der gesetzlichen Vertreter in eine kontraindizierte Behandlung des Minderjährigen nicht zu denken, da diese in keine Maßnahmen einwilligen dürfen, die dem Minderjährigen schaden. Ob dies auch für medizinisch nicht indizierte Eingriffe gilt, wird kontrovers diskutiert.

---

rechtswidrig, wenn sein Verhalten die Voraussetzungen des § 34 StGB (Rechtfertigender Notstand) erfüllt. AG Nordenham, MedR 2008, 225 ff.

640 LG Frankenthal, MedR 2005, 243 (244); *Ulsenheimer* in Laufs/Kern, § 139 Rn 49.

641 Vgl. *Deutsch/Spickhoff*, MedR Rn 815.

642 Vgl. *Dettmeyer*, MR, Seite 223.

643 Lat. contra „gegen“ und indicare „anzeigen“. Umstand, der die Anwendung eines an sich angezeigten diagnostischen oder therapeutischen Verfahrens in jedem Fall verbietet oder nur unter strenger Abwägung sich dadurch ergebender Risiken zulässt. *Roche*, Lexikon, Seite 932.

644 Maßnahme, die aus medizinischer Sicht nicht (dringend) erforderlich ist.

645 OLG Karlsruhe, MedR 2003, 104 (106) m.w.Nw.

(a) Die medizinisch nicht indizierte Beschneidung von Jungen

Aktualität erhält diese Problematik durch das jüngst ergangene Urteil des LG Köln vom 7.5.2012[646] in Bezug auf die meist medizinisch nicht notwendige und religiös motivierte Zirkumzision[647] bei Jungen. Im Rahmen der Urteilsbegründung stellte das Gericht fest, dass die Vornahme einer nicht indizierten Beschneidung an einem einwilligungsunfähigen männlichen Kleinkind den Tatbestand einer durch elterliche Einwilligung nicht zu rechtfertigenden Körperverletzung erfüllt.[648] Im konkreten Fall wurde der Mediziner jedoch aufgrund des Vorliegens eines unvermeidbaren Verbotsirrtums aus rechtlichen Gründen freigesprochen, da er aufgrund der zu dieser Thematik ergangenen uneinheitlichen Rechtsprechung und kontrovers geführten Diskussion berechtigterweise davon ausging, dass der Eingriff durch die Einwilligung der Eltern gerechtfertigt wäre.[649]

Im März 2007 hat die WHO die Zirkumzision im Rahmen der HIV-Prävention für diesbezügliche Risikogebiete und Personen sogar empfohlen.[650] Von Befürwortern der Beschneidung „missverstanden", hat die WHO mit ihrer Äußerung jedoch nicht generell die Beschneidung von Kindern empfohlen, sondern die freiwillige Beschneidung Erwachsener aus hygienischen Gründen, nach Aufklärung und Einwilligung sowie unter Einhaltung der medizinischen Ethik und Beachtung der Menschenrechte.[651] In den letzten Jahren sind Beschneidungen und Genitalverstümmelungen, die an Mädchen durchgeführt werden, nachdrücklich problematisiert worden. In der Schweiz trat hierzu am 1.7.2012 eine eigene, neu geschaffene Strafnorm in Kraft, Art. 124 StGB.[652] Demgegenüber ist die Beschneidung von

---

646 LG Köln zur Strafbarkeit religiös motivierter Knabenbeschneidungen MedR 2012, 680 ff.

647 Die Zirkumzision (Beschneidung) von Jungen ist die operative Entfernung der Vorhaut am männlichen Glied. Medizinisch indiziert ist ein solcher Eingriff regelmäßig nur, um angeborene Vorhautverengungen zu beseitigen. In vielen Völkern werden Beschneidungen aus vermeintlichen hygienischen und auch aus religiösen und sozialen Gründen durchgeführt.

648 LG Köln, MedR 2012, 680 (681).

649 LG Köln, MedR 2012, 680 (682).

650 http://www.who.int/hiv/mediacentre/news68/en/, Stand 20.9.2013.

651 In der Empfehlung heißt es: *„(...) Countries should ensure that male circumcision is provided with full adherence to medical ethics and human rights principles, including informed consent, confidentiality, and absence of coercion (...)."*

652 Art. 124 StGB (Schweiz) lautet: *„Verstümmelung weiblicher Genitalien (1) Wer die Genitalien einer weiblichen Person verstümmelt, in ihrer natürlichen Funktion erheblich und dauerhaft beeinträchtigt oder in anderer Weise schädigt, wird mit*

Jungen bislang weniger beachtet worden. Eine Ausnahme bildet Schweden. Dort dürfen seit 2001 religiös motivierte Beschneidungen nur noch vorgenommen werden, wenn die Jungen weniger als zwei Monate alt sind.[653] Der deutsche Gesetzgeber entschied sich ausdrücklich gegen eine solche Regelung und beschloss nach Vorlage des Gesetzesentwurfes vom 5.11.2012,[654] die Beschneidung von Jungen gesetzlich zu regeln und zuzulassen. Diese ist nun in § 1631 d BGB[655] gesetzlich normiert, womit der deutsche Gesetzgeber der in Islam und Judentum empfohlenen Tradition sowie den Glaubensüberzeugungen der Muslime und Juden Vorrang gegenüber der körperlichen Integrität des einwilligungsunfähigen Kindes einräumte, sodass diesbezüglich nun zumindest Rechtssicherheit eingetreten ist. Eine grundsätzliche Klärung der auch für andere Bereiche interessanten Frage nach der Einwilligungsberechtigung der gesetzlichen Vertreter in eine medizinisch nicht indizierte Maßnahme an Minderjährigen ist jedoch weder durch das Urteil des LG Köln noch durch die hierauf folgende Gesetzesänderung erreicht worden. Im Ergebnis wird die Einwilligung der sorgeberechtigten Eltern in medizinisch kontraindizierte Maßnahmen unzulässig sein. Medizinisch nicht indizierte Eingriffe befinden sich nach wie vor in einer rechtlichen Grauzone. Dienen sie dem im Einzelfall zu konkretisierenden Kindeswohl und führen sie zu keinen nachhaltigen Schäden, so können die gesetzlichen Vertreter in solche Behandlungsmaßnahmen einwilligen, wobei die Grenze zu kindeswohlgefährdenden Eingriffen aufgrund eines erheblichen Eingriffes in die körperliche Integrität, mit nachhaltigen, gegebenenfalls nicht korrigierbaren Langzeitfolgen, die gegebenenfalls gewollt sind, im Einzelfall fließend sein kann. Vor dem Hintergrund, dass die regelmäßig allein elterngewollte Beschneidung eines Jungen mit erheblichen und lebenslang

---

Freiheitsstrafe bis zu zehn Jahren oder Geldstrafe nicht unter 180 Tagessätzen bestraft. (2) Strafbar ist auch, wer die Tat im Ausland begeht, sich in der Schweiz befindet und nicht ausgeliefert wird. Artikel 7 Absätze 4 und 5 sind anwendbar.“

653 *Kreß*, Anmerkung zu LG Köln, MedR 2012, 882.

654 Vgl. BT-Drucks. 17/11295.

655 § 1631 d BGB: „*Beschneidung des männlichen Kindes, (1) Die Personensorge umfasst auch das Recht, in eine medizinisch nicht erforderliche Beschneidung des nicht einsichts- und urteilsfähigen männlichen Kindes einzuwilligen, wenn diese nach den Regeln der ärztlichen Kunst durchgeführt werden soll. Dies gilt nicht, wenn durch die Beschneidung auch unter Berücksichtigung ihres Zwecks das Kindeswohl gefährdet wird. (2) In den ersten sechs Monaten nach der Geburt des Kindes dürfen auch von einer Religionsgesellschaft dazu vorgesehene Personen Beschneidungen gemäß Absatz 1 durchführen, wenn sie dafür besonders ausgebildet und, ohne Arzt zu sein, für die Durchführung der Beschneidung vergleichbar befähigt sind.*“

anhaltenden Folgen verbunden ist, kommt der gem. § 1631 d Abs. 1 S. 2 BGB zu prüfende und bedauerlicherweise nicht näher konkretisierten „Kindeswohlgefährdung“ eine zentrale und besondere Bedeutung zu. Insoweit wird es im Lichte unserer Rechtsordnung im Rahmen der Konkretisierung der Kindeswohlgefährdung nur in Ausnahmefällen vertretbar sein, einen derartigen, nicht korrigierbaren Eingriff in die körperliche Integrität und Unversehrtheit eines Kindes allein aufgrund religiöser Überzeugungen der Eltern, denen das Kleinkind ausgeliefert ist, die es aber gegebenenfalls im Jugend- und Erwachsenenalter selbst nicht teilt und lebt, zu legalisieren. Dies gilt umso mehr, als die Beschneidung als solches auch ohne Weiteres noch im Jugend- und Erwachsenenalter durchgeführt werden kann und somit außerhalb eines medizinisch indizierten Eingriffes keine Notwendigkeit für die Beschneidung von Jungen besteht.

(b) Verordnung von Kontrazeptiva

Die oralen Kontrazeptiva enthalten hochwirksame Hormone, deren Medikation, insbesondere bei Minderjährigen, dem Arzt Umsicht und gesteigerte Sorgfalt abverlangt. Wie bei jedem Heileingriff bedarf der Arzt auch beim Einsatz solcher Medikamente der Rechtfertigung durch eine Indikation sowie der Einwilligung des Patienten.[656] Bei der Verschreibung von Kontrazeptiva hat es der behandelnde Arzt in der Praxis besonders häufig mit minderjährigen Mädchen/Frauen zu tun,[657] zumal neuere Statistiken ergeben, dass ein großer Teil junger Mädchen schon im Alter von 14 Jahren, zuweilen auch darunter, erste Sexualkontakte leben.[658] In Deutschland[659] hat sich zumindest in der Ärzteschaft die grundsätzliche Haltung zu der Frage, ab welchem Alter einer Minderjährigen ein Kontrazeptivum verordnet werden darf, in den vergangenen 39 Jahren gewandelt, was auch auf die zunehmende gesundheitliche „Unbedenklichkeit“ dieser Präparate zurückzuführen

---

656 Vgl. *Laufs* in Laufs/Katzenmeier/Lipp Kap. VII Rn 75.

657 Vgl. *Laufs* in Laufs/Katzenmeier/Lipp, Kap. VII Rn 74.

658 *Deutsche Gesellschaft für Gynäkologie und Geburtshilfe*, Arbeitsgemeinschaft Medizinrecht, Stellungnahme zu Rechtsfragen bei der Behandlung Minderjähriger, Seite 9, abrufbar über: http://www.dggg.de/fileadmin/public_docs/Dokumente/Leitlinien/Minderjaehrige-2010.pdf, Stand 20.09.2013.

659 In Frankreich, wo das Recht des Minderjährigen, in einen Heileingriff einzuwilligen, denselben Grundsätzen folgt wie in Deutschland, bildet die Verordnung von Ovulationshemmern die einzige anerkannte „Teilmündigkeit“ im Bereich der Gesundheitssorge. Jugendliche ab 14 Jahren haben dort freien Zugang zu Kontrazeptiva. Vgl. darstellend *Rothärmel*, Seite 55 f.

sein mag.[660] Nach den Leitsätzen der Bundesärztekammer durfte im Jahre 1975 unter 16-Jährigen Kontrazeptiva überhaupt nicht verordnet werden und 16- bis 18-Jährigen nur mit der Zustimmung der gesetzlichen Vertreter.[661] Nicht selten wurde die Auffassung vertreten, der Arzt könne anstelle der „Pille" ebenso gut sexuelle Enthaltsamkeit verordnen. Demgegenüber wird heute eine zuverlässige Kontrazeption durch Minderjährige regelmäßig als „kleineres Übel" gegenüber einer unerwünschten Schwangerschaft akzeptiert. In den „neuen", 1984 erschienenen „Hinweisen der Bundesärztekammer zur Verordnung oraler Kontrazeptiva" ist von den vorbenannten rechtlichen Bedenken keine Rede mehr,[662] sodass die Zulässigkeit der Kontrazeption bei Minderjährigen nun an den allgemeinen Grundsätzen zu messen ist.

Die große Zahl der Schwangerschaftsabbrüche bei Minderjährigen von 3.835 im Jahre 2012 zeigt die nach wie vor bestehende Aktualität der Kontrazeptionsproblematik bei Mädchen. Verglichen mit anderen Methoden der Verhütung stellt die orale hormonelle Schwangerschaftsverhütung durch Östrogen-Gestagen-Kombinationen, „die *Pille*", die derzeit beste, wenn auch nicht komplikationslose Methode für heranwachsende Mädchen dar, da alle anderen reversiblen Verfahren nicht dieselbe kontrazeptive Zuverlässigkeit erreichen.[663]

Die zivilrechtliche Problematik der fehlenden Geschäftsfähigkeit Minderjähriger zum Abschluss des Behandlungsvertrages stellt sich aus der Sicht des Mediziners, zumindest in Bezug auf seinen Vergütungsanspruch, lediglich bei privat versicherten Minderjährigen, da die gesetzlichen Krankenkassen gem. § 24 a SGB V[664] bis zum 18. Lebensjahr zuzahlungsfrei die Kosten für die Untersuchung,

---

660 Gleichwohl ist die medizinisch nicht indizierte Verschreibung von Kontrazeptiva vor dem Hintergrund des § 223 StGB grundsätzlich nicht unbedenklich, da die Verordnung hormoneller Ovulationshemmer für Kinder und körperlich noch nicht voll entwickelte Jugendliche medizinisch insoweit sogar kontraindiziert sein kann, da die „Pille" den Knochenstoffwechsel hemmen, Störungen auslösen und insoweit eine Gefahr für den heranwachsenden Organismus begründen kann. Vgl. *Tröndle,* MedR 1992, 321 m.w.Nw.

661 Leitsätze zur Verordnung oraler Kontrazeptiva, Dtsch. Ärztebl. Heft 37 (1975) S. 2521–2523.

662 Hinweise zur Verordnung oraler Kontrazeptiva, Dtsch. Ärztebl. Heft 43 (1984) S. 3170–3173.

663 Vgl. *Laufs* in Laufs/Katzenmeier/Lipp, Kap. VII Rn 74, Fn 150 m.w.Nw.

664 § 24 a SGB V: „*Empfängnisverhütung, (1) Versicherte haben Anspruch auf ärztliche Beratung über Fragen der Empfängnisregelung. Zur ärztlichen Beratung gehören auch die erforderliche Untersuchung und die Verordnung von empfängnisregelnden Mitteln. (2) Versicherte bis zum vollendeten 20. Lebensjahr haben Anspruch auf*

Verordnung sowie das empfängnisregelnde Mittel übernehmen müssen, sodass der ärztliche Vergütungsanspruch insoweit gesichert ist. Ab der Vollendung des 15. Lebensjahres können Minderjährige die Krankenversicherung nach § 36 SGB I auch selbstständig zur Übernahme verpflichten.

Aus strafrechtlicher Sicht stellt sich auch hier wieder die Frage nach der *Einwilligungsfähigkeit* einer minderjährigen Patientin sowie nach der *medizinischen Indikation* des ausschließlich zur Verhütung der Schwangerschaft verordneten Medikamentes. Fehlen die Voraussetzungen für eine Mutterschaft, verdient die Schwangerschaftsverhütung gewiss den Vorzug. Bei der jugendlichen Patientin wird eine *Indikation* zur hormonalen Kontrazeption regelmäßig bestehen. Die Risiken einer unerwünschten Schwangerschaft liegen vermehrt vor. Die kindliche Mortalität liegt in manchen Regionen zwei- bis dreimal höher als sonst, auch die beruflichen und sozialen Schwierigkeiten wiegen fast immer und überall schwer.[665] Besorgnis hat unter den Gynäkologen jedoch die Frage erregt, ob sich ein Arzt wegen Beihilfe zum sexuellen Missbrauch von Kindern in einem besonders schweren Fall[666] gem. §§ 176 III, 27 StGB bzw. der Beihilfe zum schweren sexuellen Missbrauch von Kindern gem. §§ 176 a II Nr. 1, 27 StGB strafbar macht,[667] wenn er einem Mädchen unter 14 Jahren die „Pille" verschreibe. Rechtsprechung zu dieser Frage ist bisher noch nicht vorhanden, sodass diese Problematik im Schwerpunkt derzeit theoretische Relevanz hat. In Deutschland wird dem Arzt bei Patienten unter dem 16. Lebensjahr zum Teil eine gewisse Erkundigungspflicht auferlegt, da nicht ausgeschlossen werden kann, dass die Verschreibung der „Pille" zur Verhütung einer Schwangerschaft infolge sexuellen Missbrauchs an Schutzbefohlenen (§ 174 StGB) begehrt wird.[668] In diesem Teilbereich schafft aber im Grunde auch die Zustimmung der gesetzlichen Vertreter in die Kontrazeption insoweit keine Rechtssicherheit, da auch eine solche aufgrund einer strafrechtlich relevanten Motivation erteilt werden könnte und sich auch bei der Verschreibung hormoneller Ovulationshemmer an unter 14-Jährige *mit* Einwilligung der sorgeberechtigten Bezugspersonen die Frage nach der strafrechtlichen Relevanz stellen kann, da dann in diesem Fall Arzt und Eltern gegebenenfalls die Begehung eines Sexualdeliktes

---

Versorgung mit empfängnisverhütenden Mitteln, soweit sie ärztlich verordnet werden; § 31 Abs. 2 bis 4 gilt entsprechend."

665 Vgl. *Laufs* in Laufs/Katzenmeier/Lipp Kap. VII Rn 76.

666 In der Begründung zum Gesetzesentwurf vom 28.1.2003 (BT-Drucks. 15/350, 17) wird als Anwendungsfall des besonders schweren Falls u. a. der Beischlaf genannt.

667 Vgl. *Tröndle,* MedR 1992, 320 ff.

668 Vgl. *Dettmeyer,* MR, Seite 209.

an dem Kind tatenlos hinnehmen bzw. billigen.[669] Ungeachtet möglicher Gesundheitsschädigungen durch die Medikamenteneinnahme setzten sie sich nämlich in dem Fall, dass die „Pille“ mit dem Ziel, eine Schwangerschaft zu verhindern, verschrieben wird, über Strafnormen zum Schutze des Kindes hinweg, da sexuelle Handlungen an und mit unter 14-Jährigen gem. §§ 176, 176 a StGB strafbar sind.

In der hierzu vorhandenen Literatur wird derzeit vertreten, dass es nicht dem Normzweck des Strafgesetzes entspricht, den Arzt von der Ausübung seiner Berufspflicht abzuhalten, der lediglich dem strafrechtlich geschützten jungen Menschen Notlagen ersparen will. Subjektiv möchte der Arzt nämlich Schaden abwenden und nicht die Straftat eines anderen fördern,[670] da die Abwägung im Rahmen der Kontrazeptionsberatung regelmäßig nämlich nicht heißt „Geschlechtsverkehr ja oder nein“ sondern „Geschlechtsverkehr mit oder ohne sichere Schwangerschaftsverhütung“.[671] Gegen diese Auffassung könnte jedoch sprechen, dass der Vorwurf gegenüber dem behandelnden Arzt regelmäßig nicht der sein wird, dass er dem Kind das Kontrazeptivum in der Absicht verschreibt, dass es zur vorbenannten Straftat kommt. Gleichwohl ist es gerade das Wesen des dolus eventualis, dass der Täter als Wissenselement die Gefahr der Tatbestandsverwirklichung erkennt, und obgleich er diese nicht will, die Begehung der vorsätzlichen Haupttat billigt, denn auch der Beihilfevorsatz kann bedingt sein.[672] Um diesbezüglich Rechtssicherheit zu schaffen, wäre eine höchstrichterliche Entscheidung oder aber eine gesetzgeberische Klarstellung wünschenswert.

ee. Der Minderjährige und der Betreute

Zwischen der rechtlichen Situation Minderjähriger und der betreuter Volljähriger bestehen insoweit Parallelen, als beide aufgrund von *noch nicht* bzw. *nicht mehr* vorliegenden kognitiven Fähigkeiten in ihrer Geschäfts- sowie Selbstbestimmungsfähigkeit beschränkt sind bzw. beschränkt werden können. Die Bestellung eines Betreuers ist heute keine Entrechtung mehr. Insbesondere hat sie nicht zur Folge, dass der Betreute automatisch geschäftsunfähig wird oder als

---

669 Vgl. *Tröndle,* a. a.O.

670 Vgl. *Laufs* in Laufs/Katzenmeier/Lipp, Kap. VII Rn 77; prinzipiell bejahend *Tröndle,* MedR 92, 320 ff.

671 *Deutsche Gesellschaft für Gynäkologie und Geburtshilfe,* Leitlinien 2008: Stellungnahme zu Rechtsfragen bei der Behandlung Minderjähriger, S. 9, abrufbar über: http://www.dggg.de/fileadmin/public_docs/Dokumente/Leitlinien/Minderjaehrige-2010.pdf, Stand 20.09.2013.

672 *Tröndle,* StGB, § 27 Rn 8.

einwilligungsunfähig gilt. Unabhängig davon, ob eine unter Betreuung stehende Person geschäftsfähig oder nicht geschäftsfähig ist, kann auch sie in das „Ob" und „Wie" der medizinischen Behandlung dann einwilligen, wenn und soweit sie die dazu notwendige Einsichts- und Urteilsfähigkeit hat.[673] Eine Einschränkung der rechtlichen Handlungsfähigkeit tritt jedoch dann ein, wenn das Gericht einen Einwilligungsvorbehalt angeordnet hat. Kein Einwilligungsvorbehalt ist aber in Bezug auf Einwilligungen in eine ärztliche Untersuchung oder Behandlung möglich,[674] was sich im Umkehrschluss schon aus § 1904 BGB ergibt, der für riskante oder möglicherweise folgenschwere medizinische Eingriffe an Betreuten die Genehmigung des Vormundschaftsgerichtes verlangt, da dieser unausgesprochen die Einwilligungs*un*fähigkeit des Betreuten voraussetzt. Ist der Betreute einwilligungsfähig, entscheidet er im Rahmen höchstpersönlicher medizinischer Belange selbst. Ist er es nicht, fällt die Einwilligungsbefugnis kraft gesetzlicher Zuweisung in den Aufgabenbereich des Betreuers, der seine Entscheidungen nach den Wünschen und dem Wohl des Betreuten auszurichten hat. Eine Assistenz bei der Selbstbestimmung ist in medizinischen Belangen nicht vorgesehen. Richtig ist, dass dem Menschen im Alter nicht in derart verallgemeinernder Weise – und erst recht nicht ab einem bestimmten Lebensalter – die Einwilligungsfähigkeit wie bei Minderjährigen abgesprochen werden kann, da der gereifte Mensch grundsätzlich über eine ganz andere Lebensweisheit sowie über einen ganz anderen Lebenshorizont und Kompensationsmöglichkeiten verfügt.[675] Da Lebenserfahrung sowie im Laufe des Lebens erlernte bzw. erworbene Kompensationsfähigkeiten Defizite ausgleichen können, ist ein solch erworbener Sachverstand im Rahmen der Feststellung der Einwilligungsfähigkeit selbstverständlich mit einzubeziehen. Gleichwohl darf das grundsätzliche Zugeständnis der Einwilligungsfähigkeit Minderjähriger nicht an Lebenserfahrung, sondern allein an das Vorliegen einer kognitiven Einsichts- und Urteilsfähigkeit geknüpft werden, sodass es für die positive Feststellung der Einwilligungsfähigkeit Minderjähriger auch nur darauf ankommen kann. Dies gilt umso mehr, als fehlende Lebenserfahrung durch eine angemessene Beratung und Aufklärung ersetzt werden kann. Insoweit ist das „Alles-oder-nichts-Prinzip" in Bezug auf die Einwilligungszuständigkeit, das in den §§ 1897, 1903, 1904 BGB zum Ausdruck kommt, durchaus auf das

673 BT-Drucks. 11/4520 vom 11.5.1989, Seite 141; *Coester-Waltjen*, MedR 2012, 553 (554).

674 *Spickhoff* in Spickhoff, Medizinrecht, § 1903 BGB Rn 5.; BT-Drs. 11/4520 vom 11.5.1989, Seite 140.

675 *Taupitz,* MedR 2012, 583, (585).

Minderjährigenrecht übertragbar. Ist der Minderjährige in Bezug auf die konkrete Behandlung einwilligungsfähig, kommt es allein auf seine Erklärung an. Ist er es nicht, haben die sorgeberechtigten Bezugspersonen die Einwilligung zu erteilen. Ein Einwilligungsvorbehalt für diese höchstpersönliche Rechtshandlung kommt weder für Betreute noch für Minderjährige in Betracht, denn soweit die Einsichts- und Urteilsfähigkeit vorhanden ist, bleibt kein Raum für eine substituierende oder komplementäre Entscheidung des Betreuers[676] bzw. der gesetzlichen Vertreter. Das ebenfalls verfassungsrechtlich geschützte Elternrecht wird durch deren Aufklärungs- und Informationsansprüche hinreichend gewahrt.[677]

7. Der Minderjährige im Deliktsrecht

Während vorstehende Ausführungen aufzeigen, dass der Minderjährigenschutz im rechtsgeschäftlichen Bereich eine starke Stellung einnimmt, spielt die Minderjährigkeit im Deliktsrecht nur eine untergeordnete Rolle.[678]

Eine Darstellung der geltenden Grundsätze ist vor dem Hintergrund der hier zu behandelnden Thematik daher geboten, da sie aufzeigt, dass das Gesetz, das dem Minderjährigen unter der Prämisse des umfassenden Schutzes auf der einen Seite die Möglichkeit aberkennt, auf der Grundlage von objektiven Altersgrenzen in eigenen Belangen eigenverantwortlich Entscheidungen zu treffen, ihm aber auf der anderen Seite im deliktischen Bereich u. a. aufgrund eben solcher objektiver Kriterien eine Verantwortlichkeit sowie ein Haftungsrisiko für wirtschaftliche Schäden Dritter zumutet, die unabhängig davon bestehen, ob der Minderjährige diese Folgen im konkreten Einzelfall vor dem Hintergrund seiner individuellen Reifeentwicklung bzw. Steuerungsfähigkeit überhaupt schon abschätzen konnte. Der Schutzgedanke der §§ 104 ff. BGB findet auf das Deliktsrecht keine Anwendung. Im deliktischen Bereich ist die Vorschrift des § 828 BGB einschlägig, wonach es für die von einem Minderjährigen begangenen Handlungen allein maßgeblich sein soll, ob der Minderjährige, sofern er das 7. Lebensjahr bereits vollendet hat, die erforderliche Einsichtsfähigkeit besaß. Im Deliktsrecht ist lediglich die Haftung von Kindern bis zu 7 Jahren gem. § 828 Abs. 1 BGB grundsätzlich ausgeschlossen. Minderjährige zwischen 7 und 18 Jahren haften nach den allgemeinen Regeln, soweit ihnen nicht gem. § 828 Abs. 2 BGB bei Begehung der schädigenden

---

676 *Coester-Waltjen*, MedR 2012, 553 (554).

677 Vgl. Abschnitt C.I.6.a.ee.

678 *Waitsmann*, Seite 22.

Handlung „die zur Erkenntnis der Verantwortlichkeit erforderliche Einsicht“ gefehlt hat.[679] Vor dem Hintergrund der Beweislastverteilung des § 828 Abs. 3 BGB wird eine solche Einsicht dem Minderjährigen zunächst einmal positiv unterstellt, wenn bei objektiver Betrachtung ein durchschnittliches Kind/durchschnittlicher Jugendlicher im Rahmen seiner regelmäßigen geistigen Entwicklung die Fähigkeit besitzt, das Unrecht seiner Handlung zu erkennen und darüber hinaus das Verständnis dafür aufbringt, für die Folgen seiner Handlung in irgendeiner Weise selbst einstehen zu müssen,[680] sodass es auf die individuelle Einsichts- bzw. Steuerungsfähigkeit, wie es z. B. die §§ 3 JGG und 20 StGB verlangen, ausdrücklich nicht ankommt. § 828 Abs. 3 BGB lässt insoweit die Erkenntnis einer allgemeinen Gefahr und eines allgemeinen Schadens ausreichen.[681]

Nach der sprachlichen Fassung von § 828 Abs. 3 BGB wird die Einsichtsfähigkeit somit zunächst einmal widerlegbar vermutet. Ihr Fehlen ist nicht von Amts wegen zu prüfen, sondern muss im Verfahren von dem Minderjährigen behauptet und auch bewiesen werden.[682]

Auch wenn die Steuerungsfähigkeit eines Minderjährigen grundsätzlich im Rahmen des Verschuldens Berücksichtigung finden kann, so kommt es doch auch hier in Bezug auf die Fahrlässigkeitsmerkmale ausdrücklich nicht auf die *individuelle* Fähigkeit des Jugendlichen an, sondern allein darauf, ob ein „normal“ entwickelter Jugendlicher dieses Alters objektiv die Gefährlichkeit seines Tuns hätte voraussehen und dieser Einsicht gemäß hätte handeln können.[683] Lediglich dann, wenn minderjährige Täter nach diesen Maßstäben nicht aus individuellen, sondern aus altersgruppenbedingten Gründen schuldlos handeln, entfällt die Haftung. Zwar trägt im Rahmen des Verschuldens der Geschädigte die Beweislast, jedoch ist zu seinen Gunsten der Anscheinsbeweis insoweit zulässig, als dass es nicht auf die persönliche Schuld des Jugendlichen ankommt, sondern objektiv darauf, was von einem Jugendlichen seiner Altersgruppe zu fordern war.[684] Dies hat zur Folge, dass sich gegebenenfalls ein 8-[685] oder aber

---

679 So *Waitsmann,* a. a.O.

680 Vgl. RGZ 53, 157 (158); BGH, NJW 1984, 1985; Palandt/*Thomas,* § 828 Rn 3.

681 Vgl. BGH, VersR 1984, 641 (642); MüKo/*Mertens*, § 828 Rn 1.

682 BGH, NJW 2005, 354; Palandt/*Sprau,* § 828 Rn 6.

683 BGH, NJW 1970, 1038; 2005, 354; Palandt/*Sprau,* § 828 Rn 7; Palandt/*Heinrichs,* § 276 Rn 15/17.

684 BGH, NJW 1970, 1038; Palandt/*Sprau,* § 828 Rn 7.

685 § 19 StGB: Kinder unter 14 Jahren sind nicht strafmündig.

auch ein 15-jähriger[686] Minderjähriger, dem persönlich unter Umständen sogar die Einsicht in Bezug auf die Schädlichkeit seiner konkreten Handlung fehlt, zwar strafrechtlich nicht verantworten muss, jedoch zivilrechtlich bei objektiver Feststellung einer altersentsprechenden Erkenntnismöglichkeit in der Regel wie ein Erwachsener für den gesamten Schaden in voller Höhe haftet. Das neue MH-beG[687] kann deswegen nicht weiterhelfen, da die Vorschrift des § 1629 a BGB keine deliktisch begründeten Verbindlichkeiten erfasst. Vor dem Hintergrund des grundsätzlich vorhandenen, umfassenden zivilrechtlichen Schutzkonzeptes sowie der nun dargestellten im Einzelfall vorhandenen unbegrenzten deliktischen Haftung des Minderjährigen und der damit verbundenen Existenzbedrohung bei einer Haftung für Großschäden stellt sich die Frage, ob diese an dieser Stelle faktische Gleichstellung des Minderjährigen mit einem Erwachsenen mit dem Gedanken des Minderjährigenschutzes sowie mit der vom BVerfG betonten gesetzgeberischen Verpflichtung zu vereinbaren ist, wonach *„Regelungen zu schaffen sind, die verhindern, dass der volljährig Gewordene nicht mehr als nur eine scheinbare Freiheit erreicht“.*[688] Ob § 828 Abs. II BGB vor diesem Hintergrund verfassungsgemäß[689] und wie diese Vorschrift gegebenenfalls einzuschränken ist, ist streitig.[690]

Auch *Busch,* die in ihrer Arbeit die rechtliche Beurteilung der Deliktsfähigkeit mit den Erkenntnissen der Entwicklungspsychologie[691] einander gegenübergestellt, kommt zu dem Ergebnis, dass bei dem minderjährigen Kind, das grundsätzlich ab der Vollendung des 7. Lebensjahres deliktsfähig ist, die

686 Voraussetzung der strafrechtlichen Verfolgbarkeit ist im Rahmen der Schuld die individuelle, mithin subjektive Fähigkeit, das Unrecht der Tat zu erkennen und hiernach sein Verhalten auszurichten. (Vgl. *Fischer* § 20 Rn 2 f.) In den Fällen der Unfähigkeit zur Unrechtseinsicht ist die Schuld grundsätzlich auch dann ausgeschlossen, wenn die Unfähigkeit nicht auf einem der in § 20 genannten Umstände beruht, da der Täter dann regelmäßig im unvermeidbaren Verbotsirrtum handelt. (Vgl. *Fischer,* § 20 Rn 4).

687 Umfassende und kritische Darstellung der Regelung zum MHbeG vgl. *Glöckner*, FamRZ 2000, 1395 ff.

688 BVerfGE, 72, 155 (173).

689 Das BVerfG (BVerfG, NJW 1998, 3557) hat wegen Unzulässigkeit der Richtervorlage keine Entscheidung in der Sache treffen können, weil es davon ausgegangen ist, dass § 828 Abs. 2 BGB vorkonstitutionelles Recht darstellt. Damit wurde aber klargestellt, dass die Prüfungs- und Verwerfungskompetenz allein in den Zuständigkeitsbereich der Fachgerichte fällt, die dann im konkreten Einzelfall über die Frage der Verfassungsmäßigkeit des § 828 Abs. 2 BGB zu entscheiden haben.

690 Vgl. hierzu auch *Waitzmann*, Das Eltern-Kind-Verhältnis im Schadensrecht, 2002.

691 *Busch*, Seite 90–106.

Fähigkeit zur Gefahrerkenntnis sowie die Steuerungsfähigkeit regelmäßig erst mit dem vollendeten 10. Lebensjahr hinreichend entwickelt sei, sodass die Fähigkeiten eines Kindes im Rahmen der deliktischen Haftung vom Gesetz anscheinend überschätzt würden und somit das Kind mit den gesetzlichen Anforderungen grundlegend überfordert ist. Auf der anderen Seite sollen nach den entwicklungspsychologischen Grundsätzen die Entwicklung des Unrechtsbewusstseins sowie die generelle Verschuldens- und Verantwortungspflichterkenntnis bereits mit der Vollendung des 7. Lebensjahres weitestgehend abgeschlossen sein. Mithin soll ein 8- bzw. 10-jähriges Kind bereits über so differenzierte wie auch ethische und moralische Denkstrukturen verfügen, dass es zum Abstrahieren und Werten von Sachverhalten in der Lage ist, sodass eine konkrete Vorstellung von Ursache und Wirkung sowie ein Bewusstsein für das Tragen von Folgen in Bezug auf eine Handlung oder Entscheidung im Sinne eines „Einstehenmüssens" vorhanden ist.

In Bezug auf die hier bearbeitete Thematik fragt sich jedoch, warum der Gesetzgeber, der diese Personengruppe im besonderen Maße unter seinen Schutz stellt, einen Minderjährigen, der abweichend von dem Erkenntnisstand und der Steuerungsfähigkeit eines durchschnittlichen Altersgenossen aufgrund seiner individuellen (Un-)Reife die Schädlichkeit seiner konkreten Handlung gegebenenfalls noch nicht einmal erkannt hat, grundsätzlich ohne Beschränkung gleich einem Erwachsenen haften lässt und sich auf der anderen Seite bisher vehement dem Gedanken verweigert, das Alter für die von Ärzten und gegebenenfalls auch den Sorgeberechtigten begleitete Übernahme der Verantwortlichkeit in eigenen Belangen aufgrund der heutigen Erkenntnisse über die Entwicklung des kindlichen Denkens in Anlehnung an die Fähigkeiten eines durchschnittlich entwickelten Minderjährigen herabzusetzen.

II. Einwilligungsfähigkeit und Vetorecht „de lege ferenda"

Nach vorstehenden Ausführungen soll nun überprüft werden, ob die positive Annahme des grundsätzlichen Bestehens der Einwilligungsfähigkeit von Minderjährigen ab dem 14. Lebensjahr, mit der Maßgabe, dass diese bei einer offensichtlich vorliegenden Unreife im Sinne einer Negativabgrenzung dem Minderjährigen im Einzelfall aberkannt werden kann, zu praktikablen und sachgerechten Ergebnissen führt und wie sich ein solches Herangehen in bereits bestehende gesetzliche Regelungen einfügt.

1. Einwilligungsfähigkeit des 16- bis 18-Jährigen

a. Minderjährige sind grundsätzlich mit Vollendung des 16. Lebensjahres in Bezug auf medizinisch indizierte Eingriffe und Behandlungsmaßnahmen sowie Schwangerschaftsabbrüche nach der Beratungslösung einwilligungsfähig. Auf eine Erklärung der gesetzlichen Vertreter kommt es insoweit nicht an.

b. Die gesetzlichen Vertreter können den ihnen bis zur Volljährigkeit des Kindes verbleibenden Aufklärungs- und Informationsanspruch gegen den Behandler geltend machen. Das Selbstbestimmungsrecht des Minderjährigen steht dem nicht entgegen.

c. Für medizinisch nicht indizierte Eingriffe bedarf es bei minderjährigen Patienten immer der Einwilligung der gesetzlichen Vertreter.

d. Im Konfliktfall zwischen den 16- bis 18-jährigen Patienten und den gesetzlichen Vertretern bei festgestellter Einwilligungsunfähigkeit sowie bei medizinisch nicht indizierten Eingriffen ist für den Minderjährigen zur Wahrung seiner Rechte ein „Beistand für medizinische Angelegenheiten" zu bestellen, der im Zweifel eine Entscheidung des Familiengerichtes herbeizuführen hat.

e. Minderjährige zwischen dem 16.- und 18. Lebensjahr können, sofern das Nichtbestehen der Einwilligungsfähigkeit nicht positiv festgestellt wird, selbstständig eine Patientenverfügung errichten. Die §§ 1901 a ff. BGB gelten entsprechend. An die Stelle des Betreuers treten die gesetzlichen Vertreter bzw. der Vormund.

2. Ziel der Regelungen und Zusammenspiel mit bestehenden Vorschriften

Das Ziel dieser Regelungen ist, unter Berücksichtigung des verfassungsrechtlich garantierten Elternrechtes, der staatlichen Schutzpflicht sowie des Regelungsbedürfnisses der Medizinpraxis dem Selbstbestimmungsrecht des Minderjährigen zu einer zeitgemäßen Stellung zu verhelfen sowie der medizinischen Praxis ein Stück Rechtssicherheit zurückzugeben.

Die offizielle Herabsetzung des Einwilligungsfähigkeitsalters auf das vollendete 16. Lebensjahr würde in der Medizinpraxis für Rechtssicherheit sorgen und das Selbstbestimmungsrecht Minderjähriger dieser Altersgruppe angemessen schützen und sichern. Im Hinblick darauf, dass bei einem 16-jährigen Jugendlichen die Willensbildungs- wie auch die Willensausübungsfähigkeit regelmäßig durch das Erreichen des formal-operativen Stadiums[692] abgeschlossen ist und Minderjährige in diesem Alter regelmäßig über die kognitiven Fähigkeiten verfügen, um nach einer behandlungsspezifischen Aufklärung den Sinn, die Risiken sowie die Folgen und somit die Tragweite des medizinischen Eingriffes zu erfassen, und sie in diesem Alter regelmäßig auch die Fähigkeit erworben haben, reflektierte und eigenverantwortliche Entscheidung zu treffen und diese an einer vernünftigen Behandlungsentscheidung auszurichten, ist nicht ersichtlich, warum dies nicht für eine gesetzliche Normierung einer solchen Regelvermutung ausreichen soll.

Auch das Innenverhältnis des Minderjährigen zu seinen gesetzlichen Vertretern sowie das Außenverhältnis des Minderjährigen und das der sorgeberechtigten Bezugspersonen zum Arzt wird konkretisiert, indem Klarheit über die grundsätzliche Einwilligungszuständigkeit sowie den Aufklärungsadressaten besteht. Medizinisch nicht indizierte Maßnahmen sind von der Sonderregelung ausgeschlossen. Da die Frage der Indikation eine rein medizinische ist, bewegt sich der Arzt bezüglich der Einwilligungs- und Aufklärungsproblematik, sofern er sich um eine gewissenhafte und fachgerechte Abklärung der Behandlungsindikationen und Aufklärung bemüht, auf rechtlich sicherem Terrain. Insoweit obliegt es dem Arzt den Minderjährigen, soweit eine Behandlungsindikation nicht besteht, darauf hinzuweisen, dass seine gesetzlichen Vertreter in die Behandlung einwilligen müssen. Auch Patientenverfügungen kann der 16-Jährige nunmehr wirksam errichten, was dann sachgerecht ist, wenn er zum Zeitpunkt der Errichtung auch in eine unmittelbar bevorstehende Behandlung bzw. in einen unmittelbar bevorstehenden Behandlungsabbruch rechtswirksam einwilligen konnte. In der Folge müsste konsequenterweise die Formulierung des § 1901 a BGB insoweit eine Korrektur erfahren, als hier nicht mehr auf die schriftliche Erklärung des *„einsichtsfähigen Volljährigen“*, sondern auf die der *„einsichtsfähigen, mindestens 16-jährigen Person“* abgestellt werden müsste, sodass der einwilligungsfähige Minderjährige seinen Willen auch schon ab der Vollendung des 16. Lebensjahres in Form einer Patientenverfügung erklären kann.

Dadurch, dass dem Minderjährigen im Konfliktfall mit seinen gesetzlichen Vertretern im Falle der festgestellten Einwilligungsunfähigkeit bzw. bei medizinisch nicht indizierten Behandlungswünschen ein Beistand für medizinische Angelegenheiten an die Seite gestellt werden kann, werden die Informations- und Partizipationsrechte des Minderjährigen gesichert. Im besten Fall erfährt der Eltern-Kind-Konflikt durch das Hinzutreten des Beistandes auch eine Entlastung,

692 Vgl. Entwicklungsstufen nach *Piaget*, Abschnitt B.II.1.a.bb.

sodass eine Basis für eine gemeinsame Entscheidungsfindung erarbeitet werden kann, ohne dass das Familiengericht bemüht werden muss.

Da nach der hier vertretenen Auffassung im Gleichschritt für Minderjährige ab dem vollendeten 16. Lebensjahr für den Bereich der Gesundheitssorge auch eine partielle Geschäftsfähigkeit für medizinisch indizierte Eingriffe angenommen wird,[693] erhalten Jugendliche dieser Altersgruppe insoweit eine geschützte Rechtsposition, als die bisher teilweise bereits durch Auslegung herbeigeführte Selbstbestimmungsfähigkeit und Selbstständigkeit nunmehr eine Normierung erfahren würde. Das wirtschaftliche Risiko ist beim Zugeständnis einer „partiellen Geschäftsfähigkeit für medizinisch indizierte Maßnahmen" auch vor dem Hintergrund der derzeit bestehenden rechtlichen Grundsätze überschaubar, da der gesetzlich versicherte Minderjährige in diesem Alter bereits selbst die Krankenkasse zur Übernahme der Kosten für indizierte Maßnahmen verpflichten kann und bei dem privat versicherten Minderjährigen die Eltern kraft ihrer Gesundheitssorge verpflichtet sind, die Kosten für medizinisch indizierte Maßnahmen zu übernehmen bzw. abzusichern. Auch im Rahmen des Schwangerschaftsabbruches nach der Beratungslösung, dem insoweit keine medizinische Indikation zugrunde liegt, ist bei einkommenslosen bzw. einkommensschwachen Minderjährigen die Übernahme der Behandlungskosten gesichert, da nach dem Schwangerschaftskonfliktgesetz die Bundesländer zur Kostenübernahme verpflichtet sind.[694] Vor dem Hintergrund, dass die Minderjährige im Rahmen der Beratungslösung nicht nur durch den behandelnden Arzt, sondern zudem auch durch eine qualifizierte Beratungsstelle aufgeklärt, informiert und beraten wird, wird sie auch bei einem gegebenenfalls vorliegenden Erfahrungsdefizit regelmäßig in die Lage versetzt, eine von Abwägungen getragene selbstbestimmte Entscheidung zu treffen. Sollten die Kosten einer indizierten Behandlung nicht gedeckt sein, so lässt die bisher zum Minderjährigenhaftungsbeschränkungsgesetz ergangene Rechtsprechung vermuten, dass solche Forderungen von § 1629 a BGB mit erfasst werden. Das Liquiditätsrisiko trägt in solchen Fällen somit der Arzt, genau wie jeder andere, der mit Minderjährigen Verträge schließt.

Aufgrund der positiven Vermutung der Einwilligungsfähigkeit für medizinische indizierte Eingriffe ab dem 16. Lebensjahr wird der Arzt von der im Einzelfall schwierigen Positivfeststellung entlastet und hat „lediglich" besondere Sorgfalt im Rahmen der Indikationsstellung, die regelmäßig auch in sein Fachgebiet fällt, walten zu lassen. Bei Minderjährigen dieser Altersgruppe wäre der Mediziner nur

693 Vgl. Abschnitt B.
694 Vgl. Abschnitt D.II.

noch dann zur Überprüfung der Einwilligungsfähigkeit verpflichtet, wenn ihm, wie derzeit auch bei volljährigen Patienten, das Vorliegen von Tatsachen, die eine Einwilligungs**un**fähigkeit begründen könnten, evident erscheint. Für diese Negativabgrenzung werden ihm, wie nachfolgend ausgeführt werden wird,[695] Kriterien an die Hand gegeben.

Das Elternrecht wird durch die nun herbeigeführte partielle Geschäftsfähigkeit sowie die grundsätzliche Einwilligungsfähigkeit Minderjährige in medizinische Maßnahmen nicht gänzlich verdrängt, sondern im Kern durch den Informations- und Aufklärungsanspruch der Eltern gesichert, wenngleich die sorgeberechtigten Bezugspersonen die Behandlungsentscheidung im Rahmen indizierter Maßnahmen eines einwilligungsfähigen 16-jährigen Minderjährigen grundsätzlich zu akzeptieren haben. Auch die Tatsache, dass der 16-Jährige gem. § 2229 Abs. 1 BGB[696] auch bereits testierfähig ist und gem. § 2 Abs. 2 TPG in eine postmortale Organspende einwilligen kann, stützen diesen Ansatz.

Die konkrete Entscheidungsbefugnis fällt nur bzw. erst dann wieder „in den Schoß der Sorgeberechtigten" zurück, wenn der Minderjährige dies möchte oder der Mediziner bzw. das Gericht die Einwilligungsunfähigkeit eines 16-Jährigen positiv feststellen. Dies entspricht der grundsätzlichen Wertung des Art. 6 Abs. II GG i.V.m. §§ 1626 ff. BGB, die das pflichtgebundene Elternrecht zwar einerseits gegen staatliche Eingriffe schützen, dieses jedoch auf der anderen Seite dem Schicksal der Auflösung unterwerfen, wenn der Minderjährige die erforderliche Selbstbestimmungskompetenz entwickelt hat.

Auf sonstige medizinisch nicht indizierte Eingriffe, unter die auch solche der wunscherfüllenden Medizin fallen sowie nicht medizinische Eingriffe soll sich die vermutete Einwilligungskompetenz deshalb nicht erstrecken, da dem Minderjährigen zuzumuten ist, mit der Durchführung solcher Maßnahmen im Zweifel bis zum Erreichen der Volljährigkeit zu warten. Im Hinblick auf die verfassungsrechtlich gebotene Abwägung des grundsätzlich garantierten Selbstbestimmungsrechtes des Minderjährigen gegen das ebenfalls verfassungsrechtlich ausgestaltete Elternrecht scheint es in Bezug auf medizinisch nicht indizierte bzw. nicht medizinische Eingriffe nicht geboten, das Elternrecht hinter das Selbstbestimmungsrecht des Minderjährigen zurückzustellen. Soweit der Minderjährige für solche Eingriffe mit den sorgeberechtigten Bezugspersonen kein Einvernehmen herstellen kann,

---

695 Vgl. Abschnitt C.II.3.

696 § 2229 BGB lautet insoweit: *„(1) Ein Minderjähriger kann ein Testament erst errichten, wenn er das 16. Lebensjahr vollendet hat. (2) Der Minderjährige bedarf zur Errichtung eines Testaments nicht der Zustimmung seines gesetzlichen Vertreters."*

muss er entweder seine diesbezüglichen Wünsche bis zur Volljährigkeit zurückstellen oder aber im Zweifel eine familiengerichtliche Entscheidung erwirken. Hierbei würde er durch die Schaffung der Institution des „Beistandes für medizinische Angelegenheiten“ unterstützt und beraten werden können. Die hierfür erforderliche Verfahrensfähigkeit besitzt er bereits nach den derzeit bestehenden Vorschriften. Da für medizinisch nicht indizierte Eingriffe insoweit auch keine partielle Geschäftsfähigkeit besteht, ist auch hier für Gleichklang gesorgt. Letzteres entspricht auch jetzt bereits der Vorstellung des Sozialrechtes, da medizinisch nicht indizierte Eingriffe regelmäßig auch nicht in den Leistungskatalogen der Krankenversicherungen vorgesehen sind, sodass die derzeit aus sozialversicherungsrechtlicher Sicht bereits bestehende Handlungsfähigkeit solche Eingriffe ohnehin nicht erfasst.

Auch die durchgeführte Stichprobenbefragung zeigte, dass immerhin 68,75% der befragten Klinikärzte die Einwilligungsfähigkeit von Minderjährigen mit dem Erreichen des 16. Lebensjahres festsetzen würden, 6,25% sogar schon mit Erreichen des 14. Lebensjahres. Mithin erachten 75% der befragten Kliniker aus praktischer Sicht einen 16-Jährigen für einwilligungskompetent.[697] Bei der Auswertung der Antworten der befragten niedergelassenen Ärzte fällt das Votum noch differenzierter sowie deutlicher aus. Hier würden 50% der befragten Pädiater und Gynäkologen die Einwilligungsfähigkeit mit dem Erreichen des 16. Lebensjahres festsetzen, 6,25% zwischen 14 und 16 Jahren, 25% mit dem Erreichen des 14. Lebensjahres und 6,25% sogar bereits mit Erreichen des 12. Lebensjahres, sodass insgesamt 87,5% der befragten niedergelassenen Ärzte 16-jährige Patienten für einwilligungsfähig halten.[698]

3. Einwilligungsfähigkeit 14- bis 16-jähriger Jugendlicher

a. *Minderjährige zwischen dem 14. und dem 16. Lebensjahr können grundsätzlich selbst in medizinisch indizierte Eingriffe und Behandlungsmaßnahmen sowie Schwangerschaftsabbrüche nach der Beratungslösung einwilligen, es sei denn, sie sind nicht in der Lage, die Bedeutung und Tragweite des bevorstehenden Eingriffes sowie der Risiken und den Nutzen der Behandlung zu verstehen und ihr Handeln danach auszurichten.*
b. *Das Fehlen der erforderlichen Einsichtsfähigkeit ist regelmäßig dann anzunehmen, wenn der Minderjährige nach altersgerechter ärztlicher*

697 Vgl. Studie zur Praxisrelevanz, Fragen 9–11.
698 Vgl. Studie zur Praxisrelevanz, Fragen 9–11.

Behandlungsaufklärung und vor dem Hintergrund seiner Lebens- und Gesundheitssituation sowie im Hinblick auf die konkret bevorstehende Behandlungsmaßnahme nicht in der Lage ist,

aa. den Grund, die Notwendigkeit, die Bedeutung und die (Aus-)Wirkung der Behandlung sowie der damit verbundenen Rechtsgutsverletzung zu erfassen und

bb. die gesundheitlichen Folgen und Risiken der Behandlung sowie

cc. die gesundheitlichen Folgen und Risiken einer Nichtbehandlung zu erkennen und

dd. die Vor- und Nachteile gegebenenfalls bestehender alternativer Behandlungsmethoden zu verstehen.

Dieses hat der Mediziner in jedem Fall zu überprüfen.

c. Im Falle des Fehlens der Einwilligungsfähigkeit bedarf es immer der Einwilligung der gesetzlichen Vertreter, jedoch steht dem Minderjährigen gegen eine Entscheidung der gesetzlichen Vertreter ein Vetorecht zu.

d. Im Konfliktfall zwischen den 14- 16- jährigen Patienten und den gesetzlichen Vertretern im Rahmen indizierter und nicht indizierter medizinischer Eingriffe ist ein „Beistand für medizinische Angelegenheiten" hinzuzuziehen und im Zweifel eine Entscheidung des Familiengerichtes zu erwirken.

4. Ziel der Regelungen und Zusammenspiel mit den bestehenden Vorschriften

Ziel dieser Thesen ist es, den Versuch eines normierten Negativausschlusses der Einwilligungsfähigkeit zur Diskussion zu stellen, um damit größere Rechtssicherheit sowie eine vermehrte Beachtung der Selbstbestimmungsrechte des Minderjährigen durch eine erhöhte Praktikabilität der Definition zu erreichen.

Zunächst einmal wird positiv davon ausgegangen, dass auch Minderjährige zwischen 14 und 16 Jahren grundsätzlich einwilligungsfähig sind, was sich auch für diese Altersgruppe aufgrund der heute vorliegenden entwicklungspsychologischen Erkenntnisse begründen lässt. Damit wird der Mediziner auch bei dieser Patientengruppe von einer komplexen und gegebenenfalls fachfremden Positivfeststellung entlastet. Gleichwohl wird der Arzt zu der Überprüfung verpflichtet, ob der Minderjährige in dem konkreten Behandlungsfall die Tragweite des bevorstehenden Eingriffes sowie die Risiken und den Nutzen der Behandlung versteht und hierauf aufbauend seine Entscheidung danach ausrichten kann. Beim kumulativen Nichtvorliegen der hierfür in Anlehnung an *Amelung* vorgegebenen Bezugspunkte der Verständnis- und Erkenntnisfähigkeit wird der Mediziner wohl regelmäßig von der Einwilligungsunfähigkeit des Minderjährigen ausgehen müssen. Liegt die erforderliche Einsichtsfähigkeit nur bezüglich einzelner Bezugspunkte nicht hinreichend vor, wird es darauf ankommen, ob der Arzt nach altersgerechter Aufklärung zu der Überzeugung gelangt, dass der Minderjährige nach der entsprechenden Aufklärung in der Lage ist, diese Erkenntnislücke zu schließen und seine Entscheidung hiernach auszurichten. Da es nicht nur der vom Subsumtionsgedanken geprägten juristischen Herangehensweise, sondern auch der medizinischen Denkweise entspricht, „pathologische" Abweichungen von einem vorgegebenen Sollzustand zu erkennen und zu definieren, wird es dem Mediziner unabhängig von seiner Fachrichtung nun leichter fallen, nach seinen subjektiven Eindrücken und objektiven Befunden im direkten Kontakt sowie im Gespräch mit dem Minderjährigen Anhaltspunkte für das Nichtvorliegen der unter Ziffer a. bis d. aufgeführten Erkenntnismöglichkeiten zu finden und zu formulieren, um danach eine objektiv begründbare Entscheidung zu treffen. Würde der Gesetzgeber Kriterien zur Feststellung der Einwilligungs**un**fähigkeit formulieren, würde die medizinische Praxis reagieren können und müssen und psychologisch/psychiatrisch begründete Standards und Richtlinien entwickeln und das medizinische Personal diesbezüglich konkret aus- und weiterbilden. Da es auf die Frage, warum bei dem Minderjährigen die zunächst einmal vermutete Erkenntnisfähigkeit nicht vorliegt, nicht ankommt, wäre es somit möglich, der medizinischen Praxis im Rahmen von ausgearbeiteten Standards einheitliche Ausschlusskriterien an die Hand zu geben. Anzunehmen ist, dass nach einer entsprechenden Normierung auch die Bundesärztekammer reagieren und der medizinischen Praxis Empfehlungen zur Erarbeitung von entsprechenden Standards zur Verfügung stellen würde.

Lediglich klarstellende Wirkung kommt der Formulierung zu, dass in dem Fall, dass dem Minderjährigen die Einsichtsfähigkeit fehlt oder es sich um einen medizinisch nicht indizierten Eingriff handelt, die gesetzlichen Vertreter in die Behandlung einwilligen müssen. Gleichwohl wird hier vertreten, dass dem Minderjährigen in Bezug auf die Behandlungsentscheidungen der gesetzlichen Vertreter generell, und nicht nur bei relativ indizierten Behandlungen, ein Vetorecht zusteht, das von dem Arzt wie auch von den gesetzlichen Vertretern in die Behandlungsentscheidungen mit einzubeziehen ist, damit dem Selbstbestimmungsrecht des immerhin schon 14-jährigen Jugendlichen mehr als nur eine Placebowirkung zukommt.

Anders als bisher wird somit dem Minderjährigen ab dem 14. Lebensjahr die Einsichtsfähigkeit positiv unterstellt, sodass eine intensive inhaltliche Auseinandersetzung mit den Argumenten des Minderjährigen erfolgen muss, um diesem die Entscheidungskompetenz abzusprechen. Auch wenn ein solcher Ansatz aus juristischer Sicht ein grundsätzliches Umdenken in Bezug auf die rechtliche Stellung Minderjähriger erfordert, so ist doch ein solcher aus der Sicht der Medizinpraxis insoweit nicht „neu“, als dass diese Methode in der Stellungnahme der *Zentralen Ethikkommission* der Bundesärztekammer „zum Schutz nicht-einwilligungsfähiger Personen in der medizinischen Forschung“ aus dem Jahre 1997,[699] bereits favorisiert wurde. Hier heißt es u. a.:

„(...) Die Nichteinwilligungsfähigkeit ist weder eine allgemeine noch eine dauerhafte persönliche Eigenschaft. Sie kann vielmehr nur in Bezug auf einen konkreten Sachverhalt festgestellt werden. Nicht einwilligungsfähig ist, wer etwa infolge von Minderjährigkeit oder Krankheit jeweils im konkreten Einzelfall außerstande ist, alle für die Einwilligung maßgeblichen Umstände zu erfassen, diese sodann zu verarbeiten und zu bewerten und darauf aufbauend eine Entscheidung zu treffen. (...) Zur Feststellung der Einwilligungsfähigkeit hat der Arzt jeweils im Einzelfall zu prüfen, ob die Person fähig ist, einen bestimmten Sachverhalt zu verstehen; dies gilt insbesondere im Hinblick auf das Ziel des Vorhabens, Verfahren, Beeinträchtigungen, Risiken und Alternativen, diese Information in angemessener Weise zu verarbeiten, sie nachvollziehbar und nicht durch Krankheit oder geistige Unreife verzerrt zu bewerten, auf dieser Grundlage von Verständnis, Verarbeitung und Bewertung den eigenen Willen zu bilden und zu äußern. Sind diese Fähigkeiten bei der Person nicht festzustellen, muss von fehlender Einwilligungsfähigkeit ausgegangen werden(...).“

Auch die vorstehend bereits angesprochene Definition der Einwilligungsunfähigkeit von Amelung aus dem Jahre 2001700 soll an dieser Stelle noch einmal bemüht werden. In dieser heißt es:

„(...) Aus dem Gesagten ergibt sich folgende Definition:

*Einwilligungs**un**fähig ist, wer wegen Minderjährigkeit, geistiger Behinderung oder psychischer Erkrankung nicht erfassen kann, welchen Wert oder Rang die von der Einwilligung berührten Güter und Interessen für ihn haben, um welche Tatsachen es geht, welche Folgen und Risiken sich aus der Einwilligungsentscheidung ergeben und welche anderen Mittel es zur Erreichung der mit der Einwilligung erstrebten Ziele gibt, die ihn möglicherweise weniger belasten.*

699 Abrufbar über: http://www.zentrale-ethikkommission.de/page.asp?his=0.1.27, zuletzt abgerufen am 6.6.2013.

700 *Amelung/Eymann,* JuS 2001, 937 (942).

Das Gleiche gilt, wenn der Minderjährige, geistig Behinderte oder psychisch Erkrankte zwar die erforderliche Einsicht besitzt, aber nicht in der Lage ist, sich nach ihr zu bestimmen."[701]

Beiden Ansätzen ist gemein, dass sie jeweils positiv von dem grundsätzlichen Bestehen der Einwilligungsfähigkeit auszugehen scheinen, da sie sich jeweils mit Kriterien befassen, bei deren Vorliegen von der Nichteinwilligungsfähigkeit einer Person, namentlich auch Minderjährigen, auszugehen ist. Auch wenn diese Herangehensweise grundsätzlich nicht im Einklang mit der derzeitigen Rechtsprechung sowie der herrschenden Lehre steht, so entspräche sie aber den grundsätzlich Lösungsmodellen des Gesetzgebers für schwer definierbare und einzelfallabhängige Tatbestandsmerkmale. So geht beispielsweise das BGB zunächst einmal davon aus, dass alle Menschen voll geschäftsfähig sind, und regelt folgerichtig nicht konkret den Eintritt der Geschäftsfähigkeit, sondern in den §§ 104 und 106 BGB deren Ausnahmen. Ebenso handhabt es der Gesetzgeber beispielsweise in § 828 BGB in Bezug auf die Deliktsfähigkeit Minderjähriger. Derselben Herangehensweise bedient sich auch das StGB, das die strafrechtliche Schuldfähigkeit eines Täters grundsätzlich voraussetzt und in den §§ 19–21 StGB die von Amts wegen zu prüfenden Ausnahmetatbestände regelt, die, soweit sie vorliegen, zur (verminderten) Schuldunfähigkeit führen können. Die gleiche Systematik findet sich auch im Gewährleistungsrecht, in dem der „Sachmangel" als eine negative

---

701 So stellt beispielsweise auch *Loose* in ihrer Arbeit zur Herangehensweise an die Feststellung der Einwilligungsfähigkeit betreuter, mithin volljähriger Patienten, denen nicht pauschal, jedoch möglicherweise die Einwilligungskompetenz fehlt, ein „Dreistufenmodell" vor. Da auch dort von der Negativabgrenzung ausgegangen wird, ist eine solche Herangehensweise durchaus übertragbar. Hier heißt es: *1. Phase: Empirische Untersuchung:* Hier ist zu klären, welche empirischen Erfahrungen bestehen, um Zweifel an der Fähigkeit zur autonomen Entscheidung zu klären. Heranzuziehen ist das aus der Erfahrung gewonnene Wissen, welche Auswirkungen bestimmte Krankheitsbilder, das Alter oder bestimmte geistige Einschränkungen auf die Fähigkeit zur autonomen Entscheidung des Betroffenen haben. *2. Phase: Berücksichtigung des Einzelfalles:* Der jeweilige Einzelfall ist bezogen auf konkrete Situationen einzuschätzen. Gegebenenfalls ist weitere Aufklärungsarbeit im Rahmen des Angemessenen zu leisten. *3. Phase Endabwägung:* Die aus der 1. und 2. Phase gewonnenen Informationen hat der Arzt im Rahmen einer Endabwägung zu verarbeiten. Auf der Basis der verfügbaren Informationen ist dann zu klären, ob der Betroffene die Fähigkeit zur autonomen Entscheidung besitzt, d. h., ob dieser die ihm durch den Eingriff drohenden Risiken, Gefahren und sonstige Nachteile im Verhältnis zu dem ihm zukommenden Nutzen abwägen und sich dazu äußern vermag. Vgl. *Loose,* Strafrechtliche Grenzen, Seite 168.

Abweichung der „Ist-Beschaffenheit“ von einer definierbaren, vereinbarten bzw. im Zweifel der üblichen „Soll-Beschaffenheit“ definiert wird.

Vor dem Hintergrund des Ergebnisses der Stichprobenbefragung scheint dies auch der grundsätzlichen Einschätzung der befragten Mediziner zu entsprechen. Auf die Frage:

„Ab welchem Alter kann nach Ihrer Erfahrung ein durchschnittlich entwickelter und intelligenter Minderjähriger bei durchschnittlichen spezifischen Krankheitserfahrungen sowie einer kind- bzw. jugendgerechten Behandlungsaufklärung das Ausmaß und die Folgen einer Erkrankung, den Sinn, die Tragweite und die Risiken einer Behandlung oder einer Nichtbehandlung verstehen und hierzu gezielt Fragen stellen?“, antworteten 18,75% der befragten Klinikärzte mit „mit 12 Jahren“, 44,75% „mit 14 Jahren“ und mit 37,5% „mit 16 Jahren“. Die befragten niedergelassenen Ärzte befürworteten mit 12,5% die Altersgrenze von „12 Jahren“, mit 50% von „14 Jahren“ und mit 37,16% von 16 Jahren.[702]

Aus der Sicht des Minderjährigen leistet eine solche Herangehensweise einen großen Beitrag zum Schutz seiner Persönlichkeitsrechte, da es zunächst einmal auf seinen Willen ankommt und ihm die Entscheidungskompetenz erst nach einer entsprechenden Prüfung durch den behandelnden Arzt aberkannt werden kann, was zumindest voraussetzt, dass sich der Mediziner vor der Behandlung intensiv mit den Fähigkeiten und den Behandlungswünschen des Minderjährigen auseinandersetzen muss. Hierzu wird er nun spätestens immer dann gezwungen werden, wenn der Behandlungswunsch des Minderjährigen von dem der gesetzlichen Vertreter abweicht.

Die vorgeschlagenen Kriterien sollen den Blick von den bisher ausufernden Theorien über die grundsätzliche Entwicklung der kindlichen Verstandesreife auf den konkreten Anlass, nämlich die konkrete Behandlungssituation lenken, die Bezugspunkt der ärztlichen Entscheidung über die Einwilligungsfähigkeit sein muss.[703] Anders als bisher steht bei dieser Herangehensweise nun zumindest eine Variable, nämlich der festzulegende durchschnittliche Einsichts- und Entwicklungsmaßstab, fest, der nun im individuellen Lichte des Minderjährigen sowie der konkreten Behandlungssituation zur Anwendung kommt. Als weitere feststehende Variable werden die Bezugspunkte, auf die sich die Einwilligungsfähigkeit beziehen muss, verbindlich definiert. Durch die Formulierung: *„(...) das Fehlen der erforderlichen Einsichtsfähigkeit ist regelmäßig anzunehmen, wenn der Minderjährige nach altersgerechter ärztlicher Behandlungsaufklärung und vor dem Hintergrund seiner Lebens- und Gesundheitssituation sowie im Hinblick auf die konkret bevorstehende*

---

702 Vgl. Studie zur Praxisrelevanz, Frage 10.

703 Siehe Abschnitt C.I.2.bb.

Behandlungsmaßnahme nicht in der Lage ist …(...)", wird klargestellt, dass das Gesetz grundsätzlich davon ausgeht, dass heute ein durchschnittlich entwickelter Minderjähriger zwischen 14 und 16 Jahren in Bezug auf die dargestellten Bezugspunkte die erforderliche Einsichtsfähigkeit besitzt, sodass dem Mediziner nunmehr „nur noch" die Verpflichtung zur Überprüfung einer individuellen Abweichung der Einsichtsfähigkeit verbleibt. Die Herangehensweise, dass grundsätzlichen Kompetenzen Minderjähriger eine Korrekturmöglichkeit gegenübergestellt wird, ist eine ureigene Intention der den Minderjährigen schützenden Normen.

In Konfliktfällen ist auch hier die Beteiligung eines „Beistandes für medizinische Angelegenheiten" erforderlich. Im Zweifel ist das Familiengericht anzurufen. Auch vor dem Hintergrund des strafrechtlichen Autonomieprinzips führt diese Herangehensweise zu sachgerechten Ergebnissen. Fühlt sich der Minderjährige selbst der Entscheidung nicht gewachsen, steht es ihm frei, sich durch seine gesetzlichen Vertreter beraten, leiten oder gegebenenfalls fremdbestimmen zu lassen, sodass hier der Begrifflichkeit der unterstützten bzw. assistierten Einwilligung eine besondere Bedeutung zukommt.

5. Einwilligungsfähigkeit von Kindern unter 14 Jahren

a. *Kinder unter 14 Jahren können nicht in eine medizinische Behandlung einwilligen.*
b. *Medizinisch indizierte Behandlungsmaßnahmen können nur mit der Einwilligung der gesetzlichen Vertreter durchgeführt werden.*
c. *Gegen eine Behandlungsentscheidung der Vertreter steht dem Minderjährigen ein Vetorecht zu.*
d. *In Konfliktfällen sowie bei Einwilligung der gesetzlichen Vertreter in medizinisch nicht indizierte Behandlungen die mit einem erheblichen Eingriff in die körperliche Integrität sowie mit lebenslang anhaltenden Folgen verbunden sein können, ist ein „Beistand für medizinische Angelegenheiten" zu beteiligen.*

6. Ziel der Regelungen und Zusammenspiel mit bereits bestehenden Vorschriften

Der Sinn dieser Regelung lässt sich an dieser Stelle knapp unter dem Begriff „Rechtssicherheit" zusammenfassen. Hier wird der Patientengruppe der unter 14-Jährigen zugunsten der Rechtssicherheit pauschal die Einwilligungskompetenz aberkannt. Da in Bezug auf diese Altersgruppe in der Literatur und Rechtsprechung insoweit kaum unterschiedliche Auffassungen existieren, als dass die unter 14-Jährigen regelmäßig als nicht einwilligungsfähig gelten, wird eine solche Annahme derzeit wahrscheinlich auf wenig Widerstand stoßen. Gleichwohl ist Vorsicht geboten bei derart pauschal verallgemeinernden Ansätzen ohne Korrekturmöglichkeit. Mithin gilt es, die Begriffe Rechtssicherheit, Minderjährigenschutz und Selbstbestimmung sachgerecht gegeneinander abzuwägen. Das Selbstbestimmungsrecht eines Menschen darf nicht zu einer Selbstbestimmungspflicht ausufern, die nun jedem Minderjährigen abverlangt werden muss. Vielmehr verbietet es sich den Minderjährigen mit einer Selbstbestimmungsverpflichtung zu belasten, die ihn überfordert. Dort wo der Minderjährige sein Selbstbestimmungsrecht nicht selbst ausüben kann, leben das Elternrecht sowie die Elternpflicht (wieder) auf. Zwar wird es auch junge Patienten in dieser Altersgruppe geben, die aufgrund langjähriger spezifischer Krankheitserfahrungen im Einzelfall über besonders entwickelte fachspezifische Kompetenzen verfügen, jedoch sind auch diese Kinder nicht schutzlos den Behandlungsentscheidungen der Sorgeberechtigten ausgeliefert, da ihnen insoweit ein Vetorecht zusteht, aus dem ihnen Aufklärungs-, Anhörungs- und Informationsrechte erwachsen sowie das Recht, Einwände gegen oder Wünsche für eine Behandlung zu äußern und zu begründen. Sind diese eigenen Behandlungsvorstellungen des Kindes nachvollziehbar und aus medizinischer Sicht vertretbar, werden der Arzt sowie die Sorgeberechtigten dies im Rahmen ihrer Entscheidungsfindung mit einbeziehen müssen. Damit das Vetorecht nicht als Pseudorecht im Sande verläuft, ist dem Kind im Falle eines nachvollziehbaren Behandlungsvetos in jedem Fall ein Beistand zur Seite zu stellen, der die Interessen des Minderjährigen gegenüber den Eltern vertritt und im Zweifel eine gerichtliche Klärung herbeiführen kann. Auch wenn es die Reife des Kindes noch nicht zulässt, adäquate Entscheidungen selbstbestimmt zu treffen, so gebieten es das Selbstbestimmungsrecht wie auch die Menschenwürde, dass Eingriffe an der sowie in die körperliche Integrität eines Kindes zuvor kindgerecht mit diesem besprochen werden und dass das Kind die Möglichkeit erhält, seine Fragen, Meinungen, Ängste und anderslautenden Behandlungswünsche mitzuteilen. Im Weiteren wird das Kind durch eine verpflichtende Einbeziehung eines (weiteren) Interessenvertreters in seiner Person und Würde ernst genommen, als auch in seiner rechtlichen Position gestärkt. Der Minderjährige, der die Einbeziehung in die Behandlung wünscht, erhält so die notwendige Beachtung, während der Minderjährige, der mit einer Behandlungsentscheidung überfordert ist, diese vertrauensvoll in die Hände seiner Eltern legen wird. Aber auch in diesen Fällen erhalten Kinder dieser Altersgruppe in Konfliktfällen sowie bei Einwilligungen der gesetzlichen Vertreter in medizinisch nicht indizierte Behandlungen die mit einem erheblichen Eingriff in die körperliche Integrität sowie mit lebenslang anhaltenden Folgen verbunden sein können, einen „Beistand für medizinische Angelegenheiten“ an ihre Seite, der nicht nur vermitteln, sondern im Zweifel auch eine gerichtliche Überprüfung der elterlichen Entscheidung einleiten kann, sodass trotz des pauschalen Ausschlusses der Einwilligungsfähigkeit von Minderjährigen unter 14 Jahren die Rechte des Kindes hinreichend gesichert werden.

Ein solcher Ausschluss der autonomen Selbstbestimmung unter 14-Jähriger erscheint auch nach der Auswertung der Antworten der befragten Mediziner sachgerecht. Auf die Frage: *„Ab welchem Alter beginnen Minderjährige nach Ihrer Auffassung das Bedürfnis zu entwickeln a.) in die Behandlungsentscheidungen mit eingebunden zu werden und b.) ggf. auch selbstbestimmte Entscheidungen zu treffen?“*, zogen in Bezug auf den Wunsch einer selbstbestimmten Behandlungsentscheidung 6,25% der befragten Klinikärzte die Grenze bei dem 8. Lebensjahr, 28,75% bei dem 12. Lebensjahr, während insgesamt 85% der Klinikärzte von einem erkennbaren Partizipationsbedürfnis ab dem 14. Lebensjahr ausgingen. Zum gleichen Ergebnis, jedoch mit einer geringfügig anderen Verteilung, kam die Auswertung der Antworten der niedergelassenen Ärzte. Hier sahen 25% der Ärzte den Entscheidungswunsch schon bei 12-jährigen und 75% einen Entscheidungswunsch erst bei 14- bis16-jährigen Patienten. Darüber hinaus würde keiner der befragten Kliniker und nur 6,25% der befragten niedergelassenen Ärzte die Einwilligungsfähigkeit unter dem 14. Lebensjahr festsetzen wollen. Vorstehende Thesen korrespondieren auch insoweit mit den bereits bestehenden straf- und zivilrechtlichen Regelungen des Minderjährigenschutzes, als der unter 14-jährige Minderjährige strafrechtlich gesehen noch ein Kind und zivilrechtlich beschränkt geschäftsfähig ist und somit unter dem besonderen Schutz der gesamten Rechtsordnung steht. Lediglich das Deliktsrecht sieht Kinder ab dem 7. Lebensjahr grundsätzlich in der Lage, aufgrund eines regelmäßig vorhandenen Unrechtsbewusstseins in Bezug auf die Rechtsgüter Dritter eigenes Handeln zu verantworten, wenn sie die zur Erkenntnis erforderliche objektive Einsicht haben.

D. Anwendung der Thesen auf Problemfelder in der Kinder- und Jugendgynäkologie

I. Die minderjährige (werdende) Mutter

1. Das Dreiecksverhältnis zwischen gesetzlichen Vertretern – Mutter – Nasciturus

Solange sich das Kind im Mutterleib befindet, ist die Schwangere ungeachtet ihres Alters als die natürliche Sachwalterin für die Belange ihres Kindes anzusehen. Auch wenn vor der Geburt an eine Selbstbestimmung des Nasciturus schon rein faktisch nicht zu denken ist,[704] bedeutet dies jedoch nicht, dass die Schwangere über das werdende Leben verfügen darf wie über ihren eigenen Körper. Zwar ist ein ungeborenes Kind nach unserer Rechtsordnung noch nicht rechtsfähig,[705] doch ist es zu diesem Zeitpunkt schon Träger von einzelnen (Grund-)Rechten,[706] die es erforderlich machen, ihm als teilrechtsfähiges Subjekt ein gewisses Mindestmaß an Schutz angedeihen zu lassen, und das in Grenzfällen gegebenenfalls auch gegen den Willen der werdenden Mutter.[707] Diese Schutzpflicht obliegt nach der Auffassung des Bundesverfassungsgerichtes dem Staat,[708] und, soweit es um

704 *Kern,* NJW 1994, 753 (754).

705 Die Rechtsfähigkeit als Fähigkeit, selbst Träger von Rechten und Pflichten zu sein, ist in allen Rechtsordnungen einheitlich an das „Leben" geknüpft. Gem. Art. 2 EMRK besteht ein Recht auf Leben. Jedoch besteht nicht nur in Deutschland, sondern auch auf europäischer Ebene kein Konsens über die wissenschaftliche und rechtliche Definition zum Beginn des Lebens. Die Entscheidung, wann Leben beginnt und ab welchem Zeitpunkt das Recht auf Leben geschützt ist, fällt daher nach Ansicht des EuGH in den Ermessensspielraum der Staaten. Nach Ansicht des EuGH ist es daher weder wünschenswert noch möglich, die Frage, ob das ungeborene Kind ein durch Art. 2 EMRK geschützter Mensch ist, in abstracto zu beantworten.

706 Rechte des ungeborenen Kindes finden sich beispielsweise in § 1923 II BGB, § 823 I BGB, § 844 II BGB, § 12 SGB VII, Art. 1 Abs. 1 S. 1 GG, Art. 2 Abs. 2 S. 1 GG, vgl. BVerfGE 39, 1 (37); 88, 203 (251 f.).

707 BVerfGE 39, 1 (37 ff.) = NJW 1975, 573 (575 ff.); das BVerfG, NJW 1993, 1751 (1753) (1761) spricht schon im 1. Leitsatz vom „eigenen Lebensrecht des Ungeborenen". Vgl. auch *Kern,* NJW 1994, 753 (754).

708 BVerfG, NJW 1993, 1751 (1753 f.); NJW 1975, 573 (575).

die Wahrung künftiger Rechte des ungeborenen Kindes geht, gem. § 1912 Abs. 2 BGB den Eltern, da insoweit das grundsätzlich erst mit der Vollendung der Geburt beginnende elterliche Sorgerecht vorwirkt.[709]

Ist ein Elternteil geschäftsunfähig, so ruht die elterliche Sorge kraft gesetzlicher Anordnung (§ 1673 Abs. 1 BGB). Bei minderjährigen Eltern betrifft diese Ruhensanordnung gem. § 1673 Abs. 2 BGB jedoch nur die *gesetzliche Vertretung*, sodass der minderjährigen Mutter an dieser Stelle ein auf die Personensorge sachlich beschränktes Sorgerecht verbleibt.[710]

In unserer Rechtsordnung beginnt die Rechtsfähigkeit mit der Vollendung der Geburt und endet mit dem Tod. Die (reguläre)[711] Geburt im medizinischen[712] wie auch im Rechtssinne beginnt mit den Eröffnungswehen und ist vollendet mit dem vollständigen Austritt der Leibesfrucht aus dem Mutterleib,[713] auf die Lösung der Nabelschnur kommt es nicht an. Während der Schwangerschaft besteht eine Symbiose zwischen Mutter und Kind mit enger körperlicher Verbundenheit von zwei Lebewesen und direkter Abhängigkeit des Fetus von der Mutter. Wenn auch die große Mehrzahl der werdenden Mütter regelmäßig bereit sind, ihre persönlichen Interessen der Sicherstellung des Wohlergehens des heranwachsenden Kindes unterzuordnen, gibt es – auch bei volljährigen Schwangeren – Situationen, in denen werdende Mütter den eigenen Interessen Vorrang einräumen, sodass sie durch ihr Verhalten eine Gefährdung der Gesundheit und der Entwicklung des ungeborenen Kindes in Kauf nehmen. Abgesehen von den §§ 218 ff StGB gewährt unsere Strafrechtsordnung dem ungeborenen Kind keinen Schutz, und auch die Personensorge erfasst erst missbräuchliches Verhalten der Sorgeberechtigten gegenüber dem bereits geborenen Kind. Versuche, aus der Situation der der Schwangerschaft inneliegenden engen Verbundenheit von Mutter und Kind eine generelle Garantenstellung der Mutter zu entwickeln, führten ebenfalls zu keinen brauchbaren Lösungsansätzen.[714]

---

709 Vgl. *Zorn*, elterliche Sorge, Seite 175 Rn 240.

710 Vgl. Palandt/*Götz* § 1673 Rn 3.

711 Bei abweichenden Verläufen von der „normalen“ Geburt sowie bei der „künstlichen“ Geburt (Kaiserschnitt) ist die Frage nach dem tatsächlichen Geburtsbeginn bis heute umstritten. Vgl. *Lüttger*, Geburtsbeginn, NStZ 1983, Seite 481 (482).

712 „Geburtswehen“ sind auch in medizinischer Sicht erst die Eröffnungswehen, vgl. *Lüttger*, a.o.a.O.

713 *Lüttger*, a.a.O.

714 In Bezug auf einen „sicheren Geburtsverlauf sowie die Erstversorgung des Neugeborenen bei Hausgeburten“ formulierte der BGH jedoch zuletzt 2009 eine

Die Interessenkonflikte zwischen der Mutter und dem heranwachsenden Kind können zu schwierigen rechtlichen und medizinethischen Konstellationen führen. Bei jeder Schwangerschaft stellt sich in Konfliktsituationen zwischen der Schwangeren und dem heranwachsenden Kind die Frage nach der Priorität von dem Recht der Mutter auf Wahrung ihrer Persönlichkeit, ihre Autonomie und Selbstbestimmung sowie ihrer psychosozialen und medizinischen Gesundheit und dem Recht des Fetus auf das Leben und die körperliche Unversehrtheit als höchste Rechtsgüter unserer Verfassung. Eine direkte intrauterine Behandlung des Kindeskindes oder seine indirekte Behandlung durch die Behandlung der Mutter gegen ihren Willen zum Wohle des Kindes ist schon allein deshalb problematisch, da eine solche Behandlung regelmäßig nicht[715] ohne einen die körperliche Integrität der Schwangeren verletzenden Eingriff vollzogen werden kann.[716] Die grundsätzliche Befugnis zur Zwangsbehandlung einer Schwangeren bzw. der Zwang einer Schwangeren zur Duldung einer intrauterinen Fetaltherapie wird regelmäßig die Grenze eines verhältnismäßigen Gütereingriffes zur Wahrung höherwertiger Drittinteressen überschreiten. Die rechtlichen Bedenken gegen einen derartigen Zwang der werdenden Mutter zur Rechtsgutsfreigabe scheinen offensichtlich, denn kein Patient, auch nicht die Mutter eines bereits geborenen Kindes, wird gezwungen, die eigene Körperintegrität zum Wohle oder zur Rettung eines anderen Menschen bzw. des eigenen Kindes zu opfern.[717] Würde die Schwangere hier zur Duldung von Eingriffen gezwungen werden, würde die Besonderheit der lebenseinheitlichen Verbindung, die vom Bundesverfassungsgericht als „Zweiheit in Einheit“[718] beschrieben wird, rechtlich getrennt, da dann die Schwangere nicht mehr als Einheit mit ihrem Kind, sondern als eine von dem Fetus abgegrenzte Gefahr betrachtet werden müsste.[719] Vorstehende Ausführungen zeigen, dass es aus rechtlicher Sicht äußerst schwierig ist, die gewollte oder auch nicht (mehr)

Garantenstellung der (werdenden) Mutter. Vgl. BGH Urteil vom 12.11.2009 4 StR 227/09, BeckRS 2009, 89441.

715 *Lüttger*, NStZ 1983, 481 (482).

716 *Deutsch/Spickhoff*, MedR, Rn 802 vertreten die Auffassung, dass die Rechte zumindest des Nasciturus, der kurz vor seiner Geburt steht, auch gegen die Mutter durchzusetzen sind, da die Schwangerschaft bis kurz vor der Geburt andauert und das Ungeborene nur noch „einen Schritt“ von der Selbstständigkeit entfernt ist. Trotz der schwierigen prozessualen Durchsetzung sehen diese die nach § 1912 BGB zulässige Pflegschaft befugt, gegebenenfalls gegen die Mutter rechtliche Schritte zu einzuleiten.

717 BVerfG, NJW 1975, 573 (577).

718 Vgl. BVerfG, NJW 1993, 1751.

719 *Sternberg-Lieben*, Schranken im Strafrecht, Seite 243.

gewollte „symbiotische Zwangsbeziehung“ zwischen der Schwangeren und dem ungeborenen Kind zu fassen,[720] sodass die an vielen Stellen bestehenden rechtlichen, moralischen und ethischen Konflikte grundsätzlich nur schwer lösbar sind.

Durch das Hinzutreten der Minderjährigkeit einer Schwangeren werden die Beantwortung rechtlicher Fragen sowie die Situation für die medizinische Praxis noch unübersichtlicher. Ist schon die Frage, ab wann die Minderjährige im Rahmen der medizinischen Behandlung in die die eigenen Belange und den eigenen Körper betreffenden Maßnahmen einwilligen kann, umstritten, so liegt es auf der Hand, dass die Beantwortung dieser Frage noch schwieriger wird, wenn eine Minderjährige darüber hinaus in ihrer Entscheidung die Rechte, die Belange, das Leben und die Gesundheit eines heranwachsenden Kindes mit berücksichtigen muss. Dies gilt umso mehr, als die medial bekannt gemachten „jüngsten Schwangeren“[721] selbst noch Kinder vor bzw. im Grundschulalter[722] waren. Zwar muss auch eine minderjährige, nicht einwilligungsfähige Schwangere grundsätzlich als Sachwalterin der Rechte des in ihr und nur durch sie heranwachsenden Kindes angesehen werden, gleichwohl ist das ungeborene Kind nach den Wertungen unserer Rechtsordnung, die u. a. in den Art. 1 und 2 GG sowie den §§ 823 Abs. 1, 844 Abs. 2, 1923 Abs. 2 BGB, § 12 SGB VII zum Ausdruck kommen, zwar ein mit der Mutter in Einheit verbundenes, jedoch ebenfalls von ihr zu unterscheidendes „anderes“ Rechtssubjekt, das gegebenenfalls auch gegen eine rechtsverletzende Entscheidung oder Handlung der Mutter geschützt werden muss. Dennoch sind ebenso die Persönlichkeitsrechte der minderjährigen Mutter zu beachten, die es dann im Zweifel gegen die Rechte des ungeborenen Kindes abzuwägen gilt.[723]

---

720 So führt das BVerfG aus: „Unzweifelhaft begründet die natürliche Verbindung des ungeborenen Lebens mit dem der Mutter eine besonders geartete Beziehung, für die es in anderen Lebenssachverhalten keine Parallele gibt.“ BVerfG NJW 1975, 573 (575).

721 So berichtete das Hamburger Abendblatt am 2.3.2006 von der jüngsten Mutter in Deutschland, einem 12-jährigen Mädchen. Die Zeitung „Die Welt“ berichtete am 29.3.2011 von einer 12-jährigen Holländerin, die auf einer Klassenfahrt ihr Kind zur Welt brachte, und am 7.2.2013 von einem 9-jährigen Mädchen, das in Mexico Mutter wurde. Die jüngste Mutter aller Zeiten heißt Lina Vanessa Medina. Das peruanische Mädchen soll 1939 im Alter von 5 Jahren ein Kind bekommen haben.

722 *Kern* weist darauf hin, dass im Jahre 2000 mehr als 7.000 minderjährige Frauen ein Kind zur Welt gebracht haben, wovon 161 der jungen Mütter noch nicht einmal 14 Jahre alt waren. Vgl. *Kern*, MedR 2005 628.

723 Zur Rechtsprechung des BVerfG zum Schwangerschaftsabbruch vgl. beispielsweise: BVerfG, 1974, 1322 ff.; BVerfG, NJW 1975, 573 ff.; BVerfG, NJW 1977, 31; BVerfG, NJW 1990, 241 ff.; BVerfG, NJW 1992, 2343 ff.; BVerfG, NJW 1993,

Auch für die zur Personensorge der minderjährigen Mutter berechtigten Vertreter wird die Situation nicht einfacher, denn diese sind zunächst einmal lediglich sorgeberechtigt für die Kindesmutter, nicht für das Kindeskind, sodass das Wohl der minderjährigen Mutter aus der Sicht der Eltern/Großeltern zwingend im Vordergrund stehen muss. Vor diesem Hintergrund wird die Frage, ob beispielsweise die Einwilligung der gesetzlichen Vertreter in einen invasiven Eingriff bei der minderjährigen Mutter zum Wohle des Kindeskindes vor dem Hintergrund des ebenfalls nur schwer zu greifenden Begriffes des Kindeswohls bzw. der Kindeswohlgefährdung überhaupt zulässig sein kann, durchaus streitig diskutiert.[724]

2. Zustimmung der minderjährigen Mutter zur Behandlung des Kindes

a. Die rechtliche Situation de lege lata

Ist das Kind geboren, so sind die gesetzlichen Regelungen in Bezug auf die Frage, inwieweit die minderjährige Mutter in die medizinische Behandlung des Kindes einwilligen kann, ebenfalls nicht sehr übersichtlich. Obwohl diese Problematik nicht neu ist und vor dem Hintergrund von 4.219 Kindern,[725] die in Deutschland allein im Jahre 2011 von minderjährigen Müttern zur Welt gebracht wurden, auch nicht nur theoretischer Natur, findet sich hierzu bisher keine konkrete Rechtsprechung und nur vereinzelt Literatur. Im Falle der Minderjährigkeit der Eltern ordnet das Gesetz zunächst in § 1673 Abs. 2 S. 1 BGB das Ruhen der elterlichen Sorge an, was gem. § 1675 BGB bedeutet, dass die Minderjährigen grundsätzlich nicht mehr berechtigt scheinen, die elterliche Sorge auszuüben. Die „elterliche Sorge" umfasst die rechtliche Vertretung des Kindes (§ 1628 BGB), die Personensorge (§§ 1626 Abs. 1, 1631 BGB) sowie die Vermögenssorge (§§ 1626 Abs. 1, 1638 BGB). Inhalt der Personensorge ist u. a. die für die Einwilligungserklärung relevante Gesundheitssorge.[726] Bei zum Zeitpunkt der Geburt verheirateten Eltern üben diese die elterliche Sorge kraft Gesetzes

---

1751 ff.; BVerfG, MedR 1999, 119 ff.; BVerfG, NJOZ 2008, 151 ff.; BVerfG, NJW 2010, 332 ff.

724 Vgl. für viele Palandt/*Götz,* § 1626 Rn 4 ff.

725 Vgl. Statistisches Bundesamt, Statistik zu „Lebendgeborene nach dem Alter der Mutter", abrufbar über: https://www.destatis.de/DE/ZahlenFakten/GesellschaftStaat/Bevoelkerung/Geburten/Tabellen/LebendgeboreneAlter.html. Stand 30.8.2013.

726 Vgl. für viele Palandt/*Götz,* § 1626 Rn 7 ff.

gemeinsam aus. Sind die Eltern nicht miteinander verheiratet, so hat grundsätzlich die Mutter allein die elterliche Sorge, wenn nicht die Eltern gem. § 1626 a BGB erklären, dass sie die Sorge gemeinsam ausüben wollen, einander heiraten oder durch gerichtlichen Beschluss die gemeinsame Sorge (gegebenenfalls auch gegen den Willen der Mutter) festgestellt wird.[727] Die „elterliche Sorge" haben die Eltern gem. § 1627 Abs. 1 BGB in eigener Verantwortung und im gegenseitigen Einvernehmen gemeinsam auszuüben. Bei Meinungsverschiedenheiten müssen sie versuchen, sich zu einigen, ansonsten kann das Familiengericht auf Antrag eines Elternteils die Entscheidung auf die Mutter oder auf den Vater übertragen. Vater des Kindes ist gem. § 1592 BGB der Mann, der zum Zeitpunkt der Geburt des Kindes mit der Mutter verheiratet ist oder die Vaterschaft anerkannt hat bzw. dessen Vaterschaft gerichtlich festgestellt wurde. Die genetische Vaterschaft allein führt somit nicht in jedem Fall zur Vaterschaft im Rechtssinne, da ein Mann als rechtlicher Vater nur dann anerkannt wird, wenn eine der drei genannten Voraussetzungen vorliegt.[728] § 1673 Abs. 2 BGB ordnet sodann an, dass den minderjährigen Eltern die Personensorge für das Kind neben dem gesetzlichen Vertreter des Kindes zustehen soll, sodass die „elterliche Sorge" nicht insgesamt ruht, sondern lediglich die Vermögenssorge und, wie § 1673 Abs. 2 S. 22. Halbsatz BGB noch einmal ausdrücklich klarstellt, die Vertretung des Kindes. Somit ist beispielsweise die minderjährige Mutter neben dem volljährigen Vater zur nicht ausgeschlossenen Personen- und somit zur Gesundheitssorge berechtigt, jedoch nicht zur Vertretung,[729] sodass sie allein grundsätzlich nicht in die Heilbehandlung ihres Kindes einwilligen kann. Ist der Vater des Kindes volljährig, ist er Vertreter des Kindes und muss im Einvernehmen mit der Mutter die Einwilligung erteilen. Ist der Vater des Kindes ebenfalls minderjährig oder nicht

---

727 Vgl. BVerfG, Beschluss vom 21.7.2010 – 1 BvR 420/09 (BGBl. I S. 11/73) = NJW 2010, 3008. Das BVerfG stellte die Verfassungswidrigkeit von § 1626 a Abs. 1 Nr. 1 BGB (wie auch § 1672 Abs. 1 BGB) fest, indem es ausführte: *„Es verletzt das Elternrecht des Vaters eines nichtehelichen Kindes aus Art. 6 Abs. 2 GG, dass er ohne Zustimmung der Mutter generell von der Sorgetragung für sein Kind ausgeschlossen ist und nicht gerichtlich überprüfen lassen kann, ob es aus Gründen des Kindeswohls angezeigt ist, ihm zusammen mit der Mutter die Sorge für sein Kind einzuräumen oder ihm anstelle der Mutter die Alleinsorge für das Kind zu übertragen."* Bis zur Bereinigung des Zustandes durch den Gesetzgeber ist durch richterliches Übertragungsrecht eine Herbeiführung der gemeinsamen elterlichen Sorge gegebenenfalls auch gegen den Willen der Kindesmutter zu ermöglichen.

728 Vgl. Palandt/*Brudermüller,* § 1592 Rn 1 ff.

729 *Kern*, Minderjährige Eltern, MedR 2005, 628 (629); Palandt/*Götz,* § 1673 Rn 3.

bekannt, ist ein Vormund (§§ 1773 ff. BGB) bzw. ein Pfleger (§§ 1909 ff. BGB) für das Kindeskind zu bestellen. Allein dieser ist dann zu seiner rechtlichen Vertretung berechtigt. Bei Meinungsverschiedenheiten zwischen dem Vormund und der minderjährigen Mutter in Bezug auf Personensorgesachen geht jedoch regelmäßig der Wille der Mutter gem. § 1673 Abs. 2 S. 3 BGB vor, sodass der Vormund das Kind im Einvernehmen mit der Mutter zu vertreten hat. Insoweit steht der minderjährigen Mutter unabhängig von ihrem Alter an dieser Stelle ein vom Gesetzgeber gewolltes Vetorecht zu, sodass sie Vertreterentscheidungen des Vormundes für ihr Kind unterbinden könnte. Der Vormund darf somit nicht von dem Willen der Mutter abweichen.[730] Dieser Willensvorrang minderjähriger und personensorgeberechtigter Mütter gilt jedoch nicht für eine offensichtlich kindeswohlgefährdende Maßnahme.[731]

Den Behandlungsvertrag über die Behandlung des Kindes könnten die minderjährigen Eltern dann abschließen, wenn sie hierzu auch in Bezug auf ihre eigene Behandlung berechtigt wären. Da die minderjährigen Eltern in der Regel nicht im Namen des Kindes, mithin als Vertreter, den Arztvertrag schließen, sondern im eigenen Namen zugunsten des Kindes (§ 328 BGB), ist die Regelung des § 1673 Absatz 2 BGB mit all ihren Schwierigkeiten nicht anwendbar. Im Hinblick darauf, dass der Behandlungsvertrag nach der hier vertretenen Auffassung auch unter Berücksichtigung seiner sozialversicherungsrechtlichen Einbettung über § 36 SGB I nicht lediglich rechtlich vorteilhaft ist, und das auch dann nicht, wenn es konkret um die Behandlung eines Dritten, nämlich des Kindeskindes geht, bedürfen die minderjährigen Eltern zum Abschluss eines Behandlungsvertrages für das Kindeskind der Zustimmung ihrer eigenen gesetzlichen Vertreter.[732]

Im Ergebnis kann die minderjährige Mutter derzeit die Einwilligung in die medizinische Behandlung ihres Kindes in jedem Fall nicht selbst erteilen, obwohl ihr grundsätzlich die Personensorge und damit die Gesundheitssorge zusteht, da ihr die Vertretungsberechtigung fehlt, was zu einer nicht unproblematischen Trennung der materiellen Zuständigkeit der Mutter von der gleichzeitigen formellen Berechtigung des Vormundes führt.[733] Einwilligen muss sodann der (gegebenenfalls volljährige) Vater bzw. der Vormund oder der Pfleger des Kindes. Während sich die Eltern im Konfliktfall einigen müssen, genießt im Falle der Vormundschaft oder

730 BT-Drucks. 7/2060.

731 Palandt/*Götz*, § 1673 Rn 4; *Ollmann*, JAmt 2003, 572 f.

732 *Kern*, MedR 2005, 628 (631) m.w.Nw.

733 Darstellend vgl. *Kern*, Minderjährige Eltern, MedR 2005, 628 ff.

Pflegschaft der Wille der personensorgeberechtigten minderjährigen Mutter auch in Bezug auf die Einwilligung in einen Heileingriff Vorrang vor dem Willen des Vormundes/Pflegers.

Auch den Behandlungsvertrag kann sie derzeit nicht ohne die Zustimmung ihrer Vertreter schließen, da der Behandlungsvertrag für das Kindeskind, ebenso wie der Behandlungsvertrag für die Mutter selbst, nicht „lediglich rechtlich vorteilhaft ist“. Vorstehende Ausführungen gelten aufgrund der derzeit bestehenden gesetzlichen Regeln für alle Minderjährige, egal welcher Altersgruppe.

b. Die rechtliche Situation de lege ferenda

Die vorstehenden Lösungsansätze hätten auf die Kompetenzen minderjähriger Eltern in Bezug auf die Behandlung ihres Kindes folgende Auswirkung:

Im Hinblick darauf, dass Minderjährige ab der Vollendung des 16. Lebensjahres partiell geschäfts- und einwilligungsfähig wären, könnten die jungen Eltern dieser Altersgruppe den Vertrag über die Behandlung ihres Kindes selbst schließen. Im Rahmen medizinisch *indizierte* Eingriffe werden die 16-jährigen Eltern, die nunmehr auch in Bezug auf ihre eigene Behandlung als einwilligungsfähig gelten, auch in die Behandlung ihres Kindes einwilligen können. In medizinisch nicht indizierte Behandlungen sowie nicht medizinische Eingriffe an ihrem Kind können minderjährige Eltern grundsätzlich alleine nicht einwilligen. Da sie auch bezüglich einer eigenen medizinisch nicht indizierten Behandlung weder geschäfts- noch einwilligungsfähig sind, können sie in diesem Zusammenhang auch ihr Kind nicht vertreten. Hierfür bedarf es somit immer der Einwilligung des gesetzlichen Vertreters des Kindes, mithin entweder der des volljährigen anderen Elternteiles, des Vormundes, des Ergänzungspflegers oder aber des Familiengerichtes. In Bezug auf die Vertreterentscheidung obliegt den minderjährigen Eltern jedoch ein Vetorecht, was der derzeit bereits bestehenden gesetzlichen Bestimmung in § 1673 Abs. 2 S. 3 BGB entspricht. Da aufgrund der gesetzlichen Zuweisung der Vormund des Kindes als dessen Interessenvertreter anzusehen ist, scheint es auch hier sinnvoll, den minderjährigen Eltern durch die Beiordnung eines „Beistandes für medizinische Angelegenheiten“ Unterstützung und Beratung anzubieten.

Bei minderjährigen Eltern im Alter zwischen 14 und 16 Jahren wird die Einwilligungsfähigkeit in die medizinisch indizierte Behandlung ihres Kindes positiv vermutet. Die Einwilligungsfähigkeit ist von dem Mediziner im Negativausschlussverfahren zu überprüfen. Problematisch ist hier jedoch, dass die minderjährigen Eltern dieser Altersgruppe aufgrund der beschränkten Geschäftsfähigkeit so oder so den Behandlungsvertrag nicht schließen können und somit im Ergebnis, wenn niemand anderes zur Vertretung des Kindeskindes berechtigt ist, die Zustimmung ihrer gesetzlichen Vertreter zum Abschluss des Arztvertrages benötigen. Zur Übernahme der Kosten für medizinisch indizierte Behandlungen wird jedoch der Krankenversicherer der Mutter bzw. des Kindesvaters im Rahmen der Familienversicherung verpflichtet. Ist der gesetzliche Vertreter des Kindeskindes ein Vormund oder Pfleger, so geht jedoch auch der Wille der minderjährigen Eltern vor, sodass auch dieser bemüht sein wird, mit diesen eine einvernehmliche Entscheidung zu erarbeiten. Da es in vorgenannter Konstellation nicht um das Selbstbestimmungsrecht der minderjährigen Kindeseltern, sondern des Kindeskindes geht, das nunmehr die minderjährigen Eltern in Ausübung ihres Elternrechtes aus Art. 6 Abs. 2 GG, 1626 BGB (jedoch beschränkt durch die Regelungen der §§ 1673, 1675 BGB) stellvertretend wahrnehmen, stellt die Beschränkung der minderjährigen Eltern, den Behandlungsvertrag für das Kind nicht abschließen zu können, anders als bei eigenen medizinischen Fragen keinen Eingriff in das Selbstbestimmungsrecht, sondern in das Elternrecht dar. Die Rechtfertigung hierfür liegt in der Minderjährigkeit. Aufgrund der Qualifizierung des Vertrages über die Behandlung des Kindeskindes als Vertrag zugunsten Dritter führen die minderjährigen Eltern hier kein Fremdgeschäft in Vertretung ihres Kindes, sondern ein nachteilhaftes Eigengeschäft durch, was beschränkt Geschäftsfähigen verwehrt ist, auch wenn sie Eltern sind. In dieser Situation ist somit die Zustimmung des gesetzlichen Vertreters der minderjährigen Eltern erforderlich, was entfernt an die rechtliche Konstellation des Einwilligungsvorbehaltes bei Betreuten gem. § 1903 BGB erinnert. Die rechtliche Stellung der minderjährigen Eltern ist im Vergleich zu dem betreuten Volljährigen nach Anordnung eines Einwilligungsvorbehaltes jedoch insoweit gestärkt, als in dem Fall, dass der gesetzliche Vertreter des Kindes ein Vormund ist, bei Meinungsverschiedenheiten die Meinung der minderjährigen Eltern Vorrang genießt. Ist der gesetzliche Vertreter des Kindes der andere Elternteil, kann zwar nur der volljährige Elternteil vertreten, muss dies jedoch im Einvernehmen mit dem minderjährigen Elternteil tun.

Sollte, was medizinisch durchaus möglich ist, ein Mädchen unter 14 Jahren ein Kind zur Welt bringen, so wird ihr die Einwilligungskompetenz in eine Behandlung ihres Kindes nicht zugestanden. In diesen Fällen bleibt es also bei den bestehenden gesetzlichen Vorschriften.

II. Schwangerschaftsabbruch bei Minderjährigen

1. Die rechtliche Situation de lege lata

Die Problematik der Einwilligungskompetenz Minderjähriger ist aus medizinpraktischer Sicht im besonderen Maße für die Frage des medizinisch nicht indizierten Schwangerschaftsabbruches, mithin des Schwangerschaftsabbruchs nach der Beratungslösung, relevant.

Wie die Komplexität der rechtlichen Situation durch das Hinzutreten eines teilrechtsfähigen[734] Feten sowie der sorgeberechtigten Bezugspersonen zunimmt, wurde vorstehend dargestellt. Geht es jedoch nicht „nur" um die Behandlung des (ungeborenen) Kindeskindes bzw. um eine Behandlung der minderjährigen Mutter zum Wohle eines solchen, sondern um die Frage, ob die Weiterentwicklung des Embryos auf Wunsch einer minderjährigen Mutter abgebrochen werden darf, treten die generellen rechtlichen, sozialen und ethischen Bedenken, die der Problematik des Schwangerschaftsabbruches als solchem anhaften, hinzu, sodass die Gesamtsituation für den Mediziner mit eigenen Moralvorstellungen nicht einfacher wird.[735]

Der Vertrag über den Abbruch einer Schwangerschaft ist im Hinblick auf die verfassungsmäßige Wertung der §§ 218 ff. StGB und § 24 b SGB V nicht rechtswidrig und somit wirksam, wenn die Voraussetzungen für einen nicht rechtswidrigen Schwangerschaftsabbruch vorliegen.[736] Darüber hinaus wird heute die Abtreibungshandlung als solche als ein Teil der Dienstleistungsfreiheit[737] des Arztes gem. Art. 60 AEUV[738] (ehemals Art. 53 EGV) angesehen. Während

---

734 Vgl. Palandt/*Ellenberger,* § 1 Rn 5 ff.

735 *Laufs* in Lauf/Katzenmeier/Lipp, Arztrecht, Kap. VII Rn 27 zitiert aus dem Deutschen Ärzteblatt aus einem Aufsatz von *Petersen*: *„(...) Es handelt sich für die Ärzte um einen schwersten professionell-persönlichen Konflikt und um eine schwerste persönliche Belastung bei der Durchführung des Schwangerschaftsabbruchs. Diese Belastung ist für viele Ärzte größer als die Begleitung von schwerstkranken Patientinnen mit infauster Prognose (...)."* Vgl. hierzu: *P. Petersen,* Schwangerschaftsabbruch im Erleben des durchführenden Arztes, abrufbar über: http://www.aerzteblatt.de/archiv/97402/Schwangerschaftsabbruch-im-Erleben-des-durchfuehrenden-Arztes, Stand 20.09.2013.

736 Vgl. BVerfG, NJW 1993, 1763; Palandt/*Ellenberger,* § 134 Rn 14; *Schramm,* Seite 154.

737 EuGH, Urteil vom 4.10.1991, Rs C-159/90 (The Society for the Protection of Unborn Children Ireland Ltd SPUC/Stephen Grogan u. a.).

738 Konsolidierte Fassung des Vertrages über die Arbeitsweise der EU.

§ 14 MBO[739] an der grundsätzlichen Pflicht des Arztes zur „Erhaltung des ungeborenen Lebens“ festhält, ist es ihm andererseits berufsrechtlich nicht untersagt, einen legalen Abbruch der Schwangerschaft vorzunehmen oder bei einem solchen mitzuwirken. Aufgrund der Sorge um die sachgerechte Durchführung von Schwangerschaftsabbrüchen dürfen diese jedoch gem. § 13 SchKG[740] nur in Krankenhäusern oder in einer dafür zugelassenen Einrichtung vorgenommen werden, in der auch die notwendige Nachbehandlung gewährleistet ist. Mit der Bindung an Krankenhäuser und ähnliche Einrichtungen sollen die Kompetenz der tätigen Ärzte, die personelle und apparative Ausstattung der Räumlichkeiten und damit insgesamt der fachgynäkologische Standard gewährleistet werden. Der Eingriff selbst kann, wie sich aus § 13 Abs. 2 SchKG ergibt, sowohl stationär als auch ambulant – je nach ärztlich zu beurteilender Sachlage – erfolgen. Verstöße gegen § 13 SchKG stellen für den Arzt und sein Hilfspersonal, nicht dagegen für die Schwangere, gem. § 15 SchKG eine mit Bußgeld bewehrte Ordnungswidrigkeit dar, die allerdings in Notsituationen durch § 34 StGB, § 16 OWiG gerechtfertigt sein kann.[741]

Nach der Stellungnahme der *Deutschen Gesellschaft für Gynäkologie und Geburtshilfe* aus dem Jahre 2010 nimmt bei den Frauen, die eine Abtreibung anstreben, der Anteil der Minderjährigen ständig zu.[742] Vor dem Hintergrund der veröffentlichen Statistiken des Statistischen Bundesamtes in Wiesbaden bestätigt sich diese Einschätzung jedoch nicht. Hiernach scheinen die Anzahl der Schwangerschaftsabbrüche insgesamt und insbesondere auch die Zahlen der Abbrüche bei unter 18-Jährigen seit dem Jahre 2005 eher rückläufig zu sein,[743] jedoch sind die

---

739 In § 14 MBO-Ä heißt es: *„(1) Ärztinnen und Ärzte sind grundsätzlich verpflichtet, das ungeborene Leben zu erhalten. Der Schwangerschaftsabbruch unterliegt den gesetzlichen Bestimmungen. Ärztinnen und Ärzte können nicht gezwungen werden, einen Schwangerschaftsabbruch vorzunehmen oder ihn zu unterlassen. (2) Ärztinnen und Ärzte, die einen Schwangerschaftsabbruch durchführen oder eine Fehlgeburt betreuen, haben dafür Sorge zu tragen, dass die tote Leibesfrucht keiner missbräuchlichen Verwendung zugeführt wird.“*

740 Gesetz zur Vermeidung und Bewältigung von Schwangerschaftskonflikten (Schwangerschaftskonfliktgesetz – SchKG), BGBl 1995 I, 1050.

741 *Ulsenheimer* in Laufs/Kern, Handbuch des Arztrechts, § 143 Rn 49.

742 *Deutsche Gesellschaft für Gynäkologie und Geburtshilfe*, Arbeitsgemeinschaft Medizinrecht, Stellungnahme zu Rechtsfragen bei der Behandlung Minderjähriger, Seite 10. Abrufbar über: http://www.dggg.de/leitlinien/aktuelle-leitlinien/, Stand 30.8.2013.

743 Da aber parallel auch die Zahlen der Schwangerschaften und Geburten rapide abnehmen, ist wohl im Verhältnis der Schwangerschaften zu Schwangerschaftsabbrüchen ein Anstieg zu verzeichnen.

offiziellen Zahlen weiterhin alarmierend. So wurden im Jahre 2012 373 Schwangerschaften bei Mädchen unter 15 Jahren[744] und 3.462 bei Jugendlichen zwischen 15 und 18 Jahren[745] abgebrochen.

Im Rahmen dieser Problematik werden die medizinische Praxis sowie die Familiengerichte regelmäßig mit zwei Problemkonstellationen konfrontiert: Entweder begehrt die minderjährige Schwangere einen Schwangerschaftsabbruch und die gesetzlichen Vertreter wünschen, dass die Minderjährige das Kind zur Welt bringt, oder aber die Minderjährige möchte ihr Kind zur Welt bringen und die gesetzlichen Vertreter wünschen, dass ein Abbruch vorgenommen wird.

Einigkeit besteht insoweit lediglich bei der letzteren Konstellation darüber, als dass allein der Wunsch der Schwangeren maßgeblich sein soll, denn keine (minderjährige) Frau kann zu einem Schwangerschaftsabbruch gezwungen werden.[746] Dieser Standpunkt ist vor dem Hintergrund, dass verfassungsrechtlich der Schwangerschaftsabbruch lediglich dadurch gerechtfertigt werden kann, dass die Grundrechte des ungeborenen Kindes vor dem Persönlichkeitsrecht der werdenden Mutter im Konfliktfall weichen,[747] folgerichtig, denn wenn die werdende minderjährige Mutter ihre Persönlichkeitsentfaltung auf die Austragung des Kindes richtet, wird eine die Entwicklung bzw. das Leben des Kindes beendende Maßnahme gegen den Willen der Mutter in unserer Rechtsordnung keine Rechtfertigung finden können.

Probleme bereitet der Praxis insoweit regelmäßig nur die Situation, in der die Schwangere den Abbruch wünscht, jedoch die Eltern bzw. die sorgeberechtigten Bezugspersonen ihre Zustimmung hierzu verweigern. Aus diesem Grunde hat die Beurteilung der Einwilligungsfähigkeit der minderjährigen Schwangeren an

---

744 2011 waren es 374, 2010 440, 2009 399, 2008 475, 2007 494, 2006 542 und 2005 659 Abbrüche bei Mädchen unter 15 Jahren. Vgl. Statistisches Bundesamt, abrufbar über: https://www.destatis.de/DE/ZahlenFakten/GesellschaftStaat/Gesundheit/Schwangerschaftsabbrueche/Tabellen/Alter.htm, Stand 20.9.2013.

745 2011 waren es 3652, 2010 4044, 2009 4510, 2008 4872, 2007 5681, 2006 6048 und 2005 6588 Abbrüche bei Jugendlichen zwischen 15 und 18 Jahren. Vgl. Statistisches Bundesamt, abrufbar über: https://www.destatis.de/DE/ZahlenFakten/GesellschaftStaat/Gesundheit/Schwangerschaftsabbrueche/Tabellen/Alter.htm, Stand 20.9.2013.

746 *Frommel,* Schwangerschaftsabbruch bei Minderjährigen, S. 1.

747 So formulierte das BVerfG in dem Grundsatzurteil BVerfG NJW 1993, 1751, dass die Grundrechte der Frau nicht so weit tragen, dass die Rechtspflicht zum Austragen des Kindes – auch nur für eine bestimmte Zeit – generell aufgehoben wäre. Die Grundrechtsposition der Frau führt allerdings dazu, dass es in einer Ausnahmelage zulässig, in manchen dieser Fälle womöglich geboten ist, eine solche Rechtspflicht nicht aufzuerlegen.

dieser Stelle eine erhebliche praktische Relevanz. Streitig ist hier nicht nur die Frage, ob die Minderjährige selbst in einen Schwangerschaftsabbruch einwilligen kann, sondern auch die, ob ihr bei entsprechender Reife ein *Alleinentscheidungsrecht*[748] zusteht, oder aber, ob es *zusätzlich der Zustimmung* der sorgeberechtigten Vertreter bedarf,[749] die dann gegebenenfalls durch die gerichtliche Entscheidung ersetzt werden muss.

Soweit es im medizinrechtlichen Bereich Rechtsprechung zur Einwilligungsfähigkeit Minderjähriger gibt, geht es häufig um den Schwangerschaftsabbruch.[750] Beim Vergleich der im hohen Maße uneinheitlichen richterlichen Entscheidungen[751] aus der Sicht der Minderjährigen zeigt sich erneut die praktische Unbrauchbarkeit der Rechtsprechungsformel zur Einwilligungsfähigkeit, da mit dieser offensichtlich die beliebigsten Ergebnisse erzielt werden können.

Ohne Prüfung des Einzelfalles stellte beispielsweise das *AG Celle* fest, dass *„eine 17-Jährige bei durchschnittlicher Intelligenz und Lebenserfahrung jedenfalls im Regelfall mit der Beurteilung der Situation eines Schwangerschaftsabbruches überfordert sein wird“.*[752] Das *AG Dorsten*[753] hält ebenfalls ohne nähere Begutachtung des Minderjährigen eine 16-Jährige für alleinentscheidungsbefugt, während das *OLG Hamm*[754] einer Minderjährigen generell die Einwilligungsfähigkeit in einen Schwangerschaftsabbruch aberkennt.[755] Das *OLG Hamm* geht in vorbenannter umstrittener Entscheidung sogar so weit, dass es aus der

---

748 LG München I, NJW 1980, 646; AG Schlüchtern, NJW 1998, 832; *Schwerdtner,* NJW 1999, 1525 (1526).

749 AG Celle, NJW 1987, 2307 ff.; Palandt/*Götz,* § 1626 Rn 11; OLG Hamm, NJW 1998, 3424.

750 Vgl. *Rothärmel* u. a., Patientenaufklärung, Seite 44 ff.

751 Vgl. z. B. AG Dorsten, DAVorm 1978, 131–136; LG München, NJW 1980, 646; LG Berlin, FamRZ 1980, 285–287; LG Köln, FamRZ 1987, 207 f.; AG Celle, FamRZ 1987, 738–742; AG Helmstedt, FamRZ 1987, 621; OLG Hamm, NJW 1998, 3424 f.; AG Schlüchtern, NJW 1998, 832 f.

752 Vgl. AG Celle, NJW 1987, 2307 (2308) unter Berufung auf LG Berlin, FamRZ 1980, 285 (286 f.). Zugleich wurde dem leitenden Arzt eines Krankenhauses unter Androhung eines Zwangsgeldes die Durchführung des Schwangerschaftsabbruches untersagt.

753 Vgl. AG Dorsten, DAVorm 1978, 131–136.

754 Vgl. OLG Hamm, NJW 1998, 3424 f.

755 Die Entscheidung erfuhr darüber hinaus heftige Kritik, da das Gericht die überholte und mit der Rechtsprechung des BGH (z. B. BGHZ 29, 33 ff.) nicht zu vereinbarende Auffassung vertrat, dass Minderjährige bis zum Eintritt der Volljährigkeit grundsätzlich nicht in eine Heilbehandlung einwilligen können und dass die Einwilligung in die Vornahme eines Schwangerschaftsabbruches wegen des Vorranges der elterlichen

Kompromissformel des reformierten § 218 StGB *„straflos, aber nicht festgestellt rechtmäßig“*[756] eine grundsätzliche Gebärpflicht für Minderjährige folgert, wenn die Eltern meinen, dies sei im Wohle ihrer Tochter erforderlich. Der gedankliche Zirkelschluss des Gerichtes lautet insoweit: Wenn schon die Gesetzgebung den beratenen Schwangerschaftsabbruch als nicht rechtmäßig einstuft, dann kann die elterliche Weigerung, einem von der Tochter gewünschten Schwangerschaftsabbruch zuzustimmen, nicht missbräuchlich sein.[757] Folge dieser Entscheidung wäre, dass eine ablehnende Haltung der Erziehungsberechtigten, sofern diese der minderjährigen Mutter auch im Hinblick auf das geborene Kind zur Seite stehen wollen, faktisch nie durch das Familiengericht ersetzt werden könnte. In einem älteren Urteil des *LG Berlin* wurde den Eltern, die keine Bemühungen in die Unterstützung der Tochter in Bezug auf die Schwangerschaft unternahmen, das Einwilligungsrecht in den von der Tochter gewünschten Schwangerschaftsabbruch entzogen und auf einen Pfleger übertragen. Hier hieß es: *„(...) Die Haltung der Eltern, sie könnten ihre Einwilligung zu einem Abbruch der Schwangerschaft bei ihrem Kinde aus moralischen Gründen nicht geben, ist eine beachtenswerte Grundhaltung, die jedoch nicht ohne elterliche Bemühungen um das künftige Wohl von Mutter und Kind und ohne Abwägung auch der für einen Schwangerschaftsabbruch sprechenden Gründe einfach zu einem unabänderlichen Dogma erstarren darf (...).“*[758]

Ebenso stellte das OLG Naumburg fest:

> *„(...) der sorgeberechtigte Elternteil, der seine Zustimmung zu einem von seiner minderjährigen Tochter geplanten Schwangerschaftsabbruch verweigert, übt sein Sorgerecht nicht missbräuchlich aus, und es liegt auch kein unverschuldetes Versagen i.S. von § 1666 BGB vor. Auch wird das Wohl der Minderjährigen nicht dadurch gefährdet, dass der Sorgeberechtigte das Austragen des Kindes verlangt; von einer*

Personensorge immer von deren Zustimmung abhänge, was ebenfalls nicht mit § 1626 Abs. 2 BGB im Einklang steht.

756 Das BVerfG formuliert es so: „... *der Schwangerschaftsabbruch muss für die ganze Dauer der Schwangerschaft grundsätzlich als Unrecht angesehen und demgemäß rechtlich verboten sein. Das Lebensrecht des Ungeborenen darf nicht, wenn auch nur für eine begrenzte Zeit, der freien, rechtlich nicht gebundenen Entscheidung eines Dritten, und sei es selbst der Mutter, überantwortet werden.*“ BVerfG, NJW 1993, 1751.

757 So auch OLG Naumburg, FamRZ 2004, 1806, LG Köln, FamRZ 1987, 207 ff. Die Verweigerung der Einwilligung eines Pflegers sei keine missbräuchliche Ausübung der Personensorge.

758 LG Berlin, FamRZ 1980, 285 (286 f.)

solchen Pflicht der Schwangeren geht die staatliche Rechtsordnung vielmehr grundsätzlich aus. Ein fehlerhaftes Verhalten des Sorgeberechtigten kann dann gegeben sein, wenn die Heranwachsende nicht die notwendige Unterstützung bei der Betreuung des Kindes und seinem eigenen Vorwärtskommen (z. B. berufliche Ausbildung) für die Zukunft nach der Geburt erhält (...)."[759]

Das *LG München* sowie das *AG Schlüchtern* befürworteten in vorbenannten Fällen eine qualifizierte Einzelfallprüfung,[760] wobei sich das *AG Schlüchtern* bei positiver Feststellung der Einwilligungskompetenz für eine Alleinentscheidungsbefugnis der Minderjährigen ausspricht.[761] Andere Urteile halten eine richterliche Ersetzung der fehlenden elterlichen Einwilligung gem. § 1666 Abs. 3 BGB für kindeswohlwidrig, was im Ergebnis wieder zur Verneinung der Einwilligungskompetenz der minderjährigen Mutter führt.[762]

Interessant in diesem Zusammenhang ist jedoch die Frage, woher auch in dieser Diskussion die grundsätzlich rechtlich nicht definierte Altersgrenze von „16 Jahren" kommt, die in diesem Zusammenhang ohne nähere Begründung der hierzu ergangenen Rechtsprechung immer wieder zu entnehmen ist. Ungeachtet dessen, dass diese Altersgrenze in der juristischen wie auch medizinischen Literatur in den vergangenen Jahrzehnten immer wieder diskutiert wurde, finden sich auch in der Gesetzgebung immer wieder Bemühungen, in Bezug auf Teilbereiche Kompetenzen an dieses Alter zu koppeln. So sah schon vor dem Gesetzentwurf der Bundesregierung vom 8.11.1977, in welchem Kinder ab einem Alter von 14 Jahren über ihre medizinische Behandlung selbst entscheiden können sollten,[763] wenn sie den Grund und die Bedeutung der Heilbehandlung einsehen und ihren Willen hiernach ausrichten können, der Regierungsentwurf zum 5. Strafrechtsreformgesetz, dessen zentrales Ziel die Neuregelung des Schwangerschaftsabbruches war, in E § 219 e im Jahre 1972 eine „Teilmündigkeit" für die Einwilligung in den Schwangerschaftsabbruch vor.[764] Aufgrund des „höchstpersönlichen Charakters der Entscheidung" sollten nicht die Eltern, sondern allein die Schwangere in die

---

759 OLG Naumburg, FamRZ 2004, 1806.

760 Vgl. OLG München, NJW 1980, 646; AG Schlüchtern, NJW 1998, 832.

761 AG Schlüchtern, NJW 1998, 832 (833); so auch *Schwerdtner*, NJW 1999, 1525 (1526 f.).

762 Vgl. AG Helmstedt, ZfJ 1987, 85–86; AG Celle, a.o.a.O.; LG Köln, FamRZ 1987 207 f.; LG München, NJW 1980, 646, das dem Minderjährigen im konkreten Fall die Einwilligungsfähigkeit zugestand, jedoch die Weigerung der Eltern zum Abschluss in den Behandlungsvertrag für rechtmäßig erachtete.

763 BT-Drucks. 8/111 zu § 1626 a BGB-E, Seite 3.

764 Vgl. BT-Drucks. 6/3434.

Schwangerschaftsunterbrechung einwilligen können, sobald sie das 16. Lebensjahr vollendet habe. Letztendlich ging es in dem Entwurf darum, ein etwaiges kumulatives Einwilligungsrecht der Eltern ab dem 16. Lebensjahr auszuschließen.[765]

Geht man in vorbenannten Fällen mit dem AG Schlüchtern von einer Alleinentscheidungsbefugnis einer reifen minderjährigen Schwangeren aus, so besteht jedoch zudem noch Uneinigkeit darüber, ob Eltern diese Entscheidung unterlaufen können, indem sie den Abschluss eines entsprechenden Behandlungsvertrages mit dem Arzt verweigern.[766] Sieht man den rechtlichen Nachteil beim Abschluss eines Behandlungsvertrages aus der Sicht des Minderjährigen ausschließlich in der vertraglichen Vergütungspflicht,[767] so wäre diese Problematik im Hinblick auf § 36 Abs. 1 SGB I zumindest für die Gruppe der über 15-jährigen gesetzlich krankenversicherten Schwangeren ein „Scheinproblem", da die Kosten für einen Schwangerschaftsabbruch nach der Indikationslösung voll und die nach der Beratungslösung, mithin ohne festgestellte medizinische oder kriminologische Indikation, zumindest teilweise von den gesetzlichen Krankenkassen übernommen werden.[768] Bei nicht erwerbstätigen oder geringverdienenden Schwangeren, wie es bei der Gruppe der hier relevanten jungen Frauen regelmäßig der Fall ist, werden aber ohnehin die von der GKV nicht übernommenen Kosten von dem jeweiligen Bundesland nach Antrag der Kostenübernahme bei der Krankenkasse erstattet. Dies gilt auch für privat oder gar nicht versicherte (junge) Frauen. Das jeweilige Bundesland muss also Bedürftigen die (verbleibenden) Kosten eines Schwangerschaftsabbruches erstatten, sodass an dieser Stelle der Honoraranspruch des Arztes gesetzlich garantiert ist. Qualifiziert man den Behandlungsvertrag jedoch aufgrund der darüber hinaus noch bestehenden Nebenpflichten für „nicht lediglich rechtlich vorteilhaft", so bleibt er dies auch dann, wenn die Kosten des Abbruches erstattet

---

765 Vgl. *Seizinger,* Konflikt, Seite 140 ff., als Befürworter der 16-Jahres-Grenze, *Dippold,* Seite 55.

766 So LG München, NJW 1980, 646.

767 Vgl. Abschnitt B.I.4c.dd.

768 Im letzteren Fall übernimmt die gesetzliche Krankenkasse „lediglich" die Kosten der ärztlichen Beratung, Leistung und Medikamente vor und nach dem Eingriff, bei denen der Schutz der Gesundheit der Schwangeren im Vordergrund steht, sowie, falls nötig, die Kosten der Behandlung von Komplikationen. Die Kosten für den eigentlichen Schwangerschaftsabbruch werden von der Krankenkasse nicht übernommen, da der Schwangerschaftsabbruch nach der Wertung des § 218 a Abs. 1 StGB rechtswidrig bleibt. Bei stationärer Aufnahme im Krankenhaus muss die Schwangere zusätzlich einen Tagessatz selbst zahlen.

werden. Insoweit können Minderjährige ohne Zustimmung der gesetzlichen Vertreter den Vertrag zum Abbruch einer Schwangerschaft nicht wirksam schließen.

Zusammenfassend kann eine minderjährige Schwangere derzeit zunächst einmal nur dann in einen Schwangerschaftsabbruch einwilligen, wenn die erforderliche Einsichtsfähigkeit positiv festgestellt ist. Den dazugehörigen Behandlungsvertrag kann sie jedoch nach den derzeit bestehenden gesetzlichen Bestimmungen nicht ohne die Zustimmung oder Genehmigung der gesetzlichen Vertreter abschließen. Zwar kann die Einwilligungsfähigkeit im Einzelfall durch den Mediziner festgestellt werden, jedoch können die Sorgeberechtigten durch die Verweigerung der Genehmigung des Behandlungsvertrages die Durchführung eines Abbruches unterbinden. Im Hinblick auf die zu dieser Problematik äußerst gegensätzliche Rechtsprechung bewegt sich die medizinische Praxis an dieser Stelle im besonderen Maße in einer rechtlich schwer zu definierenden Grauzone.

2. Betrachtung der rechtlichen Situation de lege ferenda

Bei der Anwendung vorstehender Lösungsansätze wäre die Situation für Schwangere ab dem 16. Lebensjahr insoweit geklärt, als dass diese Patientengruppe in einen Schwangerschaftsabbruch einwilligen und auch den dazugehörigen Behandlungsvertrag selbstständig schließen kann. Bei der Altersgruppe der 14- bis 16-jährigen Schwangeren wird die Einwilligungsfähigkeit zunächst einmal positiv vermutet. Sofern nicht der Mediziner bei der verpflichtenden Überprüfung der Verständnis- und Erkenntnisfähigkeit in Bezug auf die vorgegebenen Bezugspunkte die Nichteinwilligungsfähigkeit festgestellt, ist auch die Jugendliche dieser Altersgruppe grundsätzlich berechtigt, die Einwilligung in einen Schwangerschaftsabbruch allein zu erteilen, was im Hinblick auf die Höchstpersönlichkeit dieser Entscheidung auch sachgerecht ist. Im Hinblick auf den wirksamen Abschluss des Behandlungsvertrages, der aus der Sicht des Mediziners Voraussetzung für die Durchführung eines solchen Eingriffes ist, scheint die Problematik für diese Altersgruppe bei bestehender Einwilligungsfähigkeit zunächst einmal noch nicht hinreichend gelöst, da erst ab der Vollendung des 16. Lebensjahres von einer partiellen Geschäftsfähigkeit ausgegangen wird. Auch bei der Annahme, dass § 36 SGB I in der Lage wäre, die rechtlichen Nachteile des Behandlungsvertrages zu überwinden, beträfe dies nur die Gruppe der über 15-jährigen gesetzlich versicherten schwangeren Jugendlichen. Im Hinblick darauf, dass jedoch nunmehr die Einwilligungsfähigkeit wie auch die Alleinentscheidungsbefugnis der Minderjährigen nicht mehr zur Diskussion stünde, wäre nunmehr die Weigerung der gesetzlichen

Vertreter, dem Abschluss des Behandlungsvertrages zuzustimmen bzw. diesen zu genehmigen, als sorgerechtswidrig zu qualifizieren, da das Elternrecht in diesem Fall vor dem Selbstbestimmungsrecht des Minderjährigen weicht und die Eltern diese gesetzlichen und verfassungsrechtlichen Vorgaben nicht dadurch unterlaufen dürfen, indem sie die formale Zustimmung in die Behandlung verweigern.

E. Abschließende Betrachtung

Diese Arbeit hat die Einbettung der rechtlichen Problematik des minderjährigen Patienten dargestellt und aufgezeigt, dass die derzeitige rechtliche Situation Minderjähriger in der medizinischen Behandlung seiner gesellschaftlichen Stellung, seiner tatsächlichen Reifeentwicklung sowie den tatsächlichen Anforderungen, die unsere Rechtsordnung heute an Minderjährige bestimmter Altersgruppen stellt, nicht mehr gerecht wird. Will man den Minderjährigen heute in seiner rechtlichen Stellung angemessen achten und gerecht werden, wird man nicht umhinkommen, ihm ein Mehr an Selbstbestimmung zukommen zu lassen. Eine Schablone, die für jeden Lebenssachverhalt eine rechtssichere Lösung bietet, wird es für diesen hochkomplexen Bereich jedoch nie geben, sodass im Ergebnis eine Überforderung bzw. eine Bevormundung Einzelner nicht in jedem Fall vermeidbar sein wird. Aus diesem Grunde muss es darüber hinaus auch weiterhin praktisch umsetzbare und transparente Korrektive geben, die eine sachgerechte Einzelfallentscheidung ermöglichen. Die Gefahr der Überforderung Minderjähriger im Rahmen der hier vorgestellten Ansätze scheint jedoch gering, da Kinder und Jugendliche nicht gezwungen werden, ihr Selbstbestimmungsrecht, auch bei Vorliegen der diesbezüglichen Kompetenz, auszuüben. Soweit sie sich überfordert fühlen und die Entscheidungen ihren gesetzlichen Vertretern überlassen, stellt das „Fremdbestimmtwerden“ auch eine Form der Selbstbestimmung dar. Aus sich heraus lebt dann das Elternrecht wie auch die Elternpflicht wieder auf, sodass der Minderjährige in jedem Fall geschützt und adäquat vertreten ist. Darüber hinaus kann dem Minderjährigen in jedem Fall zur Unterstützung ein Interessenvertreter in der Gestalt eines „Beistandes für medizinische Angelegenheiten“ zur Seite gestellt werden. Im Rahmen von Konfliktfällen zwischen dem Minderjährigen und seinen gesetzlichen Vertretern sollte eine solche Beiordnung verbindlich normiert werden.

Das derzeitige gesetzliche Schutzkonzept geht davon aus, dass der Minderjährige quasi in der Nacht zu seinem 18. Geburtstag, mit allen Kompetenzen und Fähigkeiten zur Selbstbestimmung sowie zum Erfassen komplexer und schwieriger (medizinischer) Sachverhalte und Rechtsgeschäfte überfrachtet wird, sodass der eben volljährig Gewordene von einem Tag auf den anderen in fast allen Bereichen aus seiner schützenden Enklave in ein selbstbestimmtes und rechtsgeschäftlich geprägtes Leben entlassen wird, ohne zuvor eine reelle Chance zu haben, sich in der Ausübung seiner Rechte hinreichend üben zu können. Zwar ist es unvermeidbar, den Minderjährigen mit einer festgesetzten Zäsur in seine rechtliche Freiheit zu entlassen, jedoch muss der Gesetzgeber den Rahmen dafür schaffen, dass das Recht des Kindes auf eine Entwicklungsphase nicht nur als Ziel formuliert, sondern gesichert ist. Hier sind die Rechtswissenschaft wie auch der Gesetzgeber gleichermaßen gefordert, jedoch werden diese die bestehenden Probleme nicht alleine lösen können. Vor diesem Hintergrund darf an dieser Stelle auf das der Arbeit vorangestellte Zitat von Georg Christoph Lichtenberg Bezug genommen werden.[769] Ob die Selbstbestimmungsbefugnis des Minderjährigen im medizinischen Kontext eine Aufwertung erfährt, wenn Rechtswissenschaft sowie der Gesetzgeber das grundsätzlich überzeugende Minderjährigenschutzkonzept überdenken und durch Entwicklung, Formulierung und Normierung der bisher durch Auslegung teilweise bereits zugestandenen Selbstbestimmungsrechte Minderjähriger überarbeiten, ist deshalb ungewiss, da auch die Medizinpraxis neue Rahmenbedingungen für den Umgang, die Beratung und Behandlung Minderjähriger schaffen muss. Dass sich aber etwas ändern muss, und zwar zuvörderst die rechtlichen Rahmenbedingungen der Behandlung Minderjähriger, damit das Selbstbestimmungsrecht des Minderjährigen gesichert und das Bedürfnis der Medizinpraxis nach Rechtssicherheit nachhaltig befriedigt werden, steht aus der Sicht der Verfasserin außer Frage.

Der Gesetzgeber ist daher gefordert, die rechtlichen Rahmenbedingungen für eigenverantwortliche Entscheidungen Minderjähriger den tatsächlichen Gegebenheiten sowie den heutigen entwicklungspsychologischen Erkenntnissen anzupassen. Dass dies grundsätzlich möglich ist, ohne den Minderjährigen vollends aus seinem Schutzraum zu entlassen, hat diese Arbeit aufgezeigt.

Abschließen soll diese Arbeit mit einem Auszug aus der Unterrichtung der Bundesregierung über die Lebenssituation von Kindern und die Leistungen der Kinderhilfen in Deutschland, in der der Gesetzgeber bereits 1998 moderne Grundsätze formuliert hat, deren Umsetzung Ziel dieser Arbeit war.

> *(...) Kinder sind im Verhältnis zu Erwachsenen grundsätzlich gleichberechtigte, gleichwertige Menschen und für die Gesellschaft von gleicher Bedeutung. Der Würde von Kindern und Erwachsenen sowie dem Schutz ihrer Person ist dementsprechend Rechnung zu tragen. Aber die Kinder sind für ihr Aufwachsen und Selbstständigwerden physisch und psychisch auf die Unterstützung der*

769 *Ob es besser wird, wenn es anders wird, weiß ich nicht. Dass es anders werden muss, wenn es besser werden soll, ist gewiss.*

Erwachsenen angewiesen. (...) Rechte der Kinder müssen so beschaffen sein, dass sie die Subjektstellung der Kinder und die Bedingungen ihres Aufwachsens deutlich regeln. Dafür reicht es nicht aus, dass Kinder „nur“ den Erwachsenen rechtlich gleichgestellt werden. Wegen der unterschiedlichen Ausgangslage würde es sich sonst größtenteils nur um „Pseudorechte“ handeln. Stehen die Kinder andererseits bis zur Volljährigkeit unter der rechtlichen Herrschaft der Erwachsenen, ist die Gefahr ihrer Bevormundung oder Instrumentalisierung gegeben. So ist darauf abzustellen, dass Minderjährige – im Unterschied zu Erwachsenen – ein „Recht auf eine Entwicklungsphase“ haben, in der sie die Chance erhalten, ohne den Druck einer umfassenden Verantwortung für andere eigene Bedürfnisse und Fähigkeiten auszubilden. Rechte dienen der Abwehr von Eingriffen oder der Sicherstellung von Leistungen. Zur Gestaltung von familiären Beziehungen und für das Leben in Institutionen schaffen sie zunächst nur einen Rahmen. (...) Im Rahmen der Weiterentwicklung von Kinderrechten ist angeregt worden, Minderjährigen grundsätzlich gleiche Rechte und Pflichten wie Volljährigen zu geben und jeweils im Einzelfall zu prüfen, wo ihnen das nicht gerecht wird. Diese rechtliche Gleichstellung wird aber (...) dem besonderen Verhältnis zwischen Kindern und Erwachsenen nicht gerecht. Die Entwicklung von Kinderrechten bedeutet also, diese sowohl als Förderungsverpflichtungen der Eltern und der staatlichen Gemeinschaft zu sehen als auch Kindern die ihrem Lebensalter angemessenen Selbstbestimmungs- und Beteiligungsrechte zu sichern. Dabei ist das Prinzip der Gleichwertigkeit von Kindern und Erwachsenen zu beachten, aber zugleich der Gefahr einer für das Aufwachsen von Kindern kontraproduktiven Verrechtlichung der Beziehungen von Kindern und Erwachsenen entgegenzuwirken. (...)[770]

770 BT Drucks. 11/11368 v. 28.8.1998, Seite 159 f.

F. Fragebogen

1. Sie sind Arzt/Ärztin im Fachbereich

O Gynäkologie	O Kinder- und Jugendmedizin	O (Kinder-) Chirurgie	O andere Fachrichtung

2. Sind Ihnen die Kriterien, welche die Rechtsprechung in Bezug auf die Einwilligungsfähigkeit eines minderjährigen Patienten in die konkrete medizinische Behandlung vorgibt bekannt?

O ja	O nein	O ungefähr

3. Für wie wichtig halten Sie die Normierung einer gesetzlichen Regelung bezüglich der Einwilligungsfähigkeit Minderjähriger anhand verlässlich festgelegter Altersgrenzen für Ihr Fachgebiet?

O sehr wichtig	O wichtig	O nicht wichtig	O weiß nicht

4. Hatten Sie während Ihrer Berufspraxis bereits die Sorge, im Rahmen einer Behandlung Minderjähriger eine ggf. nicht von der Einwilligung der Erziehungsberechtigten gedeckte Entscheidung zu treffen bzw. Behandlung durchzuführen und deshalb strafrechtlichen Konsequenzen ausgesetzt zu sein?

O ja	O nein	O ich habe mir darüber bisher wenig Gedanken gemacht

5. Eine Jugendliche wünscht einen Schwangerschaftsabbruch, bzw. ein Jugendlicher wünscht die Entfernung eines Leberflecks. In beiden Fällen wünschen die gesetzlichen Vertreter den Eingriff ausdrücklich nicht. Welche Kriterien würden Sie spontan zugrunde legen, um festzustellen, ob der Minderjährige ggf. die erforderliche Reife hat und somit selbst in die medizinische Behandlung einwilligen kann. Nennen Sie bitte mindestens 5 Kriterien.

6. Fühlen Sie sich persönlich in der Lage die Einwilligungsfähigkeit von Minderjährigen anhand allgemeiner Kriterien selbst festzustellen und lässt Ihnen der medizinische Behandlungsalltag ausreichend Zeit, um sich mit einem Minderjährigen im Rahmen eines Gespräches so intensiv auseinanderzusetzen, dass eine Beurteilung seiner Einwilligungskompetenz nach Ihrer Auffassung überhaupt möglich ist?

Ich fühle mich grundsätzlich in der Lage die Einwilligungskompetenz selbst festzustellen:		Der Behandlungsalltag lässt grundsätzlich genug Raum für entsprechende Gespräche:	
O grundsätzlich ja	O eher nicht	O grundsätzlich ja	O eher nicht

7. Was ist aus Ihrer Sicht in der medizinischen Praxis praktikabler:

O Vorgabe verbindlicher Altersgrenzen	O Vorgabe konkreter Kriterien zur Feststellung der Einwilligungs- Fähigkeit bzw. der Einwilligungsunfähigkeit	O beides ähnlich gut geeignet

8. Haben Sie in der Praxis bereits Konfliktsituationen erlebt, in denen der Wunsch des Minderjährigen nach einer Behandlung oder auch einer Nichtbehandlung offensichtlich nicht mit dem Wunsch der sorgeberechtigten Bezugspersonen übereinstimmt?

O ja	O nein

9. Würden Sie, wenn Sie persönlich zu dem Ergebnis kämen, einen grundsätzlich reifen und verständigen Jugendlichen vor sich zu haben, der eine Behandlung oder einen Eingriff wünscht, diese/diesen auch ohne die Zustimmung der Eltern durchführen?

O eher ja	O eher nein

10. Würden Sie im Fall der Frage 9. ggf. aus Sorge, die tatsächliche Kompetenz des Minderjährigen in Bezug auf die konkrete Behandlungssituation nicht richtig eingeschätzt zu haben, dem Minderjährigen im Zweifel die Einwilligungsfähigkeit aberkennen und nur nach ausdrücklicher Einwilligung der gesetzlichen Vertreter den Minderjährigen behandeln?

O Ich würde den Wunsch des Minderjährigen im Fall 9. bei fehlender Zustimmung der gesetzlichen Vertreter eher nicht berücksichtigen	O Ich würde den Wunsch des Minderjährigen im Fall 9. auch bei fehlender Zustimmung der gesetzlichen Vertreter eher in den Vordergrund stellen.

11. Inwieweit haben Sie den Eindruck, dass ein minderjähriger Patient überhaupt in die Behandlungsentscheidungen mit eingebunden werden und selbstbestimmte Entscheidungen treffen möchte?

Minderjährige wollen mit eingebunden werden:		Minderjährige wollen regelmäßig selbst entscheiden	
O regelmäßig ja	O regelmäßig nein	O regelmäßig ja	O regelmäßig nein

12. In Bezug auf Frage 11.: Ab welchem Alter beginnen Minderjährige nach Ihrer Auffassung das Bedürfnis zu entwickeln in die Behandlungsentscheidungen mit eingebunden zu werden und ggf. auch selbstbestimmte Behandlungsentscheidungen zu treffen?

a. Einbindung in das Behandlungsgeschehen:

O 6 Jahre	O 8 Jahre	O 10 Jahre	O 12 Jahre	O 14 Jahre	O 16 Jahre

b. Wunsch nach selbstbestimmter Entscheidung:

O 6 Jahre	O 8 Jahre	O 10 Jahre	O 12 Jahre	O 14 Jahre	O 16 Jahre

13. Ab welchem Alter kann nach Ihrer Erfahrung ein durchschnittlich entwickelter und intelligenter Minderjähriger mit durchschnittlichen spezifischen Krankheitserfahrungen sowie einer kind- bzw. jugend-gerechten Behandlungsaufklärung das Ausmaß und die Folgen einer Erkrankung, den Sinn, die Tragweite und die Risiken einer Behandlung oder einer Nichtbehandlung verstehen und hierzu gezielt Fragen stellen.

O 6 Jahre	O 8 Jahre	O 10 Jahre	O 12 Jahre	O 14 Jahre	O 16 Jahre

14. Gibt es aus Ihrer Sicht bei Betrachtung der nachstehenden Altersstufen ein erreichtes Lebensalter, bei welchem Sie aus Ihrer Erfahrung heraus in Bezug auf die regelmäßig vorhandenen kognitiven Fähigkeiten minderjähriger Patienten grundsätzliche die Einwilligungsfähigkeit eines regelrecht entwickelten Minderjährigen festsetzten würden?

O 8 Jahre	O 10 Jahre	O 12 Jahre	O 14 Jahre	O 16 Jahre	O 18 Jahre

Ich bedanke mich dafür, dass Sie sich die Zeit genommen haben, um an dieser Studie mitzuwirken!!

G. Studie zur Erfassung der Praxisrelevanz des Themenschwerpunktes

(Die Darstellung der Auswertung erfolgt auszugsweise und in gekürzter Fassung.)

1. Frage:

Sind Ihnen die Kriterien, welche die Rechtsprechung in Bezug auf die Einwilligungsfähigkeit eines minderjährigen Patienten in die konkrete medizinische Behandlung vorgibt bekannt?

a. Antworten der Klinikärzte insgesamt:

12,50 % der befragten Klinikärzte mit:	ja.
12,50 % der befragten Klinikärzte mit:	nein.
75,00 % % der befragten Klinikärzte mit:	ungefähr.

Bei einer differenzierten Betrachtung der Antworten unter Berücksichtigung der unterschiedlichen Fachrichtungen Kinder- und Jugendmedizin sowie Gynäkologie und Kinderchirurgie waren die Antworten wie folgt verteilt:

aa. Antworten der klinischen Gynäkologen:

11,11 % der befragten Gynäkologen mit:	ja.
11,11 % der befragten Gynäkologen mit:	nein.
77,77 % der befragten Gynäkologen mit:	ungefähr.

bb. Antworten der klinischen Pädiater:

0,00 % der befragten Pädiater mit:	ja.
0,00 % der befragten Pädiater mit:	nein.
100,00 % der befragten Pädiater mit:	ungefähr.

cc. Antworten der klinischen Kinderchirurgen:

0,00 % der befragten Chirurgen mit:	ja.
0,00 % der befragten Chirurgen mit:	nein.
100,00 % der befragten Chirurgen mit:	ungefähr.

b. Antworten der niedergelassenen Ärzte insgesamt:

37,50 % der befragten niedergelassenen Ärzte mit:	ja.
25,00 % der befragten niedergelassenen Ärzte mit:	nein.
37,50 % der befragten niedergelassenen Ärzte mit:	ungefähr.

Bei einer differenzierten Betrachtung der Antworten unter Berücksichtigung der unterschiedlichen ambulanten Fachrichtungen Kinder- und Jugendmedizin und Gynäkologie waren die Antworten wie folgt verteilt:

aa. Antworten der niedergelassenen Gynäkologen:

27,27 % der befragten niedergelassenen Gynäkologen mit:	ja.
18,18 % der befragten niedergelassenen Gynäkologen mit:	nein.
54,54 % der befragten niedergelassenen Gynäkologen mit:	ungefähr.

bb. Antworten der niedergelassenen Pädiater:

60,00 % der befragten niedergelassenen Pädiater mit:	ja.
40,00 % der befragten niedergelassenen Pädiater mit:	nein.
0,00 % der befragten niedergelassenen Pädiater mit:	ungefähr.

2. Frage:

Hatten Sie während Ihrer Berufspraxis bereits die Sorge, im Rahmen einer Behandlung Minderjähriger eine ggf. nicht von der Einwilligung der Erziehungsberechtigten gedeckte Entscheidung zu treffen bzw. Behandlung durchzuführen und deshalb strafrechtlichen Konsequenzen ausgesetzt zu sein?

a. Antworten der Klinikärzte insgesamt:

43,75 % der befragten Klinikärzte mit:	ja.
50,00 % der befragten Klinikärzte mit:	nein.
6,25 % der befragten Klinikärzte mit:	ich habe mir darüber bisher wenig Gedanken gemacht.

Bei einer differenzierten Betrachtung der Antworten unter Berücksichtigung der unterschiedlichen Fachrichtungen Kinder- und Jugendmedizin sowie Gynäkologie und Kinderchirurgie waren die Antworten wie folgt verteilt:

aa. Antworten der klinischen Gynäkologen:

55,55 % der befragten Gynäkologen:	ja.
33,33 % der befragten Gynäkologen:	nein.
11,11 % der befragten Gynäkologen:	ich habe mir darüber bisher wenig Gedanken gemacht.

bb. Antworten der klinischen Pädiater:

25,00 % der befragten Pädiater:	ja.
75,00 % der befragten Pädiater:	nein.
0,00 % der befragten Pädiater:	ich habe mir darüber bisher wenig Gedanken gemacht.

cc. Antworten der klinischen Kinderchirurgen:

55,55 % der befragten Chirurgen:	ja.
33,33 % der befragten Chirurgen:	nein.
11,11 % der befragten Chirurgen:	Ich habe mir darüber bisher wenig Gedanken gemacht.

b. Antworten der niedergelassenen Ärzte insgesamt

50,00 % der befragten niedergelassenen Ärzte mit:	ja.
43,75 % der befragten niedergelassenen Ärzte mit:	nein.
6,25 % der befragten niedergelassenen Ärzte mit:	ich habe mir darüber bisher wenig Gedanken gemacht.

Bei einer differenzierten Betrachtung der Antworten unter Berücksichtigung der unterschiedlichen Fachrichtungen Kinder- und Jugendmedizin und Gynäkologie:

aa. Antworten der niedergelassenen Gynäkologen:

45,45 % der befragten niedergelassenen Ärzte mit:	ja.
54,54 % der befragten niedergelassenen Ärzte mit:	nein.
0,00 % der befragten niedergelassenen Ärzte mit:	ich habe mir darüber bisher wenig Gedanken gemacht.

bb. Antworten der niedergelassenen Kinderärzte:

60,00 % der befragten niedergelassenen Ärzte mit:	ja.
20,00 % der befragten niedergelassenen Ärzte mit:	nein.

20,00 % der befragten niedergelassenen Ärzte mit:	ich habe mir darüber bisher wenig Gedanken gemacht.

3. Frage:

Fühlen Sie sich persönlich in der Lage die Einwilligungsfähigkeit von Minderjährigen anhand allgemeiner Kriterien selbst festzustellen und lässt Ihnen der medizinische Behandlungsalltag ausreichend Zeit, um sich mit einem Minderjährigen im Rahmen eines Gespräches so intensiv auseinanderzusetzen, dass eine Beurteilung seiner Einwilligungskompetenz nach Ihrer Auffassung überhaupt möglich ist?

a. Antworten der befragten Klinikärzte insgesamt:

81,25 % der befragten Klinikärzte mit:	ja, ich fühle mich grundsätzlich in der Lage die Einwilligungskompetenz selbst festzustellen.
18,75 % der befragten Klinikärzte mit:	nein, ich fühle mich eher nicht in der Lage die Einwilligungskompetenz selbst festzustellen.
und:	
25,00 % der befragten Klinikärzte mit:	ja, der Behandlungsalltag lässt grundsätzlich genug Raum für entsprechende Gespräche.
75,00 % der befragten Klinikärzte mit:	nein, der Behandlungsalltag lässt eher nicht genug Raum für entsprechende Gespräche.

Bei einer differenzierten Betrachtung der Antworten unter Berücksichtigung der unterschiedlichen ambulanten Fachrichtungen Kinder- und Jugendmedizin sowie Gynäkologie und Kinderchirurgie waren die Antworten wie folgt verteilt:

aa. Antworten der klinischen Gynäkologen:

88,88 % der befragten Gynäkologen:	ja, ich fühle mich grundsätzlich in der Lage die Einwilligungskompetenz selbst festzustellen.
11,11 % der befragten Gynäkologen:	nein, ich fühle mich eher nicht in der Lage die Einwilligungskompetenz selbst festzustellen.

und:

22,22 % der befragten Gynäkologen:	ja, der Behandlungsalltag lässt grundsätzlich genug Raum für entsprechende Gespräche.
77,77 % der befragten Gynäkologen:	nein, der Behandlungsalltag lässt eher nicht genug Raum für entsprechende Gespräche.

bb. Antworten der klinischen Pädiater:

50,00 % der befragten Pädiater:	ja, ich fühle mich grundsätzlich in der Lage die Einwilligungskompetenz selbst festzustellen.
50,00 % der befragten Pädiater:	nein, ich fühle mich eher nicht in der Lage die Einwilligungskompetenz selbst festzustellen.

und:

0,00 der befragten Pädiater:	ja, der Behandlungsalltag lässt grundsätzlich genug Raum für entsprechende Gespräche.
100,00 % der befragten Pädiater:	nein, der Behandlungsalltag lässt eher nicht genug Raum für entsprechende Gespräche.

cc. Antworten der klinischen Kinderchirurgen:

100,00 % der befragten Chirurgen:	ja, ich fühle mich grundsätzlich in der Lage die Einwilligungskompetenz selbst festzustellen.
0,00 % der befragten Chirurgen:	nein, ich fühle mich eher nicht in der Lage die Einwilligungskompetenz selbst festzustellen.

und:

66,66 % der befragten Chirurgen:	ja, der Behandlungsalltag lässt grundsätzlich genug Raum für entsprechende Gespräche.
33,33 % der befragten Chirurgen:	nein, der Behandlungsalltag lässt eher nicht genug Raum für entsprechende Gespräche.

b. Antworten der insgesamt befragten niedergelassenen Ärzte:

93,75 %:	ja, ich fühle mich grundsätzlich in der Lage, die Einwilligungskompetenz selbst festzustellen.
6,25 %:	nein, ich fühle mich eher nicht in der Lage die Einwilligungskompetenz selbst festzustellen.
und:	
43,75 %:	ja, der Behandlungsalltag lässt grundsätzlich genug Raum für entsprechende Gespräche.
56,25 %:	nein, der Behandlungsalltag lässt eher nicht genug Raum für entsprechende Gespräche.

Bei einer differenzierten Betrachtung der Antworten unter Berücksichtigung der unterschiedlichen Fachrichtungen Kinder- und Jugendmedizin und Gynäkologie:

aa. Antworten der niedergelassenen Gynäkologen:

100,00 %:	ja, ich fühle mich grundsätzlich in der Lage, die Einwilligungskompetenz selbst festzustellen.
0,00 %:	nein, ich fühle mich eher nicht in der Lage die Einwilligungskompetenz selbst festzustellen.
und:	
54,55 %:	ja, der Behandlungsalltag lässt grundsätzlich genug Raum für entsprechende Gespräche.
45,45 %:	nein, der Behandlungsalltag lässt eher nicht genug Raum für entsprechende Gespräche.

bb. Antworten der niedergelassenen Kinderärzte:

80,00 %:	ja, ich fühle mich grundsätzlich in der Lage, die Einwilligungskompetenz selbst festzustellen.

20,00 %:	nein, ich fühle mich eher nicht in der Lage die Einwilligungskompetenz selbst festzustellen.

und:

20,00 %:	ja, der Behandlungsalltag lässt grundsätzlich genug Raum für entsprechende Gespräche.
80,00 %:	nein, der Behandlungsalltag lässt eher nicht genug Raum für entsprechende Gespräche.

4. Frage:

Was ist aus Ihrer Sicht in der medizinischen Praxis praktikabler:

a. Vorgabe verbindlicher Altersgrenzen.
b. Vorgaben konkreter Kriterien zur Feststellung der Einwilligungsfähigkeit.
c. Beides ähnlich gut geeignet.

a. Antworten der befragten Klinikärzte insgesamt:

31,25 % der befragten Klinikärzte mit:	Vorgabe verbindlicher Altersgrenzen.
25,00 % der befragten Klinikärzte mit:	Vorgaben konkreter Kriterien zur Feststellung der Einwilligungsfähigkeit.
43,75 % der befragten Klinikärzte mit:	beides ähnlich gut geeignet.

Bei einer differenzierten Betrachtung der Antworten unter Berücksichtigung der unterschiedlichen ambulanten Fachrichtungen Kinder- und Jugendmedizin sowie Gynäkologie und Kinderchirurgie:

aa. Antworten der klinischen Gynäkologen:

44,44 % der befragten Gynäkologen:	Vorgabe verbindlicher Altersgrenzen.
44,44 % der befragten Gynäkologen:	Vorgaben konkreter Kriterien zur Feststellung der Einwilligungsfähigkeit.
11,11 % der befragten Gynäkologen:	beides ähnlich gut geeignet.

bb. Antworten der klinischen Pädiater:

44,44 % der befragten Pädiater:	Vorgabe verbindlicher Altersgrenzen.

44,44 % der befragten Pädiater:	Vorgaben konkreter Kriterien zur Feststellung der Einwilligungsfähigkeit.
11,11 % der befragten Pädiater:	beides ähnlich gut geeignet.

cc. Antworten der klinischen Kinderchirurgen:

33,33 % der befragten Chirurgen:	Vorgabe verbindlicher Altersgrenzen.
0,00 % der befragten Chirurgen:	Vorgaben konkreter Kriterien zur Feststellung der Einwilligungsfähigkeit.
66,66 % der befragten Chirurgen:	beides ähnlich gut geeignet.

b. Antworten der insgesamt befragten niedergelassenen Ärzte:

37,50 % der befragten niedergelassenen Ärzte mit:	Vorgabe verbindlicher Altersgrenzen.
31,25 % der befragten niedergelassenen Ärzte mit:	Vorgaben konkreter Kriterien zur Feststellung der Einwilligungsfähigkeit
31,25 % der befragten niedergelassenen Ärzte mit:	beides ähnlich gut geeignet.

Bei einer differenzierten Betrachtung der Antworten unter Berücksichtigung der unterschiedlichen Fachrichtungen Kinder- und Jugendmedizin und Gynäkologie:

aa. Antworten der niedergelassenen Gynäkologen:

45,45 % der befragten niedergelassenen Ärzte mit:	Vorgabe verbindlicher Altersgrenzen.
18,18 % der befragten niedergelassenen Ärzte mit:	Vorgaben konkreter Kriterien zur Feststellung der Einwilligungsfähigkeit.
36,36 % der befragten niedergelassenen Ärzte mit:	beides ähnlich gut geeignet.

bb. Antworten der niedergelassenen Kinderärzte:

20,00 % der befragten niedergelassenen Ärzte mit:	Vorgabe verbindlicher Altersgrenzen.
60,00 % der befragten niedergelassenen Ärzte mit:	Vorgaben konkreter Kriterien zur Feststellung der Einwilligungsfähigkeit.
20,00 % der befragten niedergelassenen Ärzte mit:	beides ähnlich gut geeignet.

5. Frage:

Haben Sie in der Praxis bereits Konfliktsituationen erlebt, in denen der Wunsch des Minderjährigen nach einer Behandlung oder auch einer Nichtbehandlung offensichtlich nicht mit dem Wunsch der sorgeberechtigten Bezugspersonen übereinstimmt?

a. Antworten der befragten Klinikärzte insgesamt:

43,75 % der befragten Klinikärzte mit: ja.
56,25 % der befragten Klinikärzte mit: nein.

Bei einer differenzierten Betrachtung der Antworten unter Berücksichtigung der unterschiedlichen ambulanten Fachrichtungen Kinder- und Jugendmedizin sowie Gynäkologie und Kinderchirurgie:

aa. Antworten der klinischen Gynäkologen:

44,44 % der befragten Gynäkologen: ja.
55,55 % der befragten Gynäkologen: nein.

bb. Antworten der klinischen Pädiater:

50,00 % der befragten Pädiater: ja.
50,00 % der befragten Pädiater: nein.

cc. Antworten der klinischen Kinderchirurgen:

33,33 % der befragten Chirurgen: ja.
66.66 % der befragten Chirurgen: nein.

b. Antworten der insgesamt befragten niedergelassenen Ärzte:

56,25 % der befragten niedergelassenen Ärzte mit: ja.
43,75 % der befragten niedergelassenen Ärzte mit: nein.

aa. Antworten der niedergelassenen Gynäkologen:

45,45 % der befragten niedergelassenen Ärzte mit: ja.
54,54 % der befragten niedergelassenen Ärzte mit: nein.

bb. Antworten der niedergelassenen Kinderärzte:

80,00 % der befragten niedergelassenen Ärzte mit: ja.
20,00 % der befragten niedergelassenen Ärzte mit: nein.

6. Frage:

Würden Sie, wenn Sie persönlich zu dem Ergebnis kämen, einen grundsätzlich reifen und verständigen Jugendlichen vor sich zu haben, der eine Behandlung oder einen Eingriff wünscht, diese/diesen auch ohne die Zustimmung der Eltern durchführen?

a. Antworten der befragten Klinikärzte insgesamt:

25,00 % der befragten Klinikärzte mit: eher ja.
75,00 % der befragten Klinikärzte mit: eher nein.

Bei einer differenzierten Betrachtung der Antworten unter Berücksichtigung der unterschiedlichen ambulanten Fachrichtungen Kinder- und Jugendmedizin sowie Gynäkologie und Kinderchirurgie:

aa. Antworten der klinischen Gynäkologen:

44,44 % der befragten Gynäkologen: eher ja.
55,55 % der befragten Gynäkologen: eher nein.

bb. Antworten der klinischen Pädiater:

0,00 % der befragten Pädiater: eher ja.
100,00 % der befragten Pädiater: eher nein.

cc. Antworten der klinischen Kinderchirurgen:

0,00 % der befragten Chirurgen: eher ja.
100,00 % der befragten Chirurgen: eher nein.

b. Antworten der insgesamt befragten niedergelassenen Ärzte:

56,25 % der befragten niedergelassenen Ärzte mit: eher ja.
43,75 % der befragten niedergelassenen Ärzte mit: eher nein.

Bei einer differenzierten Betrachtung der Antworten unter Berücksichtigung der unterschiedlichen Fachrichtungen Kinder- und Jugendmedizin und Gynäkologie:

aa. Antworten der niedergelassenen Gynäkologen:

54,54 % der befragten niedergelassenen Ärzte mit: eher ja.
45,45 % der befragten niedergelassenen Ärzte mit: eher nein.

bb. Antworten der niedergelassenen Kinderärzte:

60,00 % der befragten niedergelassenen Ärzte mit:	eher ja.
40,00 % der befragten niedergelassenen Ärzte mit:	eher nein.

7. Frage:

Würden Sie im Fall der Frage 6. aus Sorge, die tatsächliche Kompetenz des Minderjährigen für die konkrete Behandlungssituation nicht richtig eingeschätzt zu haben, dem Minderjährigen im Zweifel die Einwilligungsfähigkeit aberkennen und nur nach ausdrücklicher Einwilligung der gesetzlichen Vertreter den Eingriff vornehmen?

a. Antworten der befragten Klinikärzte insgesamt:

68,75 % der befragten Klinikärzte mit:	Ich würde den Wunsch des Minderjährigen im Fall 6. bei fehlender Zustimmung der gesetzlichen Vertreter eher nicht berücksichtigen.
31,25 % der befragten Klinikärzte mit:	Ich würde den Wunsch des Minderjährigen im Fall 6. auch bei fehlender Zustimmung der gesetzlichen Vertreter eher in den Vordergrund stellen.

Bei einer differenzierten Betrachtung der Antworten unter Berücksichtigung der unterschiedlichen ambulanten Fachrichtungen Kinder- und Jugendmedizin sowie Gynäkologie und Kinderchirurgie:

aa. Antworten der klinischen Gynäkologen:

75,00 % der befragten Gynäkologen:	Ich würde den Wunsch des Minderjährigen im Fall 6. bei fehlender Zustimmung der gesetzlichen Vertreter eher nicht berücksichtigen.
25,00 % der befragten Gynäkologen:	Ich würde den Wunsch des Minderjährigen im Fall 6. auch bei fehlender Zustimmung der gesetzlichen Vertreter eher in den Vordergrund stellen.

bb. Antworten der klinischen Pädiater:

100,00 % der befragten Pädiater:	Ich würde den Wunsch des Minderjährigen im Fall 6. bei fehlender Zustimmung der gesetzlichen Vertreter eher nicht berücksichtigen.
0,00 % der befragten Pädiater:	Ich würde den Wunsch des Minderjährigen im Fall 6. auch bei fehlender Zustimmung der gesetzlichen Vertreter eher in den Vordergrund stellen.

cc. Antworten der klinischen Kinderchirurgen:

66,66 % der befragten Kinderchirurgen:	Ich würde den Wunsch des Minderjährigen im Fall 6. bei fehlender Zustimmung der gesetzlichen Vertreter eher nicht berücksichtigen.
33,33 % der befragten Kinderchirurgen:	Ich würde den Wunsch des Minderjährigen im Fall 6. auch bei fehlender Zustimmung der gesetzlichen Vertreter eher in den Vordergrund stellen.

b. Antworten der insgesamt befragten niedergelassenen Ärzte:

71,40 % der niedergelassenen Ärzte:	Ich würde den Wunsch des Minderjährigen im Fall der Frage 6. auch bei fehlender Zustimmung der gesetzlichen Vertreter eher in den Vordergrund stellen.
28,60 % der niedergelassenen Ärzte:	Ich würde den Wunsch des Minderjährigen im Fall der Frage 6. bei fehlender Zustimmung der gesetzlichen Vertreter eher nicht berücksichtigen.

Bei einer differenzierten Betrachtung der Antworten unter Berücksichtigung der unterschiedlichen Fachrichtungen Kinder- und Jugendmedizin und Gynäkologie:

aa. Antworten der niedergelassenen Gynäkologen:

45,46 % der Gynäkologen mit:	Ich würde den Wunsch des Minderjährigen im Fall der Frage 6. auch bei fehlender

Zustimmung der gesetzlichen Vertreter eher in den Vordergrund stellen.

54,54 der befragten Gynäkologen mit: Ich würde den Wunsch des Minderjährigen im Fall der Frage 6. bei fehlender Zustimmung der gesetzlichen Vertreter eher nicht berücksichtigen.

bb. Antworten der niedergelassenen Pädiater:

40,00 % der befragten Pädiater: Ich würde den Wunsch des Minderjährigen im Fall der Frage 6. auch bei fehlender Zustimmung der gesetzlichen Vertreter eher in den Vordergrund stellen.

60,00 % der befragten Pädiater: Ich würde den Wunsch des Minderjährigen im Fall der Frage 6. bei fehlender Zustimmung der gesetzlichen Vertreter eher nicht berücksichtigen.

8. Frage:

*Inwieweit haben Sie den Eindruck, dass ein minderjähriger Patient überhaupt in die Behandlungsentscheidungen mit eingebunden werden **und** selbstbestimmte Entscheidungen treffen möchte?*

a. Antworten der befragten Klinikärzte insgesamt:

100,00 % der befragten Klinikärzte mit: ja, Minderjährige wollen mit eingebunden werden.

00,00 % der befragten Klinikärzte mit: nein, Minderjährige wollen regelmäßig nicht mit eingebunden werden.

und:

81,25 % der befragten Klinikärzte mit: ja, Minderjährige wollen regelmäßig selbst entscheiden.

18,75 % der befragten Klinikärzte mit: nein, Minderjährige wollen regelmäßig nicht selbst entscheiden.

Bei einer differenzierten Betrachtung der Antworten unter Berücksichtigung der unterschiedlichen ambulanten Fachrichtungen Kinder- und Jugendmedizin sowie Gynäkologie und Kinderchirurgie:

aa. Antworten der klinischen Gynäkologen:

100,00 % der befragten Gynäkologen:	ja, Minderjährige wollen mit eingebunden werden.
00,00 % der befragten Gynäkologen:	nein, Minderjährige wollen regelmäßig nicht mit eingebunden werden.

und:

77,77 % der befragten Gynäkologen:	ja, Minderjährige wollen regelmäßig selbst entscheiden.
22,22 % der befragten Gynäkologen:	nein, Minderjährige wollen regelmäßig nicht selbst entscheiden.

bb. Antworten der klinischen Pädiater:

100,00 % der befragten Pädiater:	ja, Minderjährige wollen mit eingebunden werden.
00,00 % der befragten Pädiater:	nein, Minderjährige wollen regelmäßig nicht mit eingebunden werden.

und:

77,77 % der befragten Pädiater:	ja, Minderjährige wollen regelmäßig selbst entscheiden.
22,22 % der befragten Pädiater:	nein, Minderjährige wollen regelmäßig nicht selbst entscheiden.

cc. Antworten der klinischen Kinderchirurgen:

100,00 % der befragten Kinderchirurgen:	ja, Minderjährige wollen mit eingebunden werden.
00,00 % der befragten Kinderchirurgen:	nein, Minderjährige wollen regelmäßig nicht mit eingebunden werden.

und:

66,66 % der befragten Kinderchirurgen:	ja, Minderjährige wollen regelmäßig selbst entscheiden.
33,33 % der befragten Kinderchirurgen:	nein, Minderjährige wollen regelmäßig nicht selbst entscheiden.

b. Antworten der insgesamt befragten niedergelassenen Ärzte:

93,75 % der niedergelassenen Ärzte mit:	ja, Minderjährige wollen mit eingebunden werden.

00,00 % der niedergelassenen Ärzte mit:	nein, Minderjährige wollen regelmäßig nicht mit eingebunden werden.
6,25 % der niedergelassenen Ärzte:	keine konkrete Angabe.
und:	
68,75 % der niedergelassenen Ärzte:	ja, Minderjährige wollen regelmäßig selbst entscheiden.
18,75 der niedergelassenen Ärzte:	nein, Minderjährige wollen regelmäßig nicht selbst entscheiden.
6,25 % der niedergelassenen Ärzte:	keine konkrete Angabe.

Bei einer differenzierten Betrachtung der Antworten unter Berücksichtigung der unterschiedlichen Fachrichtungen Kinder- und Jugendmedizin und Gynäkologie:

aa. Antworten der niedergelassenen Gynäkologen:

100,00 % der niedergelassenen Ärzte mit:	ja, Minderjährige wollen mit eingebunden werden.
00,00 % der niedergelassenen Ärzte mit:	nein, Minderjährige wollen regelmäßig nicht mit eingebunden werden.
und:	
100,00 % der niedergelassenen Ärzte:	ja, Minderjährige wollen regelmäßig selbst Entscheiden.
0,00 % der niedergelassenen Ärzte:	nein, Minderjährige wollen regelmäßig nicht selbst entscheiden.

bb. Antworten der niedergelassenen Kinderärzte:

80,00 % der niedergelassenen Ärzte mit:	ja, Minderjährige wollen mit eingebunden werden.
00,00 % der niedergelassenen Ärzte mit:	nein, Minderjährige wollen regelmäßig nicht mit eingebunden werden.
20,00 % der niedergelassenen Ärzte:	keine konkrete Angabe.
und:	
20,00 % der niedergelassenen Ärzte:	ja, Minderjährige wollen regelmäßig selbst entscheiden.
60,00 der niedergelassenen Ärzte:	nein, Minderjährige wollen regelmäßig nicht selbst entscheiden.
20,00 % der niedergelassenen Ärzte:	keine konkrete Angabe.

9. Frage

*In Bezug auf Frage 8: Ab welchem Alter beginnen Minderjährige nach Ihrer Auffassung das Bedürfnis zu entwickeln a. in die Behandlungsentscheidungen mit eingebunden zu werden **und** b. ggf. auch selbstbestimmte Entscheidungen zu treffen?*

a. Einbindung in das Behandlungsgeschehen:

aa. Antworten der befragten Klinikärzte insgesamt:

18,75 % der befragten Klinikärzte mit:	6 Jahren.
0,00 % der befragten Klinikärzte mit:	8 Jahren.
0,00 % der befragten Klinikärzte mit:	10 Jahren.
6,25 % der befragten Klinikärzte mit:	12 Jahren.
50,00 % der befragten Klinikärzte mit:	14 Jahren.
25,00 % der befragten Klinikärzte mit:	16 Jahren.

Bei einer differenzierten Betrachtung der Antworten unter Berücksichtigung der unterschiedlichen Fachrichtungen Kinder- und Jugendmedizin sowie Gynäkologie und Kinderchirurgie:

bb. Antworten der klinischen Gynäkologen:

22,22 % der befragten Klinikärzte mit:	6 Jahren.
0,00 % der befragten Klinikärzte mit:	8 Jahren.
0,00 % der befragten Klinikärzte mit:	10 Jahren.
11,11 % der befragten Klinikärzte mit:	12 Jahren.
33,33 % der befragten Klinikärzte mit:	14 Jahren.
33,33 % der befragten Klinikärzte mit:	16 Jahren.

cc. Antworten der klinischen Pädiater:

25,00 % der befragten Klinikärzte mit:	6 Jahren.
0,00 % der befragten Klinikärzte mit:	8 Jahren.
0,00 % der befragten Klinikärzte mit:	10 Jahren.
0,00 % der befragten Klinikärzte mit:	12 Jahren.
50,00 % der befragten Klinikärzte mit:	14 Jahren.
25,00 % der befragten Klinikärzte mit:	16 Jahren.

dd. Antworten der klinischen Kinderchirurgen:

0,00% der befragten Klinikärzte mit:	6 Jahren.
0,00 % der befragten Klinikärzte mit:	8 Jahren.

0,00 % der befragten Klinikärzte mit: 10 Jahren.
0,00 % der befragten Klinikärzte mit: 12 Jahren.
100,00 % der befragten Klinikärzte mit: 14 Jahren.
0,00 % der befragten Klinikärzte mit: 16 Jahren.

b. Entscheidungswunsch in Bezug auf die eigene Behandlung:

aa. Klinikärzte insgesamt:

0,00 % der befragten Klinikärzte mit: 6 Jahren.
6,25 % der befragten Klinikärzte mit: 8 Jahren.
0,00 % der befragten Klinikärzte mit: 10 Jahren.
18,75 % der befragten Klinikärzte mit: 12 Jahren.
43,75 % der befragten Klinikärzte mit: 14 Jahren.
31,25 % der befragten Klinikärzte mit: 16 Jahren.

Bei einer differenzierten Betrachtung der Antworten unter Berücksichtigung der unterschiedlichen Fachrichtungen Kinder- und Jugendmedizin sowie Gynäkologie und Kinderchirurgie:

bb. Antworten der klinischen Gynäkologen:

0,00 % der befragten Klinikärzte mit: 6 Jahren.
0,00 % der befragten Klinikärzte mit: 8 Jahren.
0,00 % der befragten Klinikärzte mit: 10 Jahren.
33,33 % der befragten Klinikärzte mit: 12 Jahren.
22,22 % der befragten Klinikärzte mit: 14 Jahren.
44,44 % der befragten Klinikärzte mit: 16 Jahren.

cc. Antworten der klinischen Pädiater:

25,00 % der befragten Klinikärzte mit: 6 Jahren.
0,00 % der befragten Klinikärzte mit: 8 Jahren.
0,00 % der befragten Klinikärzte mit: 10 Jahren.
0,00 % der befragten Klinikärzte mit: 12 Jahren.
50,00 % der befragten Klinikärzte mit: 14 Jahren.
25,00 % der befragten Klinikärzte mit: 16 Jahren.

dd. Antworten der klinischen Kinderchirurgen:

0,00% der befragten Klinikärzte mit: 6 Jahren.
0,00 % der befragten Klinikärzte mit: 8 Jahren.

0,00 % der befragten Klinikärzte mit:	10 Jahren.
0,00 % der befragten Klinikärzte mit:	12 Jahren.
100,00 % der befragten Klinikärzte mit:	14 Jahren.
0,00 % der befragten Klinikärzte mit:	16 Jahren.

c. Entscheidungswunsch in Bezug auf die eigene Behandlung:

aa. Antworten der insgesamt befragten niedergelassenen Ärzte:

0,00 % der befragten niedergelassenen Ärzte mit:	8 Jahren.
0,00 % der befragten niedergelassenen Ärzte mit:	10 Jahren.
25,00% der befragten niedergelassenen Ärzte mit:	12 Jahren.
0,00 % der befragten niedergelassenen Ärzte mit:	13 Jahren.
56,25 % der befragten niedergelassenen Ärzte mit:	14 Jahren.
6,25 % der befragten niedergelassenen Ärzte mit:	15 Jahren.
12,50 % der befragten niedergelassenen Ärzte mit:	16 Jahren.

Bei einer differenzierten Betrachtung der Antworten unter Berücksichtigung der unterschiedlichen Fachrichtungen Kinder- und Jugendmedizin und Gynäkologie:

bb. Antworten der niedergelassenen Gynäkologen:

0,00 % der befragten niedergelassenen Ärzte mit:	8 Jahren.
0,00 % der befragten niedergelassenen Ärzte mit:	10 Jahren.
27,27% der befragten niedergelassenen Ärzte mit:	12 Jahren.
0,00 % der befragten niedergelassenen Ärzte mit:	13 Jahren.
54,54 % der befragten niedergelassenen Ärzte mit:	14 Jahren.
0,00 % der befragten niedergelassenen Ärzte mit:	15 Jahren.
18,18 % der befragten niedergelassenen Ärzte mit:	16 Jahren.

cc. Antworten der niedergelassenen Kinderärzte:

0,00 % der befragten niedergelassenen Ärzte mit:	8 Jahren.
0,00 % der befragten niedergelassenen Ärzte mit:	10 Jahren.
20,00 % der befragten niedergelassenen Ärzte mit:	12 Jahren.
0,00 % der befragten niedergelassenen Ärzte mit:	13 Jahren.
60,00 % der befragten niedergelassenen Ärzte mit:	14 Jahren.
20,00 % der befragten niedergelassenen Ärzte mit:	15 Jahren.
0,00 % der befragten niedergelassenen Ärzte mit:	16 Jahren.

d. Einbindung in die Behandlungsentscheidung:

aa. Antworten der Klinikärzte insgesamt:

0,00 % der befragten niedergelassenen Ärzte mit:	8 Jahren.
0,00 % der befragten niedergelassenen Ärzte mit:	10 Jahren.
37,25 % der befragten niedergelassenen Ärzte mit:	12 Jahren.
6,25 % der befragten niedergelassenen Ärzte mit:	13 Jahren.
37,50 % der befragten niedergelassenen Ärzte mit:	14 Jahren.
6,25 % der befragten niedergelassenen Ärzte mit:	15 Jahren.
12,50 % der befragten niedergelassenen Ärzte mit:	16 Jahren.

Bei einer differenzierten Betrachtung der Antworten unter Berücksichtigung der unterschiedlichen Fachrichtungen Kinder- und Jugendmedizin und Gynäkologie:

bb. Antworten der niedergelassenen Gynäkologen:

0,00 % der befragten niedergelassenen Ärzte mit:	8 Jahren.
0,00 % der befragten niedergelassenen Ärzte mit:	10 Jahren.
36,36 % der befragten niedergelassenen Ärzte mit:	12 Jahren.
0,00 % der befragten niedergelassenen Ärzte mit:	13 Jahren.
36,36 % der befragten niedergelassenen Ärzte mit:	14 Jahren.
9,09 % der befragten niedergelassenen Ärzte mit:	15 Jahren.
18,18 % der befragten niedergelassenen Ärzte mit:	16 Jahren.

cc. Antworten der niedergelassenen Kinderärzte:

0,00 % der befragten niedergelassenen Ärzte mit:	8 Jahren.
0,00 % der befragten niedergelassenen Ärzte mit:	10 Jahren.
40,00 % der befragten niedergelassenen Ärzte mit:	12 Jahren.
20,00 % der befragten niedergelassenen Ärzte mit:	13 Jahren.
40,00 % der befragten niedergelassenen Ärzte mit:	14 Jahren.
0,00 % der befragten niedergelassenen Ärzte mit:	15 Jahren.
0,00 % der befragten niedergelassenen Ärzte mit:	16 Jahren.

10. Frage:

Ab welchem Alter kann nach Ihrer Erfahrung ein durchschnittlich entwickelter und intelligenter Minderjähriger bei durchschnittlichen spezifischen Krankheitserfahrungen sowie einer kind- bzw. jugendgerechten Behandlungsaufklärung das Ausmaß und die Folgen einer Erkrankung, den Sinn, die Tragweite und die Risiken einer Behandlung oder einer Nichtbehandlung verstehen und hierzu gezielt Fragen stellen?

a. Antworten der befragten Klinikärzte insgesamt:

0,00 % der befragten Klinikärzte mit:	8 Jahren.
0,00 % der befragten Klinikärzte mit:	10 Jahren.
18,75 % der befragten Klinikärzte mit:	12 Jahren.
43,75 % der befragten Klinikärzte mit:	14 Jahren.
37,50 % der befragten Klinikärzte mit:	16 Jahren.
0,00 % der befragten Klinikärzte mit:	18 Jahren.

Bei einer differenzierten Betrachtung der Antworten unter Berücksichtigung der unterschiedlichen ambulanten Fachrichtungen Kinder- und Jugendmedizin sowie Gynäkologie und Kinderchirurgie:

aa. Antworten der klinischen Gynäkologen:

0,00 % der befragten Gynäkologen:	8 Jahren.
0,00 % der befragten Gynäkologen:	10 Jahren.
11,11 % der befragten Gynäkologen:	12 Jahren.
33,33 % der befragten Gynäkologen:	14 Jahren.
55,55 % der befragten Gynäkologen:	16 Jahren.

bb. Antworten der klinischen Pädiater:

0,00 % der befragten Pädiater:	8 Jahren.
0,00 % der befragten Pädiater:	10 Jahren.
50,00 % der befragten Pädiater:	12 Jahren.
50,00 % der befragten Pädiater:	14 Jahren.
0,00 % der befragten Pädiater:	16 Jahren.

cc. Antworten der klinischen Kinderchirurgen:

0,00 % der befragten Kinderchirurgen:	8 Jahren.
0,00 % der befragten Kinderchirurgen:	10 Jahren.
0,00 % der befragten Kinderchirurgen:	12 Jahren.
66,66 % der befragten Kinderchirurgen:	14 Jahren.
33,33 % der befragten Kinderchirurgen:	16 Jahren.
0,00 % der befragten Kinderchirurgen:	18 Jahren.

b. Antworten der insgesamt befragten niedergelassenen Ärzte:

0,00 % der befragten Klinikärzte mit: 8 Jahren.
0,00 % der befragten Klinikärzte mit: 10 Jahren.
12,50 % der befragten Klinikärzte mit: 12 Jahren.
50,00 % der befragten Klinikärzte mit: 14 Jahren.
37,50 % der befragten Klinikärzte mit: 16 Jahren.
0,00 % der befragten Klinikärzte mit: 18 Jahren.

Bei einer differenzierten Betrachtung der Antworten unter Berücksichtigung der unterschiedlichen Fachrichtungen Kinder- und Jugendmedizin und Gynäkologie:

aa. Antworten der niedergelassenen Gynäkologen:

0,00 % der befragten Klinikärzte mit: 8 Jahren.
0,00 % der befragten Klinikärzte mit: 10 Jahren.
9,09 % der befragten Klinikärzte mit: 12 Jahren.
54,54 % der befragten Klinikärzte mit: 14 Jahren.
36,36 % der befragten Klinikärzte mit: 16 Jahren.
0,00 % der befragten Klinikärzte mit: 18 Jahren.

bb. Antworten der niedergelassenen Kinderärzte:

0.00 % der befragten Klinikärzte mit: 8 Jahren.
0,00 % der befragten Klinikärzte mit: 10 Jahren.
20,00 % der befragten Klinikärzte mit: 12 Jahren.
40,00 % der befragten Klinikärzte mit: 14 Jahren.
40,00 % der befragten Klinikärzte mit: 16 Jahren.
0,00 % der befragten Klinikärzte mit: 18 Jahren.

11. Frage:

Gibt es aus Ihrer Sicht bei Betrachtung der nachstehenden Altersstufen ein erreichtes Lebensalter, bei welchem Sie persönlich aus Ihrer Erfahrung in Bezug auf die regelmäßig vorhandenen kognitiven Fähigkeiten minderjähriger Patienten grundsätzliche die Einwilligungsfähigkeit eines regelrecht entwickelten Minderjährigen festsetzten würden?

a. Antworten der befragten Klinikärzte insgesamt:

6,25 % der befragten Klinikärzte mit:	Nein, ein Alter ist nicht nennbar.
6,25 % der befragten Klinikärzte mit:	14 Jahren.
68,75 % der befragten Klinikärzte mit:	16 Jahren.
18,75 % der befragten Klinikärzte mit:	18 Jahren.

Bei einer differenzierten Betrachtung der Antworten unter Berücksichtigung der unterschiedlichen ambulanten Fachrichtungen Kinder- und Jugendmedizin sowie Gynäkologie und Kinderchirurgie:

aa. Antworten der klinischen Gynäkologen:

11,11 % der befragten Gynäkologen:	Nein, ein Alter ist nicht nennbar.
0,00 % der befragten Gynäkologen:	14 Jahren.
66,66 % der befragten Gynäkologen:	16 Jahren.
22,22 % der befragten Gynäkologen:	18 Jahren.

bb. Antworten der klinischen Pädiater:

0,00 % der befragten Pädiater:	Nein, ein Alter ist nicht nennbar.
0,00 % der befragten Pädiater:	14 Jahren.
75,00 % der befragten Pädiater:	16 Jahren.
25,00 % der befragten Pädiater:	18 Jahren.

cc. Antworten der klinischen Kinderchirurgen:

0,00 % der befragten Kinderchirurgen:	Nein, ein Alter ist nicht nennbar.
33,33 % der befragten Kinderchirurgen:	14 Jahren.
66,66 % der befragten Kinderchirurgen:	16 Jahren.
0,00 % der befragten Kinderchirurgen:	18 Jahren.

b. Antworten der insgesamt befragten niedergelassenen Ärzte:

6,25 % der befragten niedergelassenen Ärzte mit:	Ein Alter ist nicht nennbar.
6,25 % der befragten niedergelassenen Ärzte mit:	12 Jahren.
25,00 % der befragten niedergelassenen Ärzte mit:	14 Jahren.
6,25 % der befragten niedergelassenen Ärzte mit:	zwischen 14 und 16 Jahren.
50,00 % der befragten niedergelassenen Ärzte mit:	16 Jahren.
6,25 % der befragten niedergelassenen Ärzte mit:	18 Jahren.

Bei einer differenzierten Betrachtung der Antworten unter Berücksichtigung der unterschiedlichen Fachrichtungen Kinder- und Jugendmedizin und Gynäkologie:

aa. Antworten der niedergelassenen Gynäkologen:

9,09 % der befragten niedergelassenen Ärzte mit:	Nein, ein Alter ist nicht nennbar.
9,09 % der befragten niedergelassenen Ärzte mit:	12 Jahren.
27,27 % der befragten niedergelassenen Ärzte mit:	14 Jahren.
54,54 % der befragten niedergelassenen Ärzte mit:	16 Jahren.
0.00 % der befragten niedergelassenen Ärzte mit:	18 Jahren.

bb. Antworten der niedergelassenen Kinderärzte:

0,00 % der befragten niedergelassenen Ärzte mit:	Nein, ein Alter ist nicht nennbar.
0,00 % der befragten niedergelassenen Ärzte mit:	12 Jahren.
20,00 % der befragten niedergelassenen Ärzte mit:	14 Jahren.
20,00 % der befragten niedergelassenen Ärzte mit:	zwischen 14 und 16 Jahren.
40,00 % der befragten niedergelassenen Ärzte mit:	16 Jahren.
20,00 % der befragten niedergelassenen Ärzte mit:	18 Jahren.

Literaturverzeichnis

Ahrens, Hans-Jürgen / Kern, Bernd-Rüdiger, Wider die Teilprozessfähigkeit Minderjähriger als Fernwirkung medizinischen Denkens, in: Jurisprudenz zwischen Medizin und Kultur, Festschrift zum 70. Geburtstag von Gerfried Fischer S. 1–11, Frankfurt am Main 2010. (zitiert: *Ahrens, Teilprozessfähigkeit, Seite*).

Anders, Monika / Gehle, Burkhard, Das Recht der freien Dienste, Vertrag und Haftung, Berlin, New York 2001. (zitiert: *Anders/Gehle, Dienste, Vertrag und Haftung, Teil, Kapitel, Unterkapitel, Rn*).

Amelung, Knut / Eymann, Frieder, Die Einwilligung des Verletzten im Strafrecht, JuS 2001, S. 937–946.

Amelung, Knut, Über die Einwilligungsfähigkeit, ZStW 104 (1992), S. 525–558 (Teil I) und S. 821–833 (Teil II).

Arbeitskreis Medizinischer Ethik-Kommissionen (AMEK), Mustertext für die Information und Einwilligung von Kindern im Alter von etwa 7–11 Jahren, die an einer klinischen Prüfung eines Arzneimittels teilnehmen *sowie* Mustertext für die Information und Einwilligung von Heranwachsenden im Alter von etwa 12–16 Jahren, die an einer klinischen Prüfung eines Arzneimittels teilnehmen, vom 19.11.2011. (zitiert: *AMEK vom 19.11.2011, abrufbar über: http://www.ak-med-ethik-komm.de/formulare.html*, Stand 30.8.2013).

Bardeleben, Adolf (deutsche Bearbeitung), Aug. Vidal's Lehrbuch der Chirurgie und Operationslehre, Erster Band, Berlin 1852. (zitiert: *Bardeleben, Lehrbuch der Chirurgie 1852, Seite.*).

Belling, Detlev W. / Eberl, Christina / Michlik, Frank, Das Selbstbestimmungsrecht Minderjähriger bei medizinischen Eingriffen: Eine rechtsvergleichende Studie zum amerikanischen, englischen, französischen und deutschen Recht, Bd. 6, Schriftenreihe Familie und Recht, Neuwied, Kriftel, Berlin 1994. (zitiert: *Belling/Eberl/Michlik, Das Selbstbestimmungsrecht Minderjähriger, Seite*).

Belling, Detlev, Die Entscheidungskompetenz für ärztliche Eingriffe bei Minderjährigen, FuR 1990, S. 68–76.

Bender, Albrecht W., Zeugen Jehovas und Bluttransfusionen – Eine zivilrechtliche Betrachtung MedR 1999, S. 260–266.

Bindel-Kögel, Gabriele / Heßler, Manfred / Münder, Johannes, Kinderdelinquenz zwischen Polizei und Jugendamt, Münster 2004. (zitiert: *Bindel-Krögel u. a., Kinderdelinquenz, Seite*).

Bleiler, Lisa-Maria, Strafbarkeitsrisiken des Arztes bei religiös motiviertem Behandlungsveto (Veröffentlichungen des Instituts für deutsches, europäisches und internationales Gesundheitsrecht), Berlin, Heidelberg 2010. (zitiert: *Bleiler, Seite*).

Bockelmann, Paul, Operativer Eingriff und Einwilligung des Verletzten, JZ 1962, S. 525–529.

Boll, Matthias, Strafrechtliche Probleme bei Kompetenzüberschreitungen nichtärztlicher medizinischer Hilfspersonen in Notsituationen, Berlin, Heidelberg 2001. (zitiert: *Boll, Strafrechtliche Probleme bei Kompetenzüberschreitungen, Seite*).

Bork, Reinhard, Allgemeiner Teil des Bürgerlichen Gesetzbuchs, Tübingen 2006. (zitiert: *Bork, BGB AT, §, Rn*).

Boston-Vogt, Marion, Der sachliche Schutzbereich des zivilrechtlichen allgemeinen Persönlichkeitsrechts, Tübingen 1997. (zitiert: *Boston-Vogt, Persönlichkeitsrecht, Seite*).

Buchner, Benedikt, Die Abhängigkeit des haftungsrechtlichen vom sozialrechtlichen Standard in: Lilie Hans, Bernat Erwin, Rosenau Henning, Standardisierung in der Medizin als Rechtsproblem, Baden-Baden 2009. (zitiert: *Buchner, Abhängigkeit des haftungsrechtlichen Standards, Seite*).

Bundesärztekammer, Zentrale Kommission zur Wahrung ethischer Grundsätze in der Medizin und ihren Grenzgebieten, Stellungnahme der „Zentralen Ethikkommission" bei der Bundesärztekammer „Zum Schutz nicht-einwilligungsfähiger Personen in der medizinischen Forschung. Deutsches Ärzteblatt 94, Heft 15 vom 11. April 1997, S. A 1011–A 1012. (zitiert: *Stellungnahme der „Zentralen Ethikkommission", abrufbar über: http://www.zentrale-ethikkommission.de/downloads/Schutz1.pdf,* Stand 30.8.2013).

Bundesjustizministerium, Abschlussbericht der Arbeitsgruppe beim BJM „Familiengerichtliche Maßnahmen bei Gefährdung des Kindeswohls – § 1666 BGB" vom 14. Juli 2009. (zitiert: *http://www.bmj.de/SharedDocs/Downloads/DE/pdfs/Abschlussbericht_der_Arbeitsgruppe_Familiengerichtliche_Massnahmen_bei_Gefaehrdung_des_Kindeswohls_1666_BGB.pdf?__blob=publicationFile,* Stand 30.8.2013).

Bumiller, Ursula / Harders, Dirk, FamFG, Freiwillige Gerichtsbarkeit, Beck-sche Kurzkommentare, 10. Auflage, München 2011. (zitiert: *Bumiller/ Harders, FamFG §, Rn*).

Busch, Nicola, Der Reifegrad des Minderjährigen als Maßstab im Zivilrecht, München 2001. (zitiert: *Busch, Seite*).

Canaris, Claus Wilhelm, Verstöße gegen das verfassungsrechtliche Übermaßverbot im Recht der Geschäftsfähigkeit und im Schadensrecht, JZ 1987, S. 993–1004.

Coester, Michael, Kinderschutz. Übersicht zu den typischen Gefährdungslagen und aktuellen Problemen, FPR 2009, S. 549–552.

Coester, Michael, Zur sozialrechtlichen Handlungsfähigkeit des Minderjährigen, FamRZ 1985, S. 982–866.

Coester-Waltjen, Dagmar, Reichweite und Grenzen der Patientenautonomie von Jungen und Alten, MedR 2012, S. 553–560.

Czerner, Frank, Aktive Sterbehilfe auch gegenüber Kindern? Zur Übertragbarkeit der aktuellen Diskussion in den Niederlanden auf die Bundesrepublik Deutschland unter verfassungsrechtlichen Gesichtspunkten, MedR 2001, S. 354–360.

Damm, Reinhard, Medizinrechtliche Grundprinzipien im Kontext von Pflege und Demenz – „Selbstbestimmung und Fürsorge", MedR 2012, S. 451–463.

Damm, Reinhard, Personalisierte Medizin und Patientenrechte – Medizinische Optionen und medizinrechtliche Bewertung, MedR 2011, S. 7–17.

Dettmeyer, Reinhard, Medizin & Recht, 2. Auflage, Berlin, Heidelberg, New York 2006. (zitiert: *Dettmeyer, MR, Seite*).

Deutsch, Erwin / Spickhoff, Andreas, Medizinrecht, 6. Auflage, Berlin, Heidelberg 2008. (zitiert: *Deutsch/Spickhoff, MedR, Rn*).

Deutsche Gesellschaft für Medizinrecht, Medizinischer Standard und Leitlinien – Ökonomisierung der Medizin – DGMR Workshop 2003 – Empfehlungen, MedR 2003, S. 711–712.

Deutsche Gesellschaft für Gynäkologie und Geburtshilfe, Arbeitsgemeinschaft Medizinrecht, Leitlinien, Empfehlungen, Stellungnahmen, abrufbar über: http://www.dggg.de/fileadmin/public_docs/Leitlinien/g_04_01_01_stellungnahme_rechtsfragen_behandlung.pdf), Stand 20.9.2013. (zitiert: *Deutsche Gesellschaft für Gynäkologie und Geburtshilfe, Arbeitsgemeinschaft Medizinrecht, Stellungnahme zu Rechtsfragen bei der Behandlung Minderjähriger, Seite*).

Eberbach, Wolfram, Grundsätze zur Einwilligung nicht voll Geschäftsfähiger, MedR 1986, S. 14–18.

Ehlers, Dirk (Hrsg.) / Schoch, Friedrich (Hrsg.), Rechtsschutz im Öffentlichen Recht, Berlin 2009. (zitiert: *Ehlers/Schoch, Rechtsschutz, §, Rn*).

Erb, Volker, Der rechtfertigende Notstand, JuS 2010, S. 108–113.

Erman, Bürgerliches Gesetzbuch, Handkommentar, 11. Auflage, Köln 2004. (zitiert: *Erman/VerfasserIn, §, Rn*).

Eser, Albin, Konzeptionsverhütung und Schwangerschaftsabbruch bei geistig behinderten Adoleszentinnen aus rechtlicher Sicht, Sonderdrucke aus der Albert-Ludwigs-Universität Freiburg, Originalbeitrag erschienen in: Helmuth Müller (Hrsg.), Ethische Probleme in der Pädiatrie und ihren Grenzgebieten, München, Wien, Baltimore 1982, S. 105–123. (zitiert: *Eser, Seite*).

Eser, Albin, Ärztliches Handeln gegen den erklärten oder mutmaßlichen Willen der Eltern, Juristische Gesichtspunkte zum Thema, Sonderdrucke aus der Albert-Ludwigs-Universität Freiburg, Originalbeitrag erschienen in: Helmuth Müller (Hrsg.), Ethische Probleme in der Pädiatrie und ihren Grenzgebieten, München, Wien, Baltimore 1982, S. 178–187. (zitiert: *Eser, Ärztliches Handeln, Seite*).

Fischer, Thomas, Strafgesetzbuch und Nebengesetze, Kommentar, 55. Auflage, München 2008. (zitiert: *Fischer, §, Rn*).

Fischer, Lothar / Mann, Horst, Die Natur der Rechtsbeziehungen zwischen psychiatrischen Landeskrankenhäusern und ihren Patienten. Datenschutzprobleme beim Praxisverkauf. Der Verkauf der Patientenkartei und die ärztliche Schweigepflicht. Kein Ende der Methadon-Debatte!, NJW 1992, S. 1539–1543.

Flammer, August, Entwicklungstheorien, Psychologische Theorien der menschlichen Entwicklung, Bern 1988. (zitiert: *Flammer, Entwicklungstheorien, Seite*).

Frahm, Wolfgang / Nixdorf, Wolfgang / Walter, Alexander, Arzthaftungsrecht, Leitfaden für die Praxis, 4. Auflage, Karlsruhe 2009. (zitiert: *Frahm, AHR, Rn*).

Fritze, Eugen / Mehrhoff, Friedrich, Die ärztliche Begutachtung: Rechtsfragen, Funktions-prüfungen, Beurteilungen, 7. Auflage, Darmstadt 2007. (zitiert: *Fritze, Begutachtung, Seite*).

Fröhlich, Uwe, Forschung wider Willen?, MedR Schriftenreihe Medizinrecht, Berlin, Heidelberg, New York 1999. (zitiert: *Fröhlich, Seite*).

Frommel, Monika, Institut für Sanktionenrecht und Kriminologie der Christian-Albrechts-Universität zu Kiel, Schwangerschaftsabbruch bei Minderjährigen, aktualisiertes und modifiziertes Gutachten, 1999 für Pro Familia Mainz erstellt, Kiel 2005. (zitiert: *Frommel, Schwangerschaftsabbruch bei Minderjährigen 2005, Seite*).

Füllgraf, Lutz, Zur wirtschaftlichen Aufklärungspflicht des Arztes, NJW 1984, S. 2619–2620.

Geilen, Gerd, Suizid und Mitverantwortung, JZ 1974, S. 145–152.

Gernhuber, Joachim, Elterliche Gewalt heute, FamRZ 1962, S. 89–96.

Glöckner, Hans Peter, Die Haftung des Minderjährigen. Von § 1629 a BGB zu einer Gesamtregelung der Minderjährigenhaftung, FamRZ 2000, S. 1395–1409.

Glöckner, Thomas, Piagets Entwicklungstheorie, Experimente zum präoperationalen Stadium, München 1997. (zitiert: *Glöckner, Piagets Entwicklungstheorie, Kapitel*).

Gründel, Mirco, Individueller Heilversuch und Gefährdungshaftung des Pharmaherstellers, PharmR 2001, S. 106–109.

Hagen, Cornelia / Schwarz, Hans Peter, Psychische Entwicklung bei chronischer Krankheit im Kindes- und Jugendalter, Stuttgart 2009. (zitiert: *Hagen/ Schwarz, Psychische Entwicklung bei chronischer Krankheit, Seite*).

Hanika, Heinrich, Patientencharta. Stärkung der Rechte des Patienten bei der Reform der Gesundheitssysteme in Europa – Herausforderung für Deutschland?!, MedR 1999, S. 149–161.

Hardt, Jürgen / Mattejat, Fritz / Ochs, Matthias / Schwarz, Marion / Merz, Thomas / Müller, Ulrich, Sehnsucht Familie in der Postmoderne: Eltern und Kinder in Therapie heute, Kinder psychisch kranker Eltern, Göttingen 2010. (zitiert: *Hardt u. a., Sehnsucht Familie, Seite*).

Hart, Dieter, Ärztliche Leitlinien – Definitionen, Funktionen, rechtliche Bewertungen – Gleichzeitig ein Beitrag zum medizinischen und rechtlichen Standardbegriff, MedR 1998, S. 8–16.

Hart, Dieter, Patientensicherheit nach dem Patientenrechtegesetz, MedR 2013, S. 159–165.

Hauser, Benedikt, Kommunales Wahlrecht ab 16, Konrad-Adenauer-Stiftung, Materialien für die Arbeit vor Ort, Nr. 8. (zitiert: *http://www.kas.de/wf/doc/kas_3520-544-1-30.pdf?040615165341,* Stand 30.8.2013).

Hecker, Bernd, Strafrecht AT: Putativnotwehr. Strafrechtliche Beurteilung eines Messereinsatzes im Rahmen einer vom Täter irrtümlich angenommenen Notwehrlage, Anmerkung zum BGH, Beschluss vom 11.8.2010 – 1 StR 351/10, JuS 2011, S. 369–371.

Helgerth, Roland, Aids – Einwilligung in infektiösen Geschlechtsverkehr, NStZ 1988, S. 261–263.

Hennig, Lysanne, Tattoos, Piercings, Schönheitsoperationen, Zur rechtlichen Problematik nicht indizierter Eingriffe bei Minderjährigen, Halle an der Saale 2012. (zitiert: *Hennig,* Problematik nicht indizierter Eingriffe*, Seite*).

Hillgruber, Christian, Der Schutz des Menschen vor sich selbst, München 1992. (zitiert: *Hillgruber, Seite*).

Holer, Oskar, Die Einwilligung des Verletzten, Zürich 1906. (zitiert: *Holer, Seite*).

Hollmann, Angela, Ärztliches Gespräch mit dem Patienten, NJW 1973, S. 1393–1399.

Hohm, Karl-Heinz, Grundrechtsträgerschaft und „Grundrechtsmündigkeit“ Minderjähriger am Beispiel öffentlicher Heimerziehung, NJW 1986, S. 3107–3115.

Horn, Eckard, Anmerkung zu OLG Celle: Verfolgung eines Rechtsbrechers durch einen fahruntüchtigen Kraftfahrer, NJW 1969, S. 2156.

Jansen, Scarlett, Die hypothetische Einwilligung im Strafrecht. Notwendiges Korrektiv oder systemwidriges Institut?, ZJS 2011, S. 482–495.

Jäger, Susanne, Mitspracherechte Jugendlicher bei persönlichkeitsrechtlichen Entscheidungen, ein Rechtsvergleich zwischen Österreich und der Schweiz, Reinfelden, Berlin 1988. (zitiert: *Jäger, Mitbestimmungsrechte, Seite*).

Kaiser, Dagmar / Schnitzler, Klaus / Friederici, Peter, Nomos Kommentar Bürgerliches Gesetzbuch, Band 4, Familienrecht, 2. Auflage, Baden-Baden 2010. (zitiert: *VerfasserIn in: Kaiser/Schnitzler/Friederici, BGB, §, Rn*).

Katzenmeier, Christian, „Patientenrechte in Zeiten der Rationierung“, Referat auf dem 112. Deutscher Ärztetag, Mainz, 20.5.2009. *Abrufbar unter: http://www.bundesaerztekammer.de/downloads/DAET2009RefKatzenmeier.pdf.* Stand 30.8.2013. (zitiert: *Katzenmeier, Referat 2009, Seite.*).

Katzenmeier, Christian, Die Rahmenbedingungen der Patientenautonomie – Eine kritische Betrachtung des Patientenrechtegesetz-Regierungsentwurfs, MedR 2012, S. 576–583.

Katzenmeier, Christian, Ein Sonderstraftatbestand der eigenmächtigen Heilbehandlung, ZRP 1997, S. 156–161.

Kern, Bernd-Rüdiger, Der Minderjährige als Blutspender, FamRZ 1981, S. 738–740.

Kern, Bernd-Rüdiger, Fremdbestimmung bei der Einwilligung in ärztliche Eingriffe, NJW 1994, S. 753–759.

Kern, Bernd-Rüdiger, Einwilligung und Aufklärung Minderjähriger, Anmerkung zum BGH, Urteil vom 10.10.2006 – VI ZR 74/05, LMK 2007, 220412. (zitiert: *Kern, Anmerkung zum BGH, Urteil vom 10.10.2006 – VI ZR 74/05 (OLG München), LMK, 2007, 220412*).

Kern, Bernd-Rüdiger, Einwilligung in die Heilbehandlung von Kindern durch minderjährige Eltern, MedR 2005, S. 628–631.

Kern, Bernd-Rüdiger, Anmerkung zum BGH: Einwilligung und Aufklärung Minderjähriger, Beck-online LMK 2007, 220412. (zitiert: *Kritische Würdigung: Kern, Anmerkung zum BGH, Urteil vom 10.10.2006 – VI ZR 74/05 in LMK 2007, 220412*).

Kern, Bernd-Rüdiger, Die neuere Entwicklung in der Rechtsprechung zur Aufklärungspflicht, GesR, 2009, S. 1–10.

Killinger, Elmar, Die Besonderheiten der Arzthaftung im medizinischen Notfall, Berlin, Heidelberg 2009. (zitiert: *Killinger, Arzthaftung, Seite, Rn*).

Kindhäuser, Urs / Neumann, Ulfrid / Paeffgen, Hans-Ullrich, Nomos Kommentar StGB, Band 1, 3. Auflage, Baden-Baden 2010. (zitiert: *Verfasser in: Kindhäuser/Neumann/Paeffgen StGB, §, Rn*).

Köhler, Michael, Strafrecht Allgemeiner Teil, Berlin 1997. (zitiert: *Köhler, AT, Seite*).

Koziol, Helmut (Herausgeber) / Bydlinski, Peter / Bollenberger, Raimund, Kurzkommentar zum ABGB, Wien, New York 2007. (zitiert: *Koziol ABGB, BearbeiterIn, §, Rn*).

Kölch, Michael / Fegert, Jörg, Privatautonomie – Minderjährige als Patient, FPR 2007, S. 76–78.

Knopp, Lothar, Aktive Sterbehilfe – Europäische Entwicklungen und „Selbstbestimmungsrecht“ des Patienten aus verfassungsrechtlicher Sicht, MedR 2003, S. 379–387.

Knöpfel, Gottfried, Elternrecht, Kindesrecht und Zwang gegen Jugendliche – zugleich Anmerkung zum Beschluss des BayObLG vom 18.4.1985, FamRZ 1985, S. 1211–1216.

Krey, Ellen, Das Jahrhundert des Kindes –Studien–, Nachdruck der 36. Auflage, Berlin 1926, Weinheim, Basel 2000. (zitiert: *Krey, Seite*).

Korczak, Janusz, „Wie man ein Kind lieben soll“, 14. Auflage, Göttingen 2008. (zitiert: *Korczak, „Wie man ein Kind lieben soll“*).

Korczak, Janusz, Das Recht des Kindes auf Achtung, Fröhliche Pädagogik, 5. Auflage, Gütersloh 2007. (zitiert: *Koarczak „Magna Charta Libertatis für das Kind“*).

Krauskopf, Dieter, Soziale Krankenversicherung, Pflegeversicherung, Kommentar, München 2012. (zitiert: *BearbeiterIn in Krauskopf, Soziale Krankenversicherung, §, Rn*).

Krauskopf, Dieter, Soziale Krankenversicherung und Pflegeversicherung, Kommentar, München 2013. (zitiert: *Krauskopf/BearbeiterIn, §, Rn*).

Kreß, Hartmut, Anmerkung zu LG Köln, Urt. v. 7.5.2012 – 151 Ns 169/11 (AG Köln) zur Strafbarkeit religiös motivierter Knabenbeschneidungen, MedR 2012, S. 682–684.

Kröger, Tina Marie, Die Rechtfertigung des ärztlichen Heileingriffes sowie die juristische Bewertung sonstiger ärztlicher Behandlungsmaßnahmen, Göttingen 2004. (zitiert: *Kröger, Rechtfertigung des ärztlichen Heileingriffes, Seite*).

Krüger, Heinz-Hermann, Grundrechtsausübung durch Jugendliche (Grundrechtsmündigkeit) und elterliche Gewalt, FamRZ 1956, S. 329–335.

Krüger, Heinz-Hermann (Hrsg.) / Grunert, Cathleen (Hrsg.), Handbuch Kindheits- und Jugendforschung, 2. Auflage, Opladen 2002. (zitiert: *Krüger/Grunert, Handbuch Kindheitsforschung, Seite*).

Kohler, Richard, Piaget und die Pädagogik: Eine historiographische Analyse, Kempten 2009. (zitiert: *Kohler, Piaget und die Pädagogik, Seite*).

Kohler, Richard, Jean Piaget, Stuttgart 2008. (zitiert: *Kohler: Piaget, Seite*).

Kohte, Wolfhard, Die rechtfertigende Einwilligung, AcP 185 (1985), S. 105–161. (zitiert: *Kothe, AcP 185 (1985), Seite*).

Kölch, Michael. / Fegert, Jörg M., Patientenautonomie – Minderjährige als Patient, FPR 2007, S. 76–77.

Kuhlen, Lothar, Strafrechtliche Grenzen der zivilrechtlichen Deliktshaftung Minderjähriger?, JZ 1990, S. 273–279.

Kutzer, Klaus, Patientenautonomie und Strafrecht – aktive und passive Sterbehilfe, FPR 2007, S. 59–63.

Lackner, Karl / Kühl, Kristian, Kommentar zum Strafgesetzbuch, 27. Auflage, München 2011. (zitiert: *Lackner/Kühl, §, Rn*).

Landesärztekammer Berlin, Günther Jonitz (Kammerpräsident), Gesetzlicher Rahmen ist kein Ersatz für die Pflicht des Gesetzgebers, sichere Rahmen für die Patientenversorgung zu schaffen. Presseerklärung zum Patientenrechtegesetz vom 16.1.2012. (zitiert: *Landesärztekammer Berlin: http://www.aerztekammer-berlin.de/Jonitz-Gesundheitspolitik/30_Statements/Patientenrechtegesetz-politische-Debatte-160112.pdf,* Stand 30.8.2013).

Lampe, Ernst-Joachim, zur ontologischen Struktur des strafbaren Unrechts, in: Festschrift für Hans Joachim Hirsch zum 70. Geburtstag, Berlin, New York 1999, S. 83–104. (zitiert: *Lampe, Struktur des strafbaren Unrechts, Festschrift für Hirsch, Seite*).

Laufs, Adolf, Willensfreiheit und Privatrecht, in: Jurisprudenz zwischen Medizin und Kultur: Festschrift zum 70. Geburtstag von Gerfried Fischer,

Frankfurt am Main u. a. 2010, S. 223–236. (zitiert: *Laufs, Willensfreiheit und Privatrecht, Seite*).

Laufs, Adolf, Arzt und Recht im Umbruch der Zeit, NJW 1995, S. 1590–1598.

Laufs, Adolf / Katzenmeier, Christian / Lipp, Volker, Arztrecht, 6. Auflage, München 2009. (zitiert: *VerfasserIn in: Laufs/Katzenmeier/Lipp, Kap., Rn*).

Laufs, Adolf / Uhlenbruck, Wilhelm, Handbuch des Arztrechtes, 3. Auflage, München 2002. (zitiert: *Laufs/Uhlenbruck, § Rn*).

Laufs, Adolf / Kern, Bernd-Rüdiger, Handbuch des Arztrechtes, 4. Auflage, München 2010. (zitiert: *BearbeiterIn in Laufs/Kern, § Rn*).

Leipold, Klaus / Tsambikakis, Michael / Zöller, Mark, Anwaltkommentar StGB, Bonn 2011. (zitiert: *VerfasserIn in Leipold/Tsambikakis/Zöller, § Rn*).

Lesch, Heiko H., Die strafrechtliche Einwilligung beim HIV-Antikörpertest an Minderjährigen, NJW 1989, S. 2309–2313.

Lees Gage, Nathaniel / Berliner, David C. / Bach, Gerhard, Pädagogische Psychologie, 5. Auflage, Weinheim 1996. (zitiert: *Lees Gage, Berliner, Bach, Pädagogische Psychologie, Seite*).

Lipp, Volker, Freiheit und Fürsorge: Der Mensch als Rechtsperson, Tübingen 2000. (zitiert: *Lipp, Freiheit und Fürsorge, Seite*).

Lilie, Hans, Zu den Pflichten eines beratenden Arztes bei akut lebensgefährlicher Erkrankung des Patienten. Anmerkung zu BGH, Urteil vom 26.10.1982 – 1 StR 413/82 (LG Rottweil), NStZ 1983, S. 313–315.

Loose, Andrea, Strafrechtliche Grenzen ärztlicher Behandlung und Forschung, Berlin 2003. (zitiert: *Loose, Strafrechtliche Grenzen, Seite*).

*Lüderitz, Alexander***,** Elterliche Sorge als privates Recht, AcP 178 (1978), S. 263–297. (zitiert: *Lüderitz, AcP 178, Seite*).

Lüttger, Hans, Geburtsbeginn und pränatale Einwirkungen mit postnatalen Folgen, Bemerkungen zu BGH – 3 StR 25/83 vom 22. 4. 1983, NStZ 1983, S. 481–485.

May, Arnd T., Autonomie und Fremdbestimmung bei medizinischen Entscheidungen für Nichteinwilligungsfähige, Münster, Hamburg, Berlin u. a. 2000. (zitiert: *May, Autonomie, Seite*).

Meier, Bernd-Dieter (Herg.) / Schöch, Heinz / Dölling, Dieter / Verrel, Torsten, Kinder im Unrecht, Junge Menschen als Täter und Opfer, Berlin 2010. (zitiert: *BearbeiterIn in Meier (Hrsg.) Kinder im Unrecht, Seite*).

Merten, Detlef (Herg.) / Papier, Hans J (Herausgeber) / Schäffer, Heinz (Herg.), Handbuch der Grundrechte: Grundrechte in Österreich, Wien 2009. (zitiert: *VerfasserIn in Merten/Papier, Handbuch der Grundrechte, §*).

Meysen, Thomas, Neuerungen im zivilrechtlichen Kinderschutz, NJW 2008, S. 2673–2736.

Michel, Nadja, Forschung an Minderjährigen. Verfassungsrechtliche Grenzen. Veröffentlichungen des Instituts für deutsches, europäisches und internationales Medizinrecht, Gesundheitsrecht und Bioethik der Universitäten Heidelberg und Mannheim, Band 19, Berlin, Heidelberg, New York 2004. (zitiert: *Michel, Forschung an Minderjährigen, Seite*).

Miller, Patricia H., Theorien der Entwicklungspsychologie, aus dem Amerikanischen übersetzt von Angelika Hildebrandt-Essig, Heidelberg, Berlin, Oxford 1993. (zitiert: *Miller, Theorien der Entwicklungspsychologie Seite.*).

Montgomery, Frank Ulrich / Brauer, Daniel / Hübner, Marlis / Seebohm, Annabel, Das Patientenrechtegesetz aus Sicht der Ärzteschaft, MedR 2013, S. 149–153.

Moritz, Heinz Peter, Die (zivil-) rechtliche Stellung der Minderjährigen und Heranwachsenden innerhalb und außerhalb der Familie, Berlin 1989. (zitiert: *Moritz, Stellung des Minderjährigen, Seite*).

Munkwitz, Werner, Die Bedeutung der Deliktsfähigkeit Minderjähriger im Sinne des § 828 BGB aus der Sicht des Jugendpsychiaters, ZBl. JugR 1960, S. 129–134.

Müller, Sebastian, Freiheitsberaubung durch unterbringungsähnliche Maßnahmen bei Minderjährigen im Krankenhaus, MedR 2011, S. 339–345.

Münchener Kommentar zum Bürgerlichen Gesetzbuch, Band 1/Teilband 1: Allgemeiner Teil §§ 1–240, 4. Auflage, München 2001. (zitiert: *MüKo/VerfasserIn, §, Rn*).

Münchener Kommentar zum Bürgerlichen Gesetzbuch, Band 4: Schuldrecht Besonderer Teil II §§ 611–704, EFZG, TzBfG, KSchG, 4. Auflage, München 2005. (zitiert: *MüKo/VerfasserIn, §, Rn*).

Münchener Kommentar zum Bürgerlichen Gesetzbuch, Band 5: Schuldrecht Besonderer Teil III §§ 705–853, Partnerschaftsgesellschaftsgesetz, Produkthaftungsgesetz, 4. Auflage, München 2004. (zitiert: *MüKo/VerfasserIn, §, Rn*).

Münchener Kommentar zur Zivilprozessordnung, Band 1 §§ 1–354, 1. Auflage, München 2000. (zitiert: *MüKo/VerfasserIn ZPO, §, Rn*).

Nebendahl, Mathias, Selbstbestimmungsrecht und rechtfertigende Einwilligung des Minderjährigen bei medizinischen Eingriffen, MedR 2009, S. 197–205.

Neyen, Werner, Die Einwilligungsfähigkeit im Strafrecht, Trier 1991. (zitiert: *Neyen, Seite*).

Noack, Thorsten / Fangerau, Heiner / Vögele, Jörg, Im Querschnitt – Geschichte, Theorie und Ethik in der Medizin, München 2007. (zitiert: *Noack/ Fangerau, Ethik, Seite*).

Opderbecke, Hans Wolfgang / Weißauer, Walter, Ein Vorschlag für Leitlinien – Grenzen der intensivmedizinischen Behandlungspflicht, MedR 1998, S. 395–399.

Oerter, Rolf / Montada, Leo, Entwicklungspsychologie, Ein Lehrbuch, München 1995. (zitiert: *Oerter/Montada, Entwicklungspsychologie, Seite*).

Oerter, Rolf / von Hagen, Cornelia / Röper, Gisela / Noam, Gil, Klinische Entwicklungspsychologie: Ein Lehrbuch, Weinheim 1999. (zitiert: *Oerter, Klinische Entwicklungspsychologie, Seite*).

Ohly, Ansgar, „Volenti non fit iniura" – Die Einwilligung im Privatrecht, Tübingen 2002. (zitiert: *Ohly, Einwilligung, Seite*).

Ollmann, Rainer, Meinungsverschiedenheit zwischen minderjähriger Mutter und dem Vormund, JAmt 2003, S. 572 ff.

Otto, Harro, Grundkurs Strafrecht. Allgemeine Strafrechtslehre, 7. Auflage, Berlin 2004. (zitiert: *Otto, Grundkurs Strafrecht, §, Rn*).

Parr, Katharina, Das Kindeswohl in 100 Jahren BGB, Würzburg 2005. (zitiert: *Parr, Das Kindeswohl, Seite*).

Palandt, Otto, Kommentar zum Bürgerlichen Gesetzbuch, 71. Auflage, München 2012. (zitiert: *Palandt/BearbeiterIn, §, Rn*).

Parzeller, Markus / Wenk, Maren / Zedler, Barbara / Rothschild, Markus, Aufklärung und Einwilligung bei ärztlichen Eingriffen, Deutsches Ärzteblatt 2007, Jg. 104, Heft 9, S. A 576–A 586. (zitiert: *Parzeller/Wenk/Zedler/ Rothschild, DÄBl. 2007, Heft 9, Seite).*

Pawlowski, Hans-Martin, Willenserklärung und Einwilligungen in personenbezogene Eingriffe, JZ 2003, S. 66–73.

Pieroth, Bodo / Schlink, Bernhard, Grundrechte. Staatsrecht II, 27. Auflage, Heidelberg, München, Hamburg u. a. 2011. (*zitiert: Pieroth/Schlink, §, Rn.*).

Petersen, Peter, Schwangerschaftsabbruch im Erleben des durchführenden Arztes, Deutsches Ärzteblatt 1991; 88, Heft: A-178–A-181. (zitiert: *Petersen, Schwangerschaftsabbruch im Erleben des durchführenden Arztes, abrufbar über: http://www.aerzteblatt.de/archiv/97402/Schwangerschaftsab bruch-im-Erleben-des-durchfuehrenden-Arztes,* Stand 20.09.2013).

Plagemann, Hermann, Münchener Anwaltshandbuch Sozialrecht, 3. Auflage, München 2009. (zitiert: *Plagemann, §, Rn*).

Prütting, Hanns / Wegen, Gerhard / Weinreich, Gerd, BGB Kommentar, Neuwied 2006. (zitiert: *Prütting, VerfasserIn, §, Rn*).

Pschyrembel, Willibald, Pschyrembel, Klinisches Wörterbuch, 259. Auflage, Berlin 2002. (zitiert: *Pschyrembel 259. Auflage, Stichwort*).

Putzke, Holm, Juristische Positionen zur religiösen Beschneidung, NJW 2008, S. 1568–1570.

Putzke, Holm, Rechtliche Grenzen der Zirkumzision bei Minderjährigen – Zur Frage der Strafbarkeit des Operateurs nach § 223 des Strafgesetzbuches, MedR 2008, S. 168–272.

Ramm, Thilo, Die gesetzliche Vertretung durch die Eltern: Überholt und verfassungswidrig, NJW 1989, S. 1708–1712.

Ratzel, Rudolf / Luxenburger, Bernd, Handbuch Medizinrecht, Bonn 2008. (zitiert: *Ratzel, §, Rn*).

Rehborn, Martin / Schäfer, Anne, Die Einwilligung Minderjähriger, in: Jorzig A. (Schriftleitung) Arbeitsgemeinschaft Rechtsanwälte im Medizinrecht e.V. (Hrsg.), 25 Jahre Arbeitsgemeinschaft – 25 Jahre Arzthaftung: Von der Krähentheorie bis zum groben Behandlungsfehler, Berlin 2011, S. 253–268. (zitiert: *Rehborn/Schäfer in Jorzig, Arzthaftung 2011, Seite*).

Reichmann, Phillip / Ufer, Thomas, Personensorge; Psychotherapeutische Behandlung, JR 2009, S. 485–489.

Reipschläger, Christiane, Die Einwilligung Minderjähriger in ärztliche Heileingriffe und die elterliche Personensorge, Frankfurt am Main, Berlin, Bern u. a. 2004. (zitiert: *Reipschläger, Seite*).

Reiserer, Kerstin, Schwangerschaftsabbruch durch Minderjährige im vereinigten Deutschland, FamRZ 1991, S. 1136–1141.

Riegger, Theresa, Die historische Entwicklung der Arzthaftung, Regensburg 2007. Elektronische Publikation abrufbar über: http://epub.uni-regensburg.de/10597/. (zitiert: *Riegger, Seite).*

Rixen, Stephan / Höfling, Wolfram / Kuhlmann, Wolfgang / Westhofen, Martin, Zum rechtlichen Schutz der Patientenautonomie in der ressourcenintensiven Hochleistungsmedizin: Vorschläge zur Neustrukturierung des Aufklärungsgespräches, MedR 2003, S. 191–194.

Reiter-Theil, Stella / Eich, Holger / Reiter, Ludwig, Der ethische Status des Kindes in der Familien- und Kinderpsychotherapie, Praxis der Kinderpsychologie und Kinderpsychiatrie, 1993, Heft 42, S. 14–20. (zitiert: *Reiter-Theil/Eich/Reiter, Kinderpsych.Prax., 1993, 42, Seite*).

Robert Koch Institut, Epidemiologisches Bulletin, *2. August 2010 / Nr. 30, Mitteilung der Ständigen Impfkommission (STIKO) am Robert Koch-Institut. Ergänzende Impfempfehlung vom Juli 2010.* (zitiert*: Robert Koch Institut*: Epidemiologisches Bulletin 2. August 2010/Nr. 30, S. 292, abrufbar über: http://edoc.rki.de/documents/rki_ab/reINkOM7MRTuI/PDF/26xCTv0fm57FM6.pdf, Stand 20.9.2013).

Roche Lexikon Medizin, 5. Auflage, München 1993. (zitiert: *Roche, Lexikon, Seite*).

Rothärmel, Sonja, Einwilligung, Veto, Mitbestimmung, Die Geltung der Patientenrechte für Minderjährige, Baden-Baden 2004. (zitiert: *Rothärmel, Seite*).

Rothärmel, Sonja / Dippold, Ines / Wiehoff, Katja / Wolfslast, Gabriele / Fegert, Jörg M, Patientenaufklärung, Informationsbedürfnis und Informationspraxis in der Kinder- und Jugendpsychiatrie und Psychotherapie, Göttingen 2006. (zitiert: *Rothärmel u. a., Seite*).

Rothärmel, Sonja / Wolfslast, Gabriele / Fegert, Jörg Michael, Informed Consent, ein kinderfeindliches Konzept?, Von der Benachteiligung minderjähriger Patienten durch das Informed Consent-Konzept am Beispiel der Kinder- und Jugendpsychiatrie, MedR 1999, S. 293–298.

Rouka, Stella, Das Selbstbestimmungsrecht des Minderjährigen bei ärztlichen Eingriffen, Frankfurt am Main, Berlin, Bern u.a. 1996. (zitiert: *Rouka, Seite*).

Rudolphi, Hans-Joachim / Horn, Eckhard / Samson, Erich, Systematischer Kommentar zum Strafgesetzbuch, Band 2, Besonderer Teil, §§ 80–358, 6. Auflage, Neuwied, Kriftel, Berlin 2000. (zitiert: *BearbeiterIn in SKStGB, §, Rn*).

Schattner, Heinz / May, Arnd T., Autonomie und Fremdbestimmung bei medizinischen Entscheidungen für Nichteinwilligungsfähige, Hamburg, Berlin, London 2000. (zitiert: *May, Autonomie, Seite*).

Schelling, Philip, Die Pflicht des Arztes zur wirtschaftlichen Aufklärung im Lichte zunehmender ökonomischer Zwänge im Gesundheitswesen, MedR 2004, S. 422–429.

Scherer, Inge, Schwangerschaftsabbruch bei Minderjährigen und elterliche Zustimmung, FamRZ 1997, S. 589–594.

Schmidt-Aßmann, Eberhard, Willensfreiheit im Recht, Beobachtungen zum Umgang der dogmatischen Rechtswissenschaft mit neurowissenschaftlichen Annahmen, in Berlin-Brandenburgische Akademie der Wissenschaften, Debatte Heft 1, Zur Freiheit des Willens, 2004, S. 71–80. (zitiert: *Schmidt-Aßmann, Willensfreiheit im Recht, Seite*).

Schmidt, Karsten, Die gesetzliche Vertretung durch die Eltern: notwendig und verfassungsgemäß, NJW 1989, S. 1712–1715.

Schönke, Adolf / Schröder, Horst, Strafgesetzbuch Kommentar, 27. Auflage, München 2006. (zitiert: *Schönke/Schröder, BearbeiterIn, §, Rn*).

Schramm, Stephan, Beiträge zum Privat- und Wirtschaftsrecht, Der Schutzbereich der Norm im Arzthaftungsrecht, Karlsruhe 1992. (zitiert: *Schramm, Seite*).

Schroth, Ulrich / Schneewind, Klaus / Gutmann, Thomas, Fateh-Moghadam, Bijan, Patientenautonomie am Beispiel der Lebendorganspende, Medizin – Ethik – Recht, Band 6, Göttingen 2006. (zitiert: *Verfasser in Patientenautonomie am Beispiel der Lebendorganspende, Seite*).

Schröder, Daniela, Auskunftsanspruch der Eltern minderjähriger Kinder gegen den Arzt, Frankfurt am Main 2010. (zitiert: *Schröder, Auskunftsanspruch der Eltern, Seite*).

Schulze, Reiner (Schriftleitung), Bürgerliches Gesetzbuch, Nomos Handkommentar, 6. Auflage, Baden-Baden 2009. (zitiert: *Nomos BGB, BearbeiterIn §, Rn*).

Schulze, Reiner (Schriftleitung), Bürgerliches Gesetzbuch, Nomos Handkommentar, 7. Auflage, Baden-Baden 2012. (zitiert: *Nomos BGB 2012, BearbeiterIn §, Rn*).

Schwartz, Tobias, Die hypothetische Einwilligung im Strafrecht, Frankfurt am Main 2009. (zitiert: *Schwartz, Die hypothetische Einwilligung im Strafrecht, Seite*).

Schwerdtner, Eberhard, Mehr Rechte für das Kind – Fluch oder Segen für die elterliche Sorge?, NJW 1999, S. 1525–1527.

Seibert, Helga, Verfassung und Kindschaftsrecht – Neue Entwicklung und offene Fragen; FamRZ 1995, S. 1457–1463.

Seizinger, Kurt, Der Konflikt zwischen dem Minderjährigen und seinen gesetzlichen Vertretern bei der Einwilligung in Heileingriffe im Strafrecht, Tübingen 1976. (zitiert: *Seizinger Konflikt, Seite*).

Sieper, Marc, Die Haftung des Ehegatten für Krankenhausbehandlungskosten nach § 1357 BGB, MedR 2006, S. 638–642.

Soergel, Hans-Theodor, Bürgerliches Gesetzbuch mit Einführungsgesetz und Nebengesetzen, Band 12, §§ 823–853 BGB. ProdHG. UmweltHG, 13. Auflage Stuttgart 2005. (zitiert: *Soergel/BearbeiterIn, §, Rn*).

SPD Bundestagsfraktion: Kinderrechte ins Grundgesetz – mehr Gerechtigkeit für Kinder Fachtagung der SPD-Bundestagsfraktion am 13. März 2008 in Berlin, Christel Humme, stellvertretende Vorsitzende der SPD-Bundestagsfraktion, in: Dokument Nr. 10/08. (zitiert: *SPD-Bundestagsfraktion, Kinderrechte ins Grundgesetz, Seite, http://www.spdfraktion.de/cnt/rs/rs_datei/0,,9956,00.pdf*, Stand 6.6.2011).

SPD Bundestagsfraktion: Gleiche Chancen für alle Kinder und Jugendlichen. Stellungnahme der Arbeitsgruppe Familie, Senioren, Frauen und Jugend zu

Konsequenzen aus dem 14. Kinder- und Jugendbericht vom 17.5.2013. (zitiert: *SPD Bundestagsfraktion, Arbeitsgruppe Familie, Senioren, Frauen und Jugend am 17.5.2013, abrufbar über: http://www.spdfraktion.de/themen/gleiche-chancen-f%C3%BCr-alle-kinder-und-jugendlichen,* Stand 20.9.2013.).

Spickhoff, Andreas, Patientenautonomie am Lebensende: Ende der Patientenautonomie? Zur Feststellbarkeit und Durchsetzbarkeit des realen und hypothetischen Willens des Patienten, NJW 2000, S. 2297–2304.

Spickhoff, Andreas, Medizinrecht (Kommentar), AMG, ApoG, BGB, GentG, KHG, MBO, MPG, SGB V, SGB XI, StGB, TFG, TPG, München 2011. (zitiert: *BearbeiterIn in: Spickhoff, Medizinrecht, §, Rn*).

Spiegel – Online, o.V., Bericht vom 30.4.2002, Streit über Volljährigkeit. 16, 18, 21 oder 25? (zitiert: *Spiegel-Online vom 30.4.2002 http://www.spiegel.de/politik/deutschland/streit-ueber-volljaehrigkeit-16-18-21-oder-25-a-194309-druck.html,* Stand 30.8.2013).

Statistisches Bundesamt Deutschland, Natürliche Bevölkerungsbewegung, Lebendgeborene nach dem Alter der Mutter 2007–2012. (zitiert: *https://www.destatis.de/DE/ZahlenFakten/GesellschaftStaat/Bevoelkerung/Geburten/Tabellen/LebendgeboreneAlter.html,* Stand 30.8.2013).

Statistisches Bundesamt Deutschland, Schwangerschaftsabbrüche nach dem Alter der Frauen und Quote je 10.000 Frauen der Altersgruppe. (zitiert: *https://www.destatis.de/DE/ZahlenFakten/GesellschaftStaat/Gesundheit/Schwangerschaftsabbrueche/Tabellen/Alter.html,* Stand 20.9.2013).

Staudinger, Julius von (Begr.), J. von Staudingers Kommentar zum Bürgerlichen Gesetzbuch mit Einführungsgesetz und Nebengesetzen, Buch 4, Familienrecht, §§ 1626–1631; Anhang zu § 1631: RKEG; §§ 1631 a–1633, Berlin 2007. *(zitiert: Staudinger/Bearbeiter, § Rn).*

Stratenwerth, Günther, Strafrecht Allgemeiner Teil I, Die Straftat, 4. Auflage, Köln 2000. (zitiert: *Stratenwerth, §, Rn*).

Sternberg-Lieben, Detlev, Die objektiven Schranken der Einwilligung im Strafrecht, Tübingen 1997. (zitiert: *Sternberg-Lieben, Schranken im Strafrecht, Seite*).

Sternberg-Lieben, Detlev / Reichmann, Philipp, Die gesetzliche Regelung der Patientenverfügung und das medizinische Selbstbestimmungsrecht Minderjähriger, NJW 2012, S. 257–263.

Stock, Christof, Die Indikation in der Wunschmedizin: Ein medizinrechtlicher Beitrag zur ethischen Diskussion über “Enhancement”, Frankfurt am Main 2009. (zitiert: Stock, Die Indikation in der Wunschmedizin, Seite).

Stutz, Michael, Der Minderjährige im Grundstücksverkehr, MittRhNotK 1993, S. 205–217.

Tachezy, Dorothea Maria, Mutmaßliche Einwilligung und Notkompetenz in der präklinischen Notfallmedizin: Rechtfertigungsfragen und Haftungsfolgen im Notarzt- und Rettungsdienst, Frankfurt am Main 2009. (zitiert: *Tachezy, Mutmaßliche Einwilligung, Seite*).

Tag, Brigitte, Der Körperverletzungstatbestand im Spannungsfeld zwischen Patientenautonomie und Lex artis, Eine arztstrafrechtliche Untersuchung, Veröffentlichungen des Instituts für deutsches, europäisches und internationales Medizinrecht, Gesundheitsrecht und Bioethik der Universitäten Heidelberg und Mannheim. Berlin, Heidelberg, New York 2000. (zitiert: Tag, Körperverletzung/Patientenautonomie, §, Seite).

Tanczos, Alfred / Tanczos, Dalia, Arzthaftung: Der Arzt im Recht, Handbuch, Wien 2010. (zitiert: *Tanczos, Arzthaftung, Seite*).

Taupitz, Jochen, Medizinische Forschung an jungen und alten Patienten, MedR 2012, S. 583–588.

Taupitz, Jochen, Empfehlen sich zivilrechtliche Regelungen zur Absicherung der Patientenautonomie am Ende des Lebens?, in: Verhandlungen des Dreiundsechzigsten Deutschen Juristentages Leipzig 2000, Gutachten Band I, S. 1 ff., München 2000. (zitiert: *Taupitz, Gutachten A zum 63. DJT, Seite*).

Thole, Larissa, Das Patientenrechtegesetz – Ziele der Politik, MedR 2013, S. 145–149.

Thomae, Hans, Das Problem der „sozialen Reife" von 14–20-Jährigen, Wissenschaftliche Informationsschriften der Arbeitsgemeinschaft für Erziehungshilfe (AEET) e.V. – Bundesvereinigung, Hannover 1973. (zitiert: *Thomae, Das Problem der sozialen Reife von 14- bis 20-Jährigen*).

Trautner, Hanns Martin, Lehrbuch der Entwicklungspsychologie, Band 2: Theorien und Befunde, 2. Auflage, Göttingen 1997. (zitiert: *Trautner, Entwicklungspsychologie, Band 2, Theorien und Befunde, Seite*).

Tröndle, Herbert / Fischer, Thomas, Strafgesetzbuch und Nebengesetze, 53. Auflage, München 2006. (zitiert: *Tröndle, §, Rn*).

Tröndle, Herbert, Verordnung von Kontrazeptiva an Minderjährige – eine Straftat? MedR 1992, S. 320–325.

Thurn, Peter, Das Patientenrechtegesetz – Sicht der Rechtsprechung, MedR 2013, S. 153–157.

Tönsmeyer, Britt, Die Grenzen der elterlichen Sorge bei intersexuell geborenen Kindern, de lege lata und de lege ferenda, Baden-Baden 2011. (zitiert: *Tönsmeyer, Grenzen elterlicher Sorge, Seite*).

Ulsenheimer, Klaus, Die Entwicklung der Rechtsprechung zur Stärkung der Patientenrechte, Vortrag am 18.11.2005, Düsseldorf, 28. Deutscher Krankenhaustag. (zitiert: *Ulsenheimer, Vortrag 2005, Seite, abrufbar über: http://www.deutscher-krankenhaustag.de/de/vortraege/pdf/18112005_Duesseldorf.pdf,* Stand 30.8.2013).

Ulsenheimer, Klaus, Arztstrafrecht in der Praxis, (Praxis der Strafverteidigung), 4. Auflage, Heidelberg, München, Berlin 2008. (zitiert: *Ulsenheimer/Arztstrafrecht, Rn*).

Ulsenheimer, Klaus, Strafbarkeit des Garanten bei Nichtvornahme der einzig möglichen, aber riskanten Rettung, JuS 1972, S. 252–256.

Ulsenheimer, Klaus, Der Arzt im Konflikt zwischen Heilauftrag und Selbstbestimmungsrecht des Patienten – in dubio pro vita?, in: Arnold, Jörg u. a. (Hrsg.), Menschengerechtes Strafrecht, Festschrift für Albin Eser zum 70. Geburtstag, München 2005, S. 1225–1242. (zitiert: *Ulsenheimer, FS Eser, 2005, Seite*).

Unicef, Aktionsbündnis Kinderrechte, „Strukturelle Rücksichtslosigkeit" gegen Kinder. Aktionsbündnis Kinderrechte begrüßt Forderung des 14. Kinder- und Jugendberichts nach Kinderrechten im Grundgesetz. (zitiert: http://www.unicef.de/presse/2013/aktionsbuendnis-kinderrechte/, Stand 20.9.2013.).

Wachenhausen, Heike, Medizinische Versuche und klinische Prüfung an Einwilligungsunfähigen, Frankfurt am Main 2001. (zitiert: *Wachenhausen, Seite*).

Waitzmann, Steffen, Das Eltern-Kind-Verhältnis im Schadensrecht. „Haften Kinder für ihre Eltern?"– Zur Frage der Haftung von Kindern für ein Fehlverhalten ihrer Eltern im Zusammenhang mit dem Gedanken des Minderjährigenschutzes und der Tendenz zur Beschränkung der Minderjährigenhaftung, Tübingen 2002. (zitiert: *Waitzmann, Seite*).

Wenzel, Frank, Handbuch des Fachanwalts Medizinrecht, 2. Auflage, Köln 2009. (zitiert: *Wenzel, Kap., Rn*).

Wessels, Johannes / Beulke, Werner, Strafrecht Allgemeiner Teil 42. Auflage, Heidelberg 2012. (zitiert: *Wessels/Beulke AT, § Rn*).

World Health Organization (WHO), Empfehlung vom 28.3.2007 zur Zirkumzision bei Erwachsenen in bestimmten Regionen aus hygienischen Gründen: WHO and UNAIDS announce recommendations from expert consultation on male circumcision for HIV prevention. (zitiert: *http://www.who.int/hiv/mediacentre/news68/en/*, Stand 20.9.2013).

Wiesemann, Claudia / Dörries, Andrea / Wolfslast, Gabriele / Alfred, Simon, Das Kind als Patient. Ethische Konflikte zwischen Kindeswohl und

Kindeswille, Frankfurt am Main 2003. (zitiert: *Wiesemann, Das Kind als Patient, Seite*).

Wölk, Florian, Der minderjährige Patient in der ärztlichen Behandlung, MedR 2001, S. 80–89.

Zentrale Ethikkommission bei der Bundesärztekammer, Stellungnahme zum Schutz nicht-einwilligungsfähiger Personen in der medizinischen Forschung, 1997. (zitiert: *http://www.zentrale-ethikkommission.de/page.asp?his=0.1.27*. Stand 6.6.2013).

Zitelmann, Ernst, Ausschluss der Widerrechtlichkeit, in: AcP 99 (1906), S. 1–130. (zitiert: *Zitelmann, AcP 99 (1906), Seite*).

Zorn, Dagmar, Das Recht der elterlichen Sorge. Voraussetzungen, Inhalt und Schranken in Praxis und Theorie, Berlin 2006. (zitiert: *Zorn, elterliche Sorge, Seite, Rn*).